倒産法改正
150の検討課題

全国倒産処理弁護士ネットワーク [編]

一般社団法人 金融財政事情研究会

推薦の辞

　近時、弁護士会を中心として、倒産法の再改正をめぐる議論が盛り上がりをみせている。各弁護士会からは様々な改正提案が示され、また日本弁護士連合会からも一定の提案がされたという。また、そのような提案に関連して多くの書籍が出版され、シンポジウム等も多数開催されている。本書は、そのような中で、全国倒産処理弁護士ネットワークが、各所で議論されている改正論点のそれぞれに関して、改正の必要性及び相当性を検討するものであり、上記のような情勢に鑑み、極めて時宜に適った出版ということができる。

　私自身はかねてより、倒産法改正から既に10年余が経過した現時点において、活発な倒産法改正の議論が展開されることを期待している者の1人である（以下については、山本和彦「倒産法改正論へのエール」金法1995号1頁も参照）。もちろん、軽々な立法論に対しては批判も示されているし、そのような批判には尤もな点も多い。しかし、それでもなお私は倒産法の改正論の展開には、大きな意義があると考えている。

　たしかに前回の立法から未だ時間が経っておらず、日本の民事手続法の通常の立法サイクルからみれば、10年は短いという批判はあり得る。しかし、倒産法に限って言えば、10年は決して短いとはいえない。倒産法は極端に言えばdog yearとも言える領域であり、経済環境の大変動、事業再生を取り巻く状況の変化（私的整理の隆盛）、前回改正の「実験立法」性（山本和彦「倒産法改正の展望と提言・基調講演」NBL978号26頁参照）などを考えると、新たな経済環境等の中で立法の必要性が生じた部分もあるし、前回改正で見送られた事項についても（見送られた理由には十分な配慮を要するが）再検討も必要であろう。また、現在示されている提案は十分な検討が不足している旨の批判もあるが、現段階では確かに生煮えの提案であっても、ありうる改正の方向性をぶつけ合って議論することが今は重要である。その実現可能性や制度的な詰めの作業は、まさに法制審議会を始めとした立法過程の役割と考えられる。前回改正でも倒産法部会設置前に完成した改正提案があったわけではなかろう。

　現在の倒産をめぐる状況は厳しい。歴史的に見ても、これほど倒産件数が激減している時代はなく、円滑化法失効後も状況に大きな変化はないようである。その意味で、改正への動機付けは弱いかもしれない。しかし、将来にわたりこのような状況が続く保障はなく、事件数が増加に転じた段階で拙速に改正を図ることには疑問がある。むしろ倒産事件が将来量的に増加し、質的に複雑困難化してもなお対応できるような「足腰の強い」倒産手続を前倒しで整備しておく必要性は大きい。前回の改正も、もう10年早くバブル期にされていれば、バブル崩壊後の状況に即応することができ、その後の日本経済の在り様も変わっていた可能性があろう。また、私的整理との「制度間競争」も意識されるべきである。私的整理の側でも、事業再生ADRと社債の関係など着実に制度整備が進められている。私的整理と法的整理が

車の両輪として機能して初めて適切な事業再生・倒産処理が可能になることを考えれば、法的手続の再整備の必要性はやはり否定し難いのではなかろうか。

以上のように、私は倒産法改正論の必要性を認めるものであるが、そのような議論の中で、本書の有する利点として、以下のような点を指摘することができる。

第1に、網羅性である。本書は、全部で8章から構成されているが、その中では、まず全体的なもの（総論）に始まり、破産・民事再生のそれぞれについて、機関・手続面、債権面、財産面、個人手続（個人破産・個人再生）を検討し、会社更生・特別清算にもふれ、さらに倒産実体法に関連する問題として、担保権、双務契約、否認権、相殺権について扱う。ここでは、倒産法のすべての問題領域について、現在考えられうる改正論の可能性がほぼ網羅されていると言ってよい。

第2に、一覧性である。以上のような網羅的な論点について、一覧性のある形で検討が加えられている。現在の改正論は極めて多岐にわたり、また多くの関連書籍が出版されている中、すべての論点について議論の全体像を一覧することには大きな困難が生じていた。本書によって、そのような困難が解消することが期待できよう。少なくとも各論点の末尾の参考文献を見るだけでも、当該論点に係る改正の議論の全体を把握することができる。

第3に、問題ごとに改正の必要性及び相当性という形で論点の整理がされている点である。「改正の必要性」では、現在の制度・実務運用のどこに問題があるかを摘出し、「改正の相当性」では、そのような問題点の解決のために法改正が必要か、どのような法改正が相当かを検討している。いわば倒産法の「診断」と「治療」が示されている。このような論述のスタイルにより、読者は、何故当該論点について改正の議論が行われているか（換言すれば、現在の制度や運用のどこに問題があるか）を知り、改正論の方向性や問題点を容易に把握することができる。そして、それぞれの点に興味を抱いた読者は、さらに参考文献等を手がかりにして他の論者の議論を知り、自らの考えを深めていくことができる。

第4に、秀逸な執筆陣である。本書は、すべての項目について、全倒ネットに所属する練達の実務家によって執筆され、複数回にわたってその原稿に検討が加えられている。その結果、各論点について、実務的に明断な問題意識の下に、的確に問題点が整理検討されている。

以上のように、本書は、倒産法改正の議論に関心をもつすべての実務家・研究者にとって有益な書物である。また、それにはとどまらず、各論点における改正の必要性の叙述を通読すれば、現在の制度や実務が抱える問題点も網羅的に理解することができる。その意味では、改正論を離れても、現在の倒産法・倒産実務に関心をもつすべての読者にとって大きな意義を有する書物ということができる。本書が一人でも多くの方の手に取られ、本書を契機として倒産法改正の議論が一層盛り上がりをみせることを期待したい。

平成26年9月

一橋大学教授　**山本和彦**

はしがき

　本書は、全国倒産処理弁護士ネットワークの倒産法実務ＱＡシリーズの１つとして出版するものであるが、これまでの実務ＱＡシリーズとは方向性が若干異なる。

　倒産法制の一連の改正が平成８年に始まり、平成11年に民事再生法が成立し、平成12年に個人再生手続の特則が設けられ、平成14年に会社更生法が、平成16年に破産法が成立し、平成17年成立の会社法により特別清算が新しくなり、一連の倒産法大改正は終了した。それから10年以上が経過したが、これら新倒産法は、従前の倒産実務を大きく変えた。特に、破産手続と個人再生手続の活用により、窮境にある多くの個人に人生のやり直しの機会を与えることができた。また再生手続は、和議法と比較して、格段に債権者の予測可能性を高め、公正で透明性のある手続として、中小企業の事業の早期再生に寄与してきたし、更生手続は、再生手続の利点も取り込みながら、大型の事業再生を担ってきた。そして、これら倒産手続に関与する裁判所や倒産実務家の努力により、倒産手続に対する国民の信頼は飛躍的に高まり、日本経済の活性化をはかる法的インフラとして重要な機能を果たすに至っている。

　他方、この10年以上の実務運用の中で、新倒産法制について実務上の観点また理論上の観点から様々な問題点が指摘されている。倒産手続に関わる実務家としては、直面した問題について、個別具体的な事情を的確に把握した上で、当該事案において公正で適正な解決を図るべく知恵を絞り関係者を説得するなどして、利害の相反する関係者間の調整に務め、誰もが納得できる妥当な解決を図る努力を続けている。しかし、それでも、解決が困難な場面や不合理な結果を回避できない場面が存在することは否定できない。そのことは、近時、数多くの倒産法改正に向けた提言が公表されている事実からも明らかである。

　本書は、倒産実務に関わる弁護士が現場で感じているこれら課題を広く取り上げ、問題の所在、解決の必要性と方向性を示し、より良い倒産実務を実現するための検討課題を提示することにより、将来の倒産法再改正に向けた基礎材料を提供しようとするものである。

　ここで提示する検討課題は、手続的なものから実体法に及ぶものまで多岐にわたる。多くは、その必要性や相当性を理解して頂けるものと思う。他方、問題状況の把握や分析が未だ不十分なものや解決の方向性について違和感のあるもの、執筆者によっては異なる方向性を論じている検討課題も含まれているが、いずれも今後検討を継続するに値する論点であるように思われる。そこで可能な限り、参考文献を示すことにより、当該検討課題について議論が深められるように配慮した。本書が、今後の倒産法再改正の一助になれば幸いである。

　倒産実務家として、さらによりよい倒産手続の実現に向けて、研鑽を深めたい。

平成26年９月

全国倒産処理弁護士ネットワーク理事長　弁護士　**中井康之**（大阪弁護士会）

全国倒産処理弁護士ネットワーク参加のお勧め

　倒産処理は、「大型企業の再建」から「消費者破産」まで対象事案は幅広く、各手続には多数の利害関係者が関わるため、複雑な法律問題や解決すべき課題が多く発生します。適切かつ迅速な倒産処理への社会的要請の高まりは、平成11年から16年にかけての倒産法制の大改正を実現させましたが、新倒産法制を活かすも殺すも、その運用の中心的役割を担う法曹とりわけ弁護士の双肩にかかっているといっても過言ではありません。

　このような状況下、全国倒産処理弁護士ネットワーク（全倒ネット）は、平成14年に、全国各地で倒産事件の運用を担う人材、特に倒産処理に堪能な弁護士を育成するべく設立されました。爾後、各地域単位、全国単位で研修や協議の場を設け、会員間でのインターネットを利用した意見交換・情報提供や人的交流を通じて、倒産処理人材の育成を図りつつ、裁判所との連携により各地の倒産事件に対する実務運用の適正化を推進するとともに、年1回の全国大会や各地区会での講演会・シンポジウム等を通じ、より良い運用のあり方を提言し、また、その研究活動の成果につき、雑誌、書籍等を通じ広く情報発信をして参りました。こうした活動を通じて会員は全都道府県に及び、平成26年1月現在で4,700名を超えています。

　会員間においてはメーリングリストを活用した情報交換や質疑応答を適宜行い、日々自主的な研鑽に務めています。このメーリングリストは、倒産処理の実務において生起する問題・疑問点を自ら発信者となって提起し、倒産処理に携わる他の弁護士から回答を受けることにより、多様な意見・経験を共有でき、実務上非常に有益であると評価されています。

　このように、各会員の年齢・経験や活動地域を越え、また、リアルタイムで情報共有・意見交換ができるのは、メーリングリストならではの利点といえるでしょう。そして、このメーリングリストの精神は、そのまま全倒ネットの精神といえます。

　また、このメーリングリストのなかで出された問題を集約、発展させ、平成19年には『破産実務Q&A150問』、平成20年には『個人再生の実務Q&A100問』、平成21年には『通常再生の実務Q&A120問』、平成22年には『新注釈民事再生法〔第2版〕上・下』、平成23年には『私的整理の実務Q&A100問』、平成24年には、実務に必須といわれるようになった『破産実務Q&A150問』に大幅な追加と改訂を加えた『破産実務Q&A200問』など実務に役立つ出版を継続的に行い、昨年には『会社更生の実務Q&A120問』を刊行いたしました。

　全倒ネットが、今後ともより一層充実した活動ができるように、現在倒産処理に携わっておられる方はもちろんのこと、倒産処理に関心をお持ちの方、とりわけ新入会員の方は、どうぞ奮ってご参加ください。会員には通信費として年5,000円のご負担をお願いしておりますので、ご了解ください。なお、これまで会員の皆さんに全倒ネット編集の上記書籍等を、原則として無料でお送りしております。

参加をご希望の方は、事務局である一般社団法人金融財政事情研究会・金融法務編集部が運営する全倒ネットのホームページ（http://www.zentoh-net.jp/）にアクセスしていただき、「入会方法」をご参照のうえ、参加の手続きをお取りいただくようお願い申し上げます。

　平成26年

全国倒産処理弁護士ネットワーク
理事長　中井　康之

〔理事一覧〕　　　　　　　　　　　　　　　　　　　　（平成26年9月現在）

役職	氏名	所属	期	事務所名
理事長	中井　康之	大阪	34	堂島法律事務所
副理事長	小林　信明	東京	35	長島・大野・常松法律事務所
専務理事	佐藤　昌巳	愛知県	41	佐藤綜合法律事務所
専務理事	黒木　和彰	福岡県	41	弁護士法人黒木・内田法律事務所
専務理事	富永　浩明	東京	42	富永浩明法律事務所
常務理事	馬杉　栄一	札幌	24	馬杉栄一法律事務所
常務理事	長屋　憲一	第二東京	35	長屋憲一法律事務所
常務理事	片山　英二	第一東京	36	阿部・井窪・片山法律事務所
常務理事	石井　教文	大阪	37	弁護士法人大阪西総合法律事務所
常務理事	伊藤　尚	第一東京	37	阿部・井窪・片山法律事務所
常務理事	斉藤　芳朗	福岡県	39	徳永・松﨑・斉藤法律事務所
常務理事	小堀　秀行	金沢	40	弁護士法人兼六法律事務所
常務理事	髙木　裕康	第二東京	40	東京丸の内法律事務所
常務理事	岩渕　健彦	仙台	43	エール法律事務所
常務理事	籠池　信宏	香川県	46	籠池法律事務所
常務理事	野村　剛司	大阪	50	なのはな法律事務所
理事	多比羅　誠	東京	22	ひいらぎ総合法律事務所
理事	松嶋　英機	東京	23	西村あさひ法律事務所
理事	須藤　英章	第二東京	23	東京富士法律事務所
理事	池田　靖	東京	24	三宅・今井・池田法律事務所
理事	宮川　勝之	第二東京	30	東京丸の内法律事務所
理事	瀬戸　英雄	第一東京	31	LM法律事務所
理事	岡　正晶	第一東京	34	梶谷綜合法律事務所
理事	土岐　敦司	第一東京	35	成和明哲法律事務所
理事	深山　雅也	第二東京	38	深山・小金丸法律会計事務所

理事	三村 藤明	東京	39	ビンガム・坂井・三村・相澤法律事務所（外国法共同事業）	
理事	綾 克己	東京	41	ときわ法律事務所	
理事	服部 明人	第一東京	41	服部明人法律事務所	
理事	進士 肇	東京	45	篠崎・進士法律事務所	
理事	岡 伸浩	第一東京	45	岡綜合法律事務所	
理事	小畑 英一	第一東京	45	LM法律事務所	
理事	三森 仁	第二東京	45	あさひ法律事務所	
理事	上野 保	第二東京	46	元木・上野法律会計事務所	
理事	縣 俊介	東京	50	みなと協和法律事務所	
理事	柴田 義人	第二東京	50	ビンガム・坂井・三村・相澤法律事務所（外国法共同事業）	
理事	仁平 信哉	横浜	38	弁護士法人仁平総合法律事務所	
理事	川島 俊郎	横浜	44	佐藤・川島法律事務所	
理事	村松 剛	横浜	52	佐藤・村松法律事務所	
理事	野崎 正	埼玉	46	さいたま法律事務所	
理事	小倉 純夫	千葉県	31	わかば法律事務所	
理事	石川 貴康	千葉県	50	コンパサーレ法律事務所	
理事	植崎 明夫	茨城県	35	植崎明夫法律事務所	
理事	飯島 章弘	茨城県	55	あおい法律事務所	
理事	伊澤 正之	栃木県	40	伊澤正之法律事務所	
理事	蓬田 勝美	栃木県	41	蓬田勝美法律事務所	
理事	安田 真道	栃木県	54	安田法律事務所	
理事	丸山 和貴	群馬	33	丸山法律事務所	
理事	竹原 正貴	群馬	59	伊勢崎法律会計事務所	
理事	伊藤 みさ子	静岡県	37	静岡・市民法律事務所	
理事	松田 康太郎	静岡県	52	共和法律事務所	
理事	石川 善一	山梨県	39	石川善一法律事務所	
理事	小野 正毅	山梨県	47	小野法律事務所	
理事	中村 隆次	長野県	29	中村隆次・田鶴子法律事務所	
理事	金子 肇	長野県	48	金子法律事務所	
理事	齋藤 泰史	長野県	52	弁護士法人斎藤法律事務所	
理事	伊津 良治	新潟県	38	伊津良治法律事務所	
理事	野口 祐郁	新潟県	50	野口法律事務所	
理事	出水 順	大阪	26	北総合法律事務所	
理事	小松 陽一郎	大阪	32	小松法律特許事務所	

理事	上田　裕康	大　阪	33	弁護士法人大江橋法律事務所
理事	服部　敬	大　阪	43	はばたき総合法律事務所
理事	中森　亘	大　阪	47	北浜法律事務所・外国法共同事業
理事	山形　康郎	大　阪	52	弁護士法人関西法律特許事務所
理事	池上　哲朗	京　都	45	京都総合法律事務所
理事	柴田　眞里	兵庫県	49	フローラ法律事務所
理事	中西　達也	奈　良	50	中西達也法律事務所
理事	竹下　育男	滋　賀	47	せせらぎ法律事務所
理事	中川　利彦	和歌山	34	パークアベニュー法律事務所
理事	池田　伸之	愛知県	32	池田総合特許法律事務所
理事	服部　一郎	愛知県	38	服部一郎法律事務所
理事	山田　尚武	愛知県	44	しょうぶ法律事務所
理事	室木　徹亮	三　重	42	室木・飯田法律事務所
理事	堀部　俊治	岐阜県	37	堀部俊治法律事務所
理事	八木　宏	福　井	54	九頭竜法律事務所
理事	栗本　正貴	富山県	52	栗本・酒井法律事務所
理事	舩木　孝和	広　島	36	ひまわり法律事務所
理事	森川　和彦	広　島	41	白島綜合法律事務所
理事	加瀬野　忠吉	岡　山	41	おもてまち法律事務所
理事	熱田　雅夫	島根県	46	熱田法律事務所
理事	平岩　みゆき	福岡県	52	けやき通り法律事務所
理事	千綿　俊一郎	福岡県	53	吉村敏幸法律事務所
理事	渡辺　耕太	大分県	48	弁護士法人渡辺法律事務所
理事	建部　明	熊本県	27	建部法律事務所
理事	渡辺　裕介	熊本県	55	渡辺綜合法律事務所
理事	江藤　利彦	宮崎県	35	江藤法律事務所
理事	畑　知成	沖　縄	51	弁護士法人ひかり法律事務所
理事	須藤　力	仙　台	35	須藤法律事務所
理事	佐藤　裕一	仙　台	37	弁護士法人杜協同阿部・佐藤法律事務所
理事	菅野　昭弘	福島県	46	すがの法律事務所
理事	石橋　乙秀	岩　手	34	こずかた法律事務所
理事	石岡　隆司	青森県	38	石岡法律事務所
理事	矢吹　徹雄	札　幌	26	矢吹法律事務所
理事	小寺　正史	札　幌	32	弁護士法人小寺・松田法律事務所

理 事	吉川　武	札　幌	39	吉川武法律事務所
理 事	桶谷　和人	札　幌	56	植物園法律会計事務所
理 事	木野村　英明	釧　路	57	木野村英明法律事務所
理 事	川東　祥次	香川県	33	川東法律事務所
理 事	森　晋介	徳　島	56	森法律事務所
理 事	村上　亮二	愛　媛	39	村上亮二法律事務所

(合計99名)

【顧　問】

顧　問	髙木　新二郎	東　京	15	野村證券株式会社
顧　問	才口　千晴	東　京	18	TMI総合法律事務所
顧　問	田原　睦夫	大　阪	21	はばたき綜合法律事務所

〔研究・出版活動〕

●雑誌

「旬刊 金融法務事情」（金融財政事情研究会）
　　連載：破産法が変わる〔1703号（2004.4.5号）～1737号（2005.4.25号）〕
　　連載：倒産手続と担保権〔1747号（2005.8.25号）～1766号（2006.3.25号）〕
「季刊 事業再生と債権管理」（金融財政事情研究会）
　　第3回全国大会シンポジウム報告「裁判実務からみた新破産法」
　　　　　　　　　　　　　　　　　　　　　　　　　　　　　（2005年1月号）
　　　第4回　〃　「新法下における破産・再生手続の実務上の諸問題」
　　　　　　　　　　　　　　　　　　　　　　　　　　　　　（2006年1月号）
　　　第5回　〃　「施行6年を経過した民事再生手続を振り返って」
　　　　　　　　　　　　　　　　　　　　　　　　　　　　　（2007年1月号）
　　　第6回　〃　「破産管財人の職責と善管注意義務」（2008年1月号）
　　　第7回　〃　「民事再生手続による中小企業再生への課題」（2009年1月号）
　　　第8回　〃　「破産手続における利害関係人と破産管財人の権限」
　　　　　　　　　　　　　　　　　　　　　　　　　　　　　（2010年7月号）
　　　第9回　〃　「事業承継スキームの光と影」（2011年4月号）
　　　第10回　〃　「倒産と相殺」（2012年4月号）
　　　第11回　〃　「倒産法改正に向けて」（2013年4月号）
　　　第12回　〃　「建築請負契約と倒産」（2014年4月号）

●書籍（いずれも全国倒産処理弁護士ネットワーク編、金融財政事情研究会刊）
　『論点解説　新破産法（上）（下）』（2005年1月）
　『新注釈　民事再生法（上）（下）』（伊藤眞・田原睦夫監修）（2006年11月）
　『倒産手続と担保権』（2006年11月）

『破産実務Q&A150問～全倒ネットメーリングリストの質疑から～』
(2007年9月)
『個人再生の実務Q&A100問～全倒ネットメーリングリストの質疑から～』
(2008年11月)
『通常再生の実務Q&A120問～全倒ネットメーリングリストの質疑から～』
(2010年1月)
『新注釈 民事再生法〔第2版〕(上)(下)』(才口千晴・伊藤眞監修)
(2010年11月)
『私的整理の実務Q&A100問』(2011年11月)
『破産実務Q&A200問～全倒ネットメーリングリストの質疑から～』
(2012年11月)
『会社更生の実務Q&A120問』(2013年11月)
『私的整理の実務Q&A100問〔追補版〕』(2014年7月)

〔全国・地域における主な活動内容(2012年以降)〕

2012年 1月31日(火)　関東地区「未払賃金立替払制度研修会」(東京)
　　　　2月4日(土)　関東地区「第20回研修会」(甲府)
　　　　2月24日(金)　近畿地区「第5回和歌山弁護士会・全倒ネット共催」
　　　　2月24日(金)　中部地区「第32回中部倒産実務研究会開催」(福井)
　　　　3月3日(土)　九州地区「九州・沖縄地区講演会」(大分)
　　　　3月3日(土)　東北地区「未払賃金立替払制度研修会」(仙台)
　　　　3月27日(火)　近畿地区「第6回和歌山弁護士会・全倒ネット共催研修会」
　　　　4月14日(土)　中国地区「未払賃金立替払制度研修会」
　　　　4月20日(金)　四国地区「未払賃金立替払制度研修会」
　　　　6月15日(金)　九州地区「九州・沖縄地区講演会」(福岡)
　　　　7月7日(土)　関東地区「第21回研修会」(千葉)
　　　　7月13日(金)　中部地区「第33回中部倒産実務研究会」(名古屋)
　　　　10月13日(土)　関東地区「第22回研修会」(水戸)
　　　　10月20日(土)　九州地区「九州・沖縄地区講演会」(宮崎)
　　　　10月26日(金)　中部地区「第34回中部倒産実務研究会」(名古屋)
　　　　11月1日(木)　関東地区「倒産事件処理における弁護士倫理違反や弁護過誤の防止策研修会」(東京)
　　　　11月17日(土)　第11回全国大会・シンポジウム(大阪・大阪弁護士会館)
　　　　12月11日(火)「倒産事件処理における弁護士倫理違反や弁護過誤、ヒヤリハット防止策研修会」(大阪)
2013年 2月1日(金)　中部地区「第35回中部倒産実務研究会」(名古屋)
　　　　2月15日(金)　中部地区「倒産事件処理における弁護士倫理違反や弁護過誤の防止研修会」(名古屋)

	3月9日（土）	関東地区「第23回研修会」（横浜）
	5月14日（火）	九州地区「倒産事件処理における弁護士倫理違反や弁護過誤の防止策研修会」（福岡）
	6月8日（土）	関東地区「第24回研修会」（宇都宮）
	10月3日（木）	中部地区「第36回中部倒産実務研究会」（名古屋）
	10月26日（土）	関東地区「第25回研修会」（前橋）
	11月23日（土）	**第12回全国大会・シンポジウム（金沢・ホテル日航金沢）**
2014年	2月8日（土）	中国地区「倒産事件処理における弁護士倫理違反や弁護過誤の防止策研修会」（広島）
	3月8日（土）	関東地区「第26回研修会」（静岡）
	4月25日（金）	中部地区「第37回中部倒産実務研究会」（名古屋）
	5月24日（土）	四国地区「倒産事件処理における弁護士倫理違反や弁護過誤の防止策に関する研修会」（高松）
	5月31日（土）	近畿地区「第1回巡回研修会」（京都）
	7月2日（水）	「経営者保証に関するガイドライン研修会」（札幌）
	7月12日（土）	関東地区「第27回研修会」（長野）
	8月27日（水）	「再建型倒産実務研修・経営者保証ガイドライン」（大阪）
	10月25日（土）	**第13回全国大会・シンポジウム（仙台・仙台国際センター）**

〔メーリングリスト〕

　全倒ネットは、会則に明記されていますように、「倒産処理に携わる弁護士の相互の意見及び情報の交換を地域レベル及び全国レベルの両面で促進することにより、倒産処理に携わる弁護士の人材の育成を図り、裁判所との連携強化による倒産事件のさらなる適正・迅速化の推進に寄与する」ことを目的としています。以来、今日まで、かかる目的を達成するための重要な活動手段として、メーリングリストを設置し、これを活用した意見と情報の交換を継続して行って参りました。

　その成果は、『個人再生の実務Q&A100問～全倒ネットメーリングリストの質疑から～』（2008年11月刊行）、『通常再生の実務Q&A120問～全倒ネットメーリングリストの質疑から～』（2010年1月刊行）、『破産実務Q&A200問～全倒ネットメーリングリストの質疑から～』（2012年11月刊行）の3冊の実務Q&Aシリーズとして結実し、各地における倒産処理の指針となり、倒産事件の適正迅速な処理に貢献しています。また、平成26年8月時点で、メーリングリストの登録者数は4000人、投稿されたメールは2700通を超えております。

　このようにメーリングリストは、全倒ネットの主たる目的である、「倒産処理に携わる弁護士の相互の意見及び情報交換の場」のための極めて重要なツールとして設置活用され、貴重な場として会員皆の力で育ててきたものです。

　今後とも、本メーリングリストがさらに発展し活用され、倒産事件の適正迅速な処理に資することを望むものです。

編集委員・執筆者一覧 （所属は2014年8月現在）

◎編集委員 （50音順）

縣　俊介	東京弁護士会	
石井　教文	大阪弁護士会	
伊藤　尚	第一東京弁護士会	
岩渕　健彦	仙台弁護士会	
小畑　英一	第一東京弁護士会	
籠池　信宏	香川県弁護士会	
片山　英二	第一東京弁護士会	
黒木　和彰	福岡県弁護士会	
小島　伸夫	東京弁護士会	
小林　信明	東京弁護士会	
小堀　秀行	金沢弁護士会	
斉藤　芳朗	福岡県弁護士会	
佐藤　昌巳	愛知県弁護士会	
高尾　和一郎	第一東京弁護士会	
髙木　裕康	第二東京弁護士会	
富永　浩明	東京弁護士会	
中井　康之	大阪弁護士会	
長屋　憲一	第二東京弁護士会	
野村　祥子	大阪弁護士会	
野村　剛司	大阪弁護士会	
服部　千鶴	愛知県弁護士会	
古里　健治	第二東京弁護士会	
馬杉　栄一	札幌弁護士会	
吉川　武	札幌弁護士会	

◎執筆者 （50音順）

縣　俊介	東京弁護士会	
秋葉　健志	第二東京弁護士会	
朝田　規与至	東京弁護士会	
浅沼　雅人	東京弁護士会	
浅野　響	東京弁護士会	
阿部　弘樹	仙台弁護士会	
安部　将規	大阪弁護士会	
粟田口　太郎	東京弁護士会	
池田　伸之	愛知県弁護士会	
石井　教文	大阪弁護士会	
石川　貴康	千葉県弁護士会	
井出　ゆり	東京弁護士会	
伊藤　尚	第一東京弁護士会	
稲田　正毅	大阪弁護士会	
岩崎　通也	第二東京弁護士会	
岩渕　健彦	仙台弁護士会	
上田　純	大阪弁護士会	
上田　慎	第一東京弁護士会	
上野　保	第二東京弁護士会	
植村　京子	第一東京弁護士会	
上床　竜司	第二東京弁護士会	
大石　健太郎	東京弁護士会	
大澤　康泰	第二東京弁護士会	
大島　義孝	東京弁護士会	
大場　寿人	第二東京弁護士会	
岡　伸浩	第一東京弁護士会	
小川　洋子	愛知県弁護士会	
小畑　英一	第一東京弁護士会	
加々美　博久	東京弁護士会	
籠池　信宏	香川県弁護士会	
片山　英二	第一東京弁護士会	
加藤　貴裕	第二東京弁護士会	
金井　暁	第二東京弁護士会	
金山　伸宏	東京弁護士会	
北野　知広	大阪弁護士会	
桐山　昌己	大阪弁護士会	
黒木　和彰	福岡県弁護士会	
鯉渕　健	第二東京弁護士会	
小島　伸夫	東京弁護士会	
小林　信明	東京弁護士会	

小堀	秀行	金沢弁護士会	中森	亘	大阪弁護士会
権田	修一	第二東京弁護士会	中山	祐樹	東京弁護士会
斉藤	芳朗	福岡県弁護士会	並河	宏郷	東京弁護士会
三枝	知央	東京弁護士会	西脇	明典	愛知県弁護士会
佐藤	昌巳	愛知県弁護士会	野上	昌樹	大阪弁護士会
軸丸	欣哉	大阪弁護士会	野中	英匡	第二東京弁護士会
篠田	憲明	第二東京弁護士会	野村	祥子	大阪弁護士会
柴田	義人	第二東京弁護士会	野村	剛司	大阪弁護士会
柴原	多	東京弁護士会	服部	一郎	愛知県弁護士会
志甫	治宣	東京弁護士会	服部	千鶴	愛知県弁護士会
清水	靖博	東京弁護士会	平井	信二	大阪弁護士会
清水	祐介	東京弁護士会	古里	健治	第二東京弁護士会
清水	良寛	大阪弁護士会	堀野	桂子	大阪弁護士会
進士	肇	東京弁護士会	眞下	寛之	愛知県弁護士会
新宅	正人	大阪弁護士会	俣野	紘平	第二東京弁護士会
新保	勇一	第二東京弁護士会	松尾	幸太郎	東京弁護士会
関端	広輝	東京弁護士会	松村	昌人	第二東京弁護士会
髙井	章光	第二東京弁護士会	松本	卓也	第一東京弁護士会
高尾	和一郎	第一東京弁護士会	溝渕	雅男	大阪弁護士会
髙木	裕康	第二東京弁護士会	三森	仁	第二東京弁護士会
髙田	千早	東京弁護士会	南	賢一	東京弁護士会
髙橋	優	東京弁護士会	蓑毛	良和	東京弁護士会
高松	康祐	福岡県弁護士会	三村	藤明	東京弁護士会
髙山	崇彦	第一東京弁護士会	宮崎	信太郎	東京弁護士会
田川	淳一	東京弁護士会	御山	義明	東京弁護士会
田汲	幸弘	東京弁護士会	本山	正人	第一東京弁護士会
武内	斉史	第一東京弁護士会	森	倫洋	第一東京弁護士会
田中	省二	東京弁護士会	八木	宏	福井弁護士会
多比羅	誠	東京弁護士会	谷津	朋美	東京弁護士会
千綿	俊一郎	福岡県弁護士会	八束	美樹	第二東京弁護士会
辻	顕一朗	愛知県弁護士会	山形	康郎	大阪弁護士会
鶴巻	暁	東京弁護士会	山田	尚武	愛知県弁護士会
赫	高規	大阪弁護士会	山宮	慎一郎	東京弁護士会
富岡	武彦	東京弁護士会	柚原	肇	愛知県弁護士会
富永	浩明	東京弁護士会	横山	兼太郎	東京弁護士会
中井	康之	大阪弁護士会	吉川	武	札幌弁護士会
長沢	美智子	第二東京弁護士会	吉田	和雅	第二東京弁護士会
長島	良成	東京弁護士会	和田	正	東京弁護士会

法令・判例・文献等の表記について

1．法令等の表記

(1) 本文中の法令等の表記

本文中の法令等は、原則として略称を用いず、次のように表記した。

例：破産法71条1項1号

(2) （ ）内、枠内の法令等の表記

（ ）内、枠内で引用する主要法令等の名称は、次のように略記した。

- ・破　　　　　破産法
- ・破規　　　　破産規則
- ・民再　　　　民事再生法
- ・民再規　　　民事再生規則
- ・会更　　　　会社更生法
- ・会更規　　　会社更生規則
- ・憲　　　　　憲法
- ・民　　　　　民法
- ・会　　　　　会社法
- ・会施規　　　会社法施行規則
- ・民訴　　　　民事訴訟法
- ・民訴規　　　民事訴訟規則
- ・民執　　　　民事執行法
- ・民保　　　　民事保全法
- ・民調　　　　民事調停法
- ・不登　　　　不動産登記法
- ・家事　　　　家事事件手続法
- ・強化　　　　産業競争力強化法
- ・租特　　　　租税特別措置法
- ・健保　　　　健康保険法
- ・厚年　　　　厚生年金保険法
- ・賃確　　　　賃金の支払の確保等に関する法律
- ・賃確令　　　賃金の支払の確保等に関する法律施行令
- ・賃確施規　　賃金の支払の確保等に関する法律施行規則

- 労基　　　　労働基準法
- 金商　　　　金融商品取引法
- 金商令　　　金融商品取引法施行令
- 特許　　　　特許法

(3) （　）、枠内の条文の表記

　（　）内で引用する条文は、次のように略記した。

　例：例：破産法71条1項1号　→　破71①一

2．判決（決定）の表記

判決・決定は、次のように表記した。
　例：最高裁判所平成23年12月15日第一小法廷判決　→　最一小判平23.12.15
　　　東京地方裁判所平成23年11月24日決定　→　東京地決平23.11.24

3．判例集・法律雑誌の表記

判例集・法律雑誌は、次のように略記した。
- 民集　　最高裁判所民事判例集
- 金法　　金融法務事情
- 債管　　事業再生と債権管理
- ジュリ　ジュリスト
- 判時　　判例時報
- 判タ　　判例タイムズ
- 労判　　労働判例
- 金判　　金融・商事判例

4．書籍の引用方法

次項にない引用書籍は、次のように表記した。
- 執筆者『書名』頁数
- 編著者『書名』頁数〔引用論稿執筆者〕

5．主要参考文献とその表記

主要参考文献は、原則として次のように表記した。

○倒産法改正提言
- ・『東弁展望』：東京弁護士会倒産法部編『倒産法改正展望』（商事法務、2012年）
- ・『大阪提言』：倒産法改正研究会編『提言倒産法改正』（金融財政事情研究会、2012年）
- ・『大阪続』：倒産法改正研究会編『続・提言倒産法改正』（金融財政事情研究会、2013年）
- ・「一弁冊子」：第一東京弁護士会総合法律研究所倒産法研究部会「倒産手続に関する改正検討事項」（2013年）
- ・『二弁30講』：倒産実務研究会編『倒産法改正への30講　倒産実務の諸問題と改正提言』（民事法研究会、2013年）
- ・「日弁提言」：日本弁護士連合会「倒産法改正に関する提言」（2014年）
- ・『東弁提言』：園尾隆司・多比羅誠編『倒産法の判例・実務・改正提言』（弘文堂、2014年）
- ・『大阪続々』：倒産法改正研究会編『続々・提言倒産法改正』（金融財政事情研究会、2014年）

【改正提言関連論文・シンポ等】
- ・「全倒ネット大阪大会」「特集　倒産法改正に向けて」債管140号16頁以下
- ・「債権査定制度」：債権査定制度実務研究会「債権査定制度の実務的課題と改正提言」金法1988号24頁以下
- ・「シンポ」：「シンポジウム　倒産実務の諸課題と倒産法改正」金法1995号6頁以下
- ・「中島」：中島弘雅「倒産法再改正の論点について」法の支配170号26頁以下
- ・「園尾」：園尾隆司「倒産法改正の見通しとその基本構想―歴史からみた倒産法改正構想策定の留意点」金法1974号19頁以下

○倒産法全般
- ・『倒産判例百選』：青山善充・伊藤眞・松下淳一編『倒産判例百選〔第5版〕』（別冊ジュリスト184号）（有斐閣、2013年）
- ・『システム』：高木新二郎・伊藤眞編集代表『講座　倒産の法システム(2)』（日本評論社、2006年）
- ・『伊藤・破産民再』：伊藤眞『破産法・民事再生法〔第2版〕』（有斐閣、2009年）
- ・『倒産法概説』：山本和彦・中西正・笠井正俊・沖野眞已・水元宏典『倒産法概説〔第2版〕』（弘文堂、2010年）

- 『個人の破産再生』：日本弁護士連合会倒産法制等検討委員会編『個人の破産・再生手続：実務の到達点と課題』（金融財政事情研究会、2011年）
- 『争点』：倒産実務交流会編『争点　倒産実務の諸問題』（青林書院、2012年）
- 『松嶋古稀』：伊藤眞・門口正人・園尾隆司・山本和彦編『松嶋英機弁護士古稀記念論文集　時代をリードする再生論』（2013年、商事法務）
- 『田原古稀』：一般社団法人金融財政事情研究会編『田原睦夫先生　古稀・最高裁判事退官記念論文集　現代民事法の実務と理論（上）・（下）』（金融財政事情研究会、2013年）
- 『担保保証』：「倒産と担保・保証」実務研究会『倒産と担保・保証』（商事法務、2014年）

○破産法
- 『基本コンメ』：中野貞一郎・道下徹編『基本法コンメンタール　破産法　第2版』（日本評論社、1997年）
- 『一問一答破産』：小川秀樹編著『一問一答新しい破産法』（商事法務、2004年）
- 『論点解説』：全国倒産処理弁護士ネットワーク編『論点解説新破産法（上）』（金融財政事情研究会、2005年）
- 『破産基本構造』：伊藤眞・松下淳一・山本和彦編『新破産法の基本構造と実務（ジュリスト増刊）』（有斐閣、2007年）
- 『新・実務大系』：園尾隆司・西謙二・中島肇・中山孝雄・多比羅誠編『新・裁判実務大系（28）新版破産法』（青林書院、2007年）
- 『大コンメ』：竹下守夫編集代表『大コンメンタール破産法』（青林書院、2007年）
- 『はい6民』：大阪地方裁判所第6民事部『破産・個人再生の実務Q&A　はい6民ですお答えします』（大阪弁護士協同組合、2008年）
- 『注解』：斎藤秀夫・麻上正信・林屋礼二編『注解破産法〔第三版〕（下）』（青林書院、2009年）
- 『運用と書式』：大阪地方裁判所・大阪弁護士会破産管財運用検討プロジェクトチーム編『破産管財手続の運用と書式〔新版〕』（新日本法規出版、2009年）
- 『条解』：伊藤眞・岡正晶・田原睦夫・林道晴・松下淳一・森宏司『条解破産法』（弘文堂、2010年）
- 『手引』：鹿子木康・島岡大雄編／東京弁護士会地裁破産実務研究会著『破産管財の手引〔増補版〕』（金融財政事情研究会、2012年）

- 『破産200問』：全国倒産処理弁護士ネットワーク編『破産実務Q&A200問』（金融財政事情研究会、2012年）
- 『実践マニュアル』：野村剛司・石川貴康・新宅正人『破産管財実践マニュアル〔第2版〕』（青林書院、2013年）
- 『破産実務』：東京地裁破産再生実務研究会編著『破産・民事再生の実務〔第3版〕 破産編』（金融財政事情研究会、2014年）

○民事再生法
- 『一問一答民再』深山卓也・花村良一・筒井健夫・菅家忠行・坂本三郎『一問一答民再』（商事法務研究会、2000年）
- 『一問一答個再』：始関正光編著『一問一答 個人再生手続』（商事法務研究会、2001年）
- 『大阪物語』：大阪地方裁判所・大阪弁護士会個人再生手続運用研究会『改正法対応 事例解説個人再生 大阪再生物語』（新日本法規出版、2006年）
- 『個再100問』：全国倒産処理弁護士ネットワーク編『個人再生の実務Q&A100問』（金融財政事情研究会、2008年）
- 『民再実務理論』：事業再生研究機構編『民事再生の実務と理論』（商事法務、2010年）
- 『新注釈民再』：才口千晴・伊藤眞監修／全国倒産処理弁護士ネットワーク編『新注釈民事再生法（上）（下）〔第2版〕』（金融財政事情研究会、2010年）
- 『個再手引』：鹿子木康・島岡大雄編／東京地裁個人再生実務研究会著『個人再生の手引』（判例タイムズ社、2011年）
- 『民再手引』：鹿子木康編・東京地方裁判所民事再生研究会著『民事再生の手引』（商事法務、2012年）
- 『条解再生』：園尾隆司・小林秀之編『条解民事再生法〔第3版〕』（弘文堂、2013年）
- 『民再実務』：東京地裁破産再生実務研究会編著『破産・民事再生の実務〔第3版〕 民事再生・個人再生編』（金融財政事情研究会、2014年）

○会社更生
- 『条解会更』：兼子一監修／三ケ月章・竹下守夫・霜島甲一・前田庸・田村諄之輔・青山善充著『条解会社更生法（上）・（中）・（下）』（弘文堂、1973年・1973年・1974年）
- 『一問一答会更』：深山卓也編『一問一答新会社更生法』（商事法務、2003年）
- 『実務大系』：門口正人・西岡清一郎・大竹たかし編『会社更生法　民事再生

法（新・裁判実務大系　第21巻）』（青林書院、2004年）
- 『会更基本構造』：伊藤眞・松下淳一・山本和彦編『新会社更生法の基本構造と平成16年改正（ジュリスト増刊）』（有斐閣、2005年）
- 『実務会更』：東京地裁会社更生実務研究会『最新実務会社更生』（金融財政事情研究会、2011年）
- 『伊藤会更』：伊藤眞『会社更生法』（有斐閣、2012年）
- 『新・更生計画』：松下淳一・事業再生研究機構『新・更生計画の実務と理論』（商事法務、2014年）

○私的整理
- 『ADR実践』：事業再生実務家協会事業再生ADR委員会『事業再生ADRの実践』（商事法務、2009年）
- 『私的整理100問』：全国倒産処理弁護士ネットワーク編『私的整理の実務Q&A100問〔追補版〕』（金融財政事情研究会、2014年）

目　次

推薦の辞 ……………………………………………………… 山本和彦　1
はしがき ……………………………………………………… 中井康之　3
全国倒産処理弁護士ネットワーク参加のお勧め ………… 中井康之　4
編集委員・執筆者一覧 ……………………………………………… 11
法令・判例・文献等の表記について ……………………………… 13

序　章　今、なぜ倒産法改正か

再チャレンジがしやすい社会をめざして …………………… 多比羅誠　2
民法（債権法）改正と倒産手続 ……………………………… 中井康之　4
日弁連倒産法制等検討委員会における倒産法改正への取組みと
　改正に向けての視点 ………………………………………… 小林信明　10

第1章　倒産法制全般

総　論 ……………………………………………………………………… 14
1　倒産手続の統一 …………………………………………………… 16
2　担保権・優先債権を拘束する新たなDIP型再建手続 ………… 19
3　手続開始決定等の通知に関する大規模事件の特例 …………… 21
4　債権者委員会 ……………………………………………………… 23
5　情報開示 …………………………………………………………… 25
6　供　託 ……………………………………………………………… 27
7　他の法令との調整 ………………………………………………… 29
8　金融商品取引法等における各種報告書の提出義務免除 ……… 30
9　経営者保証に係る個人保証人再生手続の創設 ………………… 32

第2章　破　産

総　論 ……………………………………………………………………… 36
10　管轄の特則 ………………………………………………………… 38

11	債権者の信用・個人情報の保護と文書の閲覧等の制限……………	40
12	申立書添付書類の電磁的記録による提出………………………	42
13	他の手続の中止命令と包括的禁止命令の中間形態の創設………	43
14	包括的禁止命令における知れたる債権者への通知………………	44
15	保全管理命令・管理命令の適用対象の個人への拡大……………	46
16	破産管財人の権限（放棄等による残余財産に関する管理処分権）………………………………………………………………	47
17	保全管理人による事業譲渡と総会決議代替許可…………………	49
18	民事再生手続から破産手続に移行した場合の規定の追加………	51
19	財団債権の規定の再検討……………………………………………	53
20	租税等請求権の取扱い………………………………………………	54
21	給料債権の財団債権部分の拡大と基準日の変更…………………	56
22	解雇予告手当の財団債権化…………………………………………	58
23	労働者健康福祉機構の立替払手続の整備…………………………	60
24	未払賃金立替払制度における立替金と社会保険料の控除………	62
25	先行手続における共益債権・財団債権のうち後行の手続において優先する債権についての規定の追加………………………	63
26	財団債権等の代位弁済の場合の優先権の継承……………………	65
27	財団債権の調査確定…………………………………………………	67
28	内部者や実質支配者が有する倒産債権の劣後化…………………	69
29	株主が有する倒産債権の劣後化……………………………………	71
30	破産法104条5項前段の改正…………………………………………	73
31	債権調査手続等の合理化……………………………………………	74
32	債権届出の終期を定める規定等について…………………………	75
33	破産債権に関する訴訟の終了のための受継許可…………………	77
34	管財人による債権確定後の異議の撤回……………………………	78
35	牽連破産における財団債権の早期確定のための手当……………	79
36	債権査定の迅速化……………………………………………………	81
37	人の生命身体に係る損害賠償請求権の保護………………………	83
38	優先的破産債権の簡易分配、弁済許可制度の創設………………	84
39	簡易配当（異議確認型）の異議制度の廃止………………………	85
40	少額配当の取扱い……………………………………………………	86
41	配当金の振込費用……………………………………………………	87
42	先行手続における共益債権の後行手続における財団債権化とその確定………………………………………………………	88

43	引渡命令の適用範囲及び適用対象	90
44	破産財団に関する訴訟	91
45	役員責任査定手続制度の迅速化と柔軟化	93

第3章　個人破産

	総論	96
46	同時廃止における強制執行の効力	98
47	個人における官報公告の改善	100
48	慰謝料請求権の自由財産化	102
49	同時廃止と自由財産拡張制度	104
50	本来的自由財産の範囲	106
51	経営者保証人の破産における自由財産の範囲の見直し	107
52	自由財産拡張後の破産者死亡の際の拡張済財産	109
53	個人破産における破産管財人の管理処分権の範囲	110
54	租税債権の免責可能性	111
55	使用人の預り金返還請求権の非免責債権からの除外	112
56	資格制限の撤廃	113

第4章　民事再生

	総論	116
57	ファイナンス促進のための工夫	118
58	私的整理段階のスポンサーに対するブレイクアップフィー	120
59	私的整理から法的整理への移行（DIPファイナンス等）	122
60	私的整理から法的整理への移行（預金の取扱い）	124
61	私的整理から法的整理への移行（商取引債権、登記留保担保）	126
62	自庁処理規定の創設	128
63	事業廃止型の再生手続、各倒産手続の障害事由	130
64	自認債権	132
65	監督委員の役割	134
66	事業譲渡における代替許可の拡張	135
67	事業譲渡と契約上の地位の移転、許認可の承継	137
68	譲渡禁止特約付債権の譲渡	139

69	再生計画・更生計画の必要的記載事項の見直し………………	141
70	株式の取得等を定めた再生計画案への株主の不服申立て………	143
71	付議決定・複数計画案の決議方法……………………………………	145
72	書面等投票方式における決議の続行（再決議）・計画案の変更………………………………………………………………………	146
73	再生計画案の可決要件………………………………………………	148
74	再生手続の終結要件…………………………………………………	150
75	再生手続から破産手続への移行……………………………………	152
76	手続移行（役員等責任査定・否認請求）…………………………	154
77	再度の再生手続、牽連破産等の場合における旧再生債権の取扱い…………………………………………………………………	156
78	弁済禁止命令の類型化………………………………………………	158
79	債権者一覧表の記載事項……………………………………………	159
80	商取引債権の保護……………………………………………………	160
81	再建型倒産手続における債権者平等原則の内容の見直し………	162
82	滞納処分の中止・取消し……………………………………………	164
83	更生・再生手続開始申立て後の債権の共益債権化………………	166
84	債権届出名義等の変更………………………………………………	167
85	共益債権の確定手続の創設…………………………………………	168
86	債権者平等の例外……………………………………………………	169
87	会社分割手続の合理化と計画外会社分割…………………………	171
88	会社分割における労働契約承継手続の合理化……………………	173
89	会社分割における許認可の移転……………………………………	174
90	法人の再生手続における再生債務者の競売申立権………………	175

第5章　個人再生

総　論……………………………………………………………………… 178

91	清算価値保障原則と破産法上の自由財産拡張制度との関係／清算価値保障原則の基準時………………………………………	180
92	個人再生における否認権行使………………………………………	182
93	担保権消滅請求制度の利用…………………………………………	183
94	個人再生における履行の確保………………………………………	184
95	住宅資金特別条項における「住宅」と「住宅資金貸付債権」の定義…………………………………………………………………	185

96	住宅資金特別条項における住宅ローン債権者及び後順位担保権者の地位の変更	187
97	住宅資金特別条項適用下における有担保債権の弁済と否認	189
98	ペアローンの場合における住宅資金特別条項の利用	190
99	連帯保証債務の場合における住宅資金特別条項の利用	192
100	「巻戻し」を受けて住宅資金特別条項を利用する場合の、競売費用等の再生手続における取扱い	193
101	小規模個人再生における実質的平等	194
102	個人再生における自認債権等の取扱い	195
103	ハードシップ免責についての弁済要件の緩和	196
104	住宅資金特別条項がある個人再生後の破綻	197

第6章　会社更生

	総　論	200
105	更生計画外での社債の募集	202
106	更生手続における計画外会社分割	203
107	更生手続における滞納処分の中止期間	205
108	会社更生法133条の削除	207
109	更生計画認可決定後の退職者の退職手当請求権の共益債権化	208
110	処分連動方式に関する規定の新設	210

第7章　特別清算

	総　論	214
111	協定型の特別清算手続の合理化	216
112	会社法484条3項等に基づく破産管財人の特別の「取戻」権に関する見直し	218

第8章　倒産実体法

| | 総　論 | 222 |

第 1 節　担保権

- 113　第三者対抗要件の具備 ………………………………………… *225*
- 114　担保権者の費用負担 …………………………………………… *227*
- 115　物上代位、担保不動産収益執行の制限等 …………………… *229*
- 116　動産売買先取特権 ……………………………………………… *231*
- 117　民事留置権・商事留置権 ……………………………………… *233*
- 118　将来債権譲渡・譲渡担保の制約原理 ………………………… *235*
- 119　担保権消滅制度 ………………………………………………… *237*
- 120　民事再生法上の担保権消滅請求制度の要件緩和等 ………… *239*
- 121　民事再生法への破産法上の担保権消滅請求制度の導入 …… *241*
- 122　担保権消滅請求の迅速化 ……………………………………… *243*
- 123　再生手続における評価命令と担保権消滅請求の連動 ……… *244*
- 124　担保権実行中止命令 …………………………………………… *245*
- 125　別除権協定の解除・失効の場合の扱い ……………………… *247*

第 2 節　双務契約

- 126　倒産秩序を害する契約条項を無効とする規定の創設 ……… *249*
- 127　双方未履行双務契約の解除の特則 …………………………… *251*
- 128　破産法53条 1 項の解除権の制限 ……………………………… *253*
- 129　中途解約違約金条項、倒産解除特約 ………………………… *254*
- 130　双務契約における財団債権とされる範囲 …………………… *256*
- 131　賃借人倒産における申立て前の賃料債権及び原状回復請求権の取扱い ……………………………………………………… *258*
- 132　請負契約への双方未履行双務契約の規律の適用 …………… *260*
- 133　ゴルフ会員の倒産の場合における双方未履行双務契約に関する規律の明確化 ……………………………………………… *262*
- 134　任意売却時に承継される敷金返還請求権の範囲の明確化 … *264*
- 135　再生計画における敷金返還請求権の権利変更の範囲の明確化等 ……………………………………………………………… *266*
- 136　寄託請求の範囲の「賃料」部分への限定 …………………… *268*
- 137　再建型手続における賃料相殺と敷金の共益債権化 ………… *269*
- 138　組合契約の当事者が破産した場合の脱退規定 ……………… *271*
- 139　寄託金返還請求権の保護 ……………………………………… *272*
- 140　雇用契約の解除 ………………………………………………… *274*

- [141] 破産法55条2項の適用範囲 ……………………………………… *276*
- [142] 継続的供給契約における相手方の請求権等 …………………… *278*
- [143] 保全段階における継続的供給契約の規律 ……………………… *280*
- [144] 特許ライセンス契約のライセンサーの倒産と管財人の義務 ……… *282*

第3節　否認権・相殺

- [145] 詐害的会社分割の否認と履行請求制度との調整規定の新設 ……… *284*
- [146] 詐害的会社分割と否認権規定の新設 …………………………… *286*
- [147] 偏頗行為否認 ……………………………………………………… *289*
- [148] 転得者否認（二重の悪意の要否）………………………………… *291*
- [149] 対抗要件否認の要件 ……………………………………………… *293*
- [150] 再生手続における否認権行使主体 ……………………………… *295*
- [151] 否認訴訟と再生手続の終結 ……………………………………… *297*
- [152] 否認の請求制度の実効化 ………………………………………… *299*
- [153] 再建型手続開始後に条件成就した停止条件付債務の相殺の規律 …… *300*
- [154] 相殺の時期的制限（民事再生法、会社更生法）………………… *302*
- [155] 相殺制限の拡張 …………………………………………………… *304*

序　章

今、なぜ倒産法改正か

再チャレンジがしやすい社会をめざして

1 今、なぜ

　我々、実務法曹は、現行倒産法制を利用しながら日々の業務を行っている。長年、利用しているから、制度に内在する問題点を膚で感じている。改正すべき項目は、本書では約150項目もの多数を挙げている。すべてが法改正しなければ解決しない問題かは、今後、検討を要するが、実務上の工夫では解決できない項目が相当数ある。それについて、かつてのように何十年も我慢しなければならないものではない。また、平成26年の会社法改正や平成27年に予定されている債権法改正において、倒産手続開始決定後の問題が残されている。何の手当もせず、解釈に委ねておくことでよいか。むしろ、早く法改正し、使い勝手のよい制度を構築して、再チャレンジがしやすい社会にすべきである。

2 コンセンサス方式

　法制審議会は、多くの場合、コンセンサスを形成することによって結論を出している。法制審議会の部会には、研究者のほかに、立法により影響を受ける各分野から委員・幹事が参加している。これらの委員・幹事は、出身の業界や団体等の利害を踏まえた主張をするので、コンセンサスの形成が困難になっていると言われている。コンセンサスの形成ができない論点は次々に落ちることになる。債権法改正の経緯を眺めていると、うなづける。

　このことは、倒産法改正にも、あてはまる。現在、倒産法改正の必要性を唱えているのは、主として弁護士である。しかも、管財人側・債務者側に立つ弁護士、いわゆる倒産弁護士からの提言である。研究者からの提言は少ないし、大口債権者となる金融機関側の提言はほとんどない。

　金融界、経済界、労働界、消費者、研究者、裁判所側からの理解を得られない立法提言は、日の目を見ないことになる。

　現行倒産法制が信頼を得て、利用が激増した理由は、簡素化し、迅速化し、標準化し、予測可能性があり、そして何よりも公正な手続だからである。そのような要素を備えた制度の提言ならば、コンセンサスは得られるはずである。

3 簡素化・迅速化・標準化・予測可能性・公正

　どの事件も同じ手続、同じ速さで、しかも公正に進行するならば、企業、金融機関等の利害関係人は、予測が容易になり、しかも安心して、利用できる。

　民事再生手続が予測を超えて多く利用されるようになった理由の1つは、裁判所が申立てから計画認可までの「標準スケジュール」を公表したことによる手続の標準化だけでなく、事業再生にとって不可欠な迅速化が図られたことにある。

　「標準スケジュール」が策定されていても、実務処理が平均して、その1.5倍以上の期間を要していたら、手続を標準化した意味が薄れ、迅速化にも反するし、予測

にも反しかねない。

　弁護士や裁判所による差を指摘されることがある。サービスの均質化・等質化を確保するため、弁護士も裁判所も工夫する必要がある。これを克服しないと、実務法曹が考えている方向と異なる法改正へ進むことになりかねない。

4　立法のための実験

　民事再生法が制定されたのが平成11年12月であり、施行は平成12年4月であった。東京地方裁判所は、平成11年、姿を見せ始めた民事再生法の構想をもとに、和議事件について手続の簡素化、迅速化を試み、成功した成果が「民事再生手続標準スケジュール」となった（園尾隆司「民事再生法の制定とその後の倒産処理手続の展開」園尾隆司ら編『最新実務解説一問一答 民事再生法』（青林書院、2011年）4頁以下）。

　東京地裁における破産手続の運用の柱は、即日面接と少額管財手続である。これらは平成11年から実施された。新しい破産法は、平成16年制定されたが、即日面接と少額管財手続の運用の成果は現行破産法に取り入れられた。

　立法提言をするだけでなく、立法提言を前提として大胆な実務改善案を策定し、実験してみてはどうか。解釈の範囲を超えているから立法提言をしているのであり、そんなことは無理という意見もあろう。しかし、立法に向けて「簡素化、迅速化、標準化、予測可能性、公正」という要件を充足する限り、不利益をこうむる利害関係人は非常に少ない。弁護士と裁判所とで協議し、両者が協力すると、相当の実験ができるものである（前記東京地裁はその好例）。

　①債権者から情報開示が不足していると言われている。そこで記録閲覧謄写について、裁判所へ行くまでもなく、債務者会社・管財人でも対応する（まず、民事再生事件から始め、閲覧謄写の対象は再生債務者が裁判所に提出した閲覧対象書類に限るとするとか）。その上で、情報開示のあり方を考える。

　②債権者委員会について、会社更生事件において、法定のものでなく、金融機関を中心とする任意の債権者委員会を設置し、情報の交換、進行の協議、計画認可後のモニタリング等をして、債権者委員会のあり方を検討する。

　③私的整理から法的整理への連続性を確保できるように、事業再生ADR等の計画案を簡易再生の計画案に転用できるように策定し、また収益弁済型の計画案の場合には、最低弁済額を定めた上で、キャッシュフローに応じた弁済計画案を策定し、実施する等々が考えられる。

　可能なところから始め、徐々に大胆な工夫を実験できないであろうか。

　　　　　　　　　　　　　　　　　　　　　　　　　　　（多比羅誠）

民法（債権法）改正と倒産手続

　平成26年8月26日の法制審議会民法（債権関係）部会において、「民法（債権関係）の改正に関する要綱仮案」が決定され公表された。そこで示された要綱仮案の中には、倒産手続と関連する改正案が含まれている。

　本書は、倒産実務から見た倒産法の改正検討課題について整理し、その必要性と相当性を検討したものであるが、その中にも今回の民法（債権法）改正の動向を踏まえた立法提案や検討課題が散見される。そこで、本稿では、要綱仮案で提案された倒産手続と関連するいくつかの改正項目を紹介したい。

1　差押えと相殺

　倒産手続の開始は倒産債務者に対する包括差押えであると言われる。倒産債務者に対して負担する債務と相殺できる自働債権の範囲は、倒産法における重要論点である。個別執行である差押えを受けた第三債務者が相殺できる自働債権の範囲について、民事実体法である民法において改正されるとすれば、それが倒産手続に与える影響は小さくない。

　現行民法511条は、支払の差止めを受けた第三債務者は、その後に取得した債権による相殺をもって差押債権者に対抗することができない、とのみ定めている。この自働債権の範囲について、判例は、無制限説をとり、実務も無制限説による運用がなされているが、反対説も少なくなかった。

　要綱仮案第24の3は、511条本文に加えて、⑴で「差押えを受けた債権の第三債務者は、差押え前に取得した債権による相殺をもって対抗することができる。」と定め、無制限説をとることを明らかにした。その上で、さらに、⑵で「差押え後に取得した債権が差押え前の原因に基づいて生じたものであるときは、第三債務者は、当該債権による相殺をもって差押債権者に対抗することができる。」として、自働債権の範囲を拡張した。「差押え前の原因に基づいて生じた」もの（債権）という表現は、破産債権の定義である「破産手続開始前の原因に基づいて生じた」財産上の請求権と同じであり、破産法70条に規定する停止条件付債権や将来の請求権も含まれると解されよう。仮案は、差押債権者の利益より、第三債務者の相殺に対する期待を保護することとした。これにより、再建型倒産手続において、倒産債務者に対して債務を負担する者が相殺できる自働債権の範囲について見解が分かれていたが、仮案が破産法の規律を採用したことから、再建型倒産手続において民法実体法より狭く解する積極的理由はないので破産法と同様になるものと思われる。

　なお、⑵に「差押え後に他人の債権を取得したものであるときは、この限りでない。」という但書が付されているが、開始前の原因に基づいて生じた債権でも、他人の債権を取得したものであるときは相殺を認める理由はない。委託のない保証に基づいて代位弁済したことによる事後求償権も、他人の債権と同視できるから相殺

できない（最二小判平24.5.28民集66巻7号3123頁参照）。

2 債権譲渡と相殺

現行民法には、債権譲渡がなされた場合に債務者が相殺できる自働債権の範囲について、特段の定めはない。相殺適状説、制限説、無制限説などの見解に分かれるが、差押えと相殺と比較して、債務者が相殺できる範囲を狭く解する見解が有力であった。それは債権が譲渡されると債務者の譲渡人に対する反対債権と対立関係がなくなることや取引の安全を保護するためである。これに対して、要綱仮案第19の4(2)は、譲渡債権と、(ア)権利行使要件具備時より前に取得した債権、(イ)権利行使要件具備時より後に取得した債権であっても、権利行使要件具備時より前の原因に基づいて生じた債権と、(ウ)譲受人の取得する債権を生ずる原因である契約に基づいて生じた債権は、相殺できるとした。「差押えと相殺」の規律と比較すれば、(ア)と(イ)は、差押えと権利行使要件具備時を基準時として同じであるが、(ウ)は、さらに債務者の相殺できる範囲を拡張したものである。譲渡人に倒産手続が開始した場合を想定すると、一層顕著となるが、この改正も、譲受人より債務者を保護する方向を明らかにしたものである。

(ウ)は、将来の売買代金債権を譲渡した場合に、権利行使要件具備後に発生した売買代金債権について、売買代金債権を生じる原因である契約、すなわち売買契約に基づいて生じた債権、例えば、当該売買の目的物に契約不適合（瑕疵）があるために生じた損害賠償請求権との相殺を認めるものである。将来の賃料債権を譲渡した場合にも、権利行使要件具備後に、同じ賃貸借契約から生じた必要費償還請求権や有益費償還請求権などとの相殺が可能となる。

なお、要綱仮案第19の2(1)は、将来債権の譲渡性を確認するとともに、「債権が譲渡された場合において、その意思表示の時に債権が現に発生していないときは、譲受人は、発生した債権を当然に取得する。」旨を規定することとした。部会の審議では、将来債権を譲渡した後に、譲渡人から譲渡債権に係る契約上の地位を第三者に移転した場合に、債権譲受人が第三者に対抗できることを明らかにする規律を置くことが検討されたが（部会資料81B参照）、不動産賃料について、賃料債権の譲受人が不動産の第三取得者に対して対抗できるとすると、不動産取引の安全が阻害されること、不動産の所有と利用の果実について長期にわたる分離を認めることになることなどから、反対意見が強く成案に至らなかった。

将来債権の譲渡人に法的倒産手続が開始した場合の規律を定めることも見送られ、倒産法の解釈に委ねられた。

3 債権の譲渡制限の意思表示

現行民法は、譲渡禁止特約に反する譲渡について、原則として無効と考えている（民466②）。したがって、譲渡禁止特約に違反した譲渡がなされた後に、譲渡人に破産手続が開始した場合、譲受人が悪意又は善意重過失の場合には、譲渡を無効として取り扱い、譲渡人の破産管財人は譲渡債権が破産財団に帰属するとして処理している。結果的に財団の増殖に寄与していた。再生手続や更生手続でも同様であ

る。

　要綱仮案第19の1⑴アは、「当事者が債権の譲渡を禁止し、または制限する旨の意思表示をしたときであっても、債権の譲渡は、その効力を妨げられない。」として、譲渡制限の意思表示に反する債権譲渡も有効とした。その上で、悪意又は善意重過失の譲受人に対して債務者は履行を拒むことができるほか、譲渡人に対する弁済その他の消滅事由を主張できるとして債務者を保護することとした（第19の1⑴イ）。中小企業の有している売掛金債権等の流動化を高めて資金調達が容易にするとともに、弁済先を固定したいとする債務者の利益の保護を図ろうとした。

　問題は、譲渡人に倒産手続が開始した場合である。債務者は、譲渡人に弁済すること、債権譲渡を承諾し譲受人に弁済すること、権利供託をすること（第19の1⑶ア）のいずれもが可能である。しかし、譲渡人が破産した場合、破産管財人に弁済されると、譲受人は破産財団に対して弁済金の支払を求めることになるが、それが財団債権になるとしても全額弁済が保証されるわけではない。そこで、譲受人は債務者に対して供託を請求できる制度を設けて、確実に優先弁済が受けられるように譲受人を保護することとした（第19の1⑶イ）。しかし、再生手続、更生手続では、かかる制度は設けられていないので、債務者が譲渡人である再生債務者又は管財人に弁済したときは、弁済金は一般財産に混入し、譲受人は、共益債権として、弁済金と同額の支払いを再生債務者又は管財人に求めることになろう。

　なお、担保目的の債権譲渡の場合は、弁済金は、担保目的物である譲渡債権の価値変形物として、一般財産に混入することなく、特定が維持されていると解することができれば、譲受人は、破産管財人に対して、担保権の行使として当該弁済金の引渡しを請求できると解する余地があるように思われる。倒産手続開始前に弁済金を受領しながら、譲受人に引き渡していない間に譲渡人に倒産手続が開始した場合も、同様に担保権の行使として弁済金の引き渡しを破産管財人に請求できることとなる。そうすると、譲受人はいずれの場合も優先弁済を受けることができ、破産手続開始後に債務者に義務供託をさせた場合と同じ帰結になるし、再生の場合も担保権者たる譲受人は弁済金全額の回収が可能となり、債務者が権利供託した場合と同じ帰結になる。譲渡人に更生手続が開始した場合、譲受人の譲渡人に対する被担保債権は、譲渡制限の意思表示のある譲渡債権を担保目的物として、その時価の範囲内で更生担保権となるが、債務者が譲渡人に弁済した弁済金は、その特定性が維持されている限りにおいて、引き続き更生担保権の担保目的物となり得る余地がある。開始前に譲渡人に弁済されたが譲受人に引渡未了の場合も、開始後に譲渡人に弁済された場合も同様である。

4　詐害行為取消権

　詐害行為取消権については、現行法はわずか3箇条を置くのみであるが（民424ないし426）、要綱仮案第16では、14項目の改正提案がなされている。従来の判例実務の考え方を基本に、それを明文化したうえで必要な改正を加えるものである。多くは、倒産法の否認権の考え方と共通するが、仮案の考え方に基づき、将来、否認

権の改正に結びつくと思われる改正提案もある。

　まず、民法でも、財産減少行為と偏頗行為に分けた。そして、偏頗行為の対象について、支払不能と「債務者と受益者とが通謀して他の債権者を害する意図」の二重の縛りを掛けている（第16の4(1)）。支払不能を要件とすることで、平時における倒産場面との逆転現象を回避し、通謀害意を要件として付加することで、従来の取消の範囲を超えないように限定した。通謀害意要件を課すことについて、私的整理開始後の偏頗行為を容認することになるのではないかと危惧する意見もある一方で、これにより私的整理を円滑に進めることができるとする意見もある。

　被告を受益者又は転得者だけでなく、債務者も加えるかどうか議論されたが、結論としては、被告は従来通りに受益者又は転得者のみとしながら、債務者にも判決の効力を及ぼすために債務者に訴訟告知をするように義務付けた（第16の7(3)(4)、10）。

　取消債権者に金銭等の直接引渡しを認めるか、また、その後の相殺を認めるか。責任財産の保全に徹するのであれば、直接引渡しを否定し、債務者への財産の返還を原則として、全ての債権者が取戻した財産を引当てにできる制度とすべきであるとの意見もあったが、結局は、従来通りに、直接引渡しを認めることとした（第16の9）。ただし、直接引渡しにより受領した金銭の返還債務と被保全債権との相殺ができるかどうかについては、解釈に委ねられているが、仮案は従来の解釈に積極的変更を及ぼすものではないから、相殺できることとなろう。

　また、取消しの範囲は、取消しの目的が可分であるときは、債権者の被保全債権の額を限度とした（第16の8）。しかしながら、責任財産保全の制度であるならば、他の債権者も配当加入の可能性があるから、取消債権者の被保全債権の範囲に限定する合理的理由に乏しいように思われ、保全の必要性のある範囲で行使を認める余地もあったのではないか。

　転得者に対する取消の要件として、二重の悪意を不要とし、被告となる転得者とその前の転得者の全員が、債務者のした行為が債権者を害することを知っていれば足りるものとした（第16の6）。この点は、否認権の要件の改正にも結びつくものと思われる。

5　開始時現存額主義

　開始時現存額主義との関係では、民法441条が削除され、破産法104条の規律に委ねられることとなった（第17の3）。法的倒産手続が開始したときは、原債権者は倒産手続において全部の満足を受けるまで、その権利の全額を行使でき、他の連帯債務者は、開始時以降に弁済しても当該弁済額について倒産手続において権利行使できない。

　全部義務を負うものが一部弁済をしたとき、代位弁済した者は債権者の同意を得て原債権者の権利を行使できるが、原債権の担保目的物に対してはもちろん、債務者の一般財産に対しても、代位者の権利行使より原債権者の権利行使が優先することを明らかにした（第23の10(4)）。倒産手続において、弁済者が開始時に取得して

いる事後求償権を行使すれば、その時点の債権額基準で弁済を受けることができるが、弁済者が原債権を代位行使したときは（そのような場合は余り想定できないが）、原債権者が優先して弁済を受けるべきことになろう。

6 各種契約

各種契約について、当事者の一方に法的倒産手続が開始した場合について、倒産法は、双方未履行の双務契約の処理準則を置いている（破53、民再49、会更61等）。他方で、民法にも、消費貸借の予約の当然失効（民589）、請負契約の注文者に破産手続が開始した場合の請負人の解除権（民642）、委任契約の当事者に破産手続が開始した場合の当然終了（民653）、組合員について破産手続が開始した場合の当然脱退（民679）などの規律が置かれている。民法改正の審議において、各種契約について、その当事者に倒産手続が開始した場合の規律を整理し、また、他の契約類型についても規定を新設することが検討されたが、結局、最小限の改正に留め、将来の倒産法の改正に委ねられることとなった。

具体的には、書面による諾成消費貸借を認めたことから、金銭交付前に当事者の一方に破産手続が開始した場合、契約は失効する旨の定めを置き（第32の1(4)）、これにより消費貸借の予約が失効するという民法589条は削除されることとなった（第32の2）。また、民法642条1項は、注文者破産の場合に請負人が解除できるものとされていたが、目的物が完成した後に解除を認める必要性に乏しいことから、完成前に限り解除を認めることとした（第35の3(2)）。

倒産法と民法に分かれて規定されていることのわかりにくさに加えて、請負人の解除権の場合などは、民法の規定が倒産法の原則に対する特則として位置付けられることから、倒産手続が開始した場面の特則として、倒産法において体系的に再整理することが望ましいし、かつ必要であろう。

7 直接請求権

要綱仮案は、転借人は、賃貸人に対して、賃貸人と転貸人との間の賃貸借に基づく債務の範囲を限度として、転貸借に基づく債務を直接履行する義務を負い（第33の11(1)）、復受任者は、委任者に対して、その権限の範囲内において、受任者と同一の権利を有し義務を負い（第36の1(2)）、再受寄者は、寄託者に対し、その権限の範囲内において、受寄者と同一の権利を有し義務を負う（第38の2(2)）ことを明らかにした。民法613条1項の責任の範囲を明確にし、民法107条2項の規律を委任にも明示し、再寄託については、民法105条、658条2項の規律を、復委任と同様の規律に改めたものである。

従来あまり問題視されていなかったが、かかる規定によれば、転貸の場合に賃借人（転貸人）に倒産手続が開始した場合、賃貸人は、直接、転借人に対して未払賃料を請求できることになる。同様に、受任者に倒産手続が開始した場合に、復受任者は委任者に直接報酬請求ができ、受寄者に倒産手続が開始した場合に、再受寄者は委託者に直接報酬請求ができることになる。親亀の債権と子亀の債権の間にはけん連関係が認められ、一方の債権は他方の債権の存在を前提とするので、子亀は、

親亀の債権から優先弁済を受けるのが衡平であるといえるが、他方で、他の倒産債権者との平等を害しているとの評価もありうる。

8　根保証の元本確定事由

個人根保証契約に対する極度額規制について、その被保証債権の範囲が、貸金等債務に限られていたが（民465の2）、要綱仮案では、その限定がなくなった（第18の5(1)）。

元本確定事由について、保証人に破産手続が開始したときは、その被保証債権の範囲に限定はないが、主たる債務者に破産手続が開始したときは、その被保証債権は貸金等債務に限られる（第18の5(2)）。これは、賃貸借契約にかかる保証契約を想定したとき、賃借人である主たる債務者に破産手続が開始しても、賃貸借契約は当然には終了せず、賃料債権が発生し続けるから、それでも保証債務の元本が確定するとすれば債権者（賃貸人）に酷な結果となるからである。

（中井康之）

日弁連倒産法制等検討委員会における倒産法改正への取組みと改正に向けての視点

1　日弁連の倒産改正提言策定・公表

　日弁連の倒産法制等検討委員会（以下「本委員会」という）は、民事再生法（1999年）、会社更生法（2002年）、破産法（2004年）の制定など一連の倒産法制の見直し作業に大きな役割を果たしたが、その作業が一段落ついた後も、実際の運用状況の情報収集や改善の検討など積極的に活動をしている。そのような活動の過程で、運用の改善に止まらず、倒産法の新たな改正が必要ではないかとの認識が醸成されてきたが、「民法（債権関係）の改正」にかかる審議課程のなかで、倒産実体法の改正にかかわる問題が浮上してきたことによって、さらに、倒産法改正の必要性が意識されるようになった。

　他方、東京弁護士会、大阪弁護士会、東京第一弁護士会及び東京第二弁護士会に所属する倒産に練達の弁護士の研究団体が中心となって、2011年以降、相次いで倒産法改正に関する書籍を発行したり、また多方面で倒産法改正に関連するシンポジウムが開催されるなど、倒産法改正の研究や議論は広がりを見せた。

　このような動きは、倒産処理にかかわる実務家として、日々、具体的事案において公正・適切な解決をはかるべく、知恵を絞り、汗をかいて努力しているものの、現行倒産法のもとでの運用努力には限界があるとの問題意識が広まったことによるものである。

　このような状況のもとで、本委員会では、2013年5月、本委員会委員や幹事だけではなく、各単位会で倒産法改正研究の中心となっている弁護士も参加する倒産法改正プロジェクトチームを立ち上げて、日弁連として倒産法改正提言を策定すべく、その具体的検討作業に着手した。そして、同プロジェクトチームや本委員会での度重なる議論を経て、本委員会として改正提言案をとりまとめたのち、他の関連委員会への意見照会、理事会での討議を経て、日弁連において、2014年2月20日、「倒産法改正に関する提言」が公表された（日弁連Webサイト参照）。

　この改正提言では、「倒産処理に関する法律の運用上の問題や法制度としての不合理な状況を招いている事項の合理的な解決を図り、更なる適切かつ迅速な倒産処理を実現し、より利用しやすいものとするために、次の項目について倒産法の改正を行うべきである」としている。

　1　文書等の閲覧の適切化
　2　電磁的記録の利用
　3　各種契約類型と倒産に関する規律の整備
　4　詐害的会社分割に対する整備
　5　将来債権譲渡に関する規定の新設
　6　債権査定の迅速化

7　牽連破産の保全管理段階での事業譲渡
　8　債権調査手続等の合理化
　9　財団債権の査定手続の新設
　10　担保権実行の中止命令の非典型担保への対応
　11　中止・取消命令の滞納処分への適用
　12　会社分割に関する規定の整備
　13　裁判所の許可による事業譲渡（株式会社以外）
　14　相殺の時期的制限の緩和
　15　否認訴訟と再生手続の終結
　16　株式の取得、募集株式の発行に係る再生計画案に関する提出許可の廃止
　17　書面等投票方式における決議続行・計画案の変更
　18　住宅資金特別条項の弾力化
　なお、これらの事項は、本書でも取り上げられているので、その改正提言に関する議論は、該当箇所を参照いただきたい。
2　今後の本委員会の活動
　この18の改正提言項目は、実務上改正の必要性が高く、かつ改正の方向性に異論の少ない事項をまとめたものであるが、改正の必要性や改正すべき内容が抽象的な検討に止まっているものも多いので、今後、本委員会では、さらにそれらの具体的検討を深化させる（いわば、「縦に深掘りをする」）ことが重要と考えている。また、倒産法の改正すべき事項は、本書で取り上げられている検討課題を見ればわかるように、この18項目に限られるものではないから、他の改正すべき事項についてもさらに検討を進める（いわば、「横にウイングを広げる」）ことも必要である。そして、それらの研究・検討にあたっては、債務者サイドのみではなく、債権者、担保権者、株主その他の利害関係人の利益について十分配慮するとともに、民法・会社法その他関係法との整合性や理論的な検討の裏付けが必要であると考えている。また、過去の倒産法改正の際の審議過程についても十分に検討し、現行法で取り入れられた経緯・根拠だけでなく、取り入れられなかった経緯・根拠についても研究することが求められることは当然である。本委員会では、上記事項を踏まえつつ、より公正で適切な倒産処理の実現のために、倒産法改正の研究を今後もさらに深めていくこととしている。
3　環境の変化と改正に向けての大きな視点
　現行の倒産法制が立法されてから10年以上が経過しているが、その間、倒産法制を取り巻く環境は、大きく変わってきている。個人的な思いつきではあるが、それらの変化と倒産法改正に向けての視点を挙げてみることにする。
　① まず、分割会社が債務超過状態でも会社分割を利用することが可能となったため、事業譲渡と同様に、事業承継手法として数多く利用されることとなったことが挙げられる。現行の倒産法では、この状況に対応する十分な規律を設けていない。加えて、平成26年8月の会社法改正で設けられた詐害的会社分割に

関する対応策（履行請求権）は分割会社が倒産した場合には行使できなくなるため、倒産法の改正によりその対応が求められる。
② 次に、民法（債権関係）の改正の要綱仮案が平成26年8月策定公表され、いよいよその改正が具体化・現実化したことが挙げられる（中井康之「民法（債権法）改正と倒産手続」本書所収参照）。これに関連して、（倒産法が民法の特則として位置づけられるにもかかわらず）民法に規定される「倒産法の双方未履行双務契約の規律の特則」を倒産法において体系的に再整理すること、詐害行為取消権の改正を踏まえて転得者否認等の再検討をすること、将来債権譲渡に関する規律を設けること、相殺禁止規定の再検討をすること、などが倒産法改正として議論されるべきである。
③ また、私的整理GL、事業再生ADR、中小企業再生支援協議会の再生支援スキーム、個人版私的整理GL、経営者保証GLなど、企業や個人に対する準則型私的整理手続が着実に整備されてきたことが挙げられる。これらの私的整理手続は、準則に従うことで従前に指摘されていた私的整理の欠点である不透明さを除去し、透明性のある公正な手続を遂行しつつ、私的整理の利点である債務者の事業や生活基盤の安定化を実現しようとするものである。このような手続が利用されることの根底には、社会的な意識・要求が、経済的窮境に陥った債務者の再チャレンジを阻害するべきではないという方向に進んでいることがあると思われる。倒産処理・事業再生は、私的整理と法的整理が車の両輪として機能して初めて適切な対処が可能となるのであるから、倒産法においても、このような社会的な意識・要求に応じてさらなる整備が必要になろう。
④ さらに、倒産処理における債権者の当事者的意識の高まりが挙げられよう。従来、倒産処理において、債権者は、裁判所や管財人等への信頼感を基礎に、ややもすると受け身となり、自ら積極的に手続に関与してこなかったが、近年、積極的に手続への関与を希望することが増加している。現行の倒産法における、債権者への情報開示や債権者の関与に関する規定が、債権者の上述の希望に十分対応しているかどうかは検討の余地がある。
⑤ その他IT技術の急速な普及、社会的な個人情報の保護意識の高まり、企業のグローバル化など、倒産処理を取り巻く環境の変化は数多い。これらの変化について、現行の倒産法が適切に対応しているかについても、虚心に顧みる必要はあろう。

（小林信明）

第1章

倒産法制全般

第 1 章　倒産法制全般・総論

1　はじめに

本章においては、倒産法制全般に亘る以下の検討課題が提案されている。
① 倒産法制の統一
② 大規模事件に関わる問題
③ 債権者の手続参加及び情報公開に関わる問題
④ 他の法律との調整に関わる問題

いずれも重要な問題であり、主に平成 8 年以降の倒産法制の見直し作業が完了した後に実務上生じた問題が取り上げられている。

これは、倒産法の見直しや運用の改善にはスピードが必要であり、倒産・事業再生に関わる環境の変化と進化に適応できる倒産法制を早期に構築する必要性を示すものといえる。

2　改正検討課題の具体的内容

(1)　倒産法制の統一

倒産法制の統一（1）は、前回の倒産法改正においてもなし得なかった大きな課題であり、我が国の倒産法の悲願といえるものである。倒産法制の見直しにおいて欠くことのできない最重要検討課題である。

本章では、4 つの手続が併存する現行法の問題点、特に倒産手続の選択および移行に関する問題点が指摘され、倒産法統一の必要性と相当性が鋭く検討されている。

また、個別の問題点ばかりではなく、統一倒産法のあり方についても、問題点を的確に指摘しながら検討が加えられている。本書においても指摘されている各手続における個別問題は、倒産法制の統一によって解決する事項が多く含まれていることが分かり、倒産法制統一の有用性が示されている。

他方で、倒産法制の統一自体が極めて大きな問題であり、短期的に実現することが困難であることから、当面、再建型手続をより実効性のあるものとするため、担保権を拘束する DIP 型再建手続（2）を新たに導入する提案がなされている。また、本書で取りあげた検討課題以外でも、手続選択の視点から、実務運用に即した倒産法制に関する提案がなされており（『東弁提言』1 頁〔小林信明〕）、今後倒産法の統一に向けての議論が深まることが期待される。

さらに、個人の再生手続においても、経営者保証に係る個人保証人再生手続の創設（9）の提案がなされており、私的整理である経営者保証ガイドラインとの関係および個人の再生手続全般のあり方についての議論が活発化するものと考えられる。

(2) 大規模事件の特例

　近時、大規模な消費者被害案件や金融会社の破綻案件等において債権者数が数万人から100万人にも及ぶ案件が発生している。このような事案における通知制度のあり方について、通知コスト、弊害と周知のための代替手段等を勘案し、裁判所が相当と認めるときに通知を省略できる制度の提案である（3）。実務上の問題点に即した検討課題であり、今後議論が深まることが望まれる。

(3) 債権者の手続参加と情報公開

　近時、債権者の手続参加と情報公開に関わる議論が活発である。

　伊藤眞教授が指摘されているとおり、この問題は、倒産手続における公正・衡平の実現のためには、最も利害関係のある者が直接関わる法制がよいか、それとも最も利害関係のない者が手続を主宰するあるいは監督する法制がよいのか、ある意味哲学的ともいえる問題である。それだけに、さらなる活発な議論が行われる必要がある。

　本章においては、債権者委員会の活用を図る提案（4）、情報公開の具体的義務等を定める提案（5）がなされているが、広く、倒産手続における当事者構造の導入の提案も行われている（『二弁30講』28頁〔福岡真之介〕）。

(4) 他の法律等の調整に関わる問題

　倒産手続が開始され、管財人等が選任された場合、他の法令との間で齟齬が生じる場合がある。本章でも指摘される金融商品取引法等における各種報告書の提出義務に関わる問題（8）はその典型例である。倒産法制の改正に向けて、他の法令等の関係で齟齬や問題が生じた事案等について検討し、問題点を抽出することが重要となる。

　本章においては、この問題とともに財団債権・共益債権の供託に関わる問題（6）、清算型の再生手続・更生手続と会社法の清算手続との関係の問題（7）が取り上げられ、検討課題として提案されている。いずれも実務上の問題点として指摘されていた事項であり、早期の法整備が望まれる。

　　　　　　　　　　　　　　　　　　　　　　　　　　　　　　（小畑英一）

1 倒産手続の統一

> **検討課題**
> 　倒産手続を統合して、1つの手続とし、現行の再生手続を基本的な手続として、申立ての段階では手続の選択を要さず、手続を進行する中で、再建型及び清算型の処理を選択して手続を進行することができるようにすることを検討してはどうか。

1　現行法

　現在、倒産処理手続としては、清算型の破産手続及び特別清算手続、再建型の再生手続及び更生手続の4つの手続が存在する。破産手続は破産法、再生手続は民事再生法、更生手続は会社更生法、特別清算手続は会社法によって規律され、それぞれが別個の法律によって規律される別個の手続とされている。

　なお、特別清算については、「存在意義は相対的に薄れている……破産手続の特則手続として……特別清算の利用の拡大を図ることは、適当でない」(萩原修編『逐条解説　新しい特別清算』(商事法務、2006年) 18頁以下)とされる。そこで、本稿では、主として、破産手続、再生手続及び更生手続の統一について検討する。

2　改正の必要性（申立ての迅速・手続の適正）

　現在、破産手続、再生手続及び更生手続は、各手続相互間の移行に関する規定や他の手続の中止命令等に関する規定は存在するものの、それぞれが別個の法律によって規律される別個の手続とされている。その結果、申立時に、手続選択をする必要が生じる。その検討のため、申立てが遅れることがある。また、当初の申立人による手続選択が、必ずしも適切でないこともある。更に、適切な手続で進行するため、手続中に再建型から清算型に移行する場合、又は、清算型から再建型に移行する場合も、先行手続から後行手続への移行の問題が生じて移行が容易でないことがある。

　そこで、倒産手続を統合して、1つの手続とし、手続を進行する中で、再建型及び清算型の処理を選択して手続を進行して行くことが出来れば、手続申立時に手続選択に時間をかけることなく迅速な申立てが可能となり、申立後に債務者や事業の実態に即したより柔軟かつ適切な手続選択及び処理が可能になって、債務者の利益及び債権者その他の利害関係人の利益に資することとなる。

3　改正の相当性

(1) 各手続の区別の不明確化

　以下に述べるように、現在においても、各手続の区別の境界が明確でなくなってきている。そこで、倒産手続の統一に際して、適正な措置を講じれば、倒産手続の統一化によって大きな支障が生じることは考えられず、むしろ、倒産手続の統一化

によって倒産処理の更なる適正且つ迅速な処理に資すると考えられる。
　a　再建型と清算型
　現在においては、清算型と再建型の処理の区別が明確でなくなってきている。清算型の破産手続において、事業譲渡によって事業の再建を図ることもある。逆に、再建型の再生手続において、最終的に清算型の処理を行うこともある。事業を再建する場合は、事業を継続するのは勿論である。しかし、事業を最終的に清算する場合でも、資金繰りが許し、事業譲渡等の可能性があるなら、当面の間は事業を継続して、事業として売却した方が高価な換価の可能性が高くなる。再建型と清算型の手続を1つの手続に統一することによって、事業の継続も容易となり、最終的に清算型の処理をする場合についても、高価な換価の可能性が高まる利点が考えられる。
　b　民事再生と会社更生
　再建型の手続においても、近時は、更生手続と再生手続の区別が明確でなくなってきている。従前は、再生手続は、中小企業を対象としたDIP型再建手続とされ、更生手続は、大企業を対象とした管理型再建手続とされていた。
　しかし、現実には、再生手続でも大企業を対象とすることもあり、更生手続でも規模の小さい企業も対象となっている。また、管理型の再生手続も行われ、DIP型の更生手続（『実務会更』17頁）も行われている。
　また、再生手続は、中小企業を対象とする手続として、原則として、法人の組織上の事項については変更を加えないものとされていた。そのため、法人の組織上の事項については、立法当初は、「再生計画の定めによる資本の減少に関する条項及び再生債務者が発行する株式の総数についての定款の変更に関する条項」（民再154③）のみが規定されていた。しかし、その後、募集株式の発行を可能とする規定（民再161、162、166の2）が新設され、現在においては、再生手続において、いわゆる100％減資（発行済み株式総数の再生債務者による取得及び消却）及び募集株式の発行を行い、法人の資本を入れ替えることも可能となっている。
　更に、再生手続では、担保権は別除権とされ、制約されないのが原則であるが、担保権消滅の許可（民再148以下）により担保権が制約される場合もある。
(2)　統一手続のイメージ
　統一手続のイメージとしては、次のような内容が考えられる。
　一般に債務者の事業又は経済生活の再生を図ることが可能であれば、債務者の事業等を清算するよりも、債務者及び債権者並びにその他の利害関係人にとって有利と考えられる。そこで、統一手続のイメージとしては、再建型を基本に、現行の再生手続を基本的な手続として考えることが想定される。
　手続開始の申立てがあった場合、特段の申立てがない場合は、DIP型の再生手続を進行する。ただし、最初から事業等の再建の余地がないことが明白な場合も考えられる。そこで、少なくとも、債務者申立の場合は、最初から管理型の清算手続の申立ても認め、管財人を選任して、管理型清算型の手続（破産的な清算）を最初か

ら開始する余地も認める。また、大規模あるいは社会的に事業の維持更生を図る必要性の高い事業については、〔申立て又は職権によって、〕現在の更生手続と同様な、担保権及び税金も制約し、株主にも効力を及ぼす再建型の手続に切り替えることを認める。

なお、再建型を基本に考えるとして、現行の再生手続と更生手続のいずれの手続を基本に考えるかの問題もある。しかし、現行の更生手続を基本に考えた場合には、「すべての再建型倒産手続において、担保権実行を一律に禁止してその被担保債権について手続内で優先的取扱いを行おうとすると……担保目的物の価額を評価する手続を手続内に設ける必要がある。しかし、そうすると、担保目的物……価額の評価に時間やコストがかかることになるため、事件の迅速処理ができなくなってしまう」(「中島」40頁)という弊害が考えられる。また、「保全処分の発令により……担保権実行手続が中止」されることも考えられ、「手続の濫用による不都合が大きくなり」、「そうすると、今の民事再生手続のように、前日ファクシミリで連絡しておけば翌日保全処分が発令されるという運用や迅速な開始決定の運用は不可能になる」(「園尾」28頁)という弊害も考えられる。そのため、現行の再生手続を基本に考えるのが相当と考えられる。

また、利害関係人の保護の観点から、手続の切り替えに関する決定に対しては、利害関係人の即時抗告権を認めることが考えられる。ただし、手続が現実に進行していることから、即時抗告に執行停止の効力を認めることは相当でないと考えられる。更に、個人の破産手続及び個人再生手続については、統一した倒産手続とは別途の簡易な手続を設けることも考えられる。

(3) 統一について検討する事項

現行法においては、倒産処理手続が、それぞれが別個の法律によって規律される別個の手続とされている。そのため、各手続の清算型と再建型という制度の目的の違い等から、倒産手続開始の原因、申立権者、相殺権行使の時期的制限、双務契約の処理、否認権の行使等について、違いが生じている。倒産手続の一本化においては、このような違いをどのように調整するかが問題となる。

統一手続のイメージとして、再生手続を基本的な手続として考えるとすれば、倒産手続開始の原因、申立権者、相殺権行使の時期的制限、双務契約の処理、否認権の行使等について、それぞれ再生手続の扱いを基本として、必要に応じて、債務者の権利保護の規定を置く等の修正を行うことが考えられる。

(富永浩明)

○参考文献：『東弁展望』196頁〔富永浩明〕、『二弁30講』1頁〔廣瀬正剛〕、「中島」22頁、「園尾」19頁。

2 担保権・優先債権を拘束する新たなDIP型再建手続

> **検討課題**
>
> 担保権・優先債権を会社更生手続と同様に拘束し、債務者が事業経営権・財産管理処分権を有する純粋DIP型の法的再建手続を創設してはどうか。

1 担保権・優先債権を拘束する新たなDIP型再建手続の必要性

　経営陣の地位継続による早期申立ての促進、申立前後での処理方針の連続性確保による事業価値毀損の防止などの効果を有するDIP型再建手続は、事業再生のために非常に有用であることは論を俟たないところである。このことは、民事再生手続がその導入後、あっという間に再建型法的手続の中心的地位を占めていったことからも明らかである。しかし、民事再生手続は、別除権・優先債権を拘束する手続ではないため、DIP型手続の特性を活かしつつ、担保権等に合理的な拘束を加えるニーズは確実に存在する。また、事業再生において会社分割等の組織再編は極めて有用な手法となっているが、民事再生法には会社分割に関する規定がなく、平時と同様、会社法によることが余儀なくされている。

　会社更生手続は、担保権・優先債権を拘束し、会社法の特別法として会社分割等の組織再編も法に取り込まれている。そして、近時、経営陣を管財人に選任するDIP型会社更生手続が積極的に活用されて、いわゆる4要件の調査と監督委員・調査委員による指導監督といった適切な運用がなされることにより、今や会社更生手続の中で極めて重要な地位を占めるに至っており、金融機関を中心とする債権者等の利害関係人からの理解も深まってきている。しかしながら、DIP型会社更生手続も会社更生手続である以上、経営陣が直接的に事業経営権・財産管理処分権を有することはなく、管財人に選任されるというステップを踏むものである。また、現行法は、開始決定後には監督委員制度がなく、調査委員に事実上の監督機能の発揮を要請するなど、いわば実務上の工夫により対応されている。

　このような状況を踏まえ、DIP型手続の有用性を最大限発揮させるために、担保権・優先債権を会社更生手続と同様な形で手続内に取り込みつつも、債務者自身が事業経営権・財産管理処分権を有する純粋DIP型の法的再建手続の導入を検討することが合理的と考える。なお、民事再生手続、会社更生手続が施行後10年余りでそれぞれが有用なものとして活用されている現況を踏まえると、両手続と併存する手続とすることが現実的と考える。

2 債務者の受ける監督

　この手続により拘束を受けることになる利害関係人、特に金融機関を中心とする担保権者から信認を得るためには、事業経営権・財産管理処分権を有する債務者が必要な監督を受けることが制度的に担保されていることが不可欠である。過

度の制約はDIP型手続の有用性を損ないかねないものではあるが、現行の民事再生手続において債務者が受けている監督と同等又はそれ以上の監督を受ける必要はあろう。

具体的には、①債務者には民事再生手続と同様、公平誠実義務を負担させるとともに、財産の管理処分が失当である時などの一定の場合に管理型手続への移行を可能とする必要がある。その上で、②開始決定の前後を通じての監督委員制度を設け、同意権による直接的・効果的な監督を実施とする。加えて、監督委員の監督権をより実効的にするため、③否認権の行使権限や役員責任査定の申立権限については、債務者だけではなく、民事再生手続と同様に、監督委員にも独自の権限として付与することなどが考えられる。

3　担保権の実行禁止の緩和の拡大・計画外の弁済制度の創設

担保権・優先債権の拘束は、会社更生手続と同様とすることを原則とするが、純粋DIP型の法的再建手続として合理的な範囲に限定するため、会社更生手続より緩和された担保権実行禁止緩和の制度、優先債権を含めた計画外弁済制度を設けることが考えられる。

前者について言えば、再建に不要な担保物件の場合や、再建への要否に関わらず、時価が著しく下落する担保物件について担保権者が適切な保護を受けられていないような場合には、担保権者に担保権実行禁止の解除の申立権を認めることにより、債務者による担保物件の適切な処理を促す。後者については、平等・衡平の問題があるが、担保権者に対して、競落代金、任意売却した場合の売却代金、担保権消滅請求の対価等を、裁判所の許可により早期に弁済する制度の導入も検討すべきと考える。なお、許可に当たっては、計画案において担保権付債権の減免がなされるかも検討する必要があろう。また、優先債権についても、共益債権者又は他の優先債権者の利益を害するおそれがないことを要件として、裁判所の許可により計画外弁済を認めることが相当と考える。

4　その他の検討事項

他にも検討すべき点は多々あるが、字数の関係で以下の2点に留める。まず、株主の手続参加については、少なくとも債務超過の場合には認めず、株主総会決議に基づく組織変更行為を原則禁止した上で決議による計画内組織変更を認めるべきであろう。また、計画の可決要件は、会社更生手続と同様に債権額要件とし、頭数要件は採用しないことが再建の迅速化に資すると考える。

(野上昌樹)

○参考文献：『大阪提言』50頁〔野上昌樹・北野知広〕、『東弁展望』18頁〔山本和彦〕

③ 手続開始決定等の通知に関する大規模事件の特例

> **検討課題**
>
> 　大規模倒産事件を適切に処理できるように、**債権者数が多数であり、かつ相当と認められる場合には、手続開始決定等についても、債権者への個別通知の省略を検討してはどうか。**
> 　現行法：破32③一、民再35③一、会更43③一

1　改正の必要性

　倒産手続には、特別の定めがある場合を除き、民事訴訟法の規定が準用され（破13、民再18、会更13）、倒産手続にかかる裁判は、原則として口頭弁論を経ない決定の形式によるため、効力発生のためには、相当の方法での告知を要する（民訴119）。告知の具体的方法は、公告・送達・通知などがある。ここで、通知とは、事実等を伝達する行為であり、相当と認める方法によることができる（破規12、民再規11、会更規10、民訴規4①）。

　裁判所は、一定の通知について、債権者数が1000人以上であり、かつ相当と認めるときは、通知を省略し（破31⑤、民再34②、会更42②）、公告を補充するため、日刊紙への掲載又はインターネットの利用等の方法により、通知すべき情報の周知のための措置を執ることを定めることができる（破規20③、民再規18②、会更規19②）。債権者数が多数である場合、費用や事務処理の負担が過大となり、費用対効果の点で不合理となることから、平成16年に改正された「破産法」及び「破産法の施行に伴う関係法律の整備に関する法律」（平成16年法律第75、76号）により導入された。しかし、全ての通知を省略できるわけではなく、手続開始の決定（破32③、民再35③、会更43③）等（開始決定の他同時処分事項の通知（破33③）、免責についての申述期間の通知（破251②）等についても省略の対象とされていないが、ここでは手続開始の決定の通知のみを取り上げる）は省略が可能な対象とされていない。

　開始決定の通知は、破産手続においては、利害関係を有する債権者に対し、破産手続の開始、破産管財人、債権届出期間並びに第1回債権者集会期日及び債権調査期日といった債権者の利害を直接左右する重要な事項や手続の期日を告知することにより、債権者の参加を得て手続の適正な進行を図るとともに、債権者が破産債権の届出等を通じ、積極的に自らの利益を確保するための手続的権利を行使する機会を与えたものである（大阪高判平18.7.5判時1956号84頁）。また、再生手続、更生手続においても、開始決定の通知が、債権者に対し重要な情報の提供や権利行使の機会を与えるものという点は破産手続と同様である。

　しかしながら、手続開始決定の通知の省略が一切認められないとされている結

果以下のような弊害が生じている。

　例えば、消費者金融会社の倒産などにおける過払債権者等は、引き直し計算をしないと過払い金の存否が不明であるところ、対象となる債権者数が膨大な上、その存否の確認が困難であったり、仮に可能であっても存否の確認に多大な費用や労力がかかったりすることがある。また、家族等に消費者金融の利用を隠しているような場合は、通知を望まない債権者が多数存在することがあるが、そのような先にも通知をせざるを得ないということになると、却って債権者への不利益をもたらすといった弊害を生じさせるおそれがある。更に、債権者数が膨大であると通知自体に多額の費用がかかる。

2　改正の相当性

(1)　周知のための代替措置が置かれていること

　現行法でも、裁判所は通知を省略する場合には、破産管財人等が、日刊紙への掲載又はインターネットの利用等により、通知すべき情報の周知のための措置を執ることを定めることができる（破規20③、民再規18②、会更規19②）。すなわち現行法でも、債権者への周知は相当程度図られることになっており、特に昨今のインターネットの急激な普及により、例えば破産管財人がホームページを開設することで常時容易に情報にアクセスすることができるようになるなど、債権者の不利益が相当程度軽減されている。

(2)　「相当と認めるとき」の解釈による限定が可能であること

　通知の意義の重要性に鑑み、周知のための代替措置を執った場合であっても、大規模事件であるからといって一律通知を不要とするのでなく、裁判所による「相当と認めるとき」という要件の解釈により、通知を省略できる場面を限定することが可能である。例えば、倒産手続の開始について報道等により周知性が高い場合、過払い金債権者のように、債権者の多くが特定できない場合、あるいは特定できるとしても特定のために膨大な労力と時間がかかる場合、通知すること自体が却って債権者の不利益を惹起するような場合、また、通知費用はないが手続開始決定をする必要が高い場合、破産事件で配当の見込みがない場合といった諸事情を考慮し、「相当と認めるとき」を限定することが可能である。

〔宮崎信太郎〕

○参考文献：『東弁展望』594頁〔池田靖・志甫治宣〕、『一弁冊子』9頁、『大阪続』19頁〔野村剛司〕

4　債権者委員会

> **検討課題**
>
> 債権者委員会の承認要件を適切に緩和することをはじめとして、債権者委員会の適正な活用を図りやすくするための改正をしてはどうか。
>
> 現行法：会更117、会更規30、民再117、民再規52、破144、破規49ほか

1　改正の必要性

(1)　問題の所在

　（更生手続においては）更生債権者、更生担保権者又は株主、（再生手続においては）再生債権者、（破産手続においては）破産債権者をもって構成する委員会がある場合には、裁判所は、利害関係人の申立てにより、当該委員会が、法の定めるところにより、前記の各手続に関与することを承認することができる。倒産処理に最も利害関係を有するのは債権者であり、その意思を手続進行等に反映させるため、債権者委員会の手続関与を認めるのが現代の倒産法制の潮流である。これを踏まえてわが国も債権者委員会制度を創設したのであるが、その利用例はごく少数にとどまっている（実例につき『東弁提言』131頁参照）。この原因として、①債権者委員会の承認要件が厳格であること、②債権者委員会の権限が限定的でありメリットに乏しいこと、③委員の義務や責任が不明確であることなどが指摘されている。そこで、債権者委員会の承認要件を緩和するとともに、債権者委員会の権限及び義務を明確化することが検討課題となる。

(2)　債権者委員会の承認要件

　裁判所が委員会の手続関与を承認する要件は、①委員の数が3人以上最高裁判所規則で定める人数（10人）以内であること、②委員会の手続関与について債権者の過半数が同意していると認められること、③委員会が債権者全体の利益を適切に代表すると認められることの3点である。要件②は民主的な基盤を要することから、要件③は特定又は一部の者だけの利害を代表することを防止する必要から導かれるものである。しかし、要件②・③の充足は必ずしも容易でなく、債権者委員会の活用が期待される大規模事案になればなるほど、その充足は難度を増すことになる。このような観点から、要件②については債権者の過半数が反対していると認められる事情のない限りこれを満たすものとしたり、要件③については債権者全体の利益を適切に代表していないと認められる明らかな事情がある場合に承認できないこととしたりするなどの法改正ないし運用の改善を図ることが提案されている。

(3)　債権者委員会の権限・地位・義務

　債権者委員会は、次の権限・地位を有することが法定される一方、その義務に

ついては何らの規定がない。再生手続を例にとれば、①委員会承認の通知を受けたときは、再生債務者等は、遅滞なく再生債務者の業務及び財産の管理に関する事項について委員会の意見を聴かなければならない。②委員会は、裁判所、再生債務者等又は監督委員に対して意見を述べることができる。③委員会は、再生債務者等から裁判所に報告書、貸借対照表・財産目録の提出があったときは、遅滞なく、当該報告書等の提出を受けることができる。④裁判所が計画外事業譲渡を許可する場合、知れている債権者からの意見聴取を要するが、委員会があるときは、その意見聴取をもって足りる。⑤委員会は、債権者集会の招集申立権を有する。⑥委員会は、裁判所に対し、再生債務者等に、再生債務者の業務及び財産の管理状況その他事業の再生に関し必要な事項について報告を命ずるよう申し出ることができ、裁判所は、当該申出が相当であると認めるときは、再生債務者等に対し、報告を命じなければならない。⑦委員会に再生債務者の再生に貢献する活動があったと認められるときは、裁判所は、当該活動のために必要な費用を支出した再生債権者の申立てにより、再生債務者財産から、当該再生債権者に対し、相当と認める額の費用償還を許可することができる。しかし、①・②の意見聴取・陳述は、委員会以外の債権者であっても事実上可能であり、③の文書は委員会以外の債権者でも閲覧・謄写を通じて取得できるものであり、いずれも委員会の際立った権限とまでは言い難い。⑤の招集申立権も委員会特有の権限ではない。⑥も報告の内容や十分性に関する紛争回避のために、再生債務者等による委員会に対する直接の報告制度とはされておらず、情報開示の観点からは不十分な制度にとどまる。よって、債権者委員会の権限を適切に強化するとともに、委員の義務や責任の明確化を図ることが重要な課題である。

2 改正の相当性

　わが国は、例えば米国とは異なり、債権者委員会を必置の機関とはせず（そのこと自体は正当と思われる）、債権者委員会が任意に手続外で組成された場合に、裁判所が、申立てに基づいて委員会の手続関与を裁量的に承認する制度として謙抑的に設計されており、裁判所には承認の取消権もある。この枠組みを維持する限り、たとえ承認要件を緩和し、権限を強化したとしても、委員会の手続関与が不当又は濫用的である場合には、裁判所は承認の申立てを斥けたり、承認を取り消したりすることによって、適正な対処を柔軟に図ることができる。また、債権者委員会の権限を強化する法改正を行う場合には、委員の義務ないし責任も相応に明確化されるべきであり、そこで適切なバランスを図ることによっても相当性が確保されるものと考えられる。

〔粟田口太郎〕

○参考文献：『東弁展望』18頁〔山本和彦〕・421頁以下〔相澤光江〕、『続・提言』129頁〔野上昌樹・稲田正毅・北野知広〕、『東弁提言』130頁以下〔粟田口太郎〕ほか。

5 情報開示

> **検討課題**
> 1 再生債務者に加えて管財人も債権者に対して「手続に関する重要な事項」を周知する義務を負うものとできないか。
> 2 裁判所の裁量により、裁判所書記官に代わり再生債務者、管財人、監督委員又は調査委員をして事件記録の開示をさせることができるものとし、また事件記録の閲覧対象文書の全部又は一部について電磁的記録による提供を認めることを検討してはどうか。
> 現行法：会更11①二、会更規8①、民再16①二、民再規1②、9①

1 改正の必要性

近時、法的倒産手続における情報開示に対する関心が高まっている。その理由としては、私的整理手続や海外の法的倒産手続と比較して、わが国の法的倒産手続において、しばしば情報開示が不十分であることに対し、主に債権者側からの不満があるためと思われる。かかる批判をふまえて、米国流の当事者主義を基調とした倒産手続を前提とした徹底的な情報開示を原則とすべきという見解もあるが、後見監督型を基調とする現在のわが国の法的倒産手続においても、運用上の工夫や監督委員・調査委員による手続の監督を通じて適正な情報開示が実現されうると考えられることから、当面は現在の法制度を前提としながらも、法改正及び運用の改善によって一層の情報開示を図るべきと考える。以下具体的に検討する。

第一に、債権者に対する情報開示の重要性に鑑み、民事再生規則1条2項において規定され、再生債務者が負うこととされる「手続に関する重要な事項」の周知義務を会社更生手続、民事再生手続及び破産手続の各管財人にも負わせることが考えられる。管財人は善管注意義務を負うが、その一態様として手続に関する適時適切な情報開示の義務を、債権者に対して負うことを強調する趣旨であるが、かかる規定は管財人の行為規範となり、債権者に対する積極的な情報開示を管財人に促す効果が期待できると考えられる。

第二に、現行法上の事件記録の閲覧謄写制度の運用については、債権者を含めた利害関係人の不満がきわめて大きい。すなわち、事件記録の閲覧謄写を行うには、利害関係人自ら裁判所に出向いて閲覧謄写申請を行ったうえ、一式記録の貸与を受けて閲覧し、記録を謄写する場合には司法協会に備え置きのコピー機において1枚ずつ謄写しなければならない。また、裁判所や他の利害関係人が事件記録を使用している場合にはその間記録の貸与を受けられず閲覧ができない。かかる運用は、インターネット上のウェブサイト等で事件記録が広く開示され、誰で

も事件記録を容易に取得できる海外の例に比して、わが国の倒産手続における情報開示が前近代的と批判される要因にもなっている。もっとも、裁判所のインフラ整備はハードルが高い。そこで、まず利害関係人の事件記録へのアクセスを容易にするため、裁判所における事件記録の閲覧謄写に代えて、裁判所からの委任に基づき、再生債務者、管財人、監督委員又は調査委員が裁判所書記官に代わって事件記録の閲覧謄写の窓口となることを許容することができないか。また、その際物理的な閲覧謄写に代えて、インターネットのウェブサイトからのダウンロードや電子メールを用いた送信等の方法により、電磁的記録による記録の提供も認められるものとすることが考えられる。近時の情報通信技術の発展に伴い、閲覧謄写の対象となる各文書は電子データで管理することが容易であり、管財人や再生債務者を通じて電磁的記録を提供させることにより、事件記録の閲覧謄写が迅速かつ柔軟に行われ、利害関係人による各種情報へのアクセスが容易になることが期待できる。

2　改正の相当性

(1)　検討課題①について

民事再生規則第1条第2項に規定される重要情報の周知義務は、再生債務者の公平誠実義務（民再38②）に由来するものと考えられる。これに対し、管財人は、より高度の法的義務である善管注意義務を負っていることから（破85、会更86）、当然に重要情報の周知義務を負っていると思われるが、特に債権者に対する情報開示の重要性に鑑み、管財人も周知義務を負うことを注意的に規定することは相当と考えられる。

(2)　検討課題②について

裁判所ないし裁判所書記官に代わって再生債務者や管財人を通じて事件記録の開示をさせることは、例えば債権届出の宛先について裁判所に代わって再生債務者代理人や管財人の法律事務所が宛先とされていることから許容されると考える。また、裁判所においてかかる電磁的記録を用いた事件記録の開示体制を整備することは予算措置を伴う一方、再生債務者や管財人を窓口とすることにより、事案に即した迅速かつ柔軟な情報開示の実現が期待できる。なお、債権者と債務者の対立が厳しい事件等においては、裁判所を通じた情報開示、あるいは公平中立な立場から事件を監督する監督委員・調査委員を通じた情報開示を行えばよいのではないか。さらに、書面に代わる電磁的記録の提供による閲覧謄写対応については、認否書や財産目録の開示の際に「情報の内容を周知させるための適当な措置を執ること」を許容していることからも、許されるものと考える（民再規43②、64②、会更規24②、45②）。

〔大島義孝〕

○参考文献：『東弁提言』146頁〔簔毛良和・志甫治宣〕、『大阪続』129頁〔野上昌樹・稲田正毅・北野知広〕

6 供託

> **検討課題**
>
> 倒産手続における倒産債権及び共益債権等の弁済について、債務履行地・供託原因について、民法の弁済供託の特則として簡便な弁済供託の制度の創設を検討したらどうか。
>
> 現行法：破202③、151、民再121、154、会更132、167、民494、495

1 改正の必要性

(1) 倒産手続における供託

破産手続、再生手続、更生手続において、倒産債務者及び管財人は、破産債権・再生債権・更生債権（以下「倒産債権」という）者または財団債権者・共益債権者（以下「共益債権者等」という）は通常は振込送金等の方法により弁済や配当を行い、太宗はこれで処理ができ、履行地等の問題は負担とはならない。これができない場合には、弁済供託（以下「供託」という）をする。しかし、供託の規定は、破産配当に関する破産法202条3号（この供託は弁済供託である（『条解』1302頁））があるのみである（破90②や民再77の供託等は趣旨が異なり対象外）。同条は、破産債権を配当し破産管財人が最後配当の通知を行っても「破産債権者が受け取らない配当額」について、その明解な供託原因で供託することを認めるもので、取立債務化により債権者の住所調査や債権者住所での提供を要せず、供託原因も定型文言で足りる。しかし、共益債権等の場合には、供託要件に関しては、各倒産手続には現状では対応規定がなく、民法の原則に従い供託をすることになる。

(2) 民法494条による供託

a 現在の供託実務を前提とすると、民法494条により有効な供託をするためには、受領拒否、受領不能、債権者不確知などの供託要件が必要であり、債務履行地の供託所に供託することが必要となる。

b 破産債権は取立債務化され（破193②）、かつ破産法202条3号により供託ができるので、民法からは解放される。再生債権、更生債権の場合には、各計画案に記載し取立債務化することにより、債務履行地に関しては当該債務者の住所地で供託が可能となるが、供託要件は民法に従わなければならない。

c 共益債権等に関しては、取立債務ではなく、原則それぞれの債権者住所地が債務履行地となり、供託要件も民法に従う。

d その結果、共益債権者等が数百人、数千人規模の多人数に及ぶ場合には供託のコストが倒産債務者にとり負担となる。第1に、供託を有効とするために、①債務履行地である共益債権者等の現住所地の正確な把握、②上記債務履行地に

応じた管轄供託所への供託が必要である（民495①）。住所不明な場合には、住民票等の取得も要する。第2に、受領拒否の場合は、原則として債権者住所地での現実の提供が必要となる。しかし、各債権が少額の場合等には、コストとの合理的均衡も失い、現実の提供が非現実的な事案がある。第3に、共益債権等は各管轄供託所に供託申請することになるが、各管轄供託所地で供託文言や受理日等の取扱が微妙に異なる。

　e　倒産事件は、多数債権者の集団的処理を必要とし、時間的、資料的に制約があり、限られた弁済原資の中で、債権者に弁済や配当を最大化して行うことが求められている。そのためには、同じ手続における共益債権等についても、それにかかるコストは極小化することが倒産債権の弁済・配当率には貢献する関係にある。

(3)　オンラインの電子供託の制度

　供託所の関係では、平成24年1月10日開始の法務省の「登記・供託オンライン申請システム」（供託規則38条）により、管轄供託所まで出向く必要がなくなり、コスト的には改善が図られている。しかし、依然として弁済提供の問題が残る上、上記のとおり、①各地供託所の供託文言の取扱いに差があること、②受理後、金員の納付が受理日から7日以内と限定され、同日申請しても受理日までの日数は各地で異なり、受理日の管理が必要なこと等、現在の弁済供託の実務では申請者側の負担が残る。

2　改正の相当性

　供託実務の運用改善により一定程度のコストの低減化は図れるが、安定的なものでは無く、民法の原則的取扱による限り限界がある。一層の処理コスト低減化の観点から、倒産手続における弁済供託の在り方について見直しを行い、民法の原則に対する特則規定を設けたらどうかと思料する（破202三は、多数債権者の集団的処理として合理的なものとして参考となる）。

（長沢美智子）

○参考文献：『二弁30講』138頁以下〔長沢美智子〕

7 他の法令との調整

> **検討課題**
>
> 清算型の再生計画・更生計画の認可決定が確定した場合、再生手続・更生手続が終結しない限り、以後の清算手続においては、①知れている倒産債権者への個別催告を省略できる、②再生手続等が係属する地方裁判所も債権申出期間中の弁済を許可することができる、としてはどうか。
>
> 現行法：会499、500

1 改正の必要性

再生手続、更生手続では、再生会社、更生会社を解散し清算する再生計画、更生計画を策定し、認可決定確定後は同計画に従って会社を解散、清算する場合が存在する。この場合の清算手続には会社法の規定が適用されるが、再生手続等が先行する事態を想定した規定でないためそのまま適用すると適当でない場合がある。

第1に、清算手続では、債務者は債権者に対し一定期間内に債権を申し出るべき旨を官報に公告し知れている債権者には別途個別催告を要する（会499）。しかし、再生手続等で債権調査を経て再生計画等が認可されている場合、倒産債権の存在や内容は清算人に明らかであり個別に催告して情報を得る必要性を欠く。むしろ債権者が多数に上る事案で個別催告を行う負担は膨大である。また、知れている債権者は再生手続等で既に情報を入手しており、債権を申し出なくても清算手続から除斥されないから（会503①）、不都合はない。以上から上記①を検討してはどうか。

第2に、清算会社は、債権申出期間内は、裁判所（本店所在地を管轄する地方裁判所）の許可を得た場合に限り少額債権等弁済しても他の債権者を害するおそれのない債務を弁済できる（会500、868①）。この点、再生手続等では主な営業の所在地を管轄する裁判所等にも管轄があるため弁済許可と管轄裁判所が異なり得る。清算手続への裁判所の関与が限定的である一方で倒産裁判所が手続や計画を熟知し手許に記録を有することに加えて、権利変更後の倒産債権は既に履行可能性が検証されており一般に弁済許可の対象となると解されることに鑑みれば、上記②のとおり、倒産手続が係属する裁判所も弁済を許可できるとするのが望ましい。

2 改正の相当性

現行会社法の規定は清算と再生手続等が交錯する場面の調整を企図したものではないと解されるところ、再生手続等が先行する場合に合理的かつ効率的に両者を併存させる観点からすると上記提言に沿った改正は相当なものである。

（朝田規与至）

○参考文献：『展望』608頁〔宮崎信太郎〕

8 金融商品取引法等における各種報告書の提出義務免除

> **検討課題**
> 1 会社更生手続における有価証券報告書の提出義務の免除に関する規定は、民事再生手続も対象に加えてはどうか。
> 2 大量保有報告書等の提出義務について、過去分については更生会社又は再生債務者の提出義務を一部免除する規定を設けてはどうか。
> 現行法：金商24①但書、金商令4④、金商27の23①、同条の25①④

1 有価証券報告書の提出義務

(1) 改正の必要性

株式が金融商品取引所に上場されている場合や、社債の募集・売出しにつき有価証券届出書を提出していた場合等、金融商品取引法24条1項各号のいずれかに該当する場合は、発行者は有価証券報告書（以下「有報」という）の提出義務を負う。発行者に倒産手続が開始した場合であっても、当然に有報の提出義務を免れるわけではないが、倒産手続開始に伴い上場廃止になった場合は、同項1号に基づく有報の提出義務は負わない。しかし社債を発行している場合等、有価証券届出書提出会社として同項3号又は4号に基づき引き続き有報の提出義務を負う場合がある。

この点、当該発行者が更生手続開始決定を受けた者であれば、更生手続開始決定があった日後3カ月以内に金融庁長官に対して承認申請を行うことにより、当該更生手続開始の決定があった日の属する事業年度にかかる有報については、提出義務を免れることができる（金商24①但書、金商令4①④）。かかる免除規定の対象に、民事再生手続開始決定を受けた企業を加えることが望ましいと考える。

そもそも有報の作成には多大な労力とコストを要するところ、認可決定までの限られた時間と予算で対応することは困難を伴う。また有報を作成するにしても、倒産手続開始決定を受けた会社においては、過去の粉飾問題に関する調査やスポンサー選定との関係で、従前とは異なる監査法人を選任することが望ましいと考えられる。しかし新たな監査法人は、過去の財務計算についても確認する必要があるところ、これらを短期間で全て把握することは困難であるため、無限定の適正意見を拒むことも予想される。このように、再生手続中の会社にとって、計画案の認可決定を受けるまでの間に有報を作成することは、更生会社と同じく非常な困難を伴う。

(2) 改正の相当性

金融商品取引法施行令4条4項の趣旨は次のとおりである。すなわち、更生手続下では事業経営権が管財人に移譲されるところ、管財人が通常の手続により有報を提出することは困難を伴う。他方更生手続下でも有価証券の流通は制限されないた

め、投資家保護の観点も要する。そこで提出しなくとも公益又は投資者保護に欠けることがないものとして内閣総理大臣の承認を受けた場合に限り提出義務を免除したのである。この点、民事再生においても有報提出に困難を伴うことは既述のとおりであるが、会社更生ではDIP型が導入される一方で、民事再生においては管理型が導入されている現状では、形式的に更生会社だけを別扱いする理由はない。また、民事再生手続においては、監督委員とその補助者たる会計士による審査を受けた財産評定書（『民再手引』178頁〔鈴木義和〕）が主たる営業所等で閲覧でき（民再124②、民再規64①）、再生債務者の業務及び財産の管理状況に関する月次報告書も裁判所で閲覧できる（民再125②、16①）など、投資家保護についても会社更生と同様に一定程度確保されている。従って当該免除の対象に民事再生手続を加えることは妥当である。

2 大量保有報告書等の提出義務

(1) 改正の必要性

上場株等の対象有価証券（金商27の23②）の保有割合が5％を超えることになった者は、その日から5日以内に大量保有報告書の提出を義務付けられる（金商27の23①）。また後日当該保有割合が1％以上増減した場合等には変更報告書の提出が義務付けられ（金商27の25①）、更にこれらの書類の記載内容が事実と相違する場合等は訂正報告書の提出を要する（金商27の25④）。しかし、過去に更生会社等が提出を懈怠していた場合に、更生管財人等が過去に遡って事実や当時の金商法等の法規制を調査の上、これらの報告書の提出義務を無制限に負うことは、法的倒産手続下にある更生会社や再生債務者にとっては大きな負担となる。

(2) 改正の相当性

この点、大量保有報告等の制度趣旨は、会社支配権の存在という重要な投資情報を、投資家に対し迅速に提供することにより、市場の公正性、透明性を高め投資家保護を図ることにある。かかる立法趣旨からすると、現時点の正確な情報が全て記載された報告書を速やかに提出することで、目的を達成できるはずである。他方で、報告対象事由発生から相当な時間が経過した過去情報は、現時点の投資家の保護の観点からは重要性が乏しい。もっとも、過去3年程度であれば、倒産した会社であっても対応は不可能ではないと考えられる。そこで過去3年以上経過した報告対象事由等については、倒産手続下にある更生会社や再生債務者における報告義務を免除すべきとの見解がある。このように制限を設けても、提出義務違反については罰則（金商197の2五六）や課徴金（金商172の7、172の8）等の制度があるため、提出義務の懈怠を促進することにはならないと思われる。

（和田　正）

○参考文献：『東弁展望』610頁〔宮崎信太郎〕

9 経営者保証に係る個人保証人再生手続の創設

> **検討課題**
> 　経営者保証に係る個人保証人を対象に、その保証債務の整理を公正かつ迅速に行うため、通常再生手続の特則として、小規模個人再生手続とは別の再生手続（個人保証人再生手続）を創設・整備してはどうか。
> 　現行法：民再221、229、231、238

1　改正の必要性

　中小企業が金融機関から借入れするに当たっては、経営者が自宅その他の個人資産を担保提供するほか個人保証もしていることが一般的であり、中小企業の早期の事業再生又は事業清算（廃業）への着手を阻害する大きな要因となっている。

　会社経営が悪化して抜本的対策が必要な状況にもかかわらず、経営者が連帯保証の顕在化することを恐れ、無謀な延命策を弄して資産を食いつぶし、弁護士に相談したときには再建には手遅れで、破産の他ない（配当も極小）という事例もある。

　早期に会社について事業再生または廃業の決断を促すためにも、経営者については破産を避けて連帯保証債務を処理する手続を用意する必要がある。

　ところが、現行の民事再生手続においては、小規模個人再生手続では再生債権の総額要件が5000万円に制限されているために経営者保証に係る個人保証人は対象となり得ないことが通例であるし、通常の再生手続では手続負担が重すぎる。

　そこで、経営者保証に係る個人保証人の経済生活の再建ないし再チャレンジを可能とし、中小企業が早期に事業再生又は事業清算への着手を図れるように、個人保証債務の負担の軽減及び簡易迅速な整理を可能とする「個人保証人再生手続」を、単に小規模個人再生手続の総額要件だけを緩和した制度に留めず、通常再生手続の特則として新たに創設・整備することが考えられる。

2　「個人保証人再生手続」の概要

　① 　主たる債務者である事業会社が、経営破綻に瀕し、破産、特別清算、民事再生、会社更生等の法的倒産手続、あるいは、事業再生ADR手続、中小企業再生支援協議会スキーム、RCCスキーム、特定調停等の私的整理手続に入っており、経営者保証に係る個人保証人が保証債務の請求をされていること。

　② 　経営者保証に係る個人保証債務の金額が、債務総額の一定以上の割合（例えば4分の3など）を超えていること。

　③ 　予想清算配当（自由財産を除いて算出）を最低弁済額とし、原則3年（事案によっては最長5年）で分割弁済し、残債権全額を放棄してもらう旨の再生計画案によること。上記再生計画案における弁済金額の下限を画する予

破産配当原資総額については、裁判所又は個人再生委員の承認を得た金額であること。
④ 再生計画の可決要件としては債権者の過半数の消極的同意、即ち、「同意しないと回答する債権者の人数が半数に満たず、かつ、その議決権額が総議決権額の2分の1を超えないとき」とすること。
⑤ 自宅不動産に担保設定ある例が多いことから、その別除権協定の機会確保のために中止命令・担保権消滅制度を修正整備すること（居住用自宅に限り事業継続不可欠要件を不要とし、当該自宅を担保として、その評価額を新たに公的金融機関が貸し付け、既存の連帯保証債務を一括弁済処理するなど）。

3　改正の相当性

　主たる債務者である事業会社が法的倒産手続ないし私的整理手続によって債務処理を実施したにもかかわらず、経営者保証に係る個人保証人が破産等の債務整理手続を行わない場合に、個人保証人からの回収が見込めないとしても、債権者においては、株主から善管注意義務違反等を問われるリスクや他の債権者にもたらすモラルハザードのリスク等ゆえ、漫然と債権放棄することはできない。無税償却処理が進まず、結局は破産を求めざるを得ない。本提言のように経営者保証に係る個人保証債務について簡易迅速な債務処理手続である「個人保証人再生手続」が創設・整備されるならば、主債務者・連帯保証人揃っての迅速な債権処理が可能となることから、債権者にとっても大きなメリットが認められる。

　そもそも経営者保証を求める主たる趣旨は、現実の回収保全より、誠実返済履行を求める規律付けにあるとも指摘され、コベナンツに基づく停止条件付連帯保証といった新たな保証制度も広がり始めている。法的手続としての透明性を保ち、モラルハザードを避けて無税償却できる制度は、経営者連帯保証の趣旨にかなう。

4　経営者保証に関するガイドライン

　中小企業の経営者保証に関する契約時及び履行時等における中小企業、経営者及び金融機関による対応についての、中小企業団体及び金融機関団体共通の自主的自律的な準則として、「経営者保証に関するガイドライン」が策定・公表され、平成26年2月1日より適用が開始されて、注目が高まっている。

　同ガイドラインによる債務処理は全対象債権者の同意が必須の私的整理であるから、不調の場合の出口としても、本提言（法的制度）の必要性が高まっている。

　なお、同ガイドラインでは、早期事業再生または廃業により債権者に対する配当が増加するとの視点から、破産における自由財産を上回る資産を経営者連帯保証人の手元に残し得る。本提言による法的制度においても、同様の視点から最低弁済額を合理的に緩和することが検討できるのではないか。

（清水祐介・髙橋　優）

○参考文献：『東弁展望』605頁〔多比羅誠〕、『二弁30講』294頁〔大場寿人〕

第2章

破　産

第2章 破産・総論

1 はじめに

　現在の破産法は、平成8年以来の倒産法制の全体的な見直し作業の集大成として、大正11年に制定された旧破産法を全面的に見直し、これに代わるものとして平成16年に新たに制定され、平成17年1月1日から施行されたものである。

　このように、破産法は施行からまだ10年を経過していない状況ではあるものの、解釈や運用では解決が難しいと思われる問題点について、以下で概観するとおり、これまでに実務家を中心に多くの検討課題が提示されているところである。

　なお、本章は「第2章　破産」であるが、破産手続固有の検討課題に限らず、再生手続や更生手続において同様の課題が認められる事項についても本章で扱うこととしている。

2 改正検討課題の内容

(1) 機関・手続面の検討課題

　総則については、管轄を拡大する方向での特則（10）及び債権者の信用や個人情報を保護するための文書の閲覧等の制限（11）について検討がなされている（主として再生手続に関する管轄については62も参照）。

　破産手続の開始（含む保全処分）に関するものとしては、申立書の添付書類について電磁的記録での提出を認めることや（12）、他の手続の中止命令と包括的禁止命令の中間形態の創設（13）及び包括的禁止命令における知れたる債権者への通知の廃止（14）が検討されている。

　破産手続の機関に関するものとしては、破産財団から放棄された財産や破産手続終了後に判明した財産についての破産管財人の権限の復活（16）や、保全管理命令の適用対象の個人への拡大（15）及び保全管理人の行う事業譲渡についても株主総会決議代替許可を認めること（17）についての検討が行われている。

(2) 債権面の検討課題

　債権面については、多数の検討課題が提示されており全てを紹介することはできないが、労働債権について、給料債権の財団債権部分の拡大（21）や解雇予告手当の財団債権化（22）といった労働者保護を念頭に置いた検討や、労働者健康福祉機構の立替払手続に関する実務上の問題点や代位の法律関係の明確化についての検討（23、24）がなされている。

　次に、債権調査・確定手続に関して、債権調査手続を必要に応じた段階的実施にすること（31）や、破産債権届出の終期を定める規定を置くこと（32）、管財人による債権確定後の異議の撤回を認めること（34）、債権確定手続の迅速化を図るため制度の見直しを行うこと（36）等の検討がなされている。

　また、牽連破産等の手続移行に関しては、否認訴訟の中断や相殺禁止規定の整備

についての規定（⑱）、先行手続における共益債権・財団債権のうち一定の債権について後行の手続において優先させる規定（㉕）、牽連破産の場合の財団債権の調査・把握の困難性に鑑みた財団債権確定のための規定（㉟、㊷）など、より手続を使い易くするための規定の追加に関する検討が多くなされているところである。

さらに配当手続についても、優先的破産債権の弁済許可制度の創設（㊳）、簡易配当（異議確認型）の異議制度の廃止（㊴）、少額配当について受領意思の届出制度の廃止や実務運用の制度化（㊵）及び配当金の振込費用を財団負担とすることを可能とする定めの追加（㊶）のように、手続の効率化のための検討が多数なされている。

この他にも、財団債権の有無やその額ないしいずれの類型の財団債権かといった点についての早期確定のための簡易な決定手続の導入（㉗）や、内部者等が有する倒産債権の劣後化（㉘、㉙）、人の生命身体に係る損害賠償請求権の保護（㊲）等についても検討がなされている。

(3) 財産面の検討課題

引渡命令の適用範囲及び適用対象の明確化（㊸）、管財人が破産財団に所属する売掛金等について適正かつ迅速に権利行使をなしうるための規定の整備（㊹）、役員責任査定手続の迅速化等（㊺）についての検討がなされている。

3　本書で取り上げなかった検討課題

本書では分量の関係もあり取り上げることができなかったが、以下のような検討課題も提示されている。

消費者被害案件について、消費者庁に破産申立権を認めることが可能ではないかとの見解が示されている（『東弁展望』28頁〔山本和彦〕）。

破産管財人の個人責任について、特に第三者に対する責任を限定する枠組みを検討すべきではないかとの議論がある（『大阪続』194頁〔藤本利一〕）。ただし、この点については一方で、管財人の善管注意義務の内容を明確化することはきわめて困難な作業であり、現段階では時期尚早とする指摘もあるところである（『東弁展望』29頁〔山本和彦〕）。

債権調査の方法については、調査期間方式に一本化すべきという見解（「一弁冊子」18頁）と、これを慎重に考えるべきであり財団規模が大きい場合などに調査期間方式を意識的に採用するなどの運用改善に委ねるべきとの見解（『東弁提言』175頁〔園尾隆司・谷口安史〕）のいずれもが提示されている。この点、現行法で導入された調査期間方式が実際の破産事件における債権調査の実情に合っていたかを含め検証の必要があるとの指摘もなされている（「中島」36頁）。

（高尾和一郎）

10 管轄の特則

> **検討課題**
> 1 民事再生事件における東京地裁又は大阪地裁への申立ての管轄要件を拡大することを検討してはどうか。
> 2 関連法人の倒産事件の管轄裁判所に、いずれの類型の法人倒産事件の関連管轄を認めることを検討してはどうか。
> 3 法人倒産事件の管轄裁判所に、関連個人（代表者、役員及び保証人）のいずれの類型の倒産事件の関連管轄を認めることを検討してはどうか。
> 現行法：破5、民再5、会更5、会879

1 再生事件の東京地裁又は大阪地裁への管轄要件の拡大（検討課題1）

(1) （現行法）破産事件又は再生事件では、債権者数が500人以上のときは、原則的な管轄裁判所の所在地を管轄する高裁所在地を管轄する地方裁判所に、また債権者数が1000人以上のときは、東京地裁又は大阪地裁に競合管轄が認められている（破5⑧⑨、民再5⑧⑨）。また更生事件では、債権者の数に関係なく、東京地裁又は大阪地裁に申立てを行うことができる（会更5⑥）。これは、大規模な倒産事件を適正かつ迅速に処理するためには、事件処理の経験やノウハウの蓄積等が必要であり、専門的・集中的に処理する体制が整っている裁判所で処理するのが有効であると考えられたためである（『一問一答破産』33頁、『一問一答会更』37頁参照）。

(2) （必要性）再生事件は破産事件に比べて、事件処理の難易度が高く、迅速処理の要請もあるため、経験・ノウハウが求められ、専門的・集中的な処理体制がある裁判所で手続を進行させるのが望ましい。

(3) （相当性）再生債務者が各種債権者説明会を主たる営業所や多数債権者の所在地で開催すれば、再生債権者に対する情報提供は可能であり、債権者集会と書面等投票の併用にて議決権行使ができれば（民再169②三）、再生債権者の負担は少ない。

(4) 以上からすると、個人再生事件を除く再生事件では、債権者数が100名以上の場合、東京地裁又は大阪地裁への申立てを認めることを検討してはどうか。

2 関連法人の倒産事件の管轄裁判所への関連管轄の拡張（検討課題2）

(1) （現行法）関連法人の破産・再生・更生事件の係属が破産事件の関連管轄の原因となること（破5③～⑤）、関連法人の再生・更生事件の係属が再生事件の関連管轄の原因となること（民再5③～⑤）、関連法人の更生事件の係属が更生事件の関連管轄の原因となること（会更5③～⑤）が定められており、親会社の特別清算・破産・再生・更生事件の係属が子会社の特別清算事件の関連管轄の

原因となること（会社879①〜④）が定められているが、関連法人の破産事件の係属が再生・更生事件の関連管轄の原因とはならないなど、管轄原因となる異種事件が限定されている。その理由として、効力の弱い倒産手続の係属裁判所に効力の強い倒産手続の申立てを認めても、両手続の円滑な遂行の効果が期待できないこと、清算型手続の係属裁判所に、再建型手続の管轄を認めても一体的処理が困難であることなどが挙げられている。

(2) （必要性）しかし、複数の関連法人で清算型手続と再建型手続の一体的処理が行われる可能性は現行法も認めていること（破5③）、親会社破産後の事業譲渡先の支援を得て子会社が再建を進める場合など、親法人の破産裁判所に子会社の再生事件の管轄を認めるべき事案があること、さらに再生事件と更生事件の間で事件処理の専門・技術性に類型的な差異はないことからすると、関連管轄を否定する合理的根拠は乏しい。したがって、倒産手続の一体的処理に伴う迅速・効率性を図る必要から、先行倒産手続の種類にかかわらず、後続倒産手続の関連管轄を認めることを検討してはどうか。

3　法人倒産事件管轄裁判所への関連個人の関連管轄の拡張（検討課題3）

(1) （現行法）法人の破産・再生・更生事件の係属が、法人代表者又は連帯保証人の破産事件の関連管轄の原因に（破5⑥）、法人の再生・更生事件の係属が法人代表者・連帯保証人の再生事件の関連管轄の原因に（民再5⑥）なることが定められている。

(2) （必要性）しかし代表者以外の保証人や、保証人でない法人役員について、法人破綻を契機に倒産手続を申し立てる可能性があり、その場合に倒産手続の効率化・迅速化を図り、個人が低コストで手続申立が行えるよう、法人と個人の倒産事件を同一の裁判所で一体的に処理することを認めてはどうか。また関連法人倒産事件の管轄裁判所への関連管轄の拡張を認めるのであれば（前述検討課題2）、それに呼応する形で、法人倒産事件の種類にかかわらず、法人代表者・役員・連帯保証人についても、倒産手続の関連管轄を認めることを検討してはどうか。

（山宮慎一郎）

○参考文献：『東弁展望』210頁〔多比羅誠〕、『東弁提言』75頁〔園尾隆司〕、「一弁冊子」1頁

11 債権者の信用・個人情報の保護と文書の閲覧等の制限

> **検討課題**
>
> 　債権者の信用又は個人情報を保護する必要があることにつき疎明があった場合にも事件に関する文書の閲覧等の制限を認めてはどうか、また、閲覧謄写した資料の目的外使用を禁止してはどうか。
> 　現行法：破11、12、民再16、17、会更11、12、破規14①一柱書、民再規14①
> 　　　　　三、会更規13①五

1　改正の必要性

　現行法は、「破産財団の管理又は換価に著しい支障を生ずるおそれがある部分があることにつき疎明があった場合」（破12①本文）、「再生債務者の事業の維持再生に著しい支障を生ずるおそれ又は再生債務者の財産に著しい損害を与えるおそれがある部分があることにつき疎明があった場合」（民再17①本文）、「更生会社（開始前会社及び開始前会社又は更生会社であった株式会社を含む）の事業の維持更生に著しい支障を生ずるおそれ又は更生会社の財産に著しい損害を与えるおそれがある部分があることにつき疎明があった場合」（会更12①）には、かかる疎明があった部分を「支障部分」として、閲覧若しくは謄写等をすることができる者を制限できるとしている。しかし、倒産手続における文書の中には、例えば債権者一覧表のように、債権者の氏名及び住所並びに債権の内容が記載されているものがあり（破規14①柱書一、民再規14①三、会更規13①五）、これらは債権者たる企業の信用に関わる情報であったり、債権者たる個人を識別しえたりする情報である。然るに、現行法は、上記のとおり、破産財団の管理換価に著しい支障を生ずるおそれがあるか、あるいは、再生債務者や更生会社の事業の維持再生（更生）に著しい支障を生ずるおそれがあるか、といった観点からしか閲覧等を制限しておらず、債権者の信用情報や個人情報は直ちには支障部分には当たらないことから閲覧等を制限することができない。そのため、債権者一覧表等が、債権者や企業信用調査会社等を通じて利害関係人以外の者に提供され、倒産手続に使用する目的以外の目的で利用されるといったことが起きている。その結果、申立時に申立人から提出される債権者一覧表は必ずしも債権額等が正確ではない場合があるにもかかわらず、同表記載の債権額の貸倒れが生じたかのような誤った信用情報が提供され、当該債権者の信用が毀損されるといった事態が生じている。また、仮に債権額等に誤りがなかったとしても、かかる貸倒れが生じたという情報が提供されること自体が、当該債権者の信用に影響を及ぼすことになる。また、多数の個人消費者や投資被害者を債権者とする倒産事件においては、当該債権者に対し「追加配当の予定がある」などとして金員を要求する詐欺事件の発生も確認さ

れており、債権者一覧表等に記載されている個人情報が悪用される可能性を否定できない。

　よって、債権者の信用情報や個人情報等を保護する観点から、現行法の閲覧又は謄写等の制限を拡大する必要性があると思われる。

　また、同じような理由から、利害関係人が、破産法11条、民事再生法16条、会社更生法11条により、破産事件・再生事件・更生事件に関する文書の閲覧又は謄写等を請求した場合には、当該文書にかかる複製等を、当該手続又はその準備に使用する目的以外の目的で人に交付し、又は提示し、若しくは電気通信回線を通じて提供してはならないものとすることが考えられる。

2　改正の相当性

　利害関係人に倒産手続における文書の閲覧等が認められているのは、利害関係人が文書を閲覧等することによって、倒産手続に関わる情報を入手し、利害関係人がその有する権利を適切に行使できるようにするためである。すなわち、法は、上記の目的以外の目的のために倒産手続に関わる情報を入手し、あるいは使用することをそもそも認めていないといえる。したがって、債権者の信用情報や個人情報保護の観点から支障部分の範囲を拡大し、閲覧制限の範囲を広げることは、もともと法の予定していたところを実現するものであり、利害関係人に不当な制約を加えるものではないものと思われる。

（本山正人）

○参考文献：「一弁提言」2頁、「日弁提言」2頁

12 申立書添付書類の電磁的記録による提出

> **検討課題**
>
> 　破産法、民事再生法、会社更生法（それらの規則も含む）における手続開始の申立書の添付書類について、特に必要があると認められるときには、書面に代えて、電磁的記録での提出も認めてはどうか。
> 　現行法：破規1①、3①、民再規2①②④、会更規1①③

1　改正の必要性

　現行法においては、倒産処理手続に関する申立て、届出、申出及び裁判所に対する報告等は、特別の定めがある場合を除き、書面でしなければならない（破規1①、民再規2①②、会更規1①）。そして、裁判所は、必要があると認めるときは、書面を提出した者又は提出しようとする者に対し、書面とともに、情報内容を記録した電磁的記録を提供するよう求めることができる（破規3①、民再規2④、会更規1③）。しかし、債権者が非常に多数に上る事件（消費者金融業、ゴルフ場等の事件）においては、債権者一覧表等の添付書類を書面によって提出することは、その保管場所や書面提出に係る事務作業等を考えると、必ずしも適切ではない、また、提出された書面上から個々の債権者を把握するのは容易ではない。したがって、上記のような事件においては、添付書類を必ず書面で提出しなければならないとする合理性は乏しいといえる。

　そこで、手続の合理化、個々の債権者を容易に把握できるようにするために、手続開始の申立書の添付書類を電磁的記録で提出することも認めてはどうか。

2　改正の相当性

　添付書類を書面に代えて電磁的記録で提出することを認めても、裁判所の保管には格別の支障はなく、物理的な保管場所等を考えた場合には、むしろ電磁的記録の方が望ましいといえる。また、利害関係人が閲覧する場合には、提出された電磁的記録を端末上で閲覧すれば足りるのであり、書面で閲覧することが不可欠であるというわけではない。

　よって、改正の相当性も認められるといえる。

（本山正人）

○参考文献：「一弁提言」4頁、「日弁提言」5頁

13　他の手続の中止命令と包括的禁止命令の中間形態の創設

> **検討課題**
>
> 個々の強制執行等の手続を中止する中止命令と包括的禁止命令の中間形態を創設してはどうか。
>
> 現行法：破24、民再26、会更24

1　改正の必要性

現行法における破産手続開始決定前の債権者の権利行使に対する中止命令等としては、個々の強制執行等の手続を中止する中止命令（破24、民再26、会更24）と、かかる中止命令では手続の目的を十分に達成することができないおそれがあると認めるべき特別の事情がある場合において全ての債権者に対し強制執行等を禁じる包括的禁止命令（破25、民再27、会更25）が定められている。

この点、債務名義を有する債権者が多数存在するが、全債権者のうちのその割合が少数である場合等、包括的禁止命令までは必要とされないものの、個別の中止命令では対応が困難な事案も存在するところである。かかる事案でも包括的禁止命令で対応することも不可能ではないが、包括的禁止命令は全債権者を対象とする手続であるため、公告のほか、全ての知れている債権者に通知しなければならず（破26①、民再28①、会更26①）、債権者が多数である案件では費用的負担も大きい。

そのため、個々の強制執行等の手続を中止する中止命令と包括的禁止命令の中間形態として、既に債務名義を有している者の強制執行を禁止する等、一定の範囲の強制執行等を禁止する手続を創設してはどうか。

2　改正の相当性

既に現行法上、全ての債権者の強制執行等を禁じる包括的禁止命令の制度が存在することに鑑みれば、他の手続の中止命令では手続の目的を十分に達成することができないおそれがあると認めるべき特別の事情がある場合（包括的禁止命令の要件と同様の要件）には、対象となる債権者への通知や即時抗告をすることができる定め等の債権者保護の規定を設けることにより、一定の範囲の強制執行等を禁止する手続を創設することにも相当性が認められると考えられる。

（高尾和一郎）

○参考文献：「一弁冊子」4頁

14 包括的禁止命令における知れたる債権者への通知

> **検討課題**
> 　包括的禁止命令に関する公告及び送達等については、破産法26条1項を改正して、知れたる債権者への通知を廃止し、これに代えて、適切な方法により周知すること（例えば、債務者のホームページ上への掲載等）をもって足りるとの改正を検討してはどうか（民再28①及び会更26①も同様）。
> 　現行法：破25〜27、民再27〜29、会更25〜27

1　改正に向けた検討の必要性

　破産法25条は、裁判所が個別的な強制執行手続等の中止命令によっては、破産手続の目的を十分に達することが出来ないおそれがあると認めるべき特別の事情があると判断した場合には、破産手続開始の申立てにつき決定するまでの間、全ての債権者に対して債務者の財産に対する強制執行等及び国税滞納処分を禁止する包括的禁止命令を発することが出来る旨を定めている。そして、包括的禁止命令の決定等は公告するとともに、債務者等に送達し、かつその主文を知れたる債権者等に通知しなければならない（破26①）。

　破産手続における包括的禁止命令は、平成16年改正により設けられた制度であり、先行して包括的禁止命令の制度が定められた民事再生法27条及び会社更生法25条と基本的には同趣旨の規定である。個別的な強制執行等が多数申し立てられ、あるいは申し立てられる可能性が高まったような場合、包括的禁止命令を利用することにより、個別的に破産法24条の中止命令を申し立てなければならないという債務者等の負担を軽減させることが可能となるとともに、債務者の財産保全を図ることが可能となることから、同制度は債権者間の平等を確保するという破産手続の目的を達するために極めて有益かつ効果的な制度であると考えられる。しかし、現在の実務上、包括的禁止命令は、必ずしも有効に利用されていないように推察される（西謙二・中山孝雄編『破産・民事再生の実務〔新版〕（上）破産編Ⅰ』（金融財政事情研究会、2008年）97頁参照）。この理由としては、破産手続開始の申立てから開始決定までの期間が短縮され迅速に開始決定がなされる運用が原則となったために、包括的禁止命令が予定する多数の債権者等により強制執行等の手続がなされる事態が想定しにくくなったこと（『条解』184頁）等が考えられる。

　しかし、例えば、法人の民事再生事件における牽連破産において、国税の滞納処分の恐れがある場合、あるいは、いわゆるDIP型の会社更生手続など申立てから開始決定までに一定の期間を要するとともに債権者による個別的な強制執行等が多数申し立てられる恐れがあり、これらに個別的に対応していたのでは事業再建

に支障が生じる恐れがある場合などにおいて、債務者等の責任財産の確保及び債権者間の平等実現という観点から、包括的禁止命令は極めて有効な制度であり、積極的に活用されるべきであると考えられる（なお、東京地方裁判所破産再生部では、法人の民事再生事件における牽連破産において、国税の滞納処分の恐れがある場合には、保全管理人の意見を聞いた上で包括的禁止命令を発令しているようである（『破産実務』84頁）。）。この意味で、包括的禁止命令の制度をより活用しやすくするための改正が行われる必要があるのではないかと考える。

　この点、包括的禁止命令が発令された場合、包括的禁止命令の決定等は公告するとともに、債務者等に送達し、かつその主文を知れたる債権者等に通知しなければならないとされているところ、例えば、前述したような法人の民事再生事件から牽連破産手続に移行する場合、手続の移行に伴う混乱が生じ、債務者等は各種対応に追われ、その負担が相当程度となっているケースも想定されるところであるが、このような状況の下で、包括的禁止命令の発令に際して、知れたる債権者に対する個別的な通知が必要であるとすると、債務者等にさらに大きな負担を強いるものとなると考えられる。かかる観点から包括的禁止命令の制度を実務的に活用しやすくするための一方策として、この知れたる債権者に対する個別的な通知の手続を廃止し、手続の簡略化を図ることが必要であるものと考える（「一弁冊子」5頁）。

2　改正の相当性

　そもそも、包括的禁止命令における知れたる債権者への通知は、利害関係人に周知をはかり、包括的禁止命令の実効性を担保するための付随的な手続であるとされている（『伊藤・破産民再』110頁）。

　知れたる債権者への通知を求めた趣旨がこのような点にあるのであれば、かかる趣旨を達するためには、必ずしも個別的な通知による周知までを求める必要はないのではないだろうか（「一弁冊子」5頁）。今日のインターネットの普及状況等に鑑みた場合、例えば、ホームページによる掲載等の方法を用いた「周知」で十分に足りるし、むしろ迅速かつ広範囲における情報伝達（包括的禁止命令発令という事実の周知）という観点からは、郵送による個別的な通知よりもホームページによる掲載の方が優れているとも評価しうるのではないだろうか。

　この意味で、検討課題として指摘した通知方法の変更は、制度の趣旨さらには今日の社会状況からも相当性があるものと言うことが出来るのではないだろうか。

（田汲幸弘）

○参考文献：『東弁展望』219頁以下〔永島正春〕、「一弁冊子」5頁

15 保全管理命令・管理命令の適用対象の個人への拡大

> **検討課題**
> 1 破産法の保全管理命令の適用対象に個人債務者も含めてはどうか。
> 2 再生債務者の事業上の財産と私生活上の財産との峻別が可能である場合には、民事再生法の保全管理命令及び管理命令（以下「管理命令等」という）の適用対象に個人事業者も含めてはどうか。
> 現行法：破91①、民再64①、79①

1 検討課題1に関する改正の必要性・相当性

現行法は保全管理命令の対象債務者を法人に限っているが（破91①）、保全管理命令は、債権者申立事案の場合で債務者による財産隠匿等を防止する必要性が高い場合や、破産手続の開始が免許取消事由とされている免許事業者について、破産手続開始前に当該事業の譲渡を行う必要がある場合等に発令されるものであり、個人債務者であっても同様の場合には保全管理命令を発令する必要性が認められる。

もっとも、個人の場合は保全管理期間中においても生活を維持するために自由財産に相当する財産を認める必要があり、この場合、保全管理人が管理すべき財産と債務者に委ねる財産との区別、債務者に委ねた財産と破産手続開始後の自由財産との関係が問題となるが（『一問一答破産』140頁、『破産基本構造』82頁）、個人破産の換価基準（『手引』132頁、『運用と書式』70頁）を参考に、保全管理人の判断で一定の範囲の財産を債務者の管理に委ね（『新・実務大系』91頁〔武笠圭志〕参照）、後日破産管財人において事後的に整理する（『東弁展望』346頁）ことで対処可能と思料する。

2 検討課題2に関する改正の必要性・相当性

現行法は管理命令等の対象債務者を法人に限っているが（民再64①、79①）、管理命令等は、経営者の放漫経営や能力不足等により、再生債権者の多数が経営者の交代を希望する場合等に発令されるものであり（『一問一答民再』93頁・109頁）、個人事業者でも同様の場合には管理命令等を発令する必要性が認められる。

もっとも、個人事業者の場合は、その事業が専ら個人の信用等に依拠しており、事業主体の交代になじみにくく、事業上の財産と私生活上の財産との峻別も困難であることが指摘されるが（『一問一答民再』93頁・109頁）、個人事業であっても事業主体の交代は不可能ではないことから（『新注釈民再（上）』410頁〔印藤弘二〕）、再生債務者の事業上の財産と私生活上の財産との峻別が可能である場合（『東弁展望』347頁）には、特段の不都合はないと思料する。

（松尾幸太郎）

○参考文献：『東弁展望』346頁〔高橋修平〕、『東弁提言』107頁〔金澤秀樹〕

16 破産管財人の権限（放棄等による残余財産に関する管理処分権）

> **検討課題**
>
> 破産財団から放棄された財産について、破産管財人の管理処分権を復活させる制度を創設してはどうか。また、終結・異時廃止後に破産手続を再開する制度を創設してはどうか。
>
> 現行法：破78②十二、215①

1 現行法上の問題点

(1) 破産財団から放棄された財産の管理処分権

破産管財人が破産財団から放棄した財産については、放棄とともに破産管財人の管理処分権が消滅し、破産者の管理処分権が復活する。破産者が自然人の場合には、放棄後直ちに破産者自身が管理処分権を行使しうるが、破産者が法人の場合には、従前の取締役が当然に清算人になるわけではなく（最二小判43.3.15民集22巻3号625頁）、新たに清算人が選任されるまで、管理者不在の状態となる。そして、当該財産の管理や処分等が必要となった場合（任意売却、競売申立て等）、現行法では現に清算手続を遂行している破産管財人が存在するにもかかわらず、新たに清算人選任等の申立てを行わざるを得ず、破産管財人が換価等することはできない。従前の取締役を清算人にすべきとする見解もあるが、会社を破綻させた取締役に清算業務の遂行を期待できるのかどうか疑問が残るところである。

(2) 破産手続終了後に残余財産が判明した場合

終結あるいは異時廃止により破産手続が終了した場合も、残余財産に対する破産管財人の管理処分権は消滅し、破産者の管理処分権が復活する。もっとも、終結後に相応の財産が確認されたときは、破産管財人は追加配当を行わなければならない（破215①、最二小判平5.6.25民集47巻6号4557頁参照）。しかし、この場合における破産管財人の管理処分権に関する規定はなく、また現行法では、終結後長期間経過した場合でも、追加配当をしなければならないのかという問題もある。他方、異時廃止後に新たな財産が判明した場合については、現行法上何ら規定がない。

上記いずれの場合においても、新たな清算手続を開始するより従前の破産手続を利用する方が合理的であるというケースが多いと考えられる。

2 新たな制度の検討

(1) 破産管財人の管理処分権の復活

そもそも破産管財人による特定財産の放棄（破78①十二）が認められているのは、破産財団に利益をもたらさない財産を破産財団から離脱させ、破産管財人を管理費用等の負担から解放し、迅速かつ円滑な管財業務を遂行させるためである。そうであれば、破産管財人による管理処分等を必要とする事情があり、破産管財人に

過大な負担を与えないのであれば、破産管財人の管理処分権の復活を認めることは許容されると考えられる。例えば、放棄後に任意売却が可能となった場合や別除権放棄の意思表示の相手方となる場合等には、新たに清算人を選任するよりも、破産管財人において対処するのが合理的である。

したがって、放棄後の財産について、必要に応じて破産管財人の管理処分権を復活させる制度を創設し、一旦放棄した財産の管理費用は、当該財産からのみ回収可能とするのが合理的ではなかろうか。もっとも破産管財人が放棄した財産は、基本的には破産財団にとって不要な財産であり、その清算のために破産管財人を長期間拘束するのは相当ではないので、管理処分権の復活は破産手続が終了するまでの間に限定するのが相当であろう。破産手続終了後に管理処分権の復活を必要とする事情が生じた場合には、後述する破産手続再開の制度を検討すべきであろう。

(2) 破産手続の再開制度

そもそも終結後の追加配当が規定されているのは、債権者の利益確保という視点もさることながら、新たな手続によって清算を行うよりも、従前の破産手続を利用する方が簡便であり、訴訟経済上も有益だからと考えられる。そうだとすれば、終結後に配当原資となるような財産が判明した場合には、破産手続を再開し、破産管財人の権限を明確にした上で換価や配当を行うのが相当であろうと考えられる。

他方異時廃止の場合には、従前の手続がそれほど進んでいないこともあるが、従前の手続を利用する方が簡便かつ有益であることは終結の場合と同様であろう。実務上は、異時廃止後に残余財産が判明した場合、①民事訴訟法の再審の規定を準用し、廃止決定を取り消す、②新たに清算人を選任する、③破産法215条を類推適用する等の方法がとられているようであるが（裁判所職員総合研修所監修『破産事件における書記官事務の研究』（司法協会、2013年）307頁）、異時廃止に近接する時期に新たな財産が判明した場合には①もしくは③の方法をとることが多いであろうと考えられる。

したがって異時廃止の場合においても、必要に応じて破産手続を再開するのが相当ではないかと考える。

もっとも破産手続の終了から長期間を経過すると、その間に債権者が変動（解散、死亡等）したりする等、従前の手続を利用するメリットが減少する上、管財人の負担も大きくなる。したがって、破産手続の再開は、破産手続の終了からそう遠くない時期に限るのが相当ではないかと考える。

（髙松康祐）

○参考文献：『大阪続』242頁〔新宅正人〕、『東弁提言』114頁〔鈴木義和〕

17 保全管理人による事業譲渡と総会決議代替許可

> **検討課題**
> 破産法上の保全管理人が行う事業譲渡について、株主総会決議による承認に代わる許可の制度を創設してはどうか。
> 現行法：破78②三

1 改正の必要性

破産手続開始申立てがあった場合において、債務者の財産管理及び処分が失当であるとき、その他債務者の財産の確保のために特に必要があるときに、破産手続開始決定までの間、保全管理人が選任される場合がある（破91②）。再生手続や更生手続が頓挫し破産手続に移行する場合も、破産手続開始決定までの間、破産法91条2項に基づく保全管理人が選任される場合がある（民再251①、会更253①）。

破産申立てをした場合や再生手続、更生手続が頓挫した場合、債務者の事業価値は急激に劣化する。債務者の財産確保のため一刻も早く事業譲渡すべき場合も多い。破産手続開始決定が許認可の喪失事由となっている場合もあり、破産手続開始決定前に事業譲渡を行うべき事案もある。

破産手続開始決定後であれば、破産管財人は、裁判所の許可を得て事業譲渡できる（破78②三）。株主総会決議は不要と解されている（『条解』584頁）。破産法78条2項3号が準用されていることから、破産法上の保全管理人も裁判所の許可を得て事業譲渡をすることが可能であるが、破産手続が開始されていないことから、株主総会決議を必要と解するのが一般的である（『一問一答破産』142頁、『新・実務大系』88頁〔武笠圭志〕）。

しかし、破産申立てや、再生手続、更生手続の頓挫により、事業価値が急速に劣化する局面において、会社経営に関心を失っている株主の協力を取り付けることが困難な場合も少なくない。全株主の同意による総会招集期間の短縮を行う事ができないばかりか、譲渡承認決議を成立させられない場合も考えられる。

会社が債務超過に陥っていれば、株主権は実質的にその価値を失っているといえるのに、株主の協力を得られないばかりに、事業譲渡の機会を逸し、破産財団の毀損を生じさせることになりかねない。破産法上の保全管理人が行う事業譲渡につき株主総会代替許可の制度を設ける必要性は高い。

2 改正の相当性

再生手続中は民事再生法43条の規定によって株主総会決議代替許可を取得することにより株主総会決議を経ずに事業譲渡が可能である。破産手続に移行し破産手続開始決定がなされた後も破産管財人は株主総会決議を経ることなく事業譲渡できる。そうであるのに、両手続期間に挟まれた保全管理期間中のみ常に株主総

会決議を必要とするのはバランスを失する。

　民事再生法43条は、①債務者が債務超過であること（債務超過）、②事業譲渡が事業の継続のために必要であること（必要性）を、株主総会決議代替許可の要件としている。これは会社が債務超過であれば株主権は実質的に価値を失っていると言える一方、再生計画において100％減資されるまでは債務超過を脱して株主の地位が回復することがあり得ることから、必要性も付加的な正当化根拠とされたものである（『条解再生』234頁〔松下淳一〕）。

　株主総会決議代替許可の判断に際し、裁判所が、上記債務超過、必要性の要件を、十分に認定、判断する制度とすれば、保全管理人の行う事業譲渡において株主総会決議代替許可により株主総会決議を不要としても、弊害は生じない。

　従前、再生手続、更生手続からの牽連破産の場合を想定して保全管理人が行う事業譲渡において株主総会決議代替許可制度を設けるべきとの議論がなされていたが、破産申立て後開始決定前の保全管理においても、事業価値の劣化が急速に進む局面であること、株主権が実質的な価値を失っており株主が経営に関心を失いがちであること、破産手続開始前の事業譲渡を行う必要がある場合があることという点は、牽連破産と変わらない。再生手続、更生手続が進行していなくても、裁判所が、債務超過、必要性の要件を十分に認定、判断する制度とすれば、弊害は生じない。したがって、株主総会決議代替許可制度の対象から破産申立て後開始決定前の保全管理を除外すべき理由は見当たらず、この場合も対象とするのが相当である。

〔上田　慎〕

○参考文献：『東弁展望』346頁〔髙橋修平〕、『東弁展望』577頁〔清水祐介〕、『東弁提言』23頁〔多比羅誠・髙橋優〕

18 民事再生手続から破産手続に移行した場合の規定の追加

> **検討課題**
>
> 1　民事再生手続中に監督委員が提起した否認訴訟が存する場合において、その訴訟の係属中に再生計画不認可・再生手続廃止又は再生計画取消しの決定の確定により再生手続が終了する場合について、訴訟手続の中断の規定を設けてはどうか。
> 2　牽連破産の場合に関する相殺禁止規定のなかに、再生手続開始決定を破産手続開始決定とみなす旨の規定を設けてはどうか。
> 現行法：民再137①⑥、254①前段、252、破71①一

1　改正の必要性

(1)　検討課題1

　監督委員が提起した否認の請求の認容決定に対する異議訴訟の係属中に再生計画不認可・再生手続廃止又は再生計画取消しの決定の確定により再生手続が終了した場合、異議訴訟は中断し（民再137①⑥）、破産管財人が訴訟を受継することができる旨の規定（民再254①）が存するが、監督委員が否認の請求ではなく当初から否認訴訟を提起した場合については、同旨の規定がない。しかし、状況は、異議訴訟の場合と最初から訴訟を提起した場合とで異ならない。そして、実務的には、否認事由の主張立証が監督委員の持つ証拠によって比較的簡単になしうる事案では否認の請求によっているものの、相手方との間に激しい攻防の展開が想定される事案では、監督委員は、否認の請求ではなく、当初から訴訟を提起する道を選ぶことが多い。そうすると、上記のような規定を設ける必要がある。

(2)　検討課題2

　いわゆる牽連破産の場合につき、民事再生法252条1項は、破産後の相殺禁止関連規定の適用に際して、再生手続開始申立て等をもって、破産手続開始の申立てとみなす旨の規定を置いて、相殺禁止を画する時期的な基準時点を、破産手続開始申立て時点から、牽連破産前に存した再生手続開始申立て時点に遡らせている。

　しかし、破産法71条1項1号、72条1号は、破産手続開始後に破産財団に対して債務を負担したとき、ないし破産手続開始後に他人の破産債権を取得したときについて相殺を禁じているところ、牽連破産の場合について、これに対応して、再生手続開始決定を破産手続開始決定とみなす旨の規定はない。そこで、その旨の規定を新設することが検討される。

2　改正の相当性

(1)　検討課題1

　前記のとおり、監督委員が否認の請求をした後に異議訴訟が提起された場合と、

監督委員が当初から訴訟提起した場合とで、関係者間の状況は異ならないから、上記のような改正をすることは相当である。

(2) 検討課題2

　牽連破産の場合において、破産法における相殺禁止の時期的な基準点を、破産手続開始申立て時点から再生手続開始申立て時点に遡らせる趣旨は、引き続いて遂行される2つの手続を一体のものと見て相殺を禁止しようというものである。そうだとすれば、破産法の相殺禁止規定において破産手続開始時点をもって時期的な基準としている規定は再生手続開始時点にまで遡らせ、同様の基準時点の繰り上がりを行うべきであり、そのような改正を行うことは、相当である。

（伊藤　尚）

○参考文献：『東弁展望』589頁〔清水祐介〕、「一弁冊子」37頁

19 財団債権の規定の再検討

> **検討課題**
>
> 財団債権の取扱いの検討を迫られる場面が多い破産管財実務の現状に照らし、破産法148条1項2号と同項4号の区別の具体化、破産法148条1項7号の第二順位化、財団債権の弁済期の法定について検討してはどうか。
>
> 現行法：破2⑦、53、148、151、152

1 改正の必要性

大部分の案件が異時廃止によって終結する現在の破産管財実務において、財団債権について、最優先か否かの切り分けや、按分弁済の検討を迫られる場面が多いが、現行破産法は詳細な規定をおいていない。そこで、財団債権の切り分けや弁済について、以下のような規定をおくことが必要かつ相当ではないか。

2 破産法148条1項2号と同項4号の区別の具体化の必要性及び相当性

最優先か否かの切り分けを検討するにあたり、条文の趣旨を明確にするため、最優先となる破産法148条1項2号の財団債権を「『管財業務の遂行に資する費用その他の』破産財団の管理、換価及び配当に関する費用の請求権」などと具体的に表記するとともに、同項4号の財団債権について、同項2号に該当するものを除く旨を明示する必要があるのではないか。条文の趣旨を明確にする改正であるため、相当ではないか。

3 破産法148条1項7号の財団債権の第二順位化の必要性及び相当性

管財人による双方未履行双務契約の履行選択に財団の毀損を防ぐ共益的な側面が認められること、及び、契約当事者間の公平に対する期待を特に保護する必要があることから、破産法148条1項7号の財団債権を最優先の財団債権に次ぐ第二順位の優先的な財団債権とする必要があるのではないか。旧法下でも財団債権が三分類されていたことに鑑み、第二順位の財団債権を設けることも相当ではないか。

4 財団債権の弁済期の法定の必要性及び相当性

破産手続開始決定直後は財団債権の総額が不明であり、最優先でない財団債権を按分弁済することは事実上不可能であるため、財団債権の随時弁済（破2⑦）の建前は維持しつつも、破産手続における財団債権の弁済期は、すでに弁済期が到来しているものも含めて債権調査期日または異時廃止決定時と法定する必要があるのではないか。破産管財人として現実的に弁済が可能な時期に財団債権を随時弁済すればよいことを法律上明確にするものであるため、相当ではないか。

(俣野紘平)

○参考文献：『二弁30講』132頁〔俣野紘平〕

20 租税等請求権の取扱い

> **検討課題**
> 1 破産手続開始決定前になされた滞納処分は当然にその効力を失うものとしてはどうか。
> 2 否認権行使の例外を認めた破産法163条3項の削除を検討してはどうか。
> 3 清算法人税を劣後的破産債権とする明文規定を検討してはどうか。
> 4 破産管財人等による消費税の申告方法を明確化する方策を検討してはどうか。
> 現行法：破43②、163③

1 破産手続開始決定前になされた滞納処分の取扱い

 破産手続開始決定前になされた滞納処分は、破産手続開始決定により、その続行を妨げられないとされている（破43②）。しかも、優先的破産債権の場合は勿論のこと、劣後的破産債権である租税等請求権についても、同様の優先的地位が与えられている。滞納処分による差押えを任意の担保提供と同視し、別除権同様の破産手続外の権利行使を認めることについては、過度な優先との批判もある。課税当局は、税務申告書等により破産者の財産状況を把握している上、自ら差押えをなしうることから、多くの破産事件で主要財産に開始決定に先行して滞納処分がなされ、財団が毀損され、時には、剰余のない無益な差押えともいうべきものも散見される。このような場合に、管財人から、無益な差押えであることを理由に差押解除を要請しても全額支払いでなければ解除に応じないという場合もあり、管財人の換価処分等管財業務の妨げになっている例も見受けられる。開始決定後には、新たな滞納処分をなしえないこと（破43①）や、他の債権の場合は、仮にそれが財団債権であっても、強制執行が開始決定により当然失効する（破42②）こととの間でバランスも欠いている。

 したがって、他の財団債権による差押え等と同様に、破産手続開始決定と同時に滞納処分は当然失効させてはどうか、と考える。

2 否認権行使の例外規定の削除

 現行法上、破産者から租税等請求権、罰金等請求権について、徴収権限を有する者に対してした担保の供与又は債務の消滅に関する行為（非義務行為を含む）については、否認権の行使が排除されている（破163③）。自力執行権があることや弁済の事後返還が法律上予定されていないことが根拠とされているが、前者については、執行行為も否認対象となること、後者については、弁済のみならず、担保供与も否認対象から除かれていること等から、十分な説明とはいえない。租税等請求権の優先性に一定の考慮は払われるべきものとしても、劣後的破産債権

を含む租税等請求権についてだけ、一律に否認権行使から排除されるべき、とする理論的根拠や政策的保護の合理性に疑問があり、否認の余地を残しておくべきものと考えられる。債務者の危機段階で、回収に走るおそれがあるのは、他の債権者と同様であり、租税等請求権のみ否認権行使から守られ、不相当な回収行為を容認するのは相当ではない。

また、会社更生手続においては、滞納処分の禁止は更生手続開始決定の日から、原則1年間であり（会更50②）、その後は、租税等請求権だけが滞納処分による偏頗的な回収が可能となる。また、会社更生手続が途中で挫折し牽連破産に至る場合は、更生手続廃止決定等の確定までは、破産手続のための保全処分ができないことから（会更253①、25）、同様に滞納処分による偏頗的な回収がなされるおそれもあり、現実的な否認権行使の必要性も高い。したがって、破産法163条3項を削除するかどうか検討すべきものと考えられる。

3 清算法人税を劣後的破産債権とする規定の明文化

清算法人税が財団債権に該当するかどうかについては争いもあり、破産財団の管理・換価に関連する費用とは言えず、劣後的破産債権である旨の明文規定を置くことを検討すべきものと考えられる。

4 破産管財人による消費税の申告方法の明確化

(1) 破産財団から管財人が放棄した建物を、後日、清算人が売却した場合の消費税の申告、納税の方法については、手続が確立されておらず、実務でも、混乱がある。消費税の申告が行われないまま清算人の選任取消決定がなされて消費税が宙に浮いてしまっている例や、納税義務を負わないと解される管財人が、税務署の指導により、便宜上、清算人から消費税相当額を預託されて申告、納税をしている例もある。清算人が簡易な方法で申告・納税をなしうる方策の検討がなされるべきである。

(2) 個人事業者の破産事件で、事業用建物等であるため、消費税の課税対象とされる場合に、その売却等の処分を行った場合、消費税の申告をどのように行うかは、明確でない。個人破産の場合、消費税等の申告義務は破産者本人にあり、管財人は、消費税の申告義務を負わないと解されている。しかし、破産者本人に申告の負担をさせるのが相当でない場合もあり、手続が円滑に進まず、かえって破産事件の進行の妨げとなることもある。そのため、管財人が、財団債権として申告、納付することを可能とし、破産事件の早期結着のため、申告時期を例えば売却後2カ月以内とする等の改正を検討してはどうかと考える。

（池田伸之）

○参考文献：『大阪提言』34～35、37～38頁〔木村真也〕

21 給料債権の財団債権部分の拡大と基準日の変更

検討課題
1　給料の財団債権部分の拡大を検討してはどうか。
2　破産法149条1項の「破産手続開始前3月間」につき、①破産手続開始申立日の6月前の日以降に退職した労働者を対象に、②退職日の3月前の日以降に支払期日が到来したものとしてはどうか。
現行法：破149①

1　改正の必要性

現行法において、労働債権のうち、給料の請求権については、破産手続開始前3月間に発生した部分が財団債権とされ（破149①）、労働者の保護が推進された。この点は、後述する租税債権の一部格下げと共に、前回の改正における大きな改正点の1つであった。

ところが、3カ月遡る際の基準日を破産手続開始日としていることから、実際には、事業停止後、破産申立ての準備作業に手間取り、破産申立てが遅れ、破産手続開始決定が遅れると、財団債権部分が減り、ときにはなくなることもある（『実践マニュアル』330頁以下の図を参照）。解雇され職を失った労働者側には全く帰責性のないところで財団債権部分が変動することになり、労働者の保護を図った趣旨を没却している。

この点、破産手続外で労働者の保護を図る制度である独立行政法人労働者健康福祉機構が実施する未払賃金立替払制度（賃確法7）においては、①破産手続開始申立日の6月前の日から2年間に退職した労働者につき（賃確令3一）、②基準退職日の6月前の日から立替払請求日の前日までの間に支払期日が到来している未払賃金（賃確令4②）を対象としている。

この立替払制度の対象となる給料の範囲が退職日の6月前の日からとなっている点は、前回の破産法改正前からあった基準であると共に、後述するアメリカ連邦倒産法の2005年改正において賃金債権の優先債権の範囲が90日から180日に拡大されたことも参考にすると、給料の財団債権部分の拡大の必要性があるといえよう。

2　改正の相当性

前回の改正の際、立法政策上その全てが財団債権とされていた租税債権の一部格下げとその全てが優先的破産債権とされていた労働債権の一部格上げが大きな問題点の1つとしてあり、最終的に前者が1年間、後者が3月間で区切ることとされた。これは大きな成果であったが、労働債権のうち給料については、前述した問題が生じており、この問題点の克服は改正を行うことでしか対応できないところである。

1つの解決法は、破産手続開始前3月間とされている点を、例えば6月間といったように拡大することにある。ただ、破産手続開始日を基準日としている以上、前述した問題点の解消には繋がらない。

　そこで、もう1つの解決法として、基準日を変更することが考えられる。前述したとおり、未払賃金立替払制度において退職日と未払期間の二面から対象を捉えている点は参考になるところであり、少なくとも、検討課題2に記載した範囲の給料の請求権を財団債権とすべきである。

　この点、アメリカ連邦倒産法においては、無担保債権の中で優先債権を規定し、労働債権については、申立日か事業停止日のいずれか先に生じた日を基準日とし、その前180日以内に取得された分が優先債権とされている（507(a)(4)）。なお、上限がある（2005年改正時で10,950ドル。物価指数の上昇に従い調整される。上限を超えた部分は無担保一般債権となる）。2005年改正前は、90日以内、上限4,925ドルであったが、改正により大幅に拡充された。興味深いのは、この労働債権の優先権は、実質的に共益債権（第2順位。法人の場合、実質的に第1順位）に次ぐ順位（第4順位）で、租税債権（第8順位。共益債権となるものは除く）より上位である（以上につき、ジェフ・フェリエルほか著、米国倒産法研究会訳『アメリカ倒産法（上巻）』（レクシスネクシスジャパン、2011年）506頁、539頁参照）。事業停止時を基準日の1つとしている点は、退職日を基準とする本稿の参考となる（また、手続開始日でなく申立日でもある）。

　また、現行破産法の解釈として、「破産手続開始前3月間」は、開始決定3カ月前の応答日以降の日々発生した労働の対価とされており（『一問一答破産』198頁以下参照）、実務上、3カ月前の応答日をもって日割計算を行っているが、前述したとおり、未払賃金立替払制度においては、支払期日の到来したものを対象としており、日割計算を要しない。前述の②は、この点を考慮したものであるが、簡便であるのみならず、合理的ではなかろうか。

　なお、退職金は退職前3月間の給料の総額に相当する額が財団債権であり（破149②）、退職日を基準とすることには合理性がある。

　最後に、労働債権の基準日を変更することは、租税債権の基準日にも影響する可能性があろう（破148①三参照）。しかし、租税債権については、滞納処分という、労働債権の権利行使までに要する期間と費用を比較したとき、格段に簡易迅速な執行方法が認められており、置かれた状況が異なる。少なくとも退職前3カ月間の給料債権を保護するという趣旨は現行法の改正の際にも前提としてあった考え方と思われ、かかる範囲であれば、労働者保護と他の財団債権者とのバランスを図る立法趣旨にも叶うものであろう。

（野村剛司）

○参考文献：『大阪続』36頁〔野村剛司〕、『大阪続々』184頁〔野村剛司〕

22 解雇予告手当の財団債権化

> **検討課題**
> 1 解雇予告手当の財団債権性を明文化してはどうか。
> 2 労働債権に対する弁済についての偏頗行為非該当性を明文化してはどうか。
> 現行法:破149

1 解雇予告手当の財団債権性を明文化してはどうか。
(1) 改正の必要性

現行法では、以下の労働債権が財団債権として規定されている。
① 給料債権:破産手続開始前3カ月間に生じた給料債権(破149①)
② 退職金債権:退職前3カ月間の給料の総額又は破産手続開始前3カ月間の給料の総額の何れか多い方の金額(破149②)

給料債権とは、破産者から使用人に労働の対価として支払われるものを全て含み、名称の如何に関わらない(『大コンメ』589頁〔上原敏夫〕)。しかし、解雇予告手当(労基20)は、労働の対価ではないことを理由に、一般的には労働基準法11条の賃金に含まれないと考えられている。そのため、解雇予告手当が破産法149条1項の給料債権に該当するかどうかに関し、解釈上及び実務上の処理に争いがある。

東京地裁では、解雇予告手当が給料債権に該当し得るという理解の下、破産手続開始前3カ月間に解雇した場合、管財人が解雇予告手当について財団債権の承認許可申立てを行えば、これを許可するという運用が行われている(『手引』264頁〔片山健・原雅基〕)。

大阪地裁では、労働債権弁済許可制度(破101①類推)を利用して、解雇予告手当を弁済する運用が行われている(『運用と書式』219頁)。

しかし、東京地裁の運用は、あくまで財団債権の承認許可を必要としており、解雇予告手当の財団債権性を正面から認めたものではない。また、大阪地裁の運用は、全てのケースで破産法101条1項の他の要件(特に先順位の債権者に対する弁済の確保(同条項但書))を充足するものではない。

解雇予告手当は、労働者の生活保障の観点から、労働基準法が定めた特別の給付であり、その保護の必要性は他の財団債権に匹敵する。したがって、解雇予告手当を財団債権として明文で認める必要性が高い。

(2) 改正の相当性

これまで解雇予告手当を(承認許可を要するとしても)財団債権として扱う実務処理も実際に行われている。したがって、解雇予告手当の財団債権化を明文で認めても、他の財団債権者を不当に害することにはならない。

よって、解雇予告手当の財団債権化を明文化してはどうかと考える（なお、現行法の規定は、弾力的な解釈及び運用を可能にするものとして、解雇予告手当の財団債権性の明文化について消極的な見解もある（『東弁提言』226頁〔富永浩明・南勇成〕）。

2 労働債権に対する弁済の偏頗行為非該当性を明文化してはどうか。

(1) 改正の必要性

現行法では、労働債権は、上記1(1)①又は②に該当するものは財団債権となり、それ以外のものは優先的破産債権となる（破98①、民306二、308）。したがって、労働債権以外の財団債権又は優先的破産債権が存在するにも関わらず、労働債権に対する弁済を優先的に行った場合、形式的には否認に該当する可能性がある。しかし、労働債権に対する弁済が、形式的には否認に該当する場合であっても、弁済された労働債権は労働者の生活費に既に費消されている（又は今後の生活費として費消する必要がある）ため、一旦弁済された場合には事後の返還には馴染まない。

したがって、労働債権に対する弁済の偏頗行為非該当性を明文化する必要性が高い。

(2) 改正の相当性

現行法下においても、破産申立時に労働債権に対する弁済を優先的に行った場合であっても、有害性も不当性も無いため、一般的には偏頗行為として問題とはされていない（『大阪続』36頁〔野村剛司〕）。

よって、労働債権に対する弁済の偏頗行為非該当性を明文化してはどうかと考える（但し、労働債権の範囲が無限定に拡大して財団が散逸するのを防止する必要がある。そこで、偏頗行為に該当しない弁済の範囲を、労働債権の内、財団債権部分に対する弁済に限定することが相当と考える）。

（浅野　響）

○参考文献：『東弁提言』208頁〔富永浩明・南勇成〕・230頁〔長島良成〕、『大阪提言』29頁〔木村真也〕、『大阪続』19頁〔野村剛司〕

23　労働者健康福祉機構の立替払手続の整備

> **検討課題**
> 1　解雇予告手当につき、労働者健康福祉機構の立替払の対象としてはどうか。
> 2　立替払の充当関係と労働債権者への代位の法律関係を明確化してはどうか。
> 3　保全管理人に対しても未払賃金等の証明権限を付与してはどうか。
> 現行法：賃確7

1　解雇予告手当の立替払対象性

(1)　改正の必要性

　破産手続開始前3カ月間に、使用者が労働者に対して、労働基準法20条1項所定の解雇予告期間を置かず、かつ、解雇予告手当を支払わずに解雇した場合、解雇予告手当が財団債権となるか、優先的破産債権となるかについては、見解が分かれており、解雇予告手当は、即時解雇の効力を発生させるための給付の性質を有することから、労働の対価としての「給料」（破149①）、「退職手当」（破149②）に当たらないとして、財団債権に該当しないとの見解もある（『条解』963頁、965頁）。このため、財団債権に優先して、解雇予告手当を支払うことについては、破産法上、疑義が生じるおそれがある。また、解雇予告手当を財団債権と解するとしても、解雇予告手当を弁済する資力が事業主にない場合や、後に弁済するに足る資力が形成できたとしても、弁済までに時間がかかる可能性がある。

　したがって、労働者の生活の原資を早急に確保し、労働者の当面の生活の維持を図る上で、解雇予告手当を独立行政法人労働者健康福祉機構（以下「機構」という）の立替払の対象とする必要性は高い。

　しかるところ、機構の立替払の対象となる未払賃金に係る債務は、労働基準法24条2項本文の賃金及び退職に係る退職手当をいうところ（賃確7、賃確令4②）、労働基準法24条2項本文の「賃金」とは、労働の対償として使用者が労働者に支払う「賃金」（労基11）のうち、毎月1回以上、一定の期日を定めて支払わなければならない、いわゆる「定期賃金」を意味する。しかるに、いわゆる解雇予告手当は、労働の対償として使用者が労働者に支払う「賃金」（労基11）に当たらないため、労働基準法24条2項本文の「賃金」に該当せず、機構の立替払の対象とならない。

(2)　改正の相当性

　予告期間をおいて解雇した場合、解雇までの間、賃金が発生するが、当該賃金請求権は、立替払の対象となることから、これとの均衡を図るため、解雇予告手当

も、機構の立替払の対象に含めるよう改正してはどうか。

2 立替払の充当関係と労働債権者への代位の法律関係の明確化

(1) 改正の必要性

機構が未払賃金の立替払を行ったときは、機構は、事業主に対し、求償権を取得するとともに、未払賃金請求権について、立替払を受けた労働者に代位し、財団債権部分について財団債権者として弁済を受け、又は優先的破産債権部分について届出債権者の名義変更手続を経て配当手続に加わることになる（最三小判平23.11.22民集65巻8号3165頁、『手引』230頁〔島岡大雄〕、『破産実務』402頁）。

立替払の充当の順位は、機構の取扱いによると、①退職手当、定期賃金の順序、②退職手当又は定期賃金に弁済期が異なるものがあるときは、それぞれ弁済期が到来した順序に従い充当するものとされている（機構業務方法書54条）。また、立替払金の一部が弁済期を同じくする賃金の一部に当たる場合は、機構の取扱いによると、財団債権部分と優先的破産債権部分との比率に応じて充当するものとされている（吉田清弘・野村剛司『未払賃金立替払制度実務ハンドブック』（金融財政事情研究会、2013年）146頁、151頁）。

しかし、機構が指定する立替払の充当方法の根拠及び労働債権者への代位の法律関係については、法律上明確ではない。

(2) 改正の相当性

立替払の充当関係、労働債権者への代位の法律関係については、利害関係人に重要な影響を及ぼすことから、法律上明文化するよう改正してはどうか。

3 保全管理人への未払賃金等の証明権限の付与

(1) 改正の必要性

機構の立替払制度を利用する場合、未払賃金等の証明書を添付する必要があるが、証明書の作成者は、破産手続では破産管財人に、特別清算手続では清算人に、再生手続では再生債務者等に、更生手続では管財人に、それぞれ限定されており（賃確施規17②、12一）、破産手続及び更生手続における保全管理人には、証明書の作成権限が認められていない。

しかるに、再生手続・更生手続において未払賃金が存するまま、再生手続・更生手続の終了等に伴い、破産手続に移行した場合には、事業主の資力が乏しいこともあり、労働者保護の観点から、破産手続開始前の保全管理期間（民再251①、会更253①、破91②）中において早期に機構の立替払制度を利用する必要性が高い。

(2) 改正の相当性

したがって、保全管理人も、証明書の作成権限者に含めるよう改正してはどうか。

〔富岡武彦〕

○参考文献：『東弁提言』230頁〔長島良成〕、『大阪提言』29頁〔木村真也〕

24 未払賃金立替払制度における立替金と社会保険料の控除

> **検討課題**
>
> 労働者健康福祉機構が代位取得した労働債権に対する弁済に当たり、破産会社が負担している労働者負担分の社会保険料を控除できる旨の規定を設けてはどうか。
>
> 現行法：賃確7

1 改正の必要性

未払賃金立替払制度（賃確7）において、独立行政法人労働者健康福祉機構（以下「機構」という）は未払賃金（限度額を超える場合には当該限度額）の8割相当額を立替払するところ（賃確令4①）、その立替払額は、社会保険料が控除される前の額面額を基準に決定される。

一方、社会保険料は、被保険者と事業主が2分の1ずつ負担するが（厚年82①、健保161①）、事業主が全額の納付義務を負い（厚年82②、健保161②）、被保険者負担分は事業主が給料から源泉控除することになる（厚年84、健保167参照）。

そうすると、社会保険料控除後の賃金額よりも機構による立替払額のほうが大きい場合、破産管財人は、機構が代位取得した労働債権の全額を弁済すると、労働者が負担するべき社会保険料を破産財団において負担することとなってしまう。

これにより破産財団が毀損されることを避けるためには、賃金の支払の確保等に関する法律及び同施行令の改正による手当てが必要と思われる。

2 改正の方向性ないし相当性

この点については、そもそも立替払の対象を未払賃金のうち法定控除額を除くものと定めるべきとの提言もなされている（『大阪提言』33頁〔木村真也〕）。しかし、これによると、破産管財人が源泉徴収義務を負わない所得税まで立替払の対象から除かれる可能性があり、また立替払金の支払総額も減少することで、未払賃金立替払制度により図られるべき労働者の保護が後退してしまうおそれがある。

そこで、頭書検討課題のとおり、機構が代位取得した労働債権に対する弁済を行う際には、破産会社が負担する労働者負担分の社会保険料（ただし、立替払額相当額に限る）を控除することができる旨の規定を設けることを検討してはどうか。

このような規定を設けた場合、労働者負担分の社会保険料を実質的に機構が負担することになるという問題はあるものの、未払賃金立替払制度による労働者の保護の観点からすれば、上記規定を設けることは相当と思われる。

（中山祐樹）

○参考文献：『東弁提言』208頁〔富永浩明・南勇成〕、『大阪提言』29頁〔木村真也〕

25 先行手続における共益債権・財団債権のうち後行の手続において優先する債権についての規定の追加

> **検討課題**
>
> 先行する倒産手続から他の手続に移行した場合に、先行する手続における共益債権・財団債権のうち、手続費用などの手続の運営に不可欠な費用にかかる債権や、商取引債権、DIPファイナンスにかかる貸付債権は、後行の手続において他の共益債権・財団債権に優先する旨の規定を置くことを検討してはどうか。
>
> 現行法：民再39③、252⑥、会更50⑨、254⑥、破148、152②

1 改正の必要性

先行する倒産手続から後行の倒産手続に移行した場合に、先行手続中に生じた共益債権・財団債権は後行手続において共益債権・財団債権と扱われる旨の規定が現行法に存する（民再39③、252⑥、会更50⑨、254⑥）。しかし、後行の手続において、共益債権・財団債権の総額を弁済することができないときは、すべての共益債権・財団債権が同列に扱われ（破産手続における破148一及び二の債権は例外。破152②）、按分して弁済されることとなる（破152①）。

しかしながら、先行する手続における手続費用に関する債権（例えば管財人や監督委員の報酬など）や、先行手続における資産の管理・換価・配当に関する費用の債権などは、先行後行両手続を通じて債権者共同の利益となるものであり、総債権者の負担に帰してよい性格を有する。したがって、これらの債権は、破産法148条1号・2号の債権と同様の観点から、後行の手続においても、他の共益債権・財団債権よりも優先して弁済されるべきであり、その旨の規定を置くのがよい。

同様に、先行手続中に、再生債務者・更生会社等が再生手続・更生手続を遂行する期間中の資金需要に基づき監督委員の同意や裁判所の許可のもとに借り入れた資金にかかる借入金債務（いわゆるDIPファイナンス）や、再生・更生手続中に再生債務者・更生会社との取引に応じた相手方の商取引債権についても、これを後行の手続で保護することは、再生債務者の再生や更生会社の再建に寄与するものであり、その必要性が高い。

2 改正の相当性

上記各債権は、再生・更生手続の遂行に資するもので、再生債務者や更生会社に対する債権者共通の利益に資する性格を有する。したがって、これらを他の共益債権や財団債権に優先して保護することは、相当である。

なお、立法化に当たっては、先行手続における共益債権・財団債権中、いずれのものを保護し、またそれぞれにつきどの程度の優先性を認めるかについて、なお検討が必要である。

例えば、先行手続における手続費用に関する債権や、先行手続における資産の管理・換価・配当の費用に関する債権は、債権者共同の利益に資する性格が強く、後行の手続において保護するにつき、最も優先度の高い債権とみることができる。

これに対して、先行手続中の商取引債権については、様々な債権がありうるが、すべて優先度を高めてよいのか、その発生時期、延滞の有無、先行手続中での回収可能性の有無、金額の大小、与信的な性格を有する債権はどうか、などが検討課題となりうる。あまりに広く認めれば後行手続の遂行費用さえ十分に支弁できないことにもなりかねない。

また、これらの債権の後行手続における優先度をどのように規定するかも課題である。具体的には、

①案＝先行手続における共益債権・財団債権中、上記に示したものはすべて、後行手続が例えば破産手続である場合には、後行手続における破産法148条1項1号、2号の債権と同順位の債権として保護するとの考えがありうる。あるいは、

②案＝後行手続を安定して進めることを重視して、先行手続と後行手続を一体として遂行するための必要費用を優先することとする。そこで、上記諸債権のうち、先行手続の手続費用に関する債権と、先行手続における資産の管理・換価・配当の費用に関する債権は、後行手続における破産法148条1項1号、2号の債権と同順位とするが、DIPファイナンスにかかる貸付債権、先行手続中に債務者との取引に応じた商取引債権は、後行破産手続における破産法148条1項1号、2号の債権に次ぐ次順位とし、その余の財団債権に優先させると言ったことも考えられる。

このような具体的な順位については、先行手続において商取引に応じて債務者の再建に協力した商取引債権者や、DIPファイナンスに応じた債権者らの再建に向けた貢献を、どのように評価するかの価値観にも左右される。そのため、なお、意見を集めて、具体的な議論が必要と思われる。

(伊藤　尚)

○参考文献：『大阪提言』39頁〔木村真也〕、「一弁冊子」25頁

26 財団債権等の代位弁済の場合の優先権の継承

> **検討課題**
>
> 弁済による代位により財団債権等を取得した者は、同人が倒産債務者に対して取得した求償権が倒産債権にすぎない場合であっても、原債権等の性質によっては財団債権等の優先的な地位を取得しうることを、倒産各法に明記することを検討してはどうか。

1 問題の所在

債権者が倒産債務者に対して有する債権（以下「原債権」という）が財団債権・共益債権・一般優先債権・優先的破産債権・優先的更生債権（以下「財団債権等」という）であって、保証人等の第三者がこれを弁済した場合に、その優先的な取扱いが承継されるか否か。

2 平成23年の2件の最高裁判決

(1) 最三小判平23.11.22（民集65巻8号3165頁。以下「第三小法廷判決」という）

従業員9名の給与を勤務先Aに代わって支払ったXが、その後破産したAの破産管財人Yに対して、財団債権としての取扱いを主張して、その支払を請求した事案。最高裁は、財団債権性を否定した原判決を破棄してこれを認めた。

(2) 最一小判平23.11.24（民集65巻8号3213頁。以下「第一小法廷判決」という）

請負契約における請負人Aについて再生手続（管理型）が開始され、その管財人Yが双方未履行双務契約として請負契約を解除したことにより、発注者Bが前渡金返還請求権（原債権・共益債権）を取得した。その保証債務を履行した保証人X銀行が、Yに対して、共益債権としての取扱いを主張して、その支払を請求した事案。最高裁は、原債権の行使を肯定した原判決の判断を維持した。

また、最高裁は「再生計画によって上記求償権の額や弁済期が変更されることがあるとしても、上記共益債権を行使する限度では再生計画による上記求償権の権利の変更の効力は及ばない」とも判示した。

3 検討課題

(1) 最高裁判例の準則の明文化

これまで解釈が分かれていた問題について最高裁判例による解決が図られたのは望ましいことであるが、判例の射程の及ぶ範囲がなお明確でないため、立法的にも解決することを検討してはどうか。例えば、弁済による代位により財団債権等を取得した者は、同人が倒産債務者に対して取得した求償権が倒産債権にすぎない場合であっても、優先的な地位を取得することを、倒産各法に明記することが考えられる。

(2) 労働債権の取扱いの明文化

　前記第三小法廷判決では、弁済者は財団債権を代位弁済により取得したが、財団債権以外の優先的効力が認められる債権としての性質を持つ労働債権を代位弁済した場合にも同じ扱いとなるのか否かについては必ずしも明確ではない。

　第三小法廷判決の趣旨によれば、これらの性質を持つ労働債権を代位弁済した場合においても、弁済者はそれぞれの優先的な地位を取得するものと解するのが整合的であることから、これを立法により明確化することを検討してはどうか。

(3) 租税債権の取扱いの明文化

　租税債権については最高裁判例が存在しないが、第三者納付の場合に優先的な地位の取得を認めるべきであろうか。

　租税債権は金銭債権ではあるが公法的性質を併せ持っている。執行手続も私法上の債権とは別の手続（滞納処分手続）が用意されており、租税債権を第三者（私人）が代わりに納付したからといって、その者が滞納処分手続を行う地位を取得するとは解しがたい。したがって、私人が租税債権を代位取得することはできないと解するのが相当であると考えられる（前記第三小法廷判決の田原睦夫補足意見も、租税債権においては弁済による代位が生じないと述べている）が、解釈が分かれていることから、立法により解決することを検討してはどうか。

(4) 再生計画による実体的権利変更後の取扱い

　前記第一小法廷判決では、再生計画により求償権が変更されたとしても、原債権（共益債権）を行使する限度では再生計画による権利変更の効力は及ばないと判示した。同判決が参照条文として指摘する民事再生法177条2項では、代位弁済の場合が規定されていないことから、これを明文化することを検討してはどうか（会社更生法203条2項も同様）。

(5) 譲渡債権の取扱い

　財団債権等の譲渡を受けた者がそれらの優先的地位を取得するか否かについては解釈が分かれている。前記各最高裁判例の趣旨によれば、これらの債権を譲り受けた場合においても、弁済者はそれぞれの優先的な地位を取得するものと解するのが整合的であることから、これを立法により明確化することを検討してはどうか。

（鶴巻　暁）

○参考文献：『東弁展望』353頁〔粟田口太郎〕

27 財団債権の調査確定

> **検討課題**
> 財団債権の調査確定手続の導入により、より迅速な破産手続を目指してはどうか。

1 現行法上の建付と改正の必要性

(1) 現行法上の一般的処理

現行法において、財団債権の調査及び確定に関する規定は、破産債権とは異なり存在しない。財団債権は、破産債権に先立ち（破151）、破産手続によらずに、破産財団を原資とした随時弁済が可能であり、破産管財人は、その存在を認識した場合、破産財団に不足が生じるおそれのない限りこれを順次弁済していくこととなる。

(2) 財団債権を巡る紛争の頻発化・多様化

もっとも、①平成16年破産法改正によって破産手続開始前の労働債権の一部が財団債権化されたこと（破149）等に伴い、財団債権の有無やその額が問題となる事案が増えたこと、②財団が不足する場合の優劣の規定が整備されたことに伴い（破152）、異時廃止見込の事案において、いずれの類型の財団債権に該当するのかという点が問題となる事案が生じていることが指摘されている。

具体的には、①については、破産会社の従業員から未払残業代の請求がなされる場合や、換価業務の過程で破産管財人に対して損害賠償請求がなされた場合等が挙げられる。②については、破産管財人の行為により第三者が破産財団に対して有することとなる請求権が、破産法148条1項2号に該当するのか、それとも同項4号のものに止まるのかという問題が典型的なものとされる。

なお、労働債権及び租税債権については、財団債権か優先的破産債権かという点でも争いになり得るところである。

(3) 現行法における問題点

現行法において、財団債権についてこれを確定するための特別な手続はないため、上記のような争いが生じた場合、破産管財人としては通常の訴訟手続（破産管財人から提起する不存在等確認訴訟、財団債権を主張する者からの給付訴訟）等を通じて確定する他ない。そして、破産手続における破産債権への配当は、破産債権に優先する財団債権の存否及び額に左右されることとなるため、財団債権に関する訴訟手続の存在は、破産手続全体の進行を後らせる結果を招いてしまう。

もっとも、そうであるからといって、認めるべき財団債権を認めず、又は財団債権と認めざるべき債権を財団債権として扱い、破産債権に優先して弁済することは、破産管財人の善管注意義務（破85①）に反し、損害賠償責任を生じる可能

性がある（労働債権に関する同旨の指摘として、『条解』965頁）。
(4) 小 括
　そこで、破産手続の迅速性を確保しつつ、他方で破産管財人の善管注意義務が全うできるよう、財団債権についても調査確定手続を導入することが必要である。
2 改正の相当性と具体的な手続のあり方
(1) 財団債権としての性質との関係
　財団債権は破産手続外での行使が認められた債権であるため、手続外における行使が可能であるにもかかわらず、財団債権該当性について破産手続上の規律で認定を行うことは一見矛盾かのようにも思われる。しかし、財団債権はそもそも破産法上にて定められた概念であり、その内容も破産法において規律されている以上、当該性質決定が破産手続上に定められた特別の手続を介してなされ得ること自体は、財団債権の上記性質と矛盾するものではない。
(2) 「確定」手続の問題（裁判を受ける権利等との関係）
　また、裁判を受ける権利との関係では、通常の査定手続と同様に、決定に異議があれば訴訟に移行する建付とした上で、査定申立てのような時期的制限（破125②）を設けないとすることが考えられる。少なくとも、民事調停法17条の決定と同様に、簡易な確定手続に応じるかどうかを相手方の意思によるものとした上で、確定手続でなされた決定に異議があれば効力を失い、その後は通常の訴訟手続等に委ねる建付とすれば、特段の法的問題はないであろう。
　なお、租税債権は、現行法上破産債権部分も調査確定手続の対象でなく、固有の不服申立手続によらなければならないとされているところ（破134）、租税債権については確定手続の対象外とするか、又は、改正で簡易な確定手続の対象とした上で異議があれば固有の不服審査手続に移行するとすることが考えられるであろう。
(3) 「調査」手続のあり方
　他方、財団債権も破産債権と同様に、届出を義務付けた上で調査確定手続を踏まなければならないとすれば、それは手続外行使が認められているという財団債権の性質に反する上に、却って破産手続の進行は遅滞してしまうものと思われる。
　財団債権者の申出（破規50）も手がかりに、破産管財人が善管注意義務の観点から判断の上で、財団債権該当性に疑義があり争うべきと判断したものにつき査定申立てを行うとすることが合理的ではないかと思われる。

（森　倫洋・加藤貴裕）

○参考文献：『東弁提言』173頁〔園尾隆司・谷口安史〕、239頁〔長島良成〕、「一弁冊子」22頁、『日弁提言』18頁、『大阪続』34頁〔野村剛司〕。なお、財団債権となり得る債権の破産債権としての確定につき『大阪続々』189頁〔野村剛司〕参照。

28 内部者や実質支配者が有する倒産債権の劣後化

> **検討課題**
> 債務者の内部者や実質的に債務者を支配していた者が届け出た倒産債権は、倒産手続開始決定前における当該内部者の債務者等への関与等を考慮して劣後化しうることを明文化してはどうか。
> 現行法：破99①、民再155①、会更168①

1 改正の必要性

(1) 劣後化の可否（劣後的な扱いの効力）

倒産した会社の親会社や役員が有する債権等は「内部者債権」と呼ばれることがある。倒産会社の内部にいて倒産に一定の責任を有している者（以下「内部者」という）が債務者に対して有する債権は他の債権と同列には扱えないという含意がある。事情を熟知して債務者を実質的に支配していた者（以下「実質支配者」といい、内部者と合わせて「内部者等」という）についても、内部者と同様の議論がなされる（『東弁展望』478頁以下〔小島伸夫〕、『二弁30講』240頁〔柴田義人〕等）。

内部者等が有する債権の劣後化については既に一定の裁判例の積み上げがあるが、多くは、内部者等が有する債権を劣後化する取扱いをした破産管財人や更生管財人等を相手として異議を申し立てた事例である（主要な裁判例について『東弁提言』264頁以下〔杉本和士〕を参照）。これらの裁判例で扱われたのは内部者等の債権の劣後化の可否の問題である。劣後化の可否の問題は、まず更生管財人等により劣後的な扱いがなされ（破産の場合は債権調査において当該債権を認めず）、これに対して劣後的に扱われた内部者等が不服とすることで顕在化する。

現行法上、劣後化の可否は、（当該債権者の同意がなくても）債権者平等原則の例外として許されるかという論点となる。これについて再建型手続は「差を設けても衡平を害しない場合」という要件を定めているが（民再155①但書、会更168①但書）、破産法は何も定めていない（破99①②参照）。そこで、特に破産法では劣後化の可否・要件を定める必要がある（実務では信義則や権利濫用の問題として扱っているが、債権が問題なく存在しても劣後化すべき場合はあるのではないか）。なお、再建型手続では清算価値を下回る劣後化まで可能か、劣後化が可能な範囲（程度）も議論になりうる。再建型で劣後化により弁済をゼロとするには破産法改正を要するとの指摘も重要である（『東弁展望』26頁脚注28〔山本和彦〕。劣後化に慎重な立場として『破産基本構造』360頁以下〔田原睦夫発言〕も参照）。

(2) 劣後化の要否（劣後化する義務の有無）

劣後化の可否とは別に、劣後化の要否ともいうべき問題が、特に近時明確に意識されるようになり（『東弁提言』554頁〔鹿子木康〕、前掲〔杉本〕）、立法化の必要

性が指摘されている（前掲〔小島〕、前掲〔柴田〕等）。劣後化の要否がとくに強く認識されるようになった端緒はリーマン・ブラザーズグループの事件である。一般債権者である金融機関が、グループ会社による再生債務者への貸付金の取扱いについて、実質支配者による出資の代わりに提供されていたことなどを根拠に、再生計画案提出者（再生債務者）には劣後化の義務があるなどとして再生計画に対する認可決定に対する即時抗告をした。しかし、関連する２事件いずれについても結論として劣後化の義務は否定された（東京高決平22.6.30判タ1372号228頁、東京高決平23.7.4判タ1372号233頁）。その根拠の１つとして「民事再生法155条１項ただし書は、再生計画において特定の債権者の不平等取扱いを定めることを認める（許容する）ものではあるが、これを義務付けるものではない」ことが挙げられている（前掲東京高決平23.7.4）。かかる解釈は現行法の文理を前提とする限り自然なものであろう。しかし、個別事件の結論の当否は別として、経営に深く関与していた親会社が有する債権で実質的に出資に等しくても現行法の下では同様の取扱いになりうるので、債権者平等の実質化という観点から現行法を見直す余地はあろう。

2　改正の相当性

内部者債権の劣後化（特に可否の問題）については、前回の法改正においても論点として明示的に取り上げられ（法務省民事局参事官室編『倒産法制に関する改正検討事項（別冊NBL46号）』（商事法務研究会、1999年））、賛同する意見が多かったとされている（前掲〔杉本〕）。にもかかわらず実現しなかったのは、とくに破産法について要件を具体化するのが困難であったなどの理由による（詳しくは『破産基本構造』360頁以下参照）。たしかに、常に具体的な結論を導きうる要件を具体的に書き込もうとすれば大変に困難な作業となることが容易に予想される。

しかしながら、内部者等による債務者への関与の程度や、一般債権者による与信への影響等の具体的な事情を考慮して、倒産事件の裁判所が他の債権者の申立てにより又は職権で、利害関係人の意見を聞いた上で劣後的な扱いについて決定することができるとすれば、①可否のみならず要否の問題についても当事者に主張をさせた上で具体的妥当性のある解決を図りうるし、②判断の蓄積による基準の明確化にもつながりうるだけでなく、③再生（更生）計画案提出者のみに劣後化を判断する裁量が帰属するという問題も解決できることになる。具体的な判断を裁判所に委ねる方法はアメリカ連邦倒産法の立法でも現に採用されて長年の実務が蓄積されているところであるし（510(c)）、わが国の実務においては東京・大阪の両地裁専門部による高度な判断が全国に先行して示されていくことが期待できるので、実務に無用な混乱が生じるおそれもないと思われる。

（柴田義人）

○参考文献：『東弁展望』478頁以下〔小島伸夫〕、『二弁30講』〔柴田義人〕238頁、『東弁提言』261頁以下〔杉本和士〕、『東弁展望』25頁〔山本和彦〕、『東弁提言』549頁〔鹿子木康〕、『大阪続々』191頁〔野村剛司〕、「中島」31頁

29 株主が有する倒産債権の劣後化

検討課題

債務者が発行した株式を有する者が届け出た倒産債権が当該株式の取得や売買等の取引にかかる損害の賠償を求めるものである場合、特段の事情があるときを除いて、当該債権は一般債権に劣後することの明文化を検討してはどうか。

現行法：破99①、民再155①、会更168①

1　改正の必要性

取引社会における信用の源泉には、経営者の人柄、取引の蓄積、担保及び保証等、様々なものがあろう。しかし、少なくとも株式会社に関する限り、信用の基礎は株主資本と債務の法的な峻別であることに異論は少ないと思われる（その端的な現れが、剰余金の配当や自己株式の取得に関する財源規制（会461等）である）。投資に対して得られるリターンも権限も大きい株主は自分のお金を投資先から返してもらうことについて一般の債権者に劣後する、という基本的なルールを前提に各プレーヤーが資金の振り向け先を決める仕組みこそ、資本主義を基礎的な部分で支えるインフラともいえる。

倒産の場面においても、株主による回収は債権者に劣後するという上記のルールは適用されている。株主の残余財産分配請求権は一般債権に劣後するので（会更168①参照）、通常、株主が債務者に残された資産について分配を受けることはない。

ところが、経営者に欺されたなどとして株主が損害賠償請求権（民709、金商21の2等）を届け出た場合には話が異なってくる。わが国の倒産法は優先順位を決める際に損害賠償請求権の発生原因を基本的に問わないので（免責については別である。破産253①二三）、株式会社のオーナーであるはずの株主も損害賠償請求の形で届出をすれば債権者平等の土俵に乗ることができる。事業の失敗や経営者の不適切な行動についてはまず株主が損失を負担するという前提で無担保権者が利害関係を持っていること、株式会社の剰余価値は専ら株主に帰属していること、経営者の選任は株主のみに権利が帰属しており他の債権者には何の権利もないこと（会329①等参照）などは、現行の倒産法を素直に解釈する限り、配当や再生・更生計画案において考慮する余地がない。特に破産法の場合、解釈で対応しようとすれば、内部者債権の場合と同様に信義則や権利濫用によらざるをえないことになり、法的安定性が犠牲になってしまう（特に経営に影響力を持たない株主について一般法理を適用するのは無理があろう）。

極端な事例はともかく、事業が実在して、当該事業に関連する無担保債権者も多

数存在する事例を考えると、株式取引に起因する株主の債権が一般破産債権と同順位に扱われるのは、資本主義や会社法が想定しているはずの株主・債権者間のリスク配分と必ずしも整合していないのではないか。また、このように債権者の優先が倒産の場面では必ずしも機能しないことは、不動産担保や個人保証への依存からの脱却が提唱されている企業金融（資金調達）の改革にとっても決してプラスにはならないのではないか。

2　改正の相当性

(1)　比較法的視点

　比較法的見地からみて本提言が特異な内容というわけではない。例えば、アメリカ連邦倒産法では、普通株式の取引によって生じた損害賠償請求権は普通株式と同順位となるなど、証券取引に関する損害賠償請求の形をとっても債権の優先順位が上がることはない（同法510(b)）。カナダやオーストラリアも基本的に同様である。オーストラリアの場合は、最高裁が示した判断をふまえて、最高裁が示した当時の現行法解釈とは逆の方向での立法上の措置がなされた（『二弁30講』241頁以下〔柴田義人〕）。

(2)　消費者保護的視点

　証券取引は必ずしも専門的な投資家によってなされるものではない。とくに詐欺的な証券発行がなされた事件において被害を受けるのは消費者であることもありうる。しかしながら、前述のとおり株主・債権者間のリスク配分が資本主義の基盤を支えるツールであることを考えると、消費者であるとの一点で株主が有する損害賠償請求権が一般債権者と同様の順位で扱われるとするのは妥当ではないのではないか。消費者保護についてはまた別の政策的対応が必要であろう。

(3)　事件の多様性への対応

　とはいえ、そもそも会社の存在自体が証券発行詐欺の装置に等しい場合もありうる。現に、売上高の大部分が架空という極端な不正会計をしていた上場会社である株式会社エフオーアイの破産事件では、株主の損害賠償請求権は一般の破産債権と同様に扱われている。このように株主の損害賠償請求権といってもその実態は様々であって一律に扱うことは困難である（『東弁提言』564頁〔鹿子木康〕）。

　そこで、株主・債権者間のリスク配分という前提が成立しないような特段の事情があると裁判所が認める場合を例外として、冒頭のような改正を検討してはどうだろうか。

（柴田義人）

○参考文献：『東弁提言』549頁〔鹿子木康〕、『二弁30講』238頁〔柴田義人〕

30 破産法104条5項前段の改正

> **検討課題**
> 破産法104条5項前段の「破産者の債務を担保するため自己の財産を担保に供した第三者」旨の規定は、「他人の債務を担保するため自己の財産を担保に供した者」としてはどうか。
> 現行法：破104⑤

1 改正の必要性

破産法104条5項前段は、「第二項の規定は、破産者の債務を担保するため自己の財産を担保に供した第三者（以下この項において「物上保証人」という。）が破産手続開始後に債権者に対して弁済等をした場合について……準用する」旨規定する。ここで、会社の債務につき連帯保証人となりかつ自宅を担保提供している会社代表者につき破産手続が開始された場合、会社代表者自宅は会社の債務を担保するものであり、「破産者」の「債務」を担保するものではない。

したがって、条文に忠実であろうとすれば、連帯保証人兼物上保証人の破産手続において、破産法104条5項前段は適用できず、それゆえ同項が準用する同条2項も適用されないことになるはずである。

しかし、実務上の解説書では、その場合にも破産法104条5項が「適用」されることを前提とした記載がなされており（『破産200問』276～277頁〔兼光弘幸〕）、その考えを是とするのであれば、連帯保証人兼物上保証人の破産手続に同項を適用することに疑義が生じないよう、条文の文言を修正する必要がある。

2 改正の相当性

責任の集積により債権の効力の強化を図るという破産法104条5項の立法趣旨は、破産者が主債務者の場合のみならず、保証人兼物上保証人の場合にも当てはまるものであり、同人の破産手続においても同項が適用されて然るべきである。

また、物上保証人とは、「他人の債務のために自己の所有する財産を担保に供して質権・抵当権を設定することを物上保証といい、その財産を担保に供した人を物上保証人という。」とされているところ（内閣法制局法令用語研究会編『法律用語辞典〔第4版〕』（有斐閣、2012年））、現行法の「破産者の債務を担保するため」と記載するよりは、「他人の債務を担保するため」と記載したほうがその定義により忠実となる。

したがって、破産法104条5項前段の「破産者の債務を担保するために自己の財産を担保に供した第三者」は、「他人の債務を担保するために自己の財産を担保に供した者」と改めたほうが良いと思料する。

〔古里健治〕

○参考文献：『二弁30講』127頁〔古里健治〕

31 債権調査手続等の合理化

> **検討課題**
> 債権調査手続を必要に応じた段階的実施にしてはどうか。
> 現行法：破31②、101①、115以下

1 改正の必要性

債権調査に関し、現行法では、配当見込みのない事案においては、破産手続開始時に債権届出期間及び一般調査期日（又は期間）を定めない、いわゆる留保型が採用され、活用されているところであるが（破31②）、他方、優先的破産債権までの配当に止まる事案の場合であっても、最後配当に関する破産法195条は、「一般調査期間の経過後又は一般調査期日の終了後」と定めており、債権調査を全ての破産債権について実施することを前提としているものと思われる（『大コンメ』841頁）。

ただ、形成される破産財団が少額なため、優先的破産債権に対してのみ配当が可能で、一般の破産債権に対する配当が不可能な事案も多く、このような場合に、手続の合理化、簡素化を図るため、裁判所によっては、和解許可（破78②十一）や労働債権の弁済許可（破101①）により、一般の破産債権の債権調査等を経ずとも優先的破産債権の簡易分配を行えるよう運用上の工夫を行っているようであるが、これらの運用は、破産法が本来予定した趣旨とは異なるものである（『大コンメ』337頁〔田原睦夫〕、423頁〔堂薗幹一郎〕）。

2 改正の相当性

債権調査手続は、配当を行う際の対象債権（額と性質）を確定させるためであるから、実際に配当ができる順位（破194①）までの債権調査を実施すれば足りるように思われる。ただし、配当ができる順位より劣後する順位の債権者であっても、債権届出をして異議を述べることができる現行法の仕組み（破118①、121②）は維持すべきである。

なお、債権調査は、集団的に債権を実体法上確定させ、執行力を付与させるという効果が発生するが（破124③）、破産手続及び免責手続中に執行力はない（破42、249①）。執行力が問題となる場面は、自然人であれば免責許可決定の確定後（破253①）、法人であれば破産手続の終了後であって極めて限定的なものとなるから、債権調査手続を段階的に実施しても特段問題はないものと思われる。

（辻顕一朗）

○参考文献：『大阪続』32頁〔野村剛司〕、「日弁提言」16頁

32 債権届出の終期を定める規定等について

> **検討課題**
> 1 破産債権の届出の終期を定める規定、及び、破産債権となる租税債権についても届出期間の終期を定める規定を設けてはどうか。
> 2 一般調査期日を経過した債権届出のうち、追完の要件を充たさない債権届出を却下する旨を明文化してはどうか。
> 現行法：破114、122①、134

1 改正の必要性

(1) 債権届出の終期

破産債権届出の終期は、再生手続・更生手続と異なり、破産手続では定められていない。再生手続・更生手続では、決議に付す計画案が確定した後に届出債権を増加させることはできないが、破産手続ではそのような事情がないため、最後配当の除斥期間満了時が届出の終期であると解されている。これは、破産手続は最後配当の終了により終結する手続であり、最後配当から除斥される破産債権のために調査確定手続を行うことを法が想定していないこと、債権確定手続を行わない以上、届出に時効中断効を認めることも相当でないことが理由とされている（『条解』762頁）。

しかし、これを前提とした場合、最後配当が実施される直前まで破産債権の届出が可能となり、期限後届出の要件を充たしているかを判断した上で、さらに特別調査を行う必要があり、破産手続の進行を遅滞させることになる。

また、平成16年改正で一定部分が破産債権となった租税債権は、租税債権としての性質上、債権の真実性が一応推定され、集団的確定になじまない債権として、債権調査や債権確定に関する規定の適用がなく（破134）、遅滞なく当該債権の額及び原因等を届け出なければならないと規定するにとどまっている（破114）。

しかし、この「遅滞なく」の意味が必ずしも明確ではない上、破産債権となる租税債権（特に優先的破産債権・破148①三）の届出が遅滞した場合、破産管財人が配当計画を誤るおそれが生じる可能性がある。加えて、破産債権たる租税債権の性質上、一般の破産債権者の届出よりもさらに遅れてもよいと解するのは合理的とはいえない（『破産基本構造』152頁）。

(2) 追完の要件を充たさない債権届出

「一般調査期日経過時又は一般調査期日終了時」以後の破産債権の届出は、追完の要件を充たすものに限って認められ、裁判所が必要があると認めるときに特別調査期日を定めることができるとされている（破122①）。このような債権届出があった場合、現行法の定めを前提にした運用では、特別調査期日を設定しないまま放置

されているものが多く、その後の権利状態が不明確となっている。

2 改正の相当性

(1) 債権届出の終期を定める規定の創設

そこで、破産債権の届出については、最後配当の除斥期間満了前の一定時期を破産債権届出の終期と定める規定を設けてはどうか。

平成16年の改正の際にも、旧法において債権届出期間経過後に届出がされた破産債権について、特別調査の費用の負担さえすれば債権調査を受けられていたことを改め、債権調査期間経過後又は一般調査期日終了後の破産債権の届出を制限し、追完の事由を「やむを得ない事由」とすることで、債権届出を制限する改正を行った。しかし、近年の破産手続の早期終結の要請、個々の債権者の権利救済と債権者全体の利益（権利実行の時期の遅れやさらなる費用負担）との均衡等を考慮した場合、届出の終期についても明文化し、除斥期間満了よりもある程度前の時点（例えば、最後配当について裁判所書記官の許可を得たとき（破195②）等）を届出の終期とする規定を設けてはどうか。

また、破産債権たる租税債権についても、公法上の債権というだけで一般の破産債権者より遅れた届出を認めるのではなく、破産手続の早期終結や債権者全体の利益を考慮し、一般の破産債権と同様の積極的かつ協力的な手続関与を求め、一般の破産債権の届出終期と同じ時点（前記の例でいえば、破195②の許可を得たとき等）を届出の終期とする規定を設けてはどうか。

(2) 追完要件を充たさない債権届出を却下する規定の創設

届出期間経過後の債権届出について、追完の要件を充たさない債権届出については、これを放置する現在の運用を改め、追完の要件を充たさない債権届出を却下し、この決定に対してはもはや不服申立ては認められないとする規定を置き、その後の権利状態を明確にしてはどうか。

（植村京子）

○参考文献：「一弁冊子」18頁（第5の2）、『大阪続』34頁〔野村剛司〕

33 破産債権に関する訴訟の終了のための受継許可

> **検討課題**
> 訴訟の終了のために債権者が訴えの取下げを意図する場合、破産管財人が、債権調査手続を経ることなく、裁判所の許可によって破産債権に関する訴訟を受継することを可能ならしめる制度を検討してはどうか。
> 現行法：破44②

1 改正の必要性

現行法においては、破産手続開始決定があったときは、破産者を当事者とする破産財団に関する訴訟手続は中断する（破44①）が、中断した訴訟手続のうち破産債権に関しないものは破産管財人がそのまま受継できるものの、破産債権に関する訴訟については、破産債権者が債権届出を行い、債権調査において破産管財人が認めなかった場合に受継されることとなる（破127①、破129②参照）。

ところで、配当見込みがなく異時破産手続廃止のおそれがある場合、破産債権の届出期間及び一般調査期間・期日を決定せず、債権調査を留保する運用がなされることが多い（破31②）。この場合、破産債権に関する訴訟手続を追行している破産債権者は、債務者の破産や配当見込みがないこと等を踏まえ、訴訟を取下げにより終了させたいと望んでも、債権調査が行われないため、破産管財人が訴訟を受継したうえ破産債権者の取下げに同意する取扱いをすることは困難であった。

2 改正の相当性

現行法の下では、破産者が自然人の場合には、破産手続終了により破産者本人が当然受継した上で（破44⑥）、破産債権者が訴えを取り下げることになるが、法人の場合には特別代理人ないし清算人の選任が必要と解され、破産債権者の手続的な負担が大きい（『運用と書式』95頁、『大コンメ』185頁〔菅家忠行〕）。

そこで、実務上は、残余財産のない限り破産手続の終了により法人格が完全に消滅することを理由として訴訟手続は当然に終了すると扱ったり（『破産実務』474頁、『条解』856頁）、破産管財人が、破産裁判所から訴訟手続の受継の許可を得て訴訟を受継した上、破産債権者による訴えの取下げに同意し、訴訟を終了させたりするなどの運用上の工夫がなされている（『運用と書式』95頁、『実践マニュアル』88頁）。しかし、訴訟終了のため破産債権者による訴えの取下げの必要がある場合は、端的に、破産管財人が、債権調査を経ることなく、裁判所の許可によって破産債権に関する訴訟の受継を可能ならしめる制度を導入するのが合理的である。

（佐藤昌巳）

○参考文献：『大阪続』34頁〔野村剛司〕

34 管財人による債権確定後の異議の撤回

> **検討課題**
>
> 　査定期間経過し、債権が確定した後においても、管財人に限り、裁判所の許可を条件として、債権認否時の異議の撤回（認めない旨の認否から認める旨の認否への変更）を認める規定を創設してはどうか。
> 　現行法：破規38、44①、民再規41①、会更規44②

1 改正の必要性

　破産法規則等には、管財人が提出した認否書や、債権調査期日で債権を認めない旨の認否をした場合、これを認める旨への認否変更を認めるのを前提とする条文があるが、時期的限界について明文がない。このため、債権査定申立期間が満了する前（査定申立期間満了前に除斥期間が満了する場合は除斥期間満了前）や、査定など債権確定手続中のように債権確定前の異議の撤回が許されることについては争いないが、管財人において、債権確定後も異議の撤回が可能か争いがある。通説は否定説だが、反対説も有力である。しかし、公平な立場にある管財人の異議が証拠上も誤りであったことが明らかである場合や、諸般の事情に照らし、異議の撤回を認めずに手続参加を認めないことが不公正な事態を招来させるなどの場合には、債権確定後であっても管財人の異議の撤回を認めることが必要な場合が存在する。

2 改正の相当性

　たしかに、倒産手続上債権が確定しており、また、公平な立場にある管財人が異議を述べた場合には、他の債権者が自らは異議を述べないのが通常であることからすると、債権確定後も自由に異議の撤回を認め、これを前提に手続参加や配当（弁済）を実施することは、他の債権者の期待を害するともいえ、手続の公正の観点から許されない。しかし、査定申立期間が満了しても債権が実体法上も確定するわけではないし、管財人の異議が証拠上誤りであったことが明らかな場合等、異議の撤回を認めずに手続参加をさせないことがかえって不公正な事態を招来させる場合もあることから、破産実務においても、問題となる例はまれではあるが、例外的に管財人の異議の撤回を認める運用がなされている（『手引』480頁書式53）。裁判所の許可を条件とすることで上記懸念事項も払拭することが可能といえるので、管財人に限り、これを条件として、債権確定後も異議の撤回を認めることが相当である。民事再生手続や会社更生手続においても、基本的な利益状況について違いはないことから、計画案の付議との関係で限界はあるが、同様の規定を創設することが相当である。

〔髙田千早〕

○参考文献：『東弁展望』399頁〔長島良成〕、『東弁提言』171頁〔園尾隆司・谷口安史〕、『二弁30講』218頁〔野中英匡〕

35 牽連破産における財団債権の早期確定のための手当

> **検討課題**
>
> 再生手続から牽連破産への移行時の共益債権について、財団債権の確定のための手当を設けてはどうか。
> 併せて、破産管財人の免責のための規定も設けてはどうか。
> 現行法：破80、203、破規50

1 改正の必要性

再生手続開始後に行った業務上、財産の管理および処分に関する費用の請求権は共益債権となり（民再119二）、再生債権に先立って随時弁済され、破産手続に移行した場合には、財団債権として扱われる（民再252⑥）。

再生手続中、再生債務者は事業を継続しており、日々新たな共益債権が発生し続けている。そのため、再生手続が頓挫し、牽連破産となった場合、通常の破産と比べ、財団債権の債権者数、債権額ともに比較にならないほど多くなる。また、再生債務者が、通常の帳簿以外に、共益債権者名簿を作成していることはほとんどなく、さらに、牽連破産となる事案においては、再生債務者が不誠実な場合や、事務処理が杜撰な場合が相当程度存在しており、破産管財人への報告が不十分なことや共益債権の調査が十分に行われていないことがある。

にもかかわらず、破産手続には、財団債権の確定手続が用意されていないため、牽連破産の場合に、破産管財人が財団債権の全貌を知ることが困難となっている。

たしかに、破産規則50条において、財団債権者は、破産手続開始決定があったことを知ったときは、速やかに、財団債権を有する旨を破産管財人に申し出るものとすると規定されてはいる。しかし、これは訓示規定に過ぎず、申出を行わなくても財団債権は失権しないため、申出が行われないことも多い。その一方で、財団債権の支払が漏れたまま破産手続が終了すると、破産管財人は、善管注意義務違反を理由に、財団債権者に対して損害賠償義務を負うことがある（破80。最二小判昭45.10.30民集24巻11号1667頁）。そのため、破産管財人としては、財団債権の全貌が明らかにならない限りは、安易に、財団債権の弁済を行うことができず、破産債権に対する配当手続を行うこともできないことになる。

このように、財団債権の確定手続がないことが、破産手続の円滑な進行の障害となっている。これを改善するためには、再生手続から牽連破産への移行時の共益債権について、財団債権の確定のために、何らかの手当を行う必要がある。

その方法としては、破産管財人が、知れている財団債権者に対し、一定期間内に届け出をすること、届出をしない場合には失権する旨を通知し、通知を受けた債権者および破産手続の開始を知った債権者は、破産管財人に財団債権の届出を

しなければならず、届出が無い場合には、破産管財人が自認する場合を除き、財団債権としての弁済対象から除外するような方策が考えられる。

具体的には、破産規則50条1項について、牽連破産の場合には、破産管財人が知れている財団債権者に通知を行うことを定めた上で、財団債権者は「財団債権を有する旨を破産管財人に届け出なければならない」というように義務を課す内容に修正し、同条2項を削除して財団債権の届出を書面で行うようにすることが考えられる。また、破産法203条は、配当通知発送時に破産管財人に知れていない財団債権者は最後配当をすることができる金額をもって弁済を受けることができない旨定めているが、同条の「破産管財人に知れていない財団債権者」について、一定期間内に財団債権の届け出を行わない者を含む内容に修正することが考えられる。

さらに、破産法203条に、破産管財人個人に対しても、善管注意義務違反を理由とした損害賠償請求をすることができない旨を明記することを検討することも考えられる。

そもそも、破産管財人が、上記の財団債権確定手続を履践している場合には、それ以上財団債権の有無を調査できないのであるから、善管注意義務を果たしたといえる。この点を明確にしておくことにより、破産管財人は、知れていない財団債権者から善管注意義務違反の主張がなされるおそれがあることに萎縮せずに、財団債権の弁済や配当手続を進めることができ、破産手続の円滑な進行に資することになる。

2　改正の相当性

牽連破産の場合の財団債権確定手続として、上記の方策を導入した場合、財団債権者にとっては、自己の有している情報に基づいて自己の債権を記載するだけであり、大きな負担とはならない。これに対して、破産管財人の労力は減少し、破産手続の円滑な進行にも資する等メリットの方が大きい。

また、破産管財人に知れていない財団債権者は、通知を受けないことになるが、牽連破産の場合、通常、取引債権者は、再生手続が行われていたことは知っており、再生手続が頓挫して破産に移行した場合には、そのことも知っていることが多い。なぜなら、通常の支払期日に取引債務が支払われなければ、不審に思い、再生債務者の担当者に連絡する等して、その原因を調べるからである。

そのため、財団債権者が弁済を受ける機会を失うことは事実上考えられず、改正により財団債権者に不利益は生じないと考えられる。

(関端広輝)

○参考文献：『東弁展望』393頁〔長島良成〕、『東弁提言』165頁〔園尾隆司、谷口安史〕

36 債権査定の迅速化

> **検討課題**
> 破産法・民事再生法・会社更生法において、債権確定手続の迅速化を図るべく、裁判所の許可を得て、査定決定を経ずに債権確定訴訟の提起を行うことができるように、債権確定手続制度の見直しを行ってはどうか。
> 現行法：破125～127、民再105～107、会更151、152、156

1 改正の必要性

債権査定制度の立法趣旨は、債権確定の迅速化にある。査定制度が導入されて以降、多くの事案においては債権確定手続が迅速に行われている。

しかし、開始決定から相当期間を経ても裁判所による査定決定が出されていない等、債権査定手続が迅速に進行していない事例が少なからず存在する。

具体的には、①数百件にもおよび多数の査定申立てが行われた事案のように物理的に迅速な処理が困難と考えられる場合（消費者金融会社の事案等）、②デリバティブ取引に基づく債権が争われた事案（リーマンブラザーズ事案）、耐震強度が争われた事案（木村建設・ヒューザー事案）のように、査定決定の前提として高度に専門性を要する判断が必要となり、通常の査定手続で決定を行うことが難しい場合である。

他方で、債権査定制度は、同じく簡易な決定手続が導入されている「否認の請求」及び「役員等の損害賠償責任査定」とは異なり、査定手続を経ないで訴訟手続に進むことが認められていない。そのため、裁判所による査定決定が出されない限り、債権確定手続が進行しないこととなるため、迅速な債権確定のために設けられた査定制度が却って迅速な債権確定の障害となっている場合がある（「債権査定制度」参照）。

これらの状況を勘案すれば、現行制度を改正する必要性が認められる

2 改正の相当性

債権査定制度は、債権確定の迅速化において、一定の効果を果たしていると考えられ、倒産債権確定手続における査定前置の制度は維持されるべきである。しかし、例外的に査定手続では債権確定の迅速化の支障となる場合には、査定決定を経ずに訴訟手続へ移行できる制度を創設することに合理性があり、改正の相当性が認められる。

3 結語

以上のとおり査定決定を経ずに債権確定に関する訴えの提起を行うことが可能とするために、以下のような制度設計を検討してはどうか。

(1) 申立権者

査定申立権者は、裁判所に対し、査定決定が出るまでの間、債権確定の訴えの提起の許可を求めることができる。

この場合、査定申立権者の査定による債権確定の利益を尊重し、申立権者は査定申立権者に限る（相手方の申立ておよび職権による訴訟移行は不可）。

(2) 許可決定

裁判所は、訴え提起の許可申立てがあった場合には、相手方の意見を聞くなどした上で、査定手続よりも訴訟手続が相当と判断した場合には、査定決定を経ずに訴えの提起を行うことの許可決定を行うことができる。

(3) 許可決定の送達

許可決定書は、許可申立人と相手方に送達しなければならない。

(4) 不服申立て

許可決定に対する即時抗告等の不服申立ては認めない。

(5) 訴えの提起

許可申立人は、許可決定書の送達を受けてから1カ月の不変期間内に債権確定の訴えを提起することができる（不許可となった場合には査定手続が続行する）。

(6) 査定手続の終了

訴えの提起があった場合には、査定手続は終了したものとみなす。

許可決定書送達後1カ月以内に訴えを提起しない場合には、査定申立てを取り下げたものとみなす。

(小畑英一)

○参考文献：「日弁提言」13頁、『東弁提言』〔園尾隆司・谷口安史〕165頁、『大阪続』46頁〔木村真也〕、「一弁冊子」21頁

37 人の生命身体に係る損害賠償請求権の保護

> **検討課題**
> 破産者により生命又は身体を害された被害者の救済を図るべく、破産手続において、人の生命身体の侵害に関する損害賠償請求権の配当前弁済を認める規定を新設してはどうか。

1 改正の必要性

会社更生及び民事再生手続では、人の生命身体への加害によって生じた損害賠償請求権を更生・再生計画中で一般的な債権に優先させることで被害者保護を図る余地がある（会更168①但書、民再155①但書参照）。一方、破産手続においては、破産財団からの配当は、破産法上優先的地位に据えられている債権から機械的に順次行われるため、一般的な破産債権でしかない損害賠償請求権は、財団債権及び優先的破産債権に劣後せざるを得ない（破98①、148、149参照）。しかしながら、いかなる倒産手続が選択されようが、人の生命身体という重大な法益の要保護性は変わらない以上、破産手続のみ被害者保護の余地がないという結論は妥当ではなく、何らかの形で被害者保護を図る必要があると考えられる。

2 改正の相当性

被害者保護の要請からは、可能な限り早急に、損害額にできるだけ近い金額の給付がなされる必要がある。一方で、その給付により、他の破産・財団債権者の利益を不当に害することがあってはならない。事案ごとに、一方では被害者の要保護性、他方では当該破産手続における破産財団の規模や他の破産・財団債権の額といった諸要素を考慮し、個別具体的な解決を図る必要がある。そこで、かかる必要性を満たしつつ迅速な被害者保護が図れるよう、民事再生法85条2項を参考に、裁判所の許可を通じての配当前弁済制度を設けてはどうか。具体的には、生命身体に重大な損害を被った者が賠償を受けなければ生命維持、身体の回復又は生計の維持に著しい支障を来す場合には、損害の性質・程度、被害者の資力・状況・過失の有無及び程度、破産財団の状況その他一切の事情を考慮して、被害者、被害者を扶助すべき地位にある者もしくは破産管財人の申立てにより又は職権で、裁判所は配当前弁済を許可できるとしてはどうか。このように、被害者保護の必要性が極めて高い場合のみ配当前弁済を許容するのであれば、他の破産・財団債権者の利益を不当に害することはないと思われる。

（吉田和雅）

○参考文献：『二弁30講』112頁〔吉田和雅〕

38 優先的破産債権の簡易分配、弁済許可制度の創設

> **検討課題**
>
> 優先的破産債権の簡易分配の運用上の工夫を踏まえて、優先的破産債権弁済許可制度を創設してはどうか。
>
> 現行法：破78②十一、101①

1 改正の必要性

　形成される破産財団が少額の事件で、優先的破産債権までの配当事案において、優先的破産債権は原則として債権届出、債権調査、配当手続を経ることとなる。しかし、租税債権の優先的破産債権部分については債権調査手続がなく、債権調査を行うとしても私債権のみであり、その多くは労働債権の優先的破産債権部分となる。

　このような実務上の不都合を克服し、適切かつ合理的な手続を実施する工夫として、租税債権の優先的破産債権部分の和解許可（破78②十一）による簡易分配を実施し、次に労働債権の優先的破産債権部分の弁済許可（破101①）をさらに進め、和解契約による労働債権の弁済という簡易分配を実施することにより、適切かつ迅速な手続を可能としている。

　この運用上の工夫を前提とし、配当手続ではなく裁判所の許可に基づく弁済を行える制度として、優先的破産債権全般につき、現行法の労働債権の弁済許可制度（破101①）を拡大することで、弁済許可制度を創設することが可能と考える。

　その際、債権届出は要さず、弁済を受けるための必要性の考慮も不要であり、破産手続上の債権の優先順位を考慮し、各順位での優先的破産債権の弁済可能を確認することで足りる。

2 改正の相当性

　簡易分配の実施は、実務上、全国的に普及している運用である。

　優先的破産債権弁済許可制度は、債権届出、債権調査、配当という手続を省略することとなるが、この制度を利用しても問題がない事案の限度で利用し、債権の存在と額について争いがある等の問題がある事案では原則どおりの手続を履践することで対応すればよい。実質的にも、労働債権以外の優先的破産債権のほとんどは租税等の請求権であって、債権者からの異議の機会は排除されているから（破134）、裁判所の許可により債権の存否・額の正確性が担保されていれば足りると考えられる。優先的破産債権全般につき弁済許可制度を導入しても他の債権者の利益を特段害することは考えられない。

〔服部千鶴〕

○参考文献：『大阪続』42頁〔野村剛司〕、『大阪続々』186頁〔野村剛司〕、「日弁提言」16頁

39 簡易配当（異議確認型）の異議制度の廃止

> **検討課題**
> 簡易配当の異議確認型において、破産債権者に破産手続開始時又は簡易配当許可時に簡易配当をすることに対する異議制度を廃止してはどうか。
> 現行法：破204①二三、206

1 改正の必要性

簡易配当においては、開始時異議確認型（破204①二）、配当時異議確認型（破204①三）につき、破産債権者に簡易配当とすることに対する異議確認を求めている。

しかし、実際にこれらの異議申立がされるケースはほとんどない。また、破産債権者が簡易配当を行うことにつき異議を述べた場合でも、開始時異議確認型であれば、少額配当型（破204①一）は簡易配当となり、少額配当型でなくとも配当時に異議が出なければ簡易配当となる。配当時に異議が出ても最後配当になるだけである。配当時異時確認型であっても、同様に最後配当となる。最後配当への変更の期間及び費用を考慮すると、配当を受ける時期が遅れ、配当額も下がる結果となる。

2 改正の相当性

簡易配当の異議制度は、配当手続に参加できる破産債権者が、破産債権者の手続保障に厚い最後配当の手続によることの利益を放棄していることを根拠とする（『一問一答』292頁、『条解』1307頁）。簡易配当と最後配当の破産債権者の手続保障の違いは、除斥期間（破198）、配当表に対する異議の手続における即時抗告（破200③）、異議の手続終了後の配当額の通知（再度の通知）（破201⑦）である。

除斥期間での問題は、最後配当の配当表の記載に関し、異議等のある破産債権（破198①）、停止条件付債権・将来の請求権（同②）、別除権者に係る破産債権の配当手続参加の要件の充足（同③）である。実務上これらの事項が問題となることは多くなく、除斥期間の短縮による破産債権者の不利益は乏しい（『条解』1307頁）。

配当表に対する異議の手続における即時抗告は、実務上、申立てはほとんどなされず、申立ては最後配当手続の大幅な遅延をもたらしうる（『条解』1307、1308頁）。

再度の通知についても、実務上は、配当表を作成する段階で、最後配当の手続に参加可能な破産債権者に対して配当見込額が算定され、この配当見込額と配当額とは多くの事案で一致しており、再度の通知の必要性に乏しい場合が多い。

異議の制度を廃止しても、破産債権者の手続保障が大きく損なわれることはなく、手続保障としては破産債権者からの意見聴取で足りると考える。　　**（服部千鶴）**
○参考文献：『大阪続』42頁〔野村剛司〕

40 少額配当の取扱い

> **検討課題**
> 1 少額配当の受領意思の届出制度を廃止してはどうか。
> 2 配当額が少額である場合の配当の特則（一定額未満は配当しない、あるいは、切手による配当も可能とする）を設けてはどうか。
> 現行法：1につき破111①四、113②、201⑤、205、215②、破規32①、2につき破193②

1　改正の必要性

(1)　少額配当の受領意思の届出制度の廃止の必要性

現行法は、破産管財人の配当事務の合理化・簡素化を目的として、少額配当の受領意思の届出制度を創設した。配当金の額が1000円未満の場合、少額配当の受領意思の届出をしない債権者は配当から除斥される（破111①四、113②、201⑤、205、215②、破規32①）。しかし、多くの債権者は破産法の規定に精通しておらず、積極的に少額配当の受領意思の届出をすることは期待できない。そのため、配当手続の実行にあたり、かえって煩瑣な事務作業が必要となり、制度創設の目的に反する結果となる。

(2)　配当額が少額である場合の特則を設ける必要性

実務上の運用として、配当額が300円未満の場合には配当しない、あるいは、1000円未満の場合には郵便切手の送付による配当を行うことも可能とするなどの工夫がなされている（『手引』318頁〔小林勝美〕、『破産実務』509頁）。これらの運用には一定の合理性が認められるが、少額とはいえ破産債権者の権利を制約するものである。しかし、何ら法的根拠がなく、立法による手当てが必要である。

2　改正の相当性

(1)　少額配当の受領意思の届出制度の廃止の相当性

少額配当の受領意思の届出制度の不都合性を回避するため、各地方裁判所が定型の破産債権届出書用紙に不動文字で少額配当の受領意思がある旨を記載する運用を行っている。かかる運用は合理的であると理解され、実務に定着している。また、少額配当の受領意思の届出制度を廃止しても、破産債権者に少額配当が実施されるだけであり、破産債権者の権利が侵害されるわけでもない。

(2)　配当額が少額である場合の特則を設ける相当性

配当額が少額である場合の上記のような運用については、一定の合理性が認められ、実務に定着している。破産債権者の権利を制約する度合いも低い。

（権田修一）

○参考文献：『大阪続』44頁〔野村剛司〕、『二弁30講』285頁〔権田修一〕

41 配当金の振込費用

> **検討課題**
>
> 配当金の振込費用を破産財団負担とすることを可能とする規定を新設してはどうか。
>
> 現行法：破193②

1 改正の必要性

現行法では、配当金支払義務は取立債務とされているため（破193②本文）、配当を振込みで行う場合には、その振込手数料は破産債権者負担となる。

しかし、この点は、特に少額の破産債権者（特に配当額が1000円未満の場合（破201⑤、破規32①参照））にとっては不都合が大きく、また、破産管財人としても、振込手数料を惜しむ破産債権者が配当金を直接受領することを選択した場合の事務処理の負担は小さくない。

なお、大阪地裁においては、振込手数料相当額を配当費用に加算することで、振込手数料を全額破産財団で負担することを認めてきている（『運用と書式』292頁）。また、東京地裁においては、破産管財人の判断で、配当通知の際の振込送金依頼書に「財団負担での振込みを依頼する」旨の記載をして送付し、その返送をもって当該債権者と破産管財人との間に送金手数料を破産財団の負担とする（持参債務とする）合意が成立したものとして扱うとの運用がなされている（破193②但書、『手引』318頁）。いずれの運用も合理的であると思われる。

ただし、配当金の供託の場合は現行法どおりとすべきであるから、配当金支払義務は取立債務であるとの現行法の規定は維持しつつ、振込手数料を破産財団で負担することを可能とする旨の規定を新設してはどうか。

2 改正の相当性

破産法193条2項本文は、本来、配当金支払義務は持参債務となるところ（民484条、商516）、そのままでは配当の履行に要する費用の額が確定せず、配当額等の決定ができなくなることを考慮して、取立債務に変更したものである（『注解〔下〕』592頁〔高橋慶介〕、『大コンメ』835頁〔鈴木紅〕）。

しかし、振込手数料はおおむね確定が可能である上、振込手数料相当額を配当費用に加算する方法によれば、配当額等の決定に当たっての支障は小さい。また、配当金の振込手数料を破産財団で負担したとしても、破産債権者にとって何ら不都合はない。

（辻顕一朗）

○参考文献：『大阪続』44頁〔野村剛司〕

42 先行手続における共益債権の後行手続における財団債権化とその確定

> **検討課題**
> 1　破産規則ではなく破産法に「財団債権者は、破産手続開始の決定があったことを知ったときは、速やかに、財団債権を有する旨を破産管財人に申し出る」旨の明文規定を新設してはどうか。
> 2　破産法上、裁判所及び破産管財人が、財団債権についての申出期限を定め、官報公告や知れたる財団債権者に対する通知等の方法により、財団債権の申出を促すことができる旨の制度（財団債権者が申出に応じない場合にも財団債権の失権効は及ぼさない）を新設してはどうか。
> 現行法：民再252⑥、会更254⑥、破85、破規50①

1　改正の必要性

(1)　牽連破産における財団債権の調査・把握の困難性

　法的倒産手続間の移行（会社更生→破産、民事再生→破産）の場面において、先行手続における共益債権は後行手続の破産手続において財団債権として取り扱われる（民再252⑥、会更254⑥）ところ、特に再生手続から破産手続へ移行する牽連破産の場合、破産管財人がこの財団債権を把握・調査するについて、実務上、多大な事務負担を強いられているとの問題点が指摘されている。

　即ち、先行手続の再生手続が廃止ないし申立棄却されるなどして牽連破産に至る事案の中には、不誠実又は事務処理が杜撰な債務者も相当程度存在し、なおかつ、直前まで事業継続していることが通例の再生手続下における未払共益債権の範囲・内容は、通常の破産事件に比して多岐に及ぶため、共益債権の調査と破産管財人への報告が不十分となることがあり得、牽連破産における破産管財人が、後行手続で財団債権となるべき先行手続の未払共益債権を正確に認識・把握するのは困難を極める。加えて、財団債権については、破産債権と異なり、破産手続上、その調査・確定のための法定の手続が用意されていないことも、牽連破産における破産管財人が財団債権の全貌を掴むことの困難性に拍車をかける一因となっている。

(2)　破産管財人の善管注意義務

　交付要求された財団債権について、破産管財人がその存在が明確でないとして弁済せず、破産手続を終結したことに関し、善管注意義務を怠ったとして破産管財人に損害賠償責任を認めた最高裁判決（最二小判昭45.10.30民集24巻11号1667頁）がある。この事案は、交付要求がなされた時点で、既に破産手続開始決定（当時は破産宣告）から3年余が経過していた事案である。現在の破産管財実務における事件処理は迅速になっており、破産手続終了後、財団債権の請求があった場

合、ケースの中身にもよるであろうが、破産管財人の善管注意義務違反による損害賠償責任が認められる可能性がないではない。この場合の責任は、破産管財人個人の負担である。

2　検討課題の概要

破産規則50条１項で定められている「財団債権者…は、破産手続開始の決定があったことを知ったときは、速やかに、財団債権を…有する旨を破産管財人に申し出るものとする。」との訓示規定では、破産管財人が財団債権を調査・把握するには不十分との指摘がある。そこで、次のような規定の新設を検討してはどうか。

① 破産規則ではなく破産法に「財団債権者は、破産手続開始の決定があったことを知ったときは、速やかに、財団債権を有する旨を破産管財人に申し出る」旨の明文規定を新設する。

② 破産法上、裁判所及び破産管財人が、財団債権についての申出期限を定め、官報公告や知れたる財団債権者に対する個別通知等の方法により、財団債権の申出を促すことができる旨の制度（財団債権者が申出に応じない場合にも財団債権の失権効は及ぼさない）を新設する。

以上のような規定が新設されれば、牽連破産の事案において、裁判所が、破産管財人の申出又は職権により、破産手続開始決定と同時に申出期限を定め、公告又は個別の通知をすることを通常の運用とし、破産管財人も、破産手続終了前に、公告又は個別の通知をすることにより、財団債権者が財団債権の弁済を受けないうちに破産手続が終了してしまうことを防止することが可能となる。また、破産管財人が自らの調査結果に基づき財団債権額及び異議ある場合の申出期限を定めて知れたる財団債権者に個別に通知し、財団債権の調査を効果的に行う工夫も可能となる。

3　改正の相当性

上記提言は、破産管財人が弁済を漏らした財団債権者から破産手続終了後に損害賠償責任を追及された場合等で、破産管財人が上記①・②の各手続を踏まえて通常なし得る調査等を履践していたと評価される場合に、善管注意義務違反が存在しない（あるいは存在したとしても軽微である）として、破産管財人が善管注意義務を尽くしたことの評価根拠事実として捉える法律上の手がかりを提供するものである。

かかる制度を導入することによっても財団債権者に申出を義務づけるものではなく、申出に応じない場合に財団債権の失権効をもたらすものでもないため、財団債権者に不当な不利益を与えるものではなく、改正の相当性も認められる。

〔髙橋　優〕

〇参考文献：『東弁展望』393頁〔長島良成〕、同577頁〔清水祐介〕、『東弁提言』23頁〔多比羅誠・髙橋優〕、同165頁〔園尾隆司、谷口安史〕、『大阪続』267頁〔堀野桂子〕、『民再実務理論』236頁〔髙井章光〕、本書35〔関端広輝〕、同75〔堀野桂子〕

43 引渡命令の適用範囲及び適用対象

> **検討課題**
>
> 破産法156条の規定する引渡命令は、条文上、適用範囲が狭く、その対象も不明確であるため、少なくとも解釈上認められる適用範囲及び適用対象については条文上明示してはどうか。
>
> 現行法：破34、39、156

1 適用範囲の改正の必要性及び相当性

引渡命令の対象は、条文上は破産者に限定されている。この点、強制執行の一般論に照らし、独立した占有権原を有しない破産者の親族や代表者は、占有補助者に過ぎないとして、解釈上引渡命令の対象となり得るとされているが（『条解』997頁）、条文上は明確にはされていない。他方で、破産法は、破産者だけでなく、破産者の取締役等について、身柄を引致することを認めている（破39）。そこで、引渡命令の対象も、引致の場合と同様に、破産者だけでなく、破産者の取締役等について、条文上も適用できるよう明記しておくのはどうか。具体的には、破産法156条の2を新設し、「前条の規定は、破産者の法定代理人及び支配人並びに破産者の理事、取締役、執行役及びこれらに準ずる者について準用する。ただし、これらの者が独自の占有権原を有する場合を除く。」と規定する必要があるのではないか。現在解釈上認められている引渡命令の適用範囲を、身柄引致の条文に準じた形で条文上も明確にする趣旨の改正であるため、相当ではないか。

2 適用対象の改正の必要性及び相当性

引渡命令の対象は、「破産財団に属する財産」と規定されているが、法定財団に属する財産を指すものとされる（『条解』998頁）。法定財団は破産法の予定する破産財団を指すところ（『条解』283頁）、破産法は、破産者が破産手続開始の時において有する一切の財産は破産財団とするとしている（破34①）。そして、「破産者が破産手続開始の時において有する一切の財産」とは、原則として破産手続開始時における破産者の財産全部を指し、およそ財産的価値があり、破産債権者への配当財源となりうる財産は、すべて破産財団に含まれると解される（『条解』285頁）。そこで、以上を踏まえて、引渡命令の適用対象について、破産法156条1項に例示列挙しておく必要があるのではないか。現在解釈上認められている引渡命令の対象を条文上も明確にする趣旨の改正であるため、相当ではないか。

（俣野紘平）

○参考文献：『二弁30講』175頁〔俣野紘平〕

44 破産財団に関する訴訟

> **検討課題**
> 破産財団に属する債権の適正かつ迅速な権利行使のため、以下のとおり検討してはどうか。
> 1 破産財団に属する債権に関する破産管財人の当事者照会に対する相手方の回答の義務付け
> 2 破産財団に属する債権についての査定制度の創設
> 3 破産者代表者、従業員等による説明義務違反に対する制裁の強化
> 4 財産所持者についての説明義務の拡張
> 5 破産財団に関する不法行為訴訟における弁護士費用の特則の制定
> 現行法：民訴132の2、破40、民709

1 破産管財人による破産財団所属債権の請求、訴訟

破産財団に所属する売掛金等の債権（以下「財団所属債権」という）につき任意に支払が受けられない場合、破産管財人は、訴訟提起を検討することとなる。しかし、破産管財人の訴訟活動には、通常の弁護士業務にみられない特殊事情がある。

(1) 資料の確保保管の困難性

まず破産に伴い資料の散逸が生じることがある。破産者の賃借事務所は破産手続開始前後に明渡しがなされることが通例であり、また所有不動産についても、多くの場合、競売又は任意売却がなされるため、継続保管できる資料の量には限界があり、いかなる訴訟が生起するかも予測できない段階で保存する資料と廃棄する資料の選別をする必要が生じる。

(2) 破産者代表者及び従業員の協力

財団所属債権につき訴訟を提起するには、その準備のため、破産者や代表者、元従業員からの事情聴取が不可欠である。

しかし、これらの者も、破産手続開始直後は再就職活動の必要があったり、再就職直後は休みを取りにくかったりする等、破産管財人への協力には時間的制約がある。かえって、これらの者の再就職先は、破産者が属していたと同種又は類似の業界であることが多く、従前の取引先との人的関係をないがしろにできない、という事情がある。筆者の経験した偏頗否認訴訟で、破産者代表者に法廷で従前の説明内容と異なる証言をされて反証の機会も与えられないまま敗訴したため、控訴審で、従前の説明内容につき予め徴求していた陳述書を提出し、漸く和解にこぎつけた、との例もある。

(3) わが国の民事司法の実情（いわゆる精密司法）との関係

わが国の司法作用は、精密司法といわれ、裁判官は、上級審においても容易に判断が覆されない緻密な判決を志向する傾向があるように思われる。このような精密司法を前提とする場合、破産管財人が、自ら体験していない破産手続開始前の事実について、関係者の協力が十分でない中で、微細に立ち入ったストーリーを構築し維持していくことは容易ではなく、訴訟遂行には多大な困難を伴う。

2　検討課題

以上のような破産管財業務の実情に照らし、破産管財人が財団所属債権につき適正かつ迅速に権利行使をなしうるよう、次のとおり検討してはどうか。

(1) 破産管財人による当事者照会に対する回答の義務付け

破産管財人が財団所属債権に関し、相手方に１カ月以上の期間を定めて、民事訴訟法132条の２に基づく当事者照会をしたときは、相手方は回答義務を負うものとする。そして相手方がこの当事者照会に対する回答を怠った場合や虚偽の回答をした場合、本案裁判所は当該照会事項にかかる破産管財人の主張を真実と認めることができるものとする。破産管財人が財団所属債権に関する紛争の概要の早期把握に努めたにもかかわらず、相手方が誠実に対応しない場合に、民事訴訟法208条、224条等と同様に、信義則に由来する証明妨害の法理を明文化するものである（この制度趣旨から、相手方からの破産管財人に対する当事者照会には適用されない）。

(2) 破産財団構成財産査定制度

破産管財人が処分証書等によって破産財団に属する債権の存在を疎明したときは、破産裁判所は相手方を審尋の上、破産者が相手方に対して債権を有する旨の査定を行うことができるものとし、当該査定決定が確定したときは、これに基づき強制執行をすることができるものとする。

(3) 説明義務違反に対する制裁の強化

現行の刑事罰のほか、民事訴訟法209条と同様、破産裁判所の決定で過料を併科しうるものとする。説明義務違反に対する制裁発動の要否については、当該破産事件を担当する破産裁判所が判断することが適切な場合が多いと考えられる。

(4) 財産所持者についての説明義務の拡張

財産所持者又は一件記録上で財産所持者と認められる者について、裁判所の許可により、破産管財人に対する説明義務を課すことができるものとする。

(5) 不法行為損害賠償訴訟における弁護士費用の特則

破産管財人が破産財団に属する不法行為損害賠償請求権につき破産管財人以外の弁護士に委任することなく訴訟提起し勝訴したときは、相手方は、破産管財人が当該訴訟提起を弁護士に依頼したとすれば要したであろう弁護士費用相当額を賠償しなければならないものとする。

破産管財人を被告とする訴訟提起が不法行為に該当する場合も同様とする。

（桐山昌己）

○参考文献：『大阪続々』170頁〔桐山昌己〕

45 役員責任査定手続制度の迅速化と柔軟化

> **検討課題**
> 役員責任査定手続制度につき、その手続を迅速化するとともに柔軟化を検討してはどうか。
> 現行法：破178、民再143、会更100

1 改正の必要性

現行法は、破産法（破178以下）、民事再生法（民再143以下）、会社更生法（会更100）で、役員責任査定手続を定めている。この趣旨は、法人である債務者について倒産手続が開始された場合に、その法人の役員により違法行為が行われ、役員が法人に対して委任契約上の債務不履行責任を負っている場合に、その責任を追及する方法として、損害賠償責任を簡易迅速に追及する仕組が必要であるという点にある（『条解』1134頁、『一問一答破産』243頁）。

しかし、これらの制度が実際に利用されることは少ないとされる（『東弁提言』462頁〔樋口正樹〕）。それは、法人の倒産手続の場合、役員も破産手続が係属することが多く回収可能性が乏しいこと、経営判断の原則等の立証課題も複雑であることが理由である。

ただ、役員責任査定手続が、簡易迅速な独自の手続として、倒産法制に規定されている以上、手続を迅速化し、また、実効性ある制度とするため、一定の柔軟化も検討してはどうか。

2 具体的な検討

具体的には、役員責任査定決定に対する異議の訴えの訴訟物が、役員責任査定決定であるとしても、決定の理由をある程度簡略化すること、裁判所による職権探知の手段として、役員責任査定請求に限定した調査命令を発令すること、更に査定手続について、労働審判を参考例として、審判手続を原則3回とする等、一定の限られた期日とすることで、早急に和解を行うことを期待すること等を検討することができよう。

ただし、労働審判の場合、適法な異議の申立てがなされると効力を失う（労働審判法21③）のであり、役員査定請求決定の異議権が訴訟物となる異議の訴え（法180条）とは訴訟構造が異なる以上、検討するべき課題がある。更に、役員責任査定に限定するとしても、更に調査命令を付するという手続が十分機能するかも検討の余地があると考えられよう。

（黒木和彰）

○参考文献：『大阪続』27頁〔木村真也〕

第 3 章

個人破産

第 3 章　個人破産・総論

1　はじめに

　第 3 章は、破産手続に関する改正検討課題のなかで、主として個人破産手続に関するものを集約している。

　既述のとおり、現行破産法は平成16年に改正され平成17年 1 月 1 日から施行されており、間もなく施行10年を迎える。

　個人破産は、全倒産手続の中では件数としては最多を占め（平成25年度司法統計によると、破産新受事件数は81,136件であり、そのうち「自然人」の件数が72,287件、「法人・その他」の件数が8,849件となっている。同じ司法統計からその他の倒産事件の新受件数を引くと、再生209件、小規模個人再生7,655件、給与所得者等再生719件、会社更生 6 件であり、新受件数の内訳としては過年度も同じような傾向である）、事件処理としては約10年の間に相当数の実績が積み上げられている。この間、事件処理に際して生じる不都合性については各地の裁判所で運用上の工夫が重ねられてきているが、解釈・運用の限界を超えると思われる問題について本章で検討課題として提示しようとするものである。

2　改正検討課題の内容

(1)　破産手続開始決定に関する検討課題

　破産手続は、債務者の経済生活の再生の機会の確保を図ることを目的とする手続（破 1 ）であるところ、開始決定に関して、係る目的の実現に支障となる点の改正について検討すべき課題がある。

　同時破産廃止の場合、開始時に係属する強制執行等は中止されるものの免責許可決定の確定まで失効しないものとされているが、現行の中止制度に加えて裁判所の決定による取消しの制度を導入することが検討されてよい（46）。また、破産手続開始決定は官報公告がなされるところ、この官報公告が債務者の経済生活の再生の支障となっているという問題意識から、官報公告の改善（47）についても検討すべきものと思われる。

(2)　自由財産に関する検討課題

　債務者の経済生活の再生の機会を確保するためには、その生活の基盤となる財産を確保する必要がある。そこで、本章では、自由財産の範囲について拡張方向で見直すべきとする検討課題を示している。

　まず、自由財産について、現在の実務で定型的に拡張が認められる範囲については、自由財産の拡張という手続を経ずに本来的自由財産とする改正が検討されて良いものと思われる（50）。そして、その他の個別論点については、まず慰謝料請求権について、開始後に行使上の一身専属性を喪失した場合に破産財団に帰属するという現行法制を改めて、自由財産化する方向性で検討すべき課題を示している

(48)。また、同時破産廃止事案においても、管財人を選任しないで本来的自由財産を破産者のもとに確保しうることの明確化や、あるいは同時廃止の手続を採りながら自由財産の拡張を認める制度についても検討課題として示した (49)。

さらに、経営者保証ガイドラインの制定にみられるように保証人の責任を限定する動きがある中で、個人保証人の破産における自由財産の範囲を拡張する方向で見直そうとする検討課題も示されている (51)。ともに個人保証人の経済生活の再建を支援する方向性での改善を図るものと評価しうるものである。

他方で、自由財産の拡張は債務者の経済生活の再生を図るものであるところ、自由財産拡張後に破産者が死亡した場合にはその趣旨が妥当しないことから、続行される相続財産についての破産手続において、拡張された自由財産を破産財団に戻すことも検討されるべき課題であろう (52)。

(3) 管財業務に関する検討課題

個人破産における管財業務に関し、特に双務契約について、管財人の管理処分権に服せしめることの適否については再考の余地もあり、管財人の管理処分権が及ぶ範囲について契約の性質に応じた検討の必要性を指摘している (53)。

(4) 免責手続に関する検討課題

個人の破産手続に関しては、債務者も免責許可を得ることを主目的に破産手続を利用する場合が多い。この免責手続に関しても、債務者の経済生活の再建を図る見地から、いくつかの改善すべき課題を示した。

すなわち、租税債権の免責債権化 (54) や、個人事業主等について使用人の預り金返還請求権の免責債権化 (55) について、今後さらなる検討が必要なものと思われる。

また、個人の債務者については、破産手続開始決定後も生活を支える職を得ることは必須であるが、復権前には資格が制限されるものが依然として多数存在する (『条解』1792頁以下)。復権前の破産者について資格制限を課すことの合理性については改めて検討されるべきであり、これらの規制の撤廃を含めた課題を提示している (56)。

3　その他議論されている問題

本書に記載した検討課題の他にも、例えば①債務の弁済が可能な一定の収入がある場合には破産手続開始申立てを却下すべき、②そのような定期収入がある場合には、債務の一部を弁済しなければ免責を認めない、③免責後の債務について債務再承認の規定を設けるべき、④免責により訴求できなくなった債権も、免責決定以前の段階で相殺適状にあった場合には免責決定後の意思表示により相殺を認めるべき等の議論がある (『東弁展望』29頁〔伊藤眞〕、566頁以下〔長島良成〕)。具体的な弊害が生じているかなどについて、なお慎重に検討すべき課題といえる。

(小島伸夫)

46 同時廃止における強制執行の効力

> **検討課題**
>
> 同時廃止事案で同時破産手続廃止決定の際に係属する強制執行等について、現行法の規律に加えて、破産裁判所がその取消しを命ずることができるようにすることを検討してはどうか。
>
> 現行法：破42①②、216①⑤、249①②

1 改正の必要性

(1) 現行法の規律

破産手続開始決定がなされると、①破産債権又は財団債権に基づき破産財団所属財産に対して強制執行等をすることが禁止され、既にこれが係属中であれば破産財団に対して効力を失う（破42①②）。また、破産手続中は、②破産債権に基づき破産者の自由財産に対して強制執行等をすることも禁止される（最二小判平18.1.23民集60巻1号228頁参照―旧破産法下の事案）。

ところが、同時廃止事案では、同時破産手続廃止決定（破216①⑤）によって破産手続が開始すると同時に手続が終了するので、上記①、②の個別執行禁止等の効力は生じない。そこで、債務者の経済生活の再生の機会確保のために、平成16年改正で免責手続に破産法249条が新設され、③免責許可申立て（みなし申立てを含む）に係る裁判が確定するまでの間は、破産債権に基づき破産者の財産に対して強制執行等をすることが禁止され、既にこれが係属中であれば中止して、免責許可決定が確定したときは中止した強制執行等が失効することとされた（同条①②）。

(2) 破産手続開始前からの給料債権差押えの事例

上記①ないし③の規律を、破産手続開始前に一般債権者が債務者の給料債権を差し押さえていたという事例でみると、差押えに係る給料債権（原則4分の1―民執152①二）のうち開始決定の前日までの分については、上記①に該当して破産財団に対して差押えが失効し、破産管財人の管理処分権に服するものとなり、開始決定以降の分については、新得財産に対する差押えとなるから、上記②に該当して失効し、破産者の管理処分下に復帰するものとなる（『条解』322頁、『破産実務』121頁、『手引』109、110頁〔勝本禎子〕）。

ところが、同じ事例で同時破産手続廃止決定がなされると、上記③のとおり差押えの手続は中止され、差押債権者は第三債務者から取り立てることができなくなるが、差押えの効力自体は維持されるから、破産者が差押部分（第三債務者は供託も可能）を受領できるのは、管財人選任事案の上記②の場合よりも相当遅れて、免責許可決定の確定後のこととなってしまう（『破産実務』122頁）。同時廃止事案でのこのような状況については、一方で免責許可・不許可の検討が破産手続開始前の審

査段階からなされて、圧倒的多数の事案では免責が許可されている実態からすると、個人破産で破産手続開始の効果を減殺してしまっているということができる。

2 改正の相当性

そこで、同時廃止事案の上記③の規律に加えて、破産裁判所が係属中の強制執行等の取消しを命ずることができるようにすることを検討してはどうか。

その相当性については、以下のとおり考えられる。

(1) 上記①、②の規律の根拠との関係

上記①、②の規律のうち破産債権に基づく強制執行等の禁止・失効は、「個別的権利行使の禁止の原則」（破100①）の執行局面における具体化であるが（『条解』318頁、『伊藤・破産民再』204、315頁）、同時破産手続廃止決定がなされると破産手続が終了し、この原則は適用されないこととなる（また、上記①のうち財団債権に基づく強制執行等の禁止等についても、その根拠（『一問一答破産』72頁）がなくなる）。したがって、同時廃止事案では上記①、②の規律の基本的な根拠が存在しないから、上記①、②の破産手続開始の効果として、同時廃止事案の強制執行等を失効させるというアプローチには、理論的な難点があると考えられる。

(2) 免責手続における規律としての相当性

そこで、平成16年改正で免責手続に新設された上記③をさらに押し進めて、係属中の破産債権に基づく強制執行等を失効させる規律を、免責許可の段階（破249②）から同時廃止の当初に前倒しするとの方向で検討してみる。

このアプローチによれば、新得財産に対する破産債権者の追及を遮断し破産者の経済的再生を図るという免責制度の趣旨からは、上記の免責許可・不許可の審査（破産手続開始前から検討）や結果（圧倒的多数で免責許可）の実態を前提にすれば、同時廃止事案において、上記③の当然中止だけでなく、裁判所による取消しも可能な規律を設けることには、十分相当性があるものと解される。

(3) 民事再生手続上の規律との関係

民事再生手続では、既に係属中の再生債権に基づく強制執行等は、再生手続開始で中止され（民再39①）、再生計画認可決定の確定で失効するが（民再184）、この間、再生裁判所は、再生のため必要があると認めるときは、その取消しを命ずることができ（民再39②）、個人再生において、無担保で給料差押えの取消しの決定をする取扱いがなされている（『民再実務』405頁）。

そこで、破産手続の同時廃止事案においても、中止だけでなく取消しの選択肢を認めることは、こうした規律や取扱いとも整合性があるものである。

(吉川　武)

○参考文献：『大阪続』41頁〔野村剛司〕、『大阪続々』183、184頁〔野村剛司〕

47　個人における官報公告の改善

> **検討課題**
> 　自然人の破産手続においては、破産手続開始決定について行われる官報公告（破32①）について、これを官報公告とすることを行わず、知れたる債権者への通知のみとすること（破32③）を検討してはどうか。
> 　現行法：破32

1　改正の必要性

　現行法において、破産法10条1項が公告の方法について官報によることを定めている。この趣旨は、破産手続では多数の利害関係人が関与することが想定されており、破産手続等における関係者に対する裁判の告知や書面の送付を速やかにかつ合理的に行うための簡便な方法として、個別通知のみならず、公告という方法を認め、一定の場合には必要的な公告を定めることとしたものである（『条解』77頁、『一問一答破産』35頁）。

　そして、現行法は、破産手続開始決定の付随処分として、破産法32条1項各号に定める事項を官報に掲載することを定めている。破産手続開始決定の主文が官報に掲載される結果、破産申立てをした自然人の氏名や住所が、官報に掲載されることとなり、当該破産者と利害関係が無い者も上記の情報につき官報を通じて収集することが可能となっている。

　その結果、一部の地方紙が、当該地域において破産手続開始決定がなされた者の住所氏名を官報から転載することを行っている。そのため、破産手続に利害関係を有しない一般市民までが、このような地方紙を通じて、破産手続開始をうけた破産者の氏名を把握することになり、破産者の日常生活に様々な支障をきたしている例が報告されている。例えば、破産者について破産手続により資格制限を受けることは無いのに勤務先に破産の事実が明らかになり退職勧奨を受ける、破産者が転居を希望しても、新たな賃貸人が現れないといった問題が指摘されている。このような破産者に対する破産手続上不必要な烙印（スティグマ）は、破産法が、「債務者について経済生活の再生の機会の確保を図る」（破1）ことを目的としている以上、好ましいことではない。

　そこで、自然人の破産手続については、破産法32条1項を改正し、一定の場合は必要的に官報公告を行うことを取りやめ、通知の方法のみによること（破32③）を検討できるかもしれない。

2　改正の相当性

　付随処分として、破産法32条1項各号の情報が官報に掲載されることの主な効果は、第1に、破産手続に対する即時抗告期間の起算日が、官報公告の日である

こと（旧法に関する最二小決平13.3.23金法1615号64頁）、第2に、破産法49条の開始後の登記及び登録の効力と、破産法50条の開始後の破産者に対する弁済の効力について、破産法51条が公告の前後でその善意悪意の推定を設けており、同条が破60条の為替手形の引受または支払、破産法96条1項で保全管理人選任等に準用されている点である。

　このうち、即時抗告期間の起算点については、即時抗告権者を検討して、その必要性を判断するべきであろう。

　すなわち、自然人の破産手続開始決定の殆どがいわゆる自己破産申立てであり、棄却決定の場合を除き申立人が即時抗告をすることはない。そして、自然人の自己破産申立てについて開始決定がなされると、知れたる債権者には通知がなされる（破32③）ことから、通知後の期間を前提として、債権者の即時抗告期間を検討することで十分である。これに対し、自然人に対して債権者からの破産申立てがなされ、開始決定がなされた場合には、申し立てられた自然人や他の債権者の即時抗告期間を一律に決定する必要があることから官報公告を行うことが必要である。換言すれば、自然人に対する債権者申立ての場合のみ官報公告を行うことが検討できよう。

　次に、破産法51条は、破産手続開始決定を公告することで、利害関係人の周知を擬制し、公告の前後により利害関係人の悪意と善意を法律上推定するというものである。たしかに、公告による利害関係人の周知の擬制を通知（破32③）で代替することは特に破産法50条の開始決定後の弁済の効力に関しては困難である。しかし、破産者は、破産手続開始決定後には当該債権の管理処分権を失っている以上、その受領は破産財団との関係で無効であり、財団に支払うべきである。また、破産者が、弁済受領後に費消して財団への支払が困難となった場合は、免責不許可とする規定を設けることで対応可能であろう。

　官報掲載によって、債権者一覧表記載の債権者に破産の事実を伝えたとしても、自然人についてのみ問題となる免責決定の効果は、破産手続申立と同時に提出されている債権者一覧表に破産者が知りながら記載されていない債権者（破253①六）には及ばないのであるから、その点でも公告の必要性が乏しいといえよう。

　ただ、一部の地方紙が掲載する事実上の不利益で、自然人の官報公告制度それ自体を変更するべきかはより慎重な検討が必要であり、一部の地方紙による掲載中止等を申し入れる方がより抜本的な解決であろう。

（黒木和彰）

48 慰謝料請求権の自由財産化

検討課題

破産手続開始後に差押え可能となった財産も破産財団に含める破産法34条3項2号但書後段について、個人の慰謝料請求権はその適用除外とすることを検討してはどうか。

現行法：破34③二但書後段

1 改正の必要性

(1) 現行法の規律

破産財団（法定財団）を構成する財産の範囲について、その時的限界を破産手続開始時におく固定主義（破34①）の帰結として、破産手続開始後に破産者に帰属した新得財産は、破産財団を構成せず破産者の自由財産となり、また、破産手続が包括執行であることから、対象は差押え可能なものであることを要し、民事執行法・特別法上の差押禁止財産、性質上差押えの対象となり得ない権利は、破産財団を構成せず破産者の自由財産となる（同条③二本文）。ただし、後者の自由財産については、破産手続開始時に差押禁止財産であっても、その後に差押えが可能になれば破産財団を構成するものとされている（同条項号但書後段）。

(2) 破産者が有する慰謝料請求権の破産財団帰属性

破産者が交通事故の被害者であって、加害者に対し慰謝料請求権を有する場合がある。慰謝料請求権は、行使上の一身専属権であることが一般に承認されており、上記の性質上差押えの対象となり得ない権利に該当して破産財団を構成しないが、判例法理上、当事者間に一定額の慰謝料を支払うことの合意が成立し、又は支払を命ずる債務名義が成立したなど具体的な金額が当事者間で客観的に確定したときは、行使上の一身専属性を失うものとされている（最一小判昭58.10.6民集37巻8号1041頁－名誉侵害による慰謝料請求事案）。そうすると、破産手続開始後、終結までの間に、破産者が加害者と合意し又は訴訟で判決がなされると、慰謝料請求権は一身専属性を失って、開始後に差押え可能になった（破34③二但書後段）として破産財団を構成することになる（『破産実務』376頁、『手引』136頁）。

しかし、このような成り行き次第で配当原資となるか、自由財産に止まるかが決まることは妥当か、そもそも、慰謝料請求権は債権者に掴取されない財産として、被害者に確保されるべきではないか、こうした問題意識から議論がなされており（『伊藤・破産民再』182頁、『個人の破産再生』91頁〔山田尚武〕、小野瀬昭「交通事故の当事者につき破産手続開始決定がされた場合の問題点について」判タ1326号57頁、伊藤眞「固定主義再考（大阪高判平26.3.20）」債管145号88頁）、近時、これに関連する大阪高判平26.3.20（債管145号97頁。ただし、破産手続開始時

に慰謝料を受領済みで分別管理下にあった事案）も出されている。

2　改正の相当性

(1)　解釈論の諸説

解釈論としては、個人の生命、身体、又は名誉侵害などに起因する慰謝料請求権は、その金額が確定しても行使上の一身専属性を失わず、破産財団に帰属しないとの見解（『伊藤・破産民再』182頁）、あるいは、行使上の一身専属性を失っても、少なくとも破産手続開始後の期間に継続するであろう苦痛に対応する慰謝料請求権は、固定主義の趣旨から新得財産と同視するとの見解（伊藤・前掲93頁）、慰謝料請求権の実質に照らすと、破産手続開始時に行使上の一身専属性があった場合、開始後にその喪失事由が生じても、破産法34条3項2号ただし書の適用がないとの見解（小野瀬・前掲58頁）、破産手続開始時に一定額の慰謝料を支払うことの合意が成立していた部分は破産財団に属して、開始時に合意が成立していない部分は新得財産になるとの見解（山田・前掲83頁）等が提唱されている。いずれも、破産手続開始後に合意等が成立したとの局面では、慰謝料請求権は破産財団を構成しない（ないしは構成しない部分を生じ得る）という結論になる。

(2)　旧法時からの立法論的批判

他方、破産法34条3項2号但書後段については、旧法にも同旨の規定（旧破63但書三段）があったところ、固定主義の原則を貫くとき、本来は差押え可能性の有無も破産手続開始の時を基準とすべきもので、旧法時から、この規定は削除されるべきであるとの批判があった（『伊藤・破産民再』181頁注12、宗田親彦『破産法概説 新訂第四版』（慶應義塾大学出版会、2008年）320頁注4掲載の各文献）。

(3)　法改正の相当性

そこで、上記解釈論の諸説及び立法論的批判に鑑みると、法改正としては、個人の慰謝料請求権の実質が元来責任財産を構成しない人格的利益の代替物であることに照らして、このような権利については、破産法34条3項2号但書後段の適用から除外する旨を規定して、その差押え可能性（つまり一身専属性）の有無を固定主義に忠実に破産手続開始時のみで判定する、という規律が相当ではないか。

(4)　関連する今後の課題

後遺障害による逸失利益の損害賠償請求権についても、破産手続開始以降に対応する部分は、当該交通事故がなければ給料等の新得財産として破産者に帰属したはずの価値の代替物の実質を有するから、その自由財産性の肯否につき議論がなされている（伊藤眞・前掲94頁はこれを肯定、上記大阪高判平26.3.20は否定）。

（吉川　武）

49 同時廃止と自由財産拡張制度

> **検討課題**
>
> 同時廃止とするか否かの判断の際、破産財団から破産法34条3項所定の本来的自由財産及び同条4項の考慮要素により裁判所が相当と認める財産を除いた上で行われることが明確になるよう破産法216条を改正してはどうか。
>
> 現行法：破216①、破34

1 改正の必要性

(1) 旧破産法においては、差押禁止財産（ただし、一部を除く）のみが自由財産とされていたが、現行法においては34条3項1号により金銭に関して民事執行法所定の差押禁止財産の2分の3までが自由財産として認められることとなり、また同時に破産法34条4項により、破産者の生活の状況、財産の種類及び額、破産者が収入を得る見込みその他の事情を考慮して、破産財団に属しない財産の範囲を拡張することが出来る旨の自由財産の拡張制度が設けられた。この自由財産の拡張は、破産者はその手続の開始に伴い、一時的に生活に必要な資産等を確保することが困難となることが通常であるため、経済的再生のために必要であるという政策判断に基づき設けられたものである。

各地の裁判所は、この本来的自由財産及び自由財産の拡張制度の趣旨と、破産手続を同時廃止とするか否かの振分基準は連動しないものとして取り扱っており、そのため、手続開始決定時において破産者が一定以上の財産を保有していれば、それが本来的自由財産であっても、破産手続開始決定後において自由財産の拡張の対象となることが想定されるものであっても、管財事件とする運用を行っている（例えば東京地裁においては現金が20万円以上あれば管財事件となっている）。

この裁判所の運用は、現金が本来的自由財産となるのは破産手続開始決定時が基準であること、自由財産の拡張も破産手続開始決定後になされるものであること、そして自由財産拡張裁判にあたっては、裁判所が破産管財人の意見を聴くことを不可欠な条件としており（破34⑤）、同意見聴取は自由財産拡張裁判に対して不服申立てができない破産債権者の利益を代弁するものであり、非常に重要な意義を有しているにもかかわらず、同時廃止手続においてはそのような機会が保証されていないこと等を根拠としている（『手引』33頁、『はい6民』28頁）。

(2) しかし、破産法216条は、同時廃止の要件として「破産財団をもって破産手続の費用を支弁するのに不足する」ことと定める一方、破産法34条3項は同条所定の財産については、そもそも「破産財団に属しない」と定めている。

したがって、少なくとも本来的自由財産については、破産手続費用の有無を検

討する際には存在しないものとして扱うべきであるし、仮に現在の法文の体裁上、その点について紛れがあるということであれば、法改正により明確にするべきではないか。

(3) また、併せて、破産法34条4項により自由財産拡張の対象となると想定される財産についても破産手続費用の有無を検討する際には予め破産財団から控除できるものとしてはどうか。すなわち、上記のとおり、破産者の経済的再生のためには、一時的に極めて困窮している破産者には一定程度の財産の確保を認める必要がある。しかるに、既に定着している運用基準によって後に自由財産として認められることが想定される財産があることを理由に破産者に破産管財人を選任するための費用の支出を強いることは、破産者に不要な経済的負担を求めるものであり、その経済的再生を困難にする。

したがって、破産者の経済的再生のために上記の法改正を検討してはどうか。

2 改正の相当性

(1) 同時廃止とするか否かの判断の際に本来的自由財産を破産財団から控除することを法文上明確にすること自体は、破産者の経済的再生を促すという現行法の趣旨に合致するだけでなく、もともとの法文の趣旨を明確にするものに過ぎず、相当性もある。

(2) 同時廃止とするか否かを判断する際に破産財団から自由財産拡張の対象となることが想定される財産を除外する法改正を行うとすれば、上記のような重要性をもつ破産管財人の意見聴取（破34⑤）をすることなく実質的に自由財産の拡張をすることが良いのかという点についての考慮が必要となる。

しかし、上記のとおり、自由財産拡張の運用基準は既に確立しており、恣意的判断がなされる危険性はなく、現実にも自由財産拡張に関して債権者から意見が寄せられることは殆どない。また、裁判所は日常的に同時廃止の可否の判断において破産者の有する財産評価を行っており、破産申立代理人が誠実にその業務を行えば、裁判所において適切に自由財産の拡張対象とする財産を判断する能力もある。

したがって、上記の法改正は十分可能であり、相当性もあるといえるのではないか。

（岩渕健彦）

〇参考文献：『大阪提言』293頁〔新宅正人〕、『大阪続々』181頁〔野村剛司〕

50 本来的自由財産の範囲

> **検討課題**
> 破産法34条3項を改正し、現在定型的に拡張が認められている財産を本来的自由財産とすることを検討してはどうか。
> 現行法：破34③

1 現在の実務運用

現行法は、本来的自由財産（破34③）だけでは破産手続開始直後の生活が維持できない事態も生じ得ることに鑑み、破産者の個別の事情に応じて生活保障及び経済的再生を図るべく、自由財産の範囲を拡張できることとしているが（破34④）、多くの裁判所は、定型的に拡張が認められる財産の範囲について詳細な基準を定めている（小松陽一郎・野村剛司「自由財産拡張制度の各地の運用状況」債管118号107頁以下、野村剛司「自由財産拡張をめぐる各地の実状と問題点」自由と正義59巻12号52頁以下、「特集 平成25年の破産事件の概況をみる」金法1989号6頁以下）。そこでは、①財産の種別（定型的拡張適格財産性）と、②財産の総額は99万円の枠内に収まっているかという2つの判断要素が定められているのが通常である（『個人の破産再生』63頁〔髙橋和宏〕）。

2 改正の必要性

しかしながら、現状では、各裁判所によって、①預貯金の取扱いについてばらつきがあるほか、②破産者の申立てを要するか否か、③財産目録等への記載を要するか否か、④明示の裁判を要するか否か、⑤破産管財人が拡張された財産を破産者に返還する時期はいつかなど、拡張の手続が統一されていないという不都合がある。

さらに、自由財産拡張の判断において「破産管財人の意見を聴かなければならない」としているため（破34⑤）、同時廃止手続では拡張を認めることができず、この調査のためだけに破産管財人を選任しなければならないという問題もある。

3 改正の方向性

そこで、破産法34条3項を改正し、現在定型的に拡張が認められる財産を本来的自由財産とすることが検討されてよいと思われる。その際、普通預金（通常貯金等を含む）については、現金との取扱いを区別する経済的意味合いは見出しにくいことから、大阪地裁における運用を参照し、現金と同視して99万円までを自由財産とすることもあり得よう。この点、平成14年9月の法制審議会倒産法部会における中間試案では、金銭に代えて預金債権等の金銭債権を自由財産とする制度が提案されていたことなども参照されるべきである（『破産法等の見直しに関する中間試案と解説（別冊NBL74号）』（商事法務、2002年）25頁）。　　　　　　（千綿俊一郎）

○参考文献：『大阪提言』293頁〔新宅正人〕

51 経営者保証人の破産における自由財産の範囲の見直し

> **検討課題**
>
> 経営者保証人等の破産手続において、①主債務者である法人が法的倒産手続又は準則型私的整理手続を行っていること、②破産債権総額に占める保証債務額の割合が3分の2以上であること、③保証債務がなければ破産手続開始原因があるといえないこと等、一定の要件を満たす場合、一定の範囲で自由財産の範囲を拡張するとの改正を検討してはどうか。
> 現行法：破34③

1 検討の背景及び意義

(1) 早期の事業再生又は廃業

事業再生を図るためには、事業劣化が進む前に、早期に対策を講じることが肝要である。通常、時期が遅れれば遅れるほど再生可能性は減少し、弁済率も低下することが多いと思われる。しかし、多くの中小企業では経営者が会社の借入債務につき保証をしているところ、この経営者保証の負担が、早期の事業再生又は廃業（清算）に向けた経営者の決断を躊躇わせる大きな原因になっている。

(2) 経営者保証に関するガイドライン

平成25年1月に中小企業庁と金融庁が共同で設置した「中小企業における個人保証等の在り方研究会」が経営者保証を巡る課題全般の整理を行い、同年8月に設置された「経営者保証に関するガイドライン研究会」が同年12月に「経営者保証に関するガイドライン」（以下「経営者保証GL」という）を公表した。経営者保証GLでは、経営者保証に依存しない融資の一層の促進が謳われるとともに、保証人経営者に早期の事業再生等の決断を促すべく、保証債務の整理の場面において、一定の要件を満たす場合に破産法上の自由財産の範囲を超えた財産（「一定期間の生計費」や「華美でない自宅等」）を保証人の手元に残す考え方が示されている。

(3) 破産法改正の必要性

経営者保証GLの趣旨に沿った実務運用の確立が望まれるところであるが、経営者保証GLに規定された保証債務の履行基準は必ずしも一義的なものではなく、対象債権者ごとにその解釈や運用に幅が生じることも十分にあり得る。また、経営者保証GLは私的整理の枠組みであり対象債権者の全員同意が前提になるから、一行でも反対する対象債権者がいれば、経営者保証GLに従った私的整理は成立しない。

したがって、経営者保証人の責任を軽減し早期の事業再生等を促すという目的を実現するため、私的整理の枠組みである経営者保証GLに加え、法的整理の枠組みにおいても、自由財産の範囲を拡張する等、経営者保証人の負担を軽減する制度を導入する意義はあるものと考えられる。

2 改正の相当性

(1) 経営者保証の意味合い

　金融機関が個人保証を求める主たる理由は、個人資産を引き当てとして債権保全を図ることよりも、経営への規律付けや企業の信用力の補完という観点が重視されていると言われている（経済産業省中小企業庁事業環境部金融課「中小企業の再生を促す個人保証等の在り方研究会報告書」12頁、18～19頁、中村廉平「中小企業向け融資における経営者保証のあり方について」銀行法務21・720号16～17頁）。しかし、(少なくとも経営者保証GL公表前の状況として) 現実に主債務者たる企業が破綻した場合、金融機関は、無税償却が認められなくなるリスク、株主から善管注意義務違反を問われるリスク等があるため（前掲研究会報告書29頁）、個人資産からの回収を行うことなく漫然と債権放棄をすることはできず、結果として、個人保証人に対しても破産等による債務処理が求められることが多い。

　これは、経営への規律付けや企業の信用力の補完を図るという経営者保証の主たる目的に比して、経営者個人に過剰な負担を強いるものと評することもできる。

　然るに、破産法上、一定の場合に経営者保証人の自由財産の範囲を拡張するものとすれば、金融機関に税務リスクや訴訟リスク等を生じさせることなく、経営者保証人の過剰な負担を緩和し、以て早期の事業再生等を促す効果が期待でき、また私的整理の段階での経営者保証GLの積極的な運用が促されるとの効果も期待できる。

(2) 早期の事業再生等による経済合理性／一般の債権者との利害調整

　主債務者が早期に事業再生等を行うことで主債務者の弁済率が増加すれば、保証債権者の経済合理性にも適う。必ずしも個別事案ごとに弁済率増加が期待できるわけではないが、多数の中小企業向け貸付債権を有する金融債権者にとっては、多くの中小企業において早期の事業再生等が促されることになれば、総体として経済的メリットがあると言えるのではなかろうか。これに対し、自由財産拡張の条件として個別事案ごとの経済合理性が必要と考えるのであれば、経営者保証GLの考え方に従って、早期に事業再生等を行ったことによる「回収見込額の増加額」（同GL7(3)③参照）によって自由財産の拡張の範囲を画する制度とすることも考えられる。

　他方、自由財産の拡張は、保証債権者以外の債権者に負担を転嫁することになるが、これを正当化する根拠は見出し難い。そのため、一般の債権者に対しては、自由財産の拡張がなければ得られるはずの配当額を保証することとし、そのために必要な範囲で自由財産の拡張範囲を制限する等の調整規定が必要であると考える。これは債権者平等原則の例外を設けるものであるが、制度導入の趣旨からすれば、一概に不合理とは言えないと考えられる。

（大場寿人）

○参考文献：『二弁30講』294頁〔大場寿人〕

52 自由財産拡張後の破産者死亡の際の拡張済財産

> **検討課題**
> 破産手続開始決定後に自由財産拡張裁判がなされ、その後破産者が死亡した場合には、当該拡張済み自由財産は、続行される破産手続における破産財団を構成するものとして換価・配当の対象としてはどうか。
> 現行法：破227、34

1 改正の必要性

破産手続開始決定後に破産者が死亡した場合には、「当該相続財産についてその破産手続が続行」される（破227）。しかし、破産手続開始決定後の破産者死亡時の相続財産には破産者の①新得財産、②本来的自由財産（破34③）、③自由財産拡張による自由財産（破34④）が含まれる場合があり、そのため破産手続開始決定及び自由財産拡張裁判により成立している破産財団と破産者の死亡によって生じる相続財産とは一致しないという事態が生じる。この点については、通説は、自由財産や新得財産等は、破産手続開始決定後に新たに登場する債権者にとっての責任財産を構成しており、固定主義にはそのような新債権者の保護を図るという側面もあり、したがって、それらの財産は続行される破産手続の破産財団を構成しないとしてきた（『大コンメ』967頁〔中島弘雅〕、『条解』1432頁）。

たしかに上記の①②についてはもともと破産財団を構成してこなかったものであり、同財産を破産者死亡後に続行される破産手続における破産財団に含めることは破産債権者を無用に利するものであり、新債権者の利益を損なうものである。しかし、③についてはもともと破産財団を構成していたものであり、破産者の生活再建のために同人の生活状況等を踏まえて破産財団から除外されたものに過ぎない（破34④）。

したがって、破産者が死亡した場合には、破産債権者の利益と新債権者の利益を調整する観点からは、拡張済み自由財産を破産者死亡後に続行される破産手続の破産財団を構成するものとすることが検討されて良いのではないか。

2 改正の相当性

拡張された自由財産については、破産者死亡後に続行される破産手続における破産財団を構成するものとして、換価・配当対象とする方が事案の解決として簡明であり、相当性もあるといえるのではないか。

（岩渕健彦）

53　個人破産における破産管財人の管理処分権の範囲

> **検討課題**
> 個人破産のケースで破産管財人の管理処分権に服さない契約類型を定めたり、破産管財人の管理処分権から契約関係を離脱させたりする制度を創設してはどうか。
> 現行法：破53

　破産開始時に双方が履行を完了していない双務契約は、破産管財人が解除あるいは履行を選択できる（破53）。しかし、破産者が自然人である場合、その契約関係がすべて破産管財人の管理処分権に服するというのは適切ではない。

　雇用契約については破産管財人の管理処分権に服さないとされているが、請負契約に関しては説が分かれている。破産者の個人的労務に基づく仕事の完成を目的とする請負契約は労働契約と同様に考えられるから（『大コンメ』207頁〔松下淳一〕）、破産管財人の管理処分権が及ばないことを明確化してはどうかと考える。

　また、委任契約は破産開始が終了事由とされているが（民653）、「受任者に対する委任者の信頼は、資力に対するものではなく、受任者の能力、識見、技能、人物などに対する信頼であり、受任者が破産した場合でも、これらの信頼を失わせることには必ずしもつながらないので、受任者の破産を委任契約の終了原因としない特約は有効」であり（『大コンメ』239頁〔三木浩一〕）、委任契約も雇用契約や請負契約と同様に個人的労務を基礎とするものであるから破産管財人の管理処分権の外に置くべきである（委任の終了事由から破産開始を削除することも検討されるべきである）。

　破産者が生活する住宅の賃貸借契約についても破産法53条が適用され、破産管財人が解除か履行の選択権を有するはずである。しかし、実務的には破産管財人が解除や履行を選択することがないまま、破産財団から離れて個人の自由財産関係に移行したごとく扱われており、理論的な整理が十分になされていない。入院先の病院との診療契約や介護施設の入所契約にも同様の問題がある。

　この他にも住宅で使用する水道・電気・ガス・電話や携帯電話などの契約も破産管財人の管理処分権に服させることは不適当である（『破産基本構造』275頁）。

　そこで、①破産者の個人的労務を基礎とする契約及び破産者の生活維持のために必要な契約は破産管財人の管理処分権が及ばないと定めるか、あるいは②破産者の契約関係を一旦破産管財人の管理処分権に服させ、その後裁判所の許可によって破産財団から離脱させる制度を創設してはどうかと考える。

（小堀秀行）

○参考文献：『大阪提言』294頁〔新宅正人〕

54　租税債権の免責可能性

> **検討課題**
>
> 租税等の請求権については非免責債権から除外して免責債権とすることを検討してはどうか。
>
> 現行法：破253①一

1　現行法の規定

現行法は租税等の請求権を非免責債権としている（破253①一）。

旧法下でも国庫収入の確保を図るという政策的理由から非免責債権とされていた（旧破366ノ12一）。この点は旧法時代から立法論的な批判が強かった（『基本コンメ』365頁）が、平成16年に現行法に改正された際にもそのまま引き継がれた。

2　改正の必要性

個人破産において租税等の請求権が多額に上ることは珍しくない。

一般の破産債権が免責されたとしても租税等の請求権が免責されないのであれば、個人の破産者の経済的再生が困難となる場面は少なくない。

3　改正の許容性

そもそも、免責制度自体がアメリカ法の影響を受けた会社更生法が昭和27年に制定されたことに伴って、破産者の経済的再生を容易にするために、旧法の一部を改正して免責主義を採用したものであり、それ自体が政策的価値判断に基づくものである（『注解（下）』806頁〔白川和雄〕）。他方で、租税等の請求権を非免責債権とした趣旨も国庫収入の確保という徴税政策上の価値判断に基づくものである。とすれば、結局はどちらの価値判断を重視するかという観点から考えることになる。旧法下で破産者の経済的再生のための免責制度を導入して、さらに、現行破産法で裁量免責を明文化したのは、破産者の経済的再生に資するからであり、現実に租税等の請求権が非免責債権とされていることが破産者の経済的再生の支障になっていることからすれば、今後破産法を改正する場合は個人の経済的再生に比重を置いて考えてはどうか。

免責の根拠として、財産主体性の点では法人と自然人を区別する理由はなく、法人が破産によって消滅するように、自然人が破産して全財産関係の清算がされれば、経済的人格が更新されると説明する見解が有力であるが、そうだとすれば、開始前の租税等の請求権は公法上の権利ではあるが、財産や収入を標準としており、責任財産として免責するのが理論的にも一貫すると思われる（『注解（下）』806頁〔白川和雄〕）。

（石川貴康）

55 使用人の預り金返還請求権の非免責債権からの除外

> **検討課題**
> 非免責債権から「使用人の預り金の返還請求権」を除外してはどうか。
> 現行法：破253①五

1 改正の必要性

　破産法253条1項は、個人である破産者について、免責許可の決定が確定した場合であっても免責を受けられない破産債権を定めており、「使用人の預り金の返還請求権」はこうした非免責債権の1つである（破253①五）。

　これが、非免責債権とされたのは、以前は給料の性格を持つ預り金がありその要保護性が認められたためであるが、使用人の預り金について、現在ではそのような性質のものは少なく、社内預金などが中心であるとされている（『倒産法概説』98頁、106頁〔沖野眞已〕。昭和40年に更生手続が開始された山陽特殊製鋼の事案において多額の社内預金が存在しており使用人の預り金返還請求権の取扱いについて議論がなされたことについて『条解会更（中）』431頁以下参照）。社内預金は雇用関係に基づき生じる労働債権とは認めがたく一般の破産債権であるというべきであるから（『伊藤・破産民再』556頁）、これが中心である使用人の預り金返還請求権を非免責債権とするのは他の債権について免責されることと権衡を失する。また、使用者であった破産者の大半は零細かそれに近い個人事業者であると解されるが、こうした破産者に対して、使用人の預り金の返還債務を継続して負担させることは、破産者の経済的再生を困難にするものであり免責制度の趣旨から見て適当ではない。したがって、使用人の預り金返還請求権を非免責債権から除外する必要性は高い。

2 改正の相当性

　現行会社更生法の制定時には従前全額が共益債権とされていた使用人の預り金返還請求権についてその額が制限された（会更130⑤）。また、現行破産法の制定時には、身元保証金が差し入れられる事例が殆どないという実情を踏まえ、使用人の身元保証金返還請求権が非免責債権から除外された（旧破366ノ12四）。本提言にかかる改正も、これら改正と軌を一にする、実態を踏まえたものであり相当である。また、使用者の欺罔や強制により預入れがなされた場合の返還請求権は「悪意で加えた不法行為に基づく損害賠償請求権」（破253①二）、「雇用関係に基づいて生じた使用人の請求権」（同5号）等に該当して非免責債権となり、使用人の立場も一定の範囲で保護されていることからも相当である。

　　　　　　　　　　　　　　　　　　　　　　　　　　　　（朝田規与至）

○参考文献：『東弁展望』571頁〔長島良成〕

56 資格制限の撤廃

検討課題

破産者を欠格事由とする資格が多くの法令で定められているが、これらの資格制限を撤廃してはどうか。

現行法：宅地建物取引業法5、建設業法8、警備業法3、14他多数

　破産手続が開始されると、破産者には公法上・私法上の権利及び資格について制限が生じる。主なものとして、弁護士、公証人、公認会計士、税理士、弁理士、司法修習生、宅地建物取引業者、建設業者、質屋、警備業者及び警備員、保険募集人、後見人、後見監督人、保佐人、遺言執行者などがあり、各法令において「破産者であって復権を得ないもの」が欠格事由とされている。

　取締役について旧商法は「破産手続開始の決定を受け復権せざる者」を欠格事由としていたが、会社法ではこれが削除された。旧法の趣旨について「破産者は資力の点において取締役が会社や第三者に対して負うべき重大な責任を果たすのに適さず、かつ、破産財団の所属財産について管理処分権を有しないにもかかわらず、会社の代表取締役となって会社財産の管理処分権を有するようになることは是認できない」と説明されていたが（最一小判昭42.3.9民集21巻2号274頁）、昨今の経済情勢の下、債務者に再度の経済的再生の機会をできるだけ早期に与えることが国民経済上有益であるとの観点等から、これを欠格事由とせず、株主総会の判断に委ねることとされた（法務省民事局参事官室「会社法制の現代化に関する要綱試案補足説明」43頁）。

　取締役以外の資格制限も上記取締役と同様の趣旨から規定されていると思われるが、債務者に再度の経済的再生の機会をできるだけ早期に与えることが国民経済上有益であるという観点は他の資格においても共通している。また、復権により資格回復するが、免責不許可となっても破産開始から原則10年経過すれば復権することとされており（破255①四）、復権を基準とすることに合理性があるとも思われない。破産者でなくとも不適格な資格者は存在するのであり、別の資格取消事由で対応することも可能と思われる。よって、一律に破産者で復権を得ない者を欠格事由とする制度を撤廃してはどうかと考える（宮川知法『消費者更生の法理論—債務者更生法構想・各論Ⅰ』（信山社出版、1998年）92頁以下）。

　なお、資格制限は残した上で、欠格事由を「破産者であって免責不許可となったもの」とする考え方もある。この考え方によると破産開始となっても欠格事由には該当せず、免責不許可が確定した時点で資格が制限されることとなる。しかし、破産申立てをしても免責申立ては行わないケースもあり、立法技術的には困難な課題があると思われる。

（小堀秀行）

第4章

民事再生

第4章　民事再生・総論

1　民事再生法の改正経緯

　民事再生法は、平成11年12月に成立し、平成12年4月1日から施行された。
　法制審議会倒産法部会は平成8年10月8日、法務大臣の諮問を受けて倒産法の見直しのための審議を開始し、平成9年12月には「倒産法制に関する改正事項」を策定して関係各界に意見照会を行う等した。その後、企業倒産が増加傾向にあることから、倒産法制のうち中小企業等を主たる対象とする再建型倒産処理手続の審議が前倒的に進められ、他の倒産法制に先立ち、民事再生法が法律として成立するに至ったものである。
　民事再生法は、従前の和議法上の和議手続の問題点として指摘されていた、①開始原因が破産と同じであること（和議法12条）、②申立てと同時に和議条件を提示する必要があること（同法13条）、③弁済禁止の保全処分を得たあと取り下げるという濫用的申立てに対する手立てがないこと、④和議認可後の和議条件の履行を確保する制度的保障がないこと等の問題点につき出来る限り対処できるよう立法化されたものである。
　その後、平成12年11月には個人再生手続等に関する規定を置く改正法が成立し（平成13年4月施行）、新しい会社更生法が成立した平成14年12月にも、民事再生法についても整備法的な一部改正がなされた。さらに、平成16年5月に新しい破産法が成立した際にも一部改正がなされた。
　現行の民事再生法は、概略以上の改正経緯を経たものである。

2　民事再生法の改正検討課題

　以上のとおり、倒産法制の見直しの過程において先陣を切って成立した民事再生法は、最初に成立した平成11年12月から15年経過しようとしている。その間、上記のとおり順次、会社更生法、破産法等の他の倒産法制の改正法が成立し、その立法に至る審議過程で新たに意識された問題点については、民事再生法にも一部取り入れられてきたところである。
　しかし、昨今、主に民事再生法を利用している実務家から、利用する上で不便もしくは不都合を感じる点が多々指摘されるようになっている。いかに立法段階で関係各所の意見を聴き、利害調整を行っていたとしても、実際に運用してみて初めて気付く問題点もあるだろうし、また15年も経過すれば事情の変化が生じることはありうることである。

(1)　実務運用先行型

　その不都合について、裁判所の運用や裁判例における法の解釈によって対処する動きが先行しているものもある。担保権実行手続の中止命令の規定（民再31）を非典型担保の実行「禁止」にも類推して適用する例、商取引債権の保護を民事再生法

85条5項後段の適用により広く認める例等がそれにあたる。

改正提言のなかには、そのような実務の運用が裁判例における法の解釈が先行しているものについて明文化を求めるものがある（123、71、72、78、80、83）。

(2) 「すきま」充足型

また、実際に利用している過程で不都合が生じることが判明した点や、不都合が生じるわけではないがその制度があればより良くなると感じられる点について条項化を求める提言もある。

例えば、倒産法制の整備の過程において、再建型手続が挫折した際の清算型手続への移行については条項が置かれ、破産法改正の際にもその点につき改正がなされたが、私的整理ガイドラインや事業再生ADR等の私的整理手続から法的倒産手続への移行についてはまだ条項化が不十分である。この点に関する立法化を提言するものが57、58、59、60および61である。

また、管轄の柔軟化（62）、債権者申立ての場合の開始障害事由の拡張（63）、自認債権に関する改正（64）、債権調査における監督委員の異議申述権（65）、事業譲渡の代替許可制度の株式会社以外への拡大（66）、株式取得等を定めた再生計画の認可決定に対する株主の即時抗告権の制限（70）、再生計画案の可決要件の改正（73）、監督委員選任案件の終結要件の改正（74）、牽連破産の規定の改正（75）、先行手続が終了・中止したときの役員等責任査定や否認請求手続の中断、受継に関する規定の新設（76）、再度の再生手続、牽連破産が開始した際の旧手続時に生じた効力に関する規定（77）、債権者平等原則の見直し（81、86）、滞納処分の中止・取消し制度の創設（82）、債権届出名義等の変更に関する規定（84）、共益債権の確定手続の創設（85）、会社分割に関する規定の整備（87、88、89）、再生手続における競売換価権（90）等がそれにあたる。

(3) 制限型

反対に、立法段階では必要的記載事項とされたが、必ず記載する必要性が乏しいものや記載するとかえって弊害が出ることが判明したことを理由として、必要的記載事項の見直しに関する提言もされている（69、79）。

3 その他の検討課題

その他、本書には取り上げなかったが、一般調査期間経過後に届出または変更があった債権につき、破産法119条1項但書、同122条1項但書と同様、再生債務者及び再生債権者に異議がないときは一般調査の対象とすることを認めても良い旨の提言がなされている（『東弁提言』180頁〔園尾隆司・谷口安史〕）。

（古里健治）

57 ファイナンス促進のための工夫

> **検討課題**
> 1 DIPファイナンスの促進のために、スーパープライオリティ及びプライミングリーエンを導入してはどうか（慎重論あり）。
> 2 プレDIPファイナンスのレンダーが更生法リスクを回避できるように、計画外弁済を可能にする規定を設けてはどうか。
> 現行法：会更47⑤後段、128②、133①、民再85⑤後段、120①、強化59、60

1 検討課題1

再生・更生手続で共益債権として扱われたDIPファイナンスに係る債権（民再119五、会更127五）は、破産手続に移行した後は財団債権として扱われるが、破産法148条1項1号、2号の財団債権に劣後し、3号の財団債権と同順位なので（破152①②）、これらの財団債権の総額に見合う財団が形成されないときは按分弁済となるから、DIPレンダーにはロス発生の危険がある。

この点、米国連邦倒産法364条(c)項は、スーパープライオリティ（他の共益債権に対する優先性）を規定し、債務者が無担保借入れできない場合には、裁判所は、告知聴聞手続を経た上で、全ての共益債権に優先する借入れを許可することができるとする（同項一）。これにより、スーパープライオリティ付共益債権者は、他の一般の共益債権に比して優先的に自己の債権の回収を図れる。また、同条(d)項は、更に強力なプライミングリーエン（既存の担保権に優先する担保権）を規定し、他の手段により借入れを行うことができず、かつ先順位・同順位の担保権者に「適切な保護」が与えられる場合には、裁判所は、告知聴聞手続を経た上で、DIPファイナンスに対し、既存の担保権よりも先順位または同順位の担保権を付与することを許可できるとする。

では、同様の制度を我が国の倒産法に導入することは妥当か。この点、スーパープライオリティの導入によって金融機関の融資判断が一定程度容易になり、DIPファイナンスの利用が促進され、あるべき事業再生の増加に寄与するならば、導入する意味がある。また、スーパープライオリティは共益債権（または破産手続移行時の財団債権）間の順位の規定に変更を加えるにとどまるから、プライミングリーエンに比して、導入のハードルは相対的に低い。韓国統合倒産法180条7項を参考に、会社更生法133条1項を改正してDIPファイナンスにスーパープライオリティを付与してはどうか。

プライミングリーエンは、既存の担保権者の地位を事後的に劣後化させるので、我が国の担保法制および金融実務の根幹を大きく変容させるものであるから、様々な障害が予想され、導入には慎重な議論が必要である。

2 検討課題2

現行法上、私的整理手続の場面における融資（プレDIPファイナンス、プレDIP）に係る債権を法的整理手続内で共益債権化するのは期待し難いので、DIPレンダーは、担保権の設定によって債権保全を図ろうとする。私的整理が再生・破産手続に移行しても、貸付債権は別除権付債権となるので担保権実行による回収が可能だが、更生手続に移行すると、更生担保権として手続に拘束され、更生計画弁済がなされるまで回収はフリーズしてしまう（更生法リスク）。

再生・更生計画では、権利変更の内容に「差を設けても衡平を害しない場合」には、一般債権間であっても、異なる取扱いをすることが許容され（民再155①但書、会更168①但書）、例として産業競争力強化法59条、60条のいわゆる「衡平考慮規定」がある。しかし、同規定は計画弁済における優先的取扱いの可能性を定めたにすぎない。プレDIPの円滑な実行の確保の観点からは、計画弁済を待つことなく、計画外弁済への道が用意されていることが重要である。

計画外弁済を実現する現行法上の手法としては、少額債権弁済許可の制度（民再85⑤後段、会更47⑤後段）がある（同条の「少額」性要件を「相当」性要件に改正してはどうかという考えもある）。また、日本航空の更生手続の事案のように、会社更生法72条2項6号に基づき、これを共益債権として支払う旨の和解を裁判所が許可するという途もあり得るが、一般化は困難である。

そこで、プレDIPに計画外弁済の道を開く試みとして、産業競争力強化法60条（更生手続の特例）を改正してはどうか（事業再生迅速化研究会第2PT「会社更生手続における手続迅速化に関する運用上・立法上の提言（上）」NBL987号86頁）。この案は、同条に第2項を新設し、プレDIPの共益債権化の道を開くべきだとする（同法59条についても同旨）。なお、これに対応する会社更生法の規定の要否につき検討を要する。

また、現行の民事再生法120条1項、会社更生法128条2項は、申立後開始決定前の借入れ等について裁判所の許可（またはこれに代わる監督委員の承認）により共益債権化を認めるが、対象借入れの範囲を拡げて、申立前の借入れについても一定の法定要件を充たすことを条件に、裁判所の許可により共益債権化できる旨の規定にしてはどうかとする意見や、裁判所の許可を要することなく一定のプレDIPに係る債権を自動的に共益債権化するための改正条項案を検討するものもある。

(進士　肇)

○参考文献：『東弁展望』95頁〔藤本利一〕、『東弁提言』51頁〔進士肇・横山兼太郎〕、230頁〔長島良成〕、『大阪続』94頁〔堀内秀晃〕、『二弁30講』11頁〔片山誠之〕

58 私的整理段階のスポンサーに対するブレイクアップフィー

検討課題

　一定の準則により独立した第三者が関与する私的整理手続（事業再生ADR等）において、スポンサー契約が締結されたとしても、法的倒産手続に移行すると、同契約が、双方未履行双務契約として、解除されることがある。このような場合、私的整理段階のスポンサーの補償・損害賠償のために、当該契約を解除する際には、一定額のブレイクアップフィーを支払わなければならない旨の規定を設けてはどうか。
　現行法：会更61⑤、民再49⑤

1　問題の所在

　私的整理手続中にスポンサー選定が行われ、スポンサー契約が締結されたが、その後、法的倒産手続に移行するケースがある。この場合、私的整理段階のスポンサー契約は、会社更生手続や民事再生手続においては、双方未履行の双務契約に該当することから、更生管財人あるいは再生債務者等が、当該契約を解除するか否かについて選択権を有している（会更61①、民再49①）。

　私的整理は、対象債権者を主に金融債権者に限定する裁判外の手続であって、私的整理ガイドラインや事業再生ADR等のように一定の準則に基づいて進められるものもあれば、準則に依拠せず、適宜の方法で行われるものもある。他方、私的整理から法的倒産手続に移行した場合には、一般の商取引債権も手続対象となり、また、法的倒産手続が開始されたこと自体が公表されるので、スポンサー選定についても、私的整理段階とは異なる状況で判断されることもあり、再入札が実施されて、スポンサー選定がやり直されることもある。

　しかし、法的倒産手続に移行した結果、私的整理段階で締結されたスポンサー契約が全く考慮されないとなると、私的整理段階でスポンサーを選定することが難しくなり、また、仮に、スポンサーを選定することができたとしても、法的倒産手続に移行した場合、一方的に、スポンサー契約を解除され、この解除に起因する損害賠償請求については、更生債権あるいは再生債権として扱われるに過ぎない（会更61⑤・破54①、民再49⑤・破54①）となると、スポンサーから積極的に人的・物的な支援（資金繰りや営業継続上の協力等）を受けることが難しくなり、結果的に、債務者の事業価値を維持することができず、場合によっては、事業再生を果たせずに、破産に至るということも考えられる。

　そこで、私的整理段階のスポンサー契約の尊重と法的倒産手続に移行した後の更生管財人あるいは再生債務者等の合理的判断による再入札の実施の必要性との調整を図るために、一定の準則により独立した第三者が関与する私的整理手続において

締結されたスポンサー契約については、法的倒産手続に移行した後、同契約を双方未履行双務契約として解除する際に、契約の相手方に対し、一定額のブレイクアップフィーを支払わなければならない旨の規定を設けることを検討してはどうか。

2　改正の相当性

　私的整理段階のスポンサー契約の扱いについては、「大多数の債権者が当該スポンサーの選定に反対していない場合には、スポンサー選定に最も利害を有するのが債権者であることからすると、裁判所としては当該スポンサーの選定を否定する理由はないと思われる。」（難波孝一ほか「会社更生事件の最近の実情と今後の新たな展開」NBL895号10頁）という意見が述べられたり、また、法的倒産手続に移行した後、私的整理段階のスポンサー選定を尊重するための要件として、いわゆる「お台場アプローチ」として、7つの要件が提言されたりしている（須藤英章「プレパッケージ型事業再生に関する提言」事業再生研究機構編『プレパッケージ型事業再生』（商事法務、2004年）101頁）。

　実務上、大多数の債権者の賛同を得ている場合や、上記の7要件を満たす場合には、私的整理段階のスポンサー契約を尊重するという対応は相当である。しかし、法的倒産手続が開始されると、債務者の事業を取り巻く環境が私的整理段階とは大きく異なるので、更生管財人あるいは再生債務者等によるスポンサー契約の解除権の行使自体を制限するという規律は、望ましくない。

　他方、法的倒産手続に移行した後、更生管財人あるいは再生債務者等が、私的整理段階で締結したスポンサー契約を解除する際、ブレイクアップフィーを支払うということは、①私的整理段階のスポンサーの尽力（信用力、人的・物的支援等）によって事業価値の毀損を防止できたことに報いるという意味で合理性があり、また、②更生管財人あるいは再生債務者等としては、ブレイクアップフィーを支払ってまでも、新たなスポンサーを選定すべきか否かを検討する必要があるので、その検討の結果として、私的整理段階のスポンサー契約が維持されることもあり得るという点で、スポンサー契約の尊重も期待でき、相当である。そして、ブレイクアップフィーの支払対象となるスポンサー契約を、一定の準則により独立した第三者が関与する私的整理手続において締結されたものに限定することによって、不合理なスポンサー契約を排除することができ、債権者の利益を害する弊害も生じないと解される。

〔清水良寛〕

○参考文献：『東弁提言』50頁〔多比羅誠・髙橋優〕、『大阪提言』99頁〔軸丸欣哉・清水良寛〕

59 私的整理から法的整理への移行（DIPファイナンス等）

> **検討課題**
>
> 1 　事業再生ADR等の一定の準則に従い制度化された私的整理手続から法的倒産手続に移行する場合において、私的整理手続の段階において行われたプレDIPファイナンス、スポンサー契約、商取引債権の保護等について、特別のルール化をすることを検討してはどうか。
> 2 　制度化された私的整理手続において、対象債権者全員が同意し、手続実施者等の独立した第三者が承諾してなされたプレDIPファイナンスについて、著しく衡平を害しないときは、裁判所は弁済を許可することができるとすることを検討してはどうか。

1 　検討課題 1

　一定の準則に従い制度化され、手続の透明性・公平性が確保されている私的整理手続としては、事業再生ADR手続、私的整理ガイドライン手続、中小企業再生支援協議会スキーム、地域経済活性化支援機構スキーム等が挙げられる。

　近時は、大規模企業のみならず、中小企業も含めて、これらの制度を利用した私的整理による再建処理がなされる事案が増えており、それに伴い、制度化された私的整理手続から法的整理手続に移行する事案も増えている。そのため、事業再生ADR手続から法的整理手続に移行する場合を中心に、両手続の連続性を制度的に確保する要請が強くなっている。

　この点、現状の両手続を調整する規定としては、事業再生ADR手続において承認を得たプレDIPファイナンスについて、計画弁済において優先性を認め得ること（衡平考慮規定）が定められている程度である（強化59、60）。

　しかしながら、これだけでは、両手続の調整としては十分とはいえないのではないか。制度化された私的整理手続と法的整理手続の双方の手続を有効的・効率的に進めるためには、制度化された私的整理手続から法的整理手続に移行する場合の様々な問題について、特別のルールを定めて対応することを検討する必要があろう。

　この点について、特に議論となっているのは、①私的整理手続の段階で実施されたプレDIPファイナンスの取扱い、②私的整理段階で行われたスポンサー選定契約の取扱い、③私的整理の段階で発生した商取引債権の保護等である。

　①は、検討課題 2 のとおり、私的整理手続の段階で、債務者の資金繰り確保等ために、全対象債権者の同意を得て実行されたプレDIPファイナンスの保護の問題である。②は、窮境状態にある債務者の事業の継続のために、私的整理の段階で、様々な支援をしてきたスポンサー企業との間のスポンサー契約の取扱いの問題であ

る。③は、私的整理段階では、原則として保護される商取引債権の保護の問題である（詳細は、61参照）。いずれも、私的整理の段階では、債務者の事業価値の維持等に大きく寄与しているものであるが、これらについて、法的整理手続に移行した場合のルール、取扱いの明確化について検討をしておく必要があろう。

2　検討課題2

(1)　改正の必要性

　プレDIPファイナンスとは、制度化された私的整理手続の開始以後に、債務者の資金繰り確保等のために、債権者会議において対象債権者全員の同意を得て実行される融資のことである。プレDIPファイナンスは、窮境状態にある債務者企業の再建に大きな役割を果たしている。このようなプレDIPファイナンスについても、法的整理手続に移行した場合には、原則として倒産債権となり、手続外での行使が制限される。

　しかしながら、プレDIPファイナンスは、窮境状態にある債務者の再建のために新たに実施される融資であり、他の既存の貸付金とは異なる性質を有する。制度化された私的整理手続において全対象債権者の同意を得て実行されたプレDIPファイナンスについては、法的整理手続に移行した場合に、特別の扱いをすることが望ましい。

(2)　改正の方向性

　現行実務においては、法的整理手続に移行した場合に、プレDIPファイナンスが弁済を受けられるか否かは、会社更生法47条5項後段、民事再生法85条5項後段に基づく裁判所の許可を得られるか否かによる。

　しかしながら、上記の裁判所の許可は、事案ごとの裁判所の判断に委ねられており必ず弁済が受けられるわけでない。プレDIPファイナンスを活用し、債務者の再建を促進するためには、DIPレンダーの予見可能な条件のもと優先弁済が受け得るようにする必要がある。もっとも、債務者の全債権者の同意を得ているわけではないのであり、他の債権者との衡平についての配慮も不可欠である。

　この点については、次のような内容の規定を新設し、プレDIPファイナンスに対して優先的に弁済することを許容すべきとの提案がある。すなわち、①事業継続のために必要不可欠であったこと、②優先的弁済を行っても事業の継続・再生に支障がないこと、③優先弁済をしても他の債権者との間の実質的な衡平を害しないことである。

　また、制度化された私的整理手続において、対象債権者全員が同意し、手続実施者等の独立した第三者が承諾してなされたプレDIPファイナンスについて、著しく衡平を害しないときは、裁判所は弁済を許可することができるとするとの規定を設けるべきであるとの提案もある。

（三枝知央）

○参考文献：『東弁展望』31頁〔山本和彦〕、『東弁提言』48頁〔多比羅誠・髙橋優〕、『大阪提言』74頁〔軸丸欣哉・清水良寛〕

60 私的整理から法的整理への移行（預金の取扱い）

> **検討課題**
>
> 　事業再生ADR等の一定の準則により独立した第三者が関与する私的整理手続（以下「準則型私的整理手続」という）において、対象債権者は、一時停止の同意後に新たに預金の預入れを受けた場合において、債務者が法的倒産手続に移行したときは、対象債権を自働債権とし、同預金を反対債権とする相殺をすることができない旨の規定を新設することを検討してはどうか。
> 　現行法：破71①、民再93①、会更41①

1　現行法上の問題点（改正の必要性）

　事業再生ADR等における一時停止の通知等は、①事業再生ADR等の対象債権者のみを相手方として発せられるものであり、それ以外の債権者に対しては支払を継続すること、及び②事業再生実務家協会等の第三者が、債務者に事業再生の見込がありかつ一時停止通知が債権者全体の利益保全に資することを公証したという性質を有すること等を理由に、支払停止（破15②等）や銀行取引約定書の失期事由には該当しないと解されている（『私的整理100問』111頁〔山宮慎一郎〕、『ADR実践』21頁〔伊藤眞〕、『伊藤・破産民再』81頁注53）。さらに、対象債権者が一時停止に対して同意した場合には、個別的な権利行使を控えることに合意したことになるから、その合意（以下「本件合意」という）の効力が生じている限り、債務者は支払不能（破2⑪等）ではないとも考えられる。

　他方、実務上、本件合意後、債務者が事業で新たに獲得した資金を対象債権者の預金口座に対して預け入れる（以下、この預けられた預金を「本件預金」という）事例は多い（『私的整理100問』288頁〔小林信明〕）。そして、このような状況で、債務者が法的倒産手続へ移行した場合に、対象債権者たる金融機関が、対象債権を自働債権とし、本件預金を反対債権とする相殺を行っても、上記のとおり、一時停止通知が支払停止に該当せず、かつ本件合意が有効である限り債務者は支払不能ではないと解されるため、倒産法上の相殺禁止規定（破71①等）には該当しない。そのため、かかる相殺の効力を無制限に肯定する見解もあり得るところである。

　しかし、上記のような相殺を許せば、本件預金を保有する金融機関が対象債権を優先的に回収することを認めることとなり、債権者間の公平・平等に実質的に反する結果となるし、債務者の運転資金を枯渇させることに繋がり、法的倒産手続による事業再生にとって大きな障害となる。

2　改正内容の検討（相当性の検討）

　そこで、検討課題の記載のとおり、対象債権者である金融機関が対象債権を自働債権とし、本件預金を反対債権として相殺することを禁止する旨の法改正を求める

見解もあり得るところである。たしかに、類似の利益状況にある牽連破産の場合には、先行手続たる法的再建手続開始の申立てを相殺禁止規定の基準時としている（民再252①、会更254①）。しかしながら、準則型私的整理手続の申請について同様の規定を設けることは、一時停止通知により債務者が危機状態にあることを認めることになり、前述した一時停止通知の効果と整合せず、また一時停止通知後の商取引債権の弁済に対する否認の成立可能性を認めることに繋がることから、否定的に考えるべきであろう。

上記1の問題に対し、実務上は、民法505条2項本文を根拠に、法的倒産手続に移行した場合でも相殺しないことを同意した金融機関へ新規獲得資金を預け入れる手法によって対応しているところ（『私的整理100問』169頁〔綾克己〕、多比羅誠ほか「私的整理ガイドライン等から会社更生への移行」NBL886号9頁）、検討課題のような法改正ではなく、当該手法による対処を継続していくことが相当である。さらに、明示的な相殺禁止の同意がない金融機関へ新規獲得資金を預け入れた場合でも、事案によっては、黙示的な同意の認定や権利濫用の法理により相殺を禁止することで、個別具体的な解決を図っていくべきであろう（現行法の文献として、『争点』22頁〔中井康之〕、『私的整理100問』289頁〔小林信明〕、島岡大雄ら編『倒産と訴訟』71頁〔福田修久〕）。

3 検討課題以外の改正提案の検討

準則型私的整理手続では、対象債権者に対する預金のうち、担保的色彩が認められないもの（例えば、普通預金等の流動性預金）については、保全扱いされないのが通例である。その結果、それらの預金は、債務者に払い戻され、事業運転資金として利用されることが多い。しかし、対象債権者たる金融機関が一時停止通知時点から債務者の上記預金を拘束し、その後債務者が法的倒産手続へ移行した場合には、当該預金を反対債権とする相殺は倒産法上の相殺禁止規定には該当しない。

かかる結論を避けるため、準則型私的整理手続において、「対象債権者は、対象債務者の預金に対して担保権を設定している等の正当な理由がない限り、対象債務者から自己に対する預金の払戻しを制限することはできない」との規定を設けるべきとの提案もされている（『東弁提言』49頁〔多比羅誠・髙橋優〕）。しかし、準則型とはいえ、あくまでも私的整理手続である以上、そのような規定を設けることには反対意見も多いと思われる。

〔小林信明・武内斉史〕

○参考文献：『東弁提言』49頁〔多比羅誠・髙橋優〕、『大阪提言』100頁〔軸丸欣哉・清水良寛〕

61 私的整理から法的整理への移行（商取引債権、登記留保担保）

> **検討課題**
> 1　事業再生ADR手続等の制度化された私的整理手続から法的整理手続に移行した場合に、私的整理手続の段階で債務者と商取引を行った商取引債権を保護する制度を検討してはどうか。
> 2　制度化された私的整理手続において、登記留保がされている担保権について、対象債権者全員が同意し、かつ、手続実施者等の独立した第三者の承諾を得てなされた対抗要件具備行為については、著しく衡平を害しない限り、否認の規定を適用しないとすることを検討してはどうか。

1　検討課題1

(1)　改正の必要性

　制度化された私的整理手続としては、事業再生ADR手続、私的整理ガイドライン手続、中小企業再生支援協議会スキーム、地域経済活性化支援機構スキーム等がある。これらの制度化された私的整理手続においては、原則として、金融債権だけを手続の対象とし、商取引債権は対象とせず、従前の約定どおりの弁済を継続することにより、事業価値の毀損・劣化を防止しながら、対象債務者の再生を図る。私的整理手続の大きなメリットといわれている点である。

　しかしながら、法的整理手続に移行すると、原則として、商取引債権は保護されず、手続外での権利行使が制限されることになる。そのため、商取引債権が弁済されないまま、私的整理手続がとん挫し、法的整理手続に移行すると、事業価値の毀損・劣化が生じるだけでなく、約定どおりに弁済されると考えていた商取引債権者の期待を裏切ることになる。さらには、私的整理段階における商取引への支障（取引の拒絶、取引条件の変更の要求等）が生じることも考えられるところである。制度化された私的整理手続から法的整理手続に移行した場合には、商取引債権者の保護につき、一般の場合と異なる扱いとすることが望ましい。

(2)　改正の方向性

　現行実務においては、法的整理手続前に生じた商取引債権に対する優先弁済については、会社更生法47条後段・民事再生法85条5項後段に基づき、裁判所の弁済許可を得て弁済がなされるのが一般である。会社更生実務等においては、商取引先が従前どおりの取引条件にて取引を継続することを条件に、会社更生法47条後段の弁済許可をし、広く商取引債権の保護を図る例もある。

　しかしながら、上記の裁判所の許可は、あくまで個別事例において、様々な要素を裁判所が考慮した結果であり、商取引債権が保護される要件が明確に規定されているとまではいえず、私的整理手続段階における商取引にも支障を与えかねない。

もっとも、商取引債権に対する優先弁済を無制限に認めることも妥当ではなく、商取引債権を保護する必要性・相当性がある場合に限る必要がある。
　この点については、次のような内容の規定を新設し、商取引債権に対して優先的に弁済することを許容すべきとの提案がある。すなわち、①優先弁済をしなければ事業再生が困難となること、②優先弁済をしても債務者の事業の継続・再生に支障がないこと、③優先弁済をすることにより事業価値の毀損が防止されること④優先弁済をしても他の債権者との間の実質的な衡平を害しないことである。
　また、事業再生ADR手続において、一部の債権者の反対により事業再生計画案成立の決議がなされなかった場合に限り、一定の保護を認めるべきとの提案がある。即ち、①一時停止の通知後に発生した商取引債権については、一時停止の通知を知って取引をした債権者は、弁済を受けられる。通知後の債権者は、一時停止の通知を知って取引をしたものと推定する。②一時停止通知の前に発生した商取引債権については、その商取引が事業再生に必要であり、かつ従前の正常取引先としての取引条件による取引を継続する場合には、弁済を受けられるとする。

2　検討課題2
(1)　改正の必要性
　金融実務においては、金融機関が融資を実行する際、担保権設定登記に必要な書類は徴取するが、設定登記手続は留保する、いわゆる登記留保の慣行がある。
　制度化された私的整理手続においては、この実務慣行を尊重し、登記留保の場合であっても、登記済担保権と同様に扱う（弁済計画において保全扱いとする等）ことが多い。
　しかしながら、登記留保については、法的倒産手続に移行した場合には、対抗要件を具備していないため、担保権として認められない。そこで、制度化された私的整理手続の段階において、債権者から対抗要件具備を要求されることがある。このような場合について、債権者会議において対象債権者全員の同意を得られれば、対抗要件の具備を認めるべきであるとする見解がある。
　しかし、かかる見解によったとしても、債務者の全債権者の同意を得ているわけではないので、その後に、法的整理手続に移行した後に、対抗要件具備行為が否認されてしまうリスクは避けられない。上記の見解は、登記留保について、対象債権者全員の同意を得て設定された対抗要件については、法的整理手続に移行したとしても、その維持を認めるべきであるとする。

(2)　改正の方向性
　制度化された私的整理手続において、対象債権者全員が債権者会議で同意し、かつ、手続実施者等の独立した第三者が承認してなされた対抗要件具備行為については、一定の合理性があると推認することができよう。そこで、このような対抗要件具備行為については、著しく衡平を害しない限り、否認の規定を適用しないとすべきであるとの提言がなされている。

〔三枝知央〕

○参考文献：『東弁提言』45頁〔多比羅誠・髙橋優〕

62　自庁処理規定の創設

> **検討課題**
>
> 　破産事件及び再生事件において、専属管轄を有しないが、破産法7条又は民事再生法7条による移送決定を受ければ適法に管轄権を有する潜在的管轄裁判所に申立てを行った場合に、当該裁判所が相当と認めるときは、当該裁判所が自ら処理することができる旨の規定を設けてはいかがか。
> 　現行法：破5、6、7　民再5、6、7

1　現行法

　破産法及び民事再生法は、債権者数が500人以上のときは、原則的な管轄裁判所の所在地を管轄する高裁所在地を管轄する地方裁判所に、1,000人以上のときは、東京地裁又は大阪地裁に競合管轄を認めている（破5⑧⑨、民再5⑧⑨）。また、破産事件においては、関連法人の破産、再生又は更生事件の係属裁判所が当該法人の破産事件の管轄裁判所となり（破5③～⑤）、民事再生事件においては、関連法人の再生又は更生事件の係属裁判所が当該法人の民事再生事件の管轄裁判所となることも認められている（民再5③～⑤）。さらに、破産申立て又は再生手続の申立てを受けた管轄裁判所は、著しい損害又は遅滞を避けるため必要があると認めるときは、職権で、破産事件又は民事再生事件を潜在的管轄裁判所（破7各号、民再7各号）に移送することができる。

　個人の破産事件及び民事再生事件について、勤務先所在地の裁判所に管轄は認められていない。また、法人について、破産、再生又は更生事件が係属している場合には、当該法人の代表者は、その係属裁判所に破産申立てを行うことができ（破5⑥前段）、再生又は更生事件が係属している場合には、その係属裁判所に再生手続の申立てを行うことができる（民再5⑥前段）。

2　改正の必要性と問題点

　破産手続はもちろんのこと、立法当初の想定とは異なり、数多くの大企業が再生手続を利用する現況下においては、大規模かつ高度な破産事件及び民事再生事件を迅速かつ適切に処理するのに適した裁判所に管轄を認める必要性は高い。また、多くの企業が関連法人を有する現状を踏まえると、関連法人間の異種の倒産手続においても統一的かつ迅速に事件を処理するために、関連法人の管轄をさらに拡張する必要性も高い。

　個人の破産事件及び民事再生事件については、当該個人の負担軽減を図る必要性は法人のそれより高いと考えられるため、勤務先所在地に管轄を認めて然るべき場合もあり、また、破産法5条6項や民事再生法5条6項によれば法人と同一の管轄が認められない代表者以外の保証人等について、当該法人の倒産手続が係属してい

る裁判所に管轄を認めて然るべき場合もあるものと考えられる。

　もっとも、管轄裁判所が本店所在地や住所地でないことによる債権者等の利害関係人の実質的な手続保障を図る必要性も看過できない。また、例えば、勤務先所在地といっても、勤務形態が多様化している現代社会において、全ての個人に勤務先所在地の裁判所を破産及び再生の管轄裁判所として認めてよいか疑問も残る。これらの点は、裁量移送の規定（破7、民再7）に基づいて適切な裁判所に移送する実務が定着していれば問題はないはずであるが、残念ながら、そのような実務が定着しているとは言いがたい。

3　自庁処理による解決とその相当性

　民事調停事件や家事審判事件では、申立てを受けた裁判所が「事件の処理をするために特に必要があると認めるときは」事件を自ら処理することができる（民調4①但書、家事9①但書）。破産事件及び民事再生事件においては、全ての裁判所に自庁処理を認めることは、債権者を始めとする利害関係人の手続保障を欠くおそれがあるが、裁量移送の要件を充たせば管轄権を有する潜在的管轄裁判所にのみ、裁量移送がなされる場合と同様の要件を充足することを前提に、自庁処理を認めるのであれば、不合理ではない。自庁処理が適切でない場合には、本来的な管轄裁判所に移送すれば良いのだから、不都合もない。

　自庁処理さえ認められれば、大規模案件の債権者数や関連法人管轄をどこで線引きするか、どのような勤務形態であれば勤務先に管轄を認めてよいか、代表者以外のどの範囲の者に法人の手続と同じ裁判所に管轄を認めてよいかという難しい問題を一挙に解決できる。これらの観点から、潜在的管轄裁判所の自庁処理を認めてはいかがだろうか。

（南　賢一）

○参考文献：『東弁提言』75頁〔園尾隆司〕、『東弁展望』210頁〔多比羅誠〕、園尾隆司ほか編『三宅省三先生追悼編集　最新　実務解説一問一答　民事再生法』（青林書院、2011年）152頁〔園尾隆司〕、『民再実務理論』268頁〔多比羅誠〕、同書327頁〔松下淳一〕

63 事業廃止型の再生手続、各倒産手続の障害事由

> **検討課題**
> 1 再生手続において事業廃止型の再生計画案の作成許容性を法文上明確にしてはどうか。
> 2 各倒産手続において債権者申立ての場合に開始障害事由の規定を拡張してはどうか。
> 現行法：1につき民再1、2につき破30①、民再25、会更41①

1 再生手続における事業廃止型の再生計画案の作成許容性の明確化
(1) 改正の必要性

倒産手続において直ちに事業を廃止せず、一定期間、事業を継続することが当該手続における利害関係人のいずれにとっても有益である場合があることは明らかである。破産の場合であっても、事業を継続することは許容されているものの、事実上、事業を継続することは困難である一方、再生手続では実行可能な場合があり、事業を継続することを目指す場合に再生手続による必要性は高い。他方、事業譲渡等を目指して再生手続を進めたものの、事業譲渡等が実行不可能となり、事業が廃止されて債務者法人が清算される場合において、事業廃止型の再生計画案を作成することができるかについては必ずしも法文上明確ではないことから、明文化することが考えられる（なお、会社更生法では、185、196⑤二ハに明文がある）。

(2) 改正の相当性

事業譲渡等を目指して再生手続を進めたものの、事業譲渡等が実行不可能となり、事業が廃止されて債務者法人が清算される場合に、事業廃止型の再生計画案の作成が民事再生法の目的（民再1）に照らして許されないとすると、再生手続を廃止して破産手続に移行すべきということになるが、再生計画案においても清算価値保障原則があることや、債権者において再生計画案を否決して破産手続に移行する方法もあることに鑑みれば、破産手続に移行しなければならない理由はないと解される。また、係る再生計画案が再生債務者その他の関係者にとって有益であることは明らかであり、これを正面から立法上認めることについての不都合は特段考えられないものといえる。

2 各倒産手続における債権者申立て時の開始障害事由の拡張
(1) 改正の必要性

現行破産法では、裁判所は、破産開始決定原因がある場合、「破産手続の費用の予納がないとき」、「不当な目的で破産手続開始の申立てがされたとき、その他申立てが誠実にされたものでないとき」に該当しない場合には破産手続開始の決定をするとされている。しかし、破産開始決定原因がある場合でも、回復基調にある債務

超過法人や、私的整理を行っている場合など、破産を回避することが一般債権者の利益に適合する場合が想定され、そのような場合には破産手続開始決定がなされてしまうという不都合を避ける必要がある。係る不都合は法に定める破産障害事由が限定されていることに由来するものであると考えられるため、破産障害事由を一定の範囲で拡張することが考えられる。また、会社更生法、民事再生法における各手続の開始決定の場面においても、現行法上、手続開始の障害事由が限定されているという破産の場合と同様の問題があるから、開始決定に係る障害事由を拡張することが考えられる。

このような不都合は、現行法上の障害事由を広く解することによって実務上回避することができる可能性もあるが、不確実性があり、また、解釈では対応できない場合があることに鑑みると、立法化の必要性があるように思われる。

(2) 改正の相当性

開始決定の障害事由が拡張されれば、裁判所において、当該障害事由の存否の判断を必要とするため、速やかに開始決定することができなくなる可能性があるが、とりわけ速やかに開始決定することが求められる債務者による申立てについては、新たに障害事由を拡張せず、債務者以外の者により申立ての場合に限ることでそのデメリットを低減させることができると思われる。また、拡張される障害事由の内容によっては、関係当事者の立証や裁判所の判断において過大な負担を生ぜしめる可能性があるが、これは障害事由に関する規定を工夫することで対応できるものと考える。具体的には、「開始決定をすることが債権者の一般の利益に適合しないとき」、との条項を追加することが考えられるが、民事再生法及び会社更生法には、既に類似の条文があり（民事再生法における「裁判所に破産手続又は特別清算手続が係属し、その手続によることが債権者の一般の利益に適合するとき」（民再25二）、会社更生法における「裁判所に破産手続、再生手続又は特別清算手続が係属し、その手続によることが債権者の一般の利益に適合するとき」（会更41①二））、また、開始決定についての判断においては、現行法上も、裁判所において種々の実務上の工夫が重ねられており、係る運用上の工夫により、上記のような形で障害事由を追加しても、それにより新たに問題が生ずるようなことにはならないものと思われる。

（岩崎通也）

○参考文献：『東弁提言』1頁〔小林信明〕、『東弁提言』93頁〔金澤秀樹〕、『二弁30講』35頁〔岩崎通也〕

64 自認債権

> **検討課題**
>
> 　一般調査期間開始後においても、再生債務者等が、追加的に自認債権を記載した認否書を裁判所に提出することを認め、この認否書が提出されたときは、裁判所は、当該債権を調査するための特別調査期間を設けることができるとの改正を検討してはどうか。
> 　管理命令が発令された場合、自認債権の制度は適用されなくなるとの改正を検討してはどうか。
> 　現行法：民再101③⑤、64

1　改正の必要性

　現行法上、自認債権は、一般調査期間前に提出される認否書における記載のみが規定されており（民再101③⑤）、特別調査期間前に提出される認否書において自認債権を追加することは予定されていない。しかしながら、典型的には、多数の一般消費者が再生債権者となる事件など、再生債務者が抽象的には債権の存在を認識しつつも、個々の債権の存否・金額について具体的に把握するのには時間を要する場合がある。一般債権調査期間後に再生債務者が存否・金額を確認した債権は、債権者からの届出がなければ、他の再生債権に劣後することとなるが（民再181②①三）、自認債権を認めた趣旨を積極的に考えるのであれば、債権の存否・金額の確認が一般債権調査期間後となった債権についても、追加的に認否書に記載することにより、他の再生債権に劣後させない扱いとすることが望ましいといえる。

2　改正の相当性

　民事再生手続に固有の自認債権の制度が認められた趣旨は、再生債務者が手続き開始前からの管理処分権を保持するものであることを考えると、届出がない再生債権であっても、その存在を再生債務者が知っているときには、これを当然に失権の対象とするのは、公平に反する考えられた点にある（『伊藤・破産民再』741頁）。

　他方、再生債務者に届出義務があるかどうか争いのある事案では自認漏れによるリスクがあることなどを理由に、自認制度そのものを廃止した上で、再生債務者の公平誠実義務の観点から看過し難い事情がある場合には、再生債務者が届出がないことを知っている債権については失権の効果が及ばないと解するのが相当であるという意見もある。また、再生債権者が再生債権の存在を認識していた場合には再生債務者の自認義務を否定して、再生債務者が自認債権として手続に取り込むべきであると考えた場合に限って自認債権として扱うことができるという意見もある。

　しかしながら、自認制度の存続自体については、債権届出の知識のない一般消費者が再生債権者である場合など、自認制度の存在に一定の意義は認められるので、

制度としては存続させるべきであると思われる。また、失権効の有無が再生債務者側の公平誠実義務や債権者の認識といった客観的な検証が必ずしも容易ではない事由についての解釈に委ねられるのは、法的安定性を欠くようにも思われる。

したがって、立法当初の衡平の理念に立ち返るのであれば、基本的には現行の自認制度を維持した上で、現行法上、一般調査期間前に再生債務者によって具体的に認識された再生債権者と一般調査期間後に認識された再生債権者の間で不公平が生じている点を是正し、一般調査期間後の認否書への追加を認めることにより、再生債務者が認識した債権は、可能な限り広く、自認債権として認められるようにするための改正が検討されることが望ましいと思われる。

ただし、その場合でも、手続進行との関係から、自認債権の追加の時期は、再生債権者による債権届出期間経過後の届出の要件に準じ、付議決定まで（民再95④参照）とすべきである。また、当初自認された再生債権との衡平の観点や再生債務者には自認義務があるという観点からは、追加について、再生債権者が届出を行わなかったことについて責めに帰すべき事由がないことなどの特別の要件を付すべきではないと思われる。他の債権者が異議を述べる機会を保障するという観点からは、再生債権者が債権届出期間経過後に債権届出をした場合と同様に、特別調査期間をもうける必要があると思われる。

3　管理型民事再生手続の場合

現行法上、民事再生手続において管理命令が発令されて管財人が選任された場合（民再64）、管財人も自認義務を負う（民再101③「再生債務者等」、民再2二）。しかし、民事再生法において自認義務が認められた趣旨が、再生債務者が手続き開始前からの管理処分権を保持するものであることを考えると、届出がない再生債権であっても、その存在を再生債務者が知っているときには、これを当然に失権の対象とするのは、公平に反する考えられた点にあることを考慮すると、自認債権の制度は、管理命令が発令されていない場合に限って適用されることが妥当であるように思われる。また、このように考えることが、管財人が選任される会社更生手続や破産手続において自認債権の制度が存在しないことと整合的であると思われる。

（井出ゆり）

○参考文献：『東弁展望』405頁〔高橋優〕、『東弁提言』165頁〔園尾隆司・谷口安史〕、「一弁冊子」20頁、『二弁30講』205頁〔髙井章光〕

65 監督委員の役割

> **検討課題**
> 1 監督委員が債権調査の過程に関与して、届出再生債権者による再生債権査定申立て（民再105①本文）を誘発する契機を作れるようにし、また債権調査においては、監督委員は届出再生債権者と同じく、書面で異議を述べることができるようにしてはどうか。
> 2 また、否認の可能性が疑われる特定の再生債権について、裁判所は、当該債権の届出に対する認否を監督委員の要同意行為として指定できるようにしてはどうか。
> 現行法：民再102①②、54②

1 検討課題1

　破産手続や更生手続では、倒産債権の調査・確定の過程で否認権が行使されることがある。例えば、債務者が連帯保証債務を負担しており、債権者が当該債務に係る倒産債権の届出をしてきた場合に、認否の段階で管財人が、連帯保証契約の無償否認を理由に「認めない」とすると、相手方債権者が倒産債権の査定申立て（破125①本文、会更151①本文）をし、管財人がその査定手続の中で、抗弁として否認権を行使することになる。ところが再生手続では、否認権行使の権限付与を受けた監督委員は、上記のような連帯保証契約の無償否認をしようとしても、明文上は債権の調査過程に関与できないので（民再102①②）、届出債権を認めない、あるいは異議を述べるという対応をすることができない。

　監督委員が否認権限を行使するのは再生債権者のためであり、その地位あるいは性格は再生債務者よりも再生債権者に由来すると考えられること、再生債務者をして「認めない」と述べさせたり、再生債権者をして異議を述べさせたりするよりも、監督委員が否認を理由として書面で異議を述べる方が簡明だと思われることから、債権調査においては、監督委員は届出再生債権者と同じく、書面で異議を述べることができるようにしてはどうか。前記の要同意行為とする案も同旨である。

2 検討課題2

　否認の可能性が疑われる特定の再生債権の認否を要同意行為とする案もあり、検討課題1と同趣旨である。

　もっとも、これらの見解に対しては、かかる立法をするならば、監督委員は再生債務者を監督する立場を超えて再生債務者とは独立して債権認否についての検討を求められることに繋がり、監督委員を管財人の立場に近づけることになるので、民事再生法の方向性の観点から問題があるとの批判もある。　　　　　　（進士　肇）

○参考文献：『東弁展望』339頁〔進士肇〕、『東弁提言』165頁〔園尾隆司・谷口安史〕

66 事業譲渡における代替許可の拡張

> **検討課題**
>
> 　再生手続開始後における事業譲渡に関する裁判所の許可及び株主総会の承認決議に代わる裁判所の代替許可（民再43①）を医療法人、学校法人等、株式会社以外の法人においても適用できるよう各特例法において、農水産業協同組合の再生手続の特例等に関する法律8条（農業協同組合について民事再生法43条1項の代替許可制度に相当する内容を定めている）に準ずる規定を設けてはどうか。
> 　現行法：民再43①

1　改正の必要性

　社団たる医療法人及び一般社団法人の場合、事業譲渡について社員総会の決議が必要となり（医療法48の3⑦、一般社団法人及び一般財団法人に関する法律147）、一般財団法人の場合、事業譲渡には評議員会の決議が必要となる（同法201）。財団たる医療法人及び学校法人において寄附行為をもって重要な財産の処分につき評議員会の決議を要するとした場合、重要な財産の処分を伴う事業譲渡について、評議員会の決議が必要となる（医療法49の2①一、49の2②、私立学校法42①一、42②）。

　株式会社の場合、民事再生法43条1項により株主の承認総会決議に代わる事業譲渡の代替許可が認められている。しかし、医療法人、学校法人、一般社団法人及び一般財団法人（以下「医療法人等」という）は民事再生法43条1項の規定する「株式会社」に該当しない。そのため、たとえ債権者が事業譲渡の実施に同意したとしても、社員総会や評議員会（以下「社員総会等」という）の決議を得ることができず迅速に事業譲渡を実現することが不可能となり事業の再生に支障が生ずるおそれがある。特に医療法人の場合、事業の破綻が入院患者の人命に関わる重大な問題につながる可能性もあり、適切な時機に事業譲渡を実現する必要性は高い。そこで、民事再生法43条1項と同様に、代替許可制度を株式会社以外の医療法人等にも適用する制度を設けるべきと解する。

2　改正の相当性

　民事再生法43条1項の立法趣旨は、債務超過会社の株主の株主権は実質的には価値を喪失しているため、株主総会の特別決議に代えて裁判所の許可を得ることによって迅速な事業譲渡の実現を可能にした点にある。

　この点、株式会社における株主の地位は、出資により細分化された割合的単位をとる経済的価値である。

　これに対し、一般社団法人や医療法人社団では、社員は、一人当たり一議決権が

付与されており、社員の個性が重視される。そこで、医療法人等では、法人が債務超過に陥ったとしても、社員権は、実質的な価値を喪失しているとはいえないと解する余地があり、このように解した場合には、民事再生法43条1項の趣旨は妥当しないことになろう。民事再生法43条1項の代替許可制度がその対象を「株式会社」に限った趣旨はまさにこの点にあるといえる（『条解再生』235頁〔松下淳一〕、『新注釈民再〔上〕』239頁〔三森仁〕）。

もっとも、法人が債務超過に陥った場合には、当該法人の社員は、経済的な価値を喪失した法人に対する社員権（支配権）を有するに過ぎず、社員権は実質的には価値を喪失していると考えることができる。

また、このように解した場合でも、事業譲渡を認めるか否かについて、代替許可に際して、裁判所による審査がなされるため、適正性を担保することが可能である（民再43①）。

3 提言の内容

以上から、事業価値の毀損を防ぐため、医療法人等が債務超過に陥った場合、社員総会等に代わる裁判所の代替許可により事業譲渡を実行することを認めるべきと解する。なお、かかる制度の実現に際しては、株式会社以外の法人の場合、会社法を所管する法務省の所管ではないため、各所管官庁の特例法による法律改正が必要となると考えられる。

この点、農水産業協同組合の再生手続の特例等に関する法律8条は、「組合……についての再生手続開始後において、組合……である再生債務者が……その財産をもって債務を完済することができないときは、裁判所は、再生債務者等……の申立てにより、当該再生債務者の信用事業……の全部又は一部の譲渡について……総会又は総代会の議決に代わる許可を与えることができる。ただし、当該信用事業の全部又は一部の譲渡が信用事業の継続のために必要である場合に限る。」と規定し、農業協同組合の事業譲渡につき、民事再生法43条1項と同趣旨の規定を設けている。そこで、このように再生手続開始後における事業譲渡に関する裁判所の許可及び株主総会の承認決議に代わる裁判所の代替許可（民再43①）を医療法人、学校法人等、株式会社以外の法人においても適用できるよう各特例法において、農水産業協同組合の再生手続の特例等に関する法律8条に準ずる規定を設けてはどうか。

（岡　伸浩）

○参考文献：「一弁冊子」12頁、「日弁提言」26頁

67 事業譲渡と契約上の地位の移転、許認可の承継

> **検討課題**
>
> 倒産手続中の事業譲渡において、契約上の地位の移転に対する契約相手方の承諾を不要とする手続や、事業譲受人へ許認可を承継する手続を創設してはどうか。
>
> 現行法：破78②三、民再42、会更46、231

1 改正の必要性

　事業再生のためにはスポンサーの資金力や信用力を活用することが有効であり、その手法の1つとして、スポンサー等に対する事業譲渡が活用される。

　事業譲渡は特定承継であり、契約上の地位の移転には債務引受の要素を含むから、契約上の地位を譲受人に移転するには、原則として契約相手方の承諾が必要とされる。譲渡対象事業の運営に必要な契約につき、合理的な理由なく契約相手方が承諾しない場合、事業譲渡対価が減額されたり、更には事業譲渡の実行が不可能となったりする場合もある。移転すべき契約が多数にのぼる場合、契約相手方の承諾取得のため多大な時間、労力を要し、円滑、迅速な事業譲渡に支障を来す場合もある。

　事業が許認可に基づいて行われていることも少なくないが、事業を譲渡する場合、許認可を承継できず事業譲受人において新たに取得しなければならないことが多い。事業譲受人が許認可を承継、取得できなければ事業譲渡できないし、承継、取得できるとしても、多くの時間がかかれば、債務者の事業価値劣化に追いつかず、事業再生が頓挫してしまうこともある。

　倒産手続では、一刻も早く資金力、信用力のあるスポンサーに事業を移転することが、事業の生死を分け、債権者への弁済原資形成を左右することも少なくない。倒産手続中の事業譲渡において、契約上の地位の移転に対する契約相手方の承諾を不要とする手続や事業譲受人へ許認可を承継する手続を創設する必要性は高い。

2 改正の相当性

(1) 契約上の地位の移転

　契約上の地位の移転に契約相手方の承諾が必要とされるのは、債務引受の側面を含むからであるとされる。一方で、契約上の地位の移転後の債務の履行に支障のない賃貸不動産譲渡に伴う賃貸人たる地位の移転の場合には、契約上の地位の移転に契約相手方の承諾は不要とされている（最二小判昭46.4.23民集25巻3号388頁）。事業譲渡と同様の機能を有し契約相手方の利害状況が事業譲渡とさほど異ならない会社分割においては、債権者保護手続により移転の対象となる債権者の保

護が図られており、債務の移転に債権者の承諾は不要である（会789⑤、810⑤参照）。産業競争力強化法においても、認定計画に基づく事業譲渡における免責的債務引受に関して、会社分割における債権者保護手続と類似の異議催告手続により、債権者が事業譲渡を承認したものとみなす制度（強化36）がある。アメリカやフランスの倒産法においては、事業譲渡に伴う契約上の地位の移転につき裁判所が一定の関与をすることにより契約相手方の承諾を得ることなく契約上の地位を移転できる制度が設けられているとのことである（詳細は『東弁展望』239頁以下参照）。

　債務者に倒産手続が開始されている場合、債務者よりも事業譲受人の方が債務履行の信用性が低いということは考えにくい。これらに鑑みれば、倒産手続中の事業譲渡において、移転される契約に基づく債務の履行について契約相手方を保護する一定の手続が用意されれば、事業譲渡における契約上の地位の移転に契約相手方の承諾を不要とすることも可能かつ相当であると考えられる。

　契約相手方保護の手続については、アメリカやフランスにおける倒産法上の制度を参考に構築することも考えられるが、我が国に既に存在する会社分割における債権者保護手続や産業競争力強化法36条の手続（移転の対象となる契約相手方へ事業譲渡を通知し、一定期間中に異議がなければ事業譲渡を承諾したものとみなし、異議がある場合、当該契約相手方を害するおそれがない場合を除き、弁済、担保提供等の措置を講じさせる手続）を基礎とすることがなじみやすい。制度の詳細に関し、契約上の地位とともに既に発生している債権債務関係をどのように取り扱うか、契約上の地位の譲渡禁止特約がある場合、事業譲受人が契約相手方のライバル企業である場合等をどのように取り扱うかについても検討されている（『東弁展望』239頁以下〔井出ゆり〕、『東弁提言』477頁以下〔井出ゆり・藤田将貴〕）。

(2)　許認可の承継

　会社更生法231条は、更生計画に定めた場合には、同法225条1項、183条により設立された新会社（更生計画に定めることにより設立する新会社）に許認可が承継される旨定めている。産業競争力強化法123条も認定中小企業承継事業再生計画に従ってなされた事業譲渡・会社分割による事業承継において、当該許認可等の根拠となる法令の規定にかかわらず、許認可等が承継される旨定めている。

　会社更生法187条1項は、許認可に関する事項を定めた更生計画案については当該行政庁の意見を聞かなければならない旨定めているが、これを一歩すすめ、裁判所が関与する倒産手続において、裁判所が、行政庁の意見を聞いた上で、許認可の承継を認めるべきかを判断する制度（これにより許認可の承継が不適切な場合を排除できる）を整えれば、許認可の承継を広く認めても、弊害は生じない。

（上田　慎）

○参考文献：『東弁展望』239頁〔井出ゆり〕、『東弁提言』477頁〔井出ゆり・藤田将貴〕

68 譲渡禁止特約付債権の譲渡

> **検討課題**
> 譲渡禁止特約付金銭債権の債権者が倒産手続開始決定を受けた後にその債権を譲渡した場合、債務者は債権の譲受人に対し、譲渡禁止特約を対抗できない（弁済を拒絶できない）という規律を設けてはどうか。
> 現行法：民466②

1 改正の必要性

(1) 現行法

民法466条2項は、当事者間の合意で譲渡禁止特約を付すことができるが、譲渡禁止特約を善意の第三者（譲受人）に対抗することができない旨規定している。

(2) 民法改正の審議における検討

現在、法制審議会民法（債権関係）部会において民法（債権関係）改正に関する検討がなされている。その中で、譲渡人の倒産手続開始決定後に譲渡禁止特約付債権を譲り受けて第三者対抗要件を具備した譲受人に対して、債務者が譲渡禁止特約を対抗することの可否についても検討されたが、この点については、倒産法上の問題として別途検討されるべきとされた（民法部会資料37「民法（債権関係）の改正に関する論点の検討(9)」第1．1．(3)．イの補足説明）。

(3) 倒産事務処理上のメリット

金銭債権について、譲渡人の倒産手続開始後に譲渡禁止特約付債権を譲り受けた譲受人に対して債務者が譲渡禁止特約を対抗できないという規律を設けることには、倒産事務処理上、次のようなメリットがある。

① 破産の場合、管財人のバルクセール等による金銭債権の売却が容易になる。
② 民事再生・会社更生の場合、金銭債権の流動化による資金調達が容易になる。

2 改正の相当性

(1) 債務者の利益

譲渡禁止特約によって保護すべき債務者の利益としては、譲渡に伴う事務手続の煩雑化の回避、過誤払の危険の回避、相殺の期待の確保、債務者が望まない第三者（反社会的勢力など）への債権譲渡の回避などがある。

　a 譲渡に伴う事務手続の煩雑化の回避

事務手続の煩雑化を回避する必要性が高いのは迅速・大量に決済される債権である。破産の場合、そのような債権は短期間で決済されることが多く、債権譲渡の対象となるのは短期間で回収することが困難な債権（長期の分割払いを合意した債権など）である。そのような債権については迅速・大量な決済の要請は乏し

く、事務手続の煩雑化による債務者の負担は大きくない。他方、民事再生・会社更生の場合、資金調達目的で譲渡される債権には大量・迅速に決済される債権（売掛債権等）も含まれるので、事務手続の煩雑化を回避する必要性は一定程度ある。

　　b　過誤払の危険の回避

　倒産手続開始後に債権譲渡を行う場合、管財人が譲渡の主体となる、あるいは裁判所の許可や監督委員の同意を要するので、過誤払の危険が生じるような不適切な債権譲渡がなされるおそれは低い。

　　c　相殺の期待の確保

　破産の場合、債務者が手続開始後に取得した破産債権と自己の債務とを相殺することはできない（破72①一）し、手続開始後に債務者が譲渡人（破産者）と取引を継続して財団債権を取得することも稀であるから、債務者が手続開始後に取得した債権との相殺の期待を保護する必要性は小さい。民事再生・会社更生の場合には、債務者が手続開始後も譲渡人（再生債務者・更生会社）と取引を継続して共益債権を取得することはしばしばであり、相殺の期待を保護する必要性は一定程度ある。

　　d　債務者が望まない第三者への債権譲渡の回避

　bと同様、倒産手続開始後は、債務者が望まない第三者への譲渡という不適切な債権譲渡がなされるおそれはない。

(2)　理論的な根拠

　譲渡禁止特約付債権が差し押さえられた場合、差押債権者の善意・悪意を問わず転付命令により債権を移転することができると解されている。また、差押債権者が強制執行手続の一環として売却命令（民執161）により債権を売却する場合にも、債務者は買受人に譲渡禁止特約の存在を主張することはできないものと思われる。

　倒産手続開始決定は債務者の財産全体に対する一種の包括的な差押えの効力を有するところ、差押手続による譲渡禁止特約付債権の移転や売却を債務者に対抗できるのであれば、倒産手続開始後に譲渡禁止特約の効力を制限することも許容されてよい。

3　まとめ

　破産の場合にはバルクセール等によって債権を換価する途を確保する必要が高く、債務者の利益に配慮する必要性に乏しい。また、民事再生・会社更生の場合、資金調達等のために債権を譲渡する必要があり、債務者の利益に配慮する必要性は平常時に比べると一定程度後退している。したがって、破産・民事再生・会社更生のいずれも倒産手続においても、手続開始後に譲渡禁止特約付債権を譲り受けた譲受人に債務者が譲渡禁止特約を対抗できないという規律を設けることには合理性がある。

（上床竜司）

○参考文献：『二弁30項』86頁〔上床竜司・八束美樹〕、『東弁展望』331頁〔清水祐介〕

69 再生計画・更生計画の必要的記載事項の見直し

> **検討課題**
> 1 「共益債権及び一般優先債権の弁済」(民再154条①二)、「知れている開始後債権があるときは、その内容」(民再154①三)については、再生計画の必要的記載事項から除外してはどうか。
> 2 「共益債権の弁済」(会更167①三)、「更生計画において予想された額を超える収益金の使途」(会更167①五)及び「知れている開始後債権があるときは、その内容」(会更167①七)については、更生計画の必要的記載事項から除外してはどうか。
> 現行法：民再154①二三、会更167①三五七

1 改正の必要性

民事再生法154条1項、会社更生法167条1項の定める、再生計画、更生計画の必要的記載事項は、その記載がなければ、原則として再生計画、更生計画が不適法となり、不認可の理由(民再174②一、会更199②一)となるものである(『伊藤・破産民再』775頁、『伊藤会更』547頁)。再生計画、更生計画の不認可の理由となるという重大な効果に鑑みれば、それに見合う機能、重要性を有する事項に限定して、必要的記載事項とされるのが相当であり、これに見合わないものは必要的記載事項から除外するのが相当である。

2 改正の相当性

(1) 共益債権等の弁済

「共益債権及び一般優先債権の弁済」(民再154①二)や「共益債権の弁済」(会更167①三)が必要的記載事項とされているのは、随時弁済される債務の額や内容を明らかにして、計画内容の当否や履行可能性の判断資料を提供するためであるとされる(『一問一答民再』206頁、『伊藤会更』568頁)。

たしかに、計画内容の当否や履行可能性の判断資料が債権者へ提供される必要はあるが、そもそも計画内容の当否や履行可能性の判断のために共益債権等の弁済に関する情報が不可欠であるかは疑問がある。実務上も、共益債権等の弁済に関する記載は、「未払の共益債権及び今後発生する共益債権は随時弁済する。」といった抽象的な記載にとどまっていることが多い(『民再手引』294頁〔鹿子木康〕)。

計画内容の当否や履行可能性の判断資料は計画に記載しなくても提供可能であり、計画への記載に限る合理性は見当たらない。会社更生では、裁判所は更生計画案の当否の判断の為に参考となるべき事項を記録した書類を提出させることができるし(会更規51①)、民事再生においても、監督委員に計画内容の当否及び履行可能性を調査させることができる。「共益債権及び一般優先債権の弁済」や「共益債

権の弁済」を計画の必要的記載事項から除外しても弊害は生じない。

(2) 開始後債権

「知れている開始後債権があるときは、その内容」（民再154①三、会更167①七）が必要的記載事項とされているのは、債務者の、再生債権、更生債権の弁済期間満了後の開始後債権（民再123、会更134）の負担を、利害関係人に開示するためであると説明される（『伊藤会更』571頁）。

しかし、実務上、開始後債権が生じている例はほとんどない。仮に開始後債権が生じたとしても、再生債権、更生債権の弁済期間満了までは弁済等ができないものであり（民再123②、会更134②）、計画それ自体の履行可能性を判断する資料となるものではない。「知れている開始後債権があるときは、その内容」を計画の必要的記載事項から除外しても弊害は生じない。

(3) 予想超過収益金の使途

「更生計画において予想された額を超える収益金の使途」（会更167①五）が必要的記載事項とされているのは、予想超過収益金をどのように処分するかは更生債権者にとって重大な関心事であるからであると説明される（『新・更生計画』485頁）。

しかし、実務上は、「更生計画の遂行に不可欠な運転資金および設備投資等に充て」次いで「裁判所の許可を得て、更生債権等の繰上弁済に充てる」旨、抽象的に記述する場合がほとんどであり（『新・更生計画』485頁）、特段の意味を有している条項とはなっていない。仮に、具体的内容を定めた場合であっても、利害関係人が予想超過収益金の配分を求める具体的権利を取得するわけではない（札幌地判昭45.9.7判時615号59頁）。役員責任追及訴訟や否認訴訟等不確定な収入予定があってその結果による追加弁済等を定める場合は、権利変更の内容（民再154①一、会更167①Ⅰ）として定めることができ、実際にそのような定めをする例もある（『新・更生計画』318頁）。

予想超過収益は存在しないのが前提であり、気休めに止まることも少なくなく、会社運営の機動性にも支障をきたすおそれなしとしない、遂行可能性の判断の問題としておけば足りたのであって、必要的記載事項にまで高める必要はなかった、との指摘（『条解会更（下）』405頁）もなされている。

民事再生では必要的記載事項とされていないことも合わせて考えれば、必要的記載事項からは削除するのが相当である。

（上田　慎）

○参考文献：「一弁冊子」33頁

70 株式の取得等を定めた再生計画案への株主の不服申立て

> **検討課題**
>
> 　株式の取得等を定めた再生計画案の提出許可について、事業継続不可欠要件は外し、同許可への即時抗告の却下又は棄却が確定しない限り認可決定はできないものとする一方で、即時抗告の執行停止効は排除し、債務の減免を定めた再生計画案が可決されれば債務超過要件が推定されるものとし、認可決定への株主による即時抗告は認めないものとすることを検討してはどうか。
> 　現行法：民再154③④、166、166の2、175

1　改正の必要性

　現行法上、あらかじめ裁判所の許可（以下「提出許可」という）を得ない限り、株式の取得等（民再154③、166①。債務超過が要件）及び募集株式を引き受ける者の募集（民再154④、166の2②。債務超過及び事業継続不可欠性が要件）に関する条項を設けた再生計画案を提出することはできない。そして、提出許可には、株主による即時抗告が認められ、執行停止効も認められている。加えて、「再生計画に資本の減少を定める条項があるときは、株主は再生計画の認可・不認可の決定に直接的な利害を有することになるから、即時抗告権を有すると解すべきである」とする裁判例もある（東京高決平16.6.17金法1791号51頁・日本コーリン事件）。

　以上に対して、①提出許可への即時抗告が行われた場合、執行停止効により計画提出、付議決定、認可決定の可否に疑義が生じる、②即時抗告が確定するまで待つと再生手続が遅延し、事業価値が毀損するおそれがある、③認可決定確定後に提出許可への即時抗告が認められ、再生計画が事後的に効力を失うと、手続的な混乱は必至である、といった批判がなされている（『東弁展望』39頁〔松下淳一〕）。その背景には、提出許可の要件として、債務超過（及び事業継続不可欠性）が定められているため、審理に時間がかかるという実態もあると考えられる。

　そこで、現行法については、改正を検討する必要性があるものと考えられる。

2　改正の方向性

(1)　株主の不服申立てを認可決定に対する即時抗告で行わせる方向性

　以上の問題点に対して、提出許可を廃止し、提出許可の要件を再生計画認可の要件に組み込み、株主の不服申立てを認可決定への即時抗告に一本化すべきという改正提言がある。また、再生債務者が債務超過である場合には株主は認可決定への即時抗告権を有しないという仕組み（会更202②二参照）も併せて設けるべきであり、株主が即時抗告をする場合、原審での却下を可能とする規律（民訴331、287①）も設けるべきという提言もなされている（『東弁展望』41頁〔松下淳一〕、『東弁提言』542頁〔清水祐介・金山伸宏〕。「日弁提言」32頁は前者のみ提言）。

(2) 株主の不服申立てを提出許可に対する即時抗告で行わせる方向性

これに対して、再生計画案の提出から認可決定まで通常2カ月以上を要することを考えれば、むしろ、株主の不服申立ては提出許可への即時抗告で行わせる方が早期の決着が可能という判断もあり得る。現行法は、この考え方に近いと考えられる（提出許可は株主に送達されるが、認可決定は送達されない。民再166③、166の2④、174④、115①）。この場合、提出許可は維持し、即時抗告も認めるものの、1①及び②の問題を避けるために執行停止効は認めず、1③の問題を避けるために、即時抗告への判断が示されない限り認可決定はできないものとし、株主には認可決定への即時抗告を認めないか、大幅に制限（民再175②参照）することになろう。

(3) 早期に即時抗告の判断が示されるようにすべきという方向性

提出許可の要件として、再生債務者がその財産をもって債務を完済することができない状態（債務超過）にあることが必要であるが、このような状態にあるからこそ、「期限の猶予」だけでなく、「債務の減免」（民再156）を定めた計画案が策定され、不利益を受ける再生債権者が同意して可決されることになる。そうであれば、逆に、債務の減免を定めた計画案が可決された場合、債務超過を推定することが考えられる。これにより、即時抗告の早期判断に資することになる。

また、事業継続不可欠要件（民再166の2③）は、判断が難しく審理の長期化につながる上、債務超過の場合、株主保護の必要性が低く、また、この要件の不充足を理由に即時抗告を認めても破産手続に移行する可能性が高いため株主保護に寄与せず、更に再生債務者の円滑な解散のために株式の取得をする際の支障にもなるため（『東弁提言』541頁〔清水祐介・金山伸宏〕）、廃止すべきであろう。

3 改正の相当性

当職は、2(1)の方向性が望ましいものと考えていたが、2(3)記載の改正を前提とすれば、2(2)の方向性の方が即時抗告の早期確定と認可決定の安定性向上が可能であり、また現行法の趣旨にも合致するとも考えられる。

株主による即時抗告を広く認めても、日本コーリン事件のように再生債務者が破産手続に移行する可能性が高く、株主保護にならない。そこで、株主については、認可決定の要件全般ではなく、債務超過か否か（言い換えれば、債務の減免がなくても事業再生が可能か）に不服申立ての対象を限定する一方で、認可決定前に不服申立てへの判断が示されるようにするのが、株主の実質的保護にも資するものであり、このような改正には、相当性も認められるものと考えられる。

（金山伸宏）

○参考文献：『東弁展望』39頁〔松下淳一〕、『東弁提言』542頁〔清水祐介・金山伸宏〕、「日弁提言」32頁

71 付議決定・複数計画案の決議方法

> 検討課題
> 1　再生計画案を付議することについての監督委員の意見陳述権能を明定してはどうか。
> 2　複数の計画案について付議決定があった場合の決議の方法を明定してはどうか。
> 現行法：1につき民再54、59、125③、2につき民再172の2

1　改正の必要性

再生計画案については、実務上、監督委員においてその内容を検討し、「決議に付するのが相当である。」との意見書の提出があってから、再生裁判所において付議決定がなされている。これは監督委員の職務内容の中でも実務上重要なものと言えるが、明文上の根拠はない。よって、裁判所が再生計画案について監督委員の意見をきくことができる旨の規定を設けることが考えられる。

複数の再生計画案が付議された場合、実務上、投票用紙の記載方法を3選択肢方式（再生債務者案に賛成、債権者案に賛成、両案に反対、のいずれかを選択させる）として、可決される再生計画案が1つしか生じないようにしている。しかし、同取扱いによると、債権者の死票が増大し、複数の再生計画案がいずれも法定多数に届かずに破産清算となる場面を増加させるところ、現行法がこのような取扱を是認しているのかは不明である。このため、立法府が上記裁判所の実務取扱を是認するのであれば、立法上の手当（選択肢方式の明示。あるいは再生裁判所への裁量授権）をすることが考えられる。

2　改正の相当性

上記改正はいずれも実務運用を是認する方向での改正である限り、新たな問題点を生じさせるものではなく、相当である。もっとも、1については、監督委員の職務内容を同意権（民再54）、否認権（民再56）、共益債権化承認権（民再120）といった抑制的役割に留めるのであれば、再生計画案の適法性・相当性にかかる調査については、調査委員の権限とする等の立法方向も考えられる。2についても、複数の再生計画案が共に可決されることを認めることが債権者自治の観点から適切であるとの立法態度に立つのであれば、両案のうちいずれの再生計画案を優先させるのかを決定する仕組み（例えば、最多得票をした再生計画案についてのみ、再度、信任投票を行う等の仕組み）を新設するべきことが考えられる。

（松村昌人）

○参考文献：『東弁展望』529頁〔綾克己・御山義明〕、『東弁提言』564頁〔鹿子木康〕、『二弁30講』252頁〔松村昌人〕

72 書面等投票方式における決議の続行（再決議）・計画案の変更

> **検討課題**
>
> 　再生計画案、更生計画案についての議決権行使の方法として書面等投票方式（民再169②二、会更189②二）が採用される場合においても、集会期日が開催される場合（民再169②一及び三、会更189②一及び三）と同様に、決議の続行（再決議）や計画案の変更が可能となるようにしてはどうか。
> 　現行法：決議の続行につき、民再172の5、会更198、計画案の変更につき、民再172の4、会更197

1　改正の必要性

(1)　書面等投票方式の利用

　現行法は、債権者の議決権の行使の方法として、①集会期日において議決権を行使する方式（集会開催方式）、②書面等投票により議決権を行使する方式（書面等投票方式）、③上記①と②のうちで、議決権者が選択するものにより議決権を行使する方式（併用方式）を採用している（民再169②、会更189②）。このうち、書面等投票方式は、債務者、債権者、裁判所にとって、集会の開催により発生する各種コスト（会場の確保や設営、集会開催の準備、当日の運営及び遠隔地からの交通費等）を抑えられる利点がある。実際、このような書面等投票方式は、人的・物的設備が十分でない中小規模庁において、原則的方法として採用されることがある（松阿彌隆「札幌地方裁判所民事第4部の事件処理の現状」NBL944号36頁、『条解再生』888頁〔園尾隆司〕）。

(2)　決議の続行

　現行法は、集会期日が開催される場合には、計画案が可決に至らなかったときでも、一定の要件のもと続行期日を定めることを認めているが（民再172の5、会更198）、書面等投票方式を採用する場合には再度の決議の機会を認めていない。そこで、計画案を提出する再生債務者や管財人としては、当該計画案の否決リスクを懸念し、各種コストの発生を抑えられるはずの書面等投票方式の利用に躊躇する場合がある。そこで、書面等投票方式が採用された場合にも、他の方式のように、一定の要件の充足を前提に再度の決議のチャンスが与えられるような改正の必要性が認められる。ただし、そもそも債権者集会期日が存在しない書面等投票方式の場合には、「続行期日」という概念を容れる余地がない。したがって、集会開催方式や併用方式をも含む統一的な「再決議制度」として続行期日を再構成し直す、あるいは、（要件自体は続行期日と同じあるいは類似のものにしつつ）「書面等投票方式における再決議制度」というものを追加的に設ける、といった対応が考えられよう。

(3) 計画案の変更

現行法は、計画案の付議決定後は、集会期日が開催される場合であって、関係者に不利な影響を与えないときに限り、集会において、裁判所の許可を得て、計画案を変更することができる（民再172の4、会更197）。しかし、書面等投票方式が採用された場合には、かかる変更は認められない。このような定めも、書面等投票方式の採用の阻害要因となって不合理な状況を発生させているものと考えられる。そこで、書面等投票方式が採用された場合にも、付議決定後における計画案の有利変更を可能にすべく改正をすることが考えられる。

2 改正の相当性

(1) 決議の続行

現行法上、書面等投票方式を採用する場合に決議の続行が認められていないのは、計画案が可決に至らなかった場合、続行期日を設けるべきか否かについての、①議決権者の意思の確認、②計画案提出者の意思の確認、③（上記①及び②を踏まえての）裁判所の速やかな判断、を行うためには、実際に集会が開催されていることが必要であると考えられているためと思われる。

しかし、議決権者の意思の確認は、必ずしも集会の場ではなく議決権者による上申書の提出その他適宜の方法で確認することが不可能ではないし、計画案が否決された場合に決議の続行を申し立てるか否かを予め再生債務者や管財人に確認しておくことは容易である。これに加え、少なくとも、計画案に対する同意について頭数要件か議決権額要件のいずれかを充たしている場合の続行期日の設定を規定する民事再生法172条の5第1項1号のような客観的基準に基づく続行（再決議）については、書面等投票方式の場合にのみこれを認めない理由は無いように思われる。

(2) 計画案の変更

現行法が、書面等投票方式を採用する場合に、たとえ関係者に有利なものであっても計画案の変更を認めていないのは、書面等投票に付する決定がされた場合には議決票の送付が直ちに開始されるため、その後に計画案の変更を許容すれば、議決について混乱が生じるおそれがあるからとされる（『条解再生』908頁〔園尾隆司〕）。しかし、現行法下（特に、書面等投票も利用しうる併用方式）においても、集会の場において事前に送付された計画案と異なる計画案が提示され、その場で変更が許可された場合には、議決権者において混乱が生じうることから、かかる理由は、書面等投票方式において付議決定後の計画案の有利変更を認めない決定的な理由とはなり得ないのではないか。書面等投票方式においても、少なくとも書面等投票期間内の計画案の有利変更の余地を認めるのが合理的ではないかと考える。

(横山兼太郎)

○参考文献：『東弁展望』547頁〔多比羅誠〕、「日弁提言」34頁

73 再生計画案の可決要件

> **検討課題**
> 1 再生計画案の可決要件としての頭数要件を廃止、または議決権額で2分の1以上の同意を得ているにもかかわらず、頭数で過半数に足りない場合に、裁判所の裁量により再生計画を認可できる制度を導入もしくは濫用を防止するため頭数の総数の固定等の改正をしてはどうか。
> 2 再生計画案の可決要件である議決権額要件における同意割合の算出基準に関して、分母を議決権行使者に限定してはどうか。
> 現行法：民再172の3①

1 再生計画案の可決要件としての頭数要件の改正
(1) 改正の必要性
　少額債権者が議決権行使に積極的でない場合があるところ、現行法では、議決権額で2分の1以上の同意を得ているにもかかわらず、頭数で過半数に足りず再生計画案が否決され、再生手続廃止・破産手続へ移行することがあるため、事業再生に重大な支障が生じるおそれがある。特に、債権譲渡により頭数総数を増加して算定する運用があるところ、同意債権者の頭数を増加させて不当に再生計画案を可決させた場合には、不認可決定とすることが可能だが（民再174②三）（最一小決平20.3.13民集62巻3号860頁参照）、不同意債権者の頭数を増加させて、再生計画案を否決させた場合、現行法では再生計画を認可する手段がない。
　そこで、会社更生手続と同様に頭数要件を廃止し、または、議決権額で2分の1以上の同意を得ているにもかかわらず、頭数で過半数に足りない場合に裁判所が裁量により再生計画を認可できる制度を導入、もしくは、頭数要件の算定の際に頭数を固定化する等の改正をする必要がある。

(2) 改正の相当性
　a　可決要件として頭数要件が設けられた趣旨は、議決権額要件のみでは、少額債権者の意向が再生計画案の内容や決議に反映されない可能性があることから、頭数要件を設けることで、少額債権者を保護するためである。かかる少額債権者の保護は、少額債権弁済制度（民再85⑤）や再生計画における少額債権を優先させる定めの許容（民再155①但書）等により一定の範囲でなされており、頭数要件を廃止しても、少額債権者の保護に欠けることはない。
　b　頭数要件があることから、再生債務者は、再生計画案の策定において少額債権者の意向や少額債権者との取引関係にも配慮した再生計画案を策定するのであり、頭数要件自体を撤廃することは相当でなく、議決権額で2分の1以上の同意を得ているにもかかわらず頭数で過半数に足りない場合に、裁判所の裁量により再生

計画を認可できる制度を導入すれば足りる。その際には、手続的要件として、債権者集会の期日の続行によって再度の決議がなされたものの否決された場合に限定するなどし、また、実体的要件として、再生計画案の内容が相当で遂行の見込があり、これによる事業再生の社会的意義が大きいにもかかわらず、頭数要件の弊害が生じて計画案が否決されるような場合に限定することで、裁判所の負担や手続迅速性の阻害を回避することができる。

c 議決権の不統一行使の場合（民再172の3⑦）に類似する方法により、議決権者の頭数の総数を開始決定時など一定の時期の債権者数に固定することで、債権譲渡等により不同意債権者の頭数を増加させて再生計画案を否決させるという頭数要件の濫用を防止し、かつ、債権譲渡を受けた債権者等の意見を決議に反映することができる。

2 再生計画案の可決要件としての議決権額要件における同意割合の算出基準に関する改正（分母を議決権行使者に限定）

(1) 改正の必要性

議決権額要件に関して、同意割合を算出するための分母である議決権額総額には、議決権不行使者の議決権額が含まれるところ（民再172の3①）、決議の結果に余り関心がない議決権行使者の数が多い場合（例えば、消費者金融事業者が債務者である場合の過払金債権者など）、積極的な議決権行使がなされず、再生計画案が否決され、事業再生に重大な支障を生ずるおそれがある。また、議決権を行使しない者は、棄権をする意思である場合や、他の債権者らによって可決されるのであればこれに従うという意思である場合が多いと思われ、そのような議決権者の意思を尊重する必要がある。そこで、議決権額要件の同意割合を算出する際の分母を議決権行使者に限るべきである。なお、議決権を行使しない大口債権者について消極的賛成の意思であることが多いとまでいえるかについて疑問との見解もある（『東弁提言』571頁〔鹿子木康〕）。

(2) 改正の相当性

別途定足数（例えば、同意・不同意を問わず、議決権行使者が議決額総額の2分の1以上であることを要する等）の定めを置くことにより、議決権を行使した少数の債権者の判断のみで再生計画案が可決される事態を回避して再生計画案の吟味の機能を維持しつつ、上記弊害に対応することができる。

〔秋葉健志〕

○参考文献：『東弁展望』39頁〔松下淳一〕531頁〔大石健太郎〕、『東弁提言』549頁〔鹿子木康〕、「一弁冊子」33頁、『二弁30講』268頁〔秋葉健志〕

74 再生手続の終結要件

> **検討課題**
>
> 監督委員が選任されている場合の再生手続の終結時期について、認可決定確定から3年が経過したときに終結決定をするという原則は維持しつつ、裁判所が相当と認めるとき（特別な事情がある場合）は例外的に終結決定を留保することができるようにしてはどうか。
>
> 現行法：民再187、188

1 改正の必要性

現行法では、監督委員が選任されている場合には、裁判所は、再生計画認可決定確定から3年経過時に再生手続の終結決定をしなければならないとされ（民再188②）、この点に関して裁判所に裁量の余地はないと解されている（『新注釈民再（下）』180頁〔小原一人〕）。しかし、この終結時期については、実際に不都合がある事案がいくつか指摘されている。例えば、認可決定の確定から3年経過時点で、①監督委員による否認訴訟や役員に対する損害賠償査定異議訴訟が係属している事案、②長期分割弁済が予定される事案、③再生計画の変更が検討されている事案、④別除権協定が未締結である事案等である（中井康之「主要裁判所における運用状況～裁判所アンケート結果の紹介と分析～」事業再生と債権管理115号40頁、金法1957号26頁）。

このような事案への実務での対応実例としては、例えば上記①について、認可決定確定後3年経過時に否認訴訟が当然に終了すると解されることから（『伊藤・破産民再』726頁）、裁判所が再生債務者の同意を得た上で管理命令を発令した事案があるが（『松嶋古稀』175頁〔鹿子木康〕）、認可決定確定後3年経過時の管理命令の発令は再生債務者の信用ひいては事業の再生に悪影響を及ぼすこともあり得る（金法1957号30頁）。また、上記③について、認可決定の確定から3年経過後も暫く再生手続の終結決定をせずに再生計画変更決定をしているものがあるが、そのような運用は終結時期についての法解釈の域を超えて無効となる可能性が否定できない（『二弁30講』278頁）。

このように、再生手続の終結時期を認可決定確定後3年経過時と硬直的に定める現行法には、実務での対応だけでは解決し難い問題点がある。仮にこの問題が立法的に解決されれば、否認訴訟等の相手方がいわば「時間切れ」を狙うことで、あるいは、再生計画の変更等が叶わずに手続廃止や破産手続への移行がなされることで、再生債権者への弁済に悪影響を与えるような事態も、より防ぎやすくなり、再生債務者のみならず再生債権者にとっても望ましいことだと考えられる。

2　改正の相当性

再生手続の終結時期については、立法過程において立法事実が必ずしも十分に検討されていないように思われる（法制審議会倒産法部会第12回会議（平成11年6月18日）議事録、同第14回会議（平成11年7月9日）議事録等）。そもそも、民事再生法が、監督委員が選任されている場合の再生手続の存続期間を3年間に限定したのは、①和議手続等の実務で、計画遂行に入って2～3年間弁済を継続できれば、その後も順調に推移することが多いと言われていること、②他方で、再生計画の履行完了まで監督委員が監督するならば、監督委員の負担や再生債務者の費用の負担等が重くなりすぎるからだとされる（『一問一答民再』249頁）。しかし、例えば、否認訴訟が係属している場合には、①その結果で再生計画による弁済内容が変わる可能性があり、それまで弁済が計画通りなされていたとしても、その後も計画通り弁済ができるとは限らないし、②否認訴訟に引き続き対応する必要があるために管理命令を発令して管財人を選任するのであれば（多くの場合は監督委員が選任されるであろう）、再生手続を継続した場合と比べて、監督委員の負担や再生債務者の費用の負担等は大きくは変わらないと思われる。また、再生計画の変更が必要な場合には、①再生計画による弁済が実際に不可能になる可能性が高く順調な弁済がそもそも期待できない状況にあり、②計画変更は再生債務者の希望によることが多く、これを監督委員が相当だと認めた場合には、必要な範囲で監督委員による監督と再生債務者による費用の追加負担を求めればよいと思われる。すなわち、再生手続の存続期間を3年とした理由のうち、上記①については、全ての事案に該当することではなく、上記②ついては、裁判所が事案に応じた費用や手続期間を定めあるいは監督命令を適切な時期に取消す等すれば、大きな問題は生じないと思われる。

3　提言の内容

改正の方向性としては、上記の各事案に応じてある程度具体的な要件を設定することも考えられる。しかし、上記のとおり、認可決定確定後3年経過時において再生手続を終結することを相当としない事案には複数の類型があり、また、事案ごとに事情が異なるため、裁判所が個別事案に応じて再生債務者と監督委員の意見を踏まえて判断することができるよう、民事再生法188条2項を以下の下線のとおり改正してはどうか。「裁判所は、監督委員が選任されている場合において、再生計画が遂行されたとき、又は再生計画認可の決定が確定した後三年を経過したときは、特別な事情がある場合を除き、再生債務者若しくは監督委員の申立てにより又は職権で、再生手続終結の決定をしなければならない。」

（篠田憲明）

○参考文献：『東弁展望』339頁〔進士肇〕、植竹勝・松本卓也「再生計画に基づく弁済の実行の確実性を図るための制度的保証」金法1957号26頁、『二弁30講』276頁〔篠田憲明〕、『東弁提言』519頁〔清水祐介・金山伸宏〕、『東弁提言』549頁〔鹿子木康〕

75 再生手続から破産手続への移行

> **検討課題**
>
> 牽連破産において、以下の各事項について検討してはどうか。
> 1 再生手続の廃止決定等につき即時効力発生を認めること
> 2 破産規則50条に裁判所の定める期間内に財団債権の申出をするよう求める制度を追加すること
> 3 破産法71条1項1号、72条1項1号の「破産手続開始決定後」を端的に「再生手続開始決定後」に修正すること
> 現行法：民再174②、189⑥、195⑤、252①、破規50

1 改正の必要性

(1) 牽連破産一般に関する改正の必要性

再生手続から破産手続への移行について民事再生法は、先行する再生手続と後発する破産手続とを別個のものととらえながら、その独立性を重視すると不都合が生じる規定に限って修正するという建付けを採用している（緩やかな移行制度の採用）。

しかしながら、昨今、破産手続を再建手法として活用する例もあり、また、先行する再生手続の進捗状況にも様々なものがあるため、不都合も認められる。

(2) 再生手続の廃止決定等から破産手続開始に至る流れ

まず、再生手続と破産手続の円滑な移行のために、実務では、再生手続の廃止決定、再生計画の不認可決定及び取消決定（以下、総じて「廃止決定等」という）などがなされると、保全管理命令（破91①）が発令され、裁判所に選任された保全管理人が廃止決定等確定までの間の財産処分を行う（同条②）。廃止決定等が確定するまで再生手続が継続し、重複して破産手続開始決定を発令できないからである。しかしながら、一般的に廃止決定等の確定までには約4週間を要し、他方、保全管理人には債務者の財産の管理及び処分をする権利が専属するものの組織法上の行為にその権限が及ばないとされるため、この間、組織法上の行為、例えば事業譲渡などは行うことができない。このように保全管理人の選任のみでは、速やかな破産手続とそれによる事業再建は必ずしも達成できない状況にあるといえる。

(3) 財団債権把握の困難性

また、後発する破産手続において、先行した再生手続における共益債権は全て財団債権として扱われる（民再252⑥）。しかしながら、先行する再生手続で事業継続をしているため、通常の破産手続とは比較にならないほど多数の財団債権が発生しており、他方、破産管財人がそれらを漏れなく弁済することは困難であって、善管注意義務（破85）との関係で破産管財人に過度の負担であるという問題が生じてい

る。そのため、係る善管注意義務を事実上軽減するため、財団債権把握の手続が必要ではなかろうか。

(4) 相殺制限と主観的要件

さらに、相殺制限の基準時について「破産手続開始の申立て」が基準となっているものについては「再生手続開始の申立て」を基準とするよう修正されているが（民再252①一四、破71①四及び②二三、72①四及び②二三）、これにより相殺制限が認められるためには主観的要件の充足が必要であり、法律関係は必ずしも簡明といえない。

2 改正の相当性

(1) 再生手続の廃止決定等の即時効力発生

以上に対し、廃止決定等が即時効力発生したとすれば、同時に破産手続開始決定が可能となり、選任された破産管財人が組織法上の行為を含めて早期適切な対応を取ることができる。

ただし、破産手続に移行する事由には様々あるため、他への影響を考えれば、破産手続へ移行する可能性が極めて高い再生手続の廃止決定（民再191）、再生計画の不認可決定（同174②）や取消決定（同189）に限定して、その即時効力発生を検討するのが相当である。なお、仮に早期の破産手続開始が妥当ではない場合には、破産手続開始決定を遅らせて、保全管理命令（破91①）を活用するという運用も考えられるところである。

(2) 財団債権の申出制度の新設

そして、財団債権の把握のために、これまで実務で事実上行ってきた手続を法律上の制度とする、すなわち、破産規則50条に、牽連破産の場合に限定して、破産手続開始時点において知れたる財団債権者に対して通知又は公告により破産管財人に対して裁判所の定める期間内に財団債権の申出をするよう求める制度を追加できたとすれば、破産管財人の善管注意義務は法的に担保されることとなり相当である。この新制度において、債権調査とは違って財団債権の調査・確定の手続を定めなければ、破産管財人の過度の負担ともならないであろう。

(3) 相殺制限に関する時点修正

相殺制限において破産法71条1項1号、72条1項1号の「破産手続開始決定後」を端的に「再生手続開始決定後」に修正すれば、主観的要件の検討も不要となり、法律関係も簡明になろう。また、先行する再生手続において、既に再生手続開始を基準とした相殺制限の規定があるため（民再93①一、93の2①一）、特段相手方の不利益にならないであろう。

（堀野桂子）

○参考文献：『大阪続』267頁〔堀野桂子〕

76　手続移行（役員等責任査定・否認請求）

> **検討課題**
>
> 手続移行時の役員等責任査定決定手続・否認請求手続等の取扱いにつき、先行手続が終了・中止したときに、中断・受継の対象とする制度を検討してはどうか。
>
> 現行法：破174⑤、民再136⑤、会更96⑤、破178⑤、民再143⑥、会更100⑤

1　役員等責任査定決定手続
(1)　改正の必要性

役員等責任査定手続は、先行手続が終了したときに、役員等責任査定決定後のものを除き、当然に終了し（破178⑤、民再143⑥、会更100⑤）、後行手続に引き継がれない。簡易迅速な審理手続である決定手続の方式を採用し、既存の手続における裁判資料を後行手続に移行した後に利用する必要性に乏しいためとされる（『一問一答破産』425頁、『伊藤会更』743頁等）。破産手続から再生手続又は更生手続へ移行する場合や再生手続から更生手続へ移行する場合は、先行手続の中止に伴い（会更50①、民再39①）、役員等責任査定手続も中止し、更生計画認可決定又は再生計画認可決定確定により中止した先行手続は失効し（会更208、民再184）、役員等責任査定手続も終了する。

しかし、先行手続で役員等責任査定の申立てをした場合、後行手続でも、すでに解決した等の特段の事情がない限り、役員等への損害賠償請求手続をとるのが通常である。簡易迅速な決定手続でも、当事者の準備は相応の負担がかかり、決定手続での裁判資料も多忙をきわめる法的倒産手続では利用価値は大きいし、既存の裁判資料を利用できることで訴訟経済・裁判所の負担軽減にも資する。また先行手続の終了により当然に終了すると、損害賠償請求権の消滅時効の中断の効力も失われるので、この点でも中断・受継の対象とする必要がある。

(2)　改正の相当性

法的倒産手続では、役員等責任査定決定手続につき、基本的に共通の制度を定めており、同種の制度を置く後行手続に引き継がせても、弊害はほとんどない。役員等責任査定決定手続につき、決定の前後に関わらず、手続移行時には、当然に終了・中止とするのではなく、中断・受継の対象とする制度を検討すべきである。

2　否認の請求の手続
(1)　改正の必要性

否認の請求の手続は、先行手続が終了したときに、当然に終了し（破174⑤、民再136⑤、会更96⑤）、後行手続に引き継がれない。役員等責任査定決定手続と異なり、否認請求認容決定後も異議訴訟前であれば、当然に終了する。専ら否認権行使

のために行われる裁判手続であり、先行手続が終了し、否認権が消滅した後にこれを継続する利益は認められない上、簡易迅速な審理手続である決定手続の方式を採用し、既存の手続における裁判資料を後行手続に移行した後に利用するという必要性に乏しいためとされる（『一問一答破産』423頁、『伊藤会更』737頁等）。破産手続から再生手続又は更生手続へ移行する場合や再生手続から更生手続へ移行する場合、先行手続の中止に伴い（会更50①、民再39①）、否認の請求の手続も中止する（中止後の手続は会更208、民再184参照）。

　しかし、先行手続で否認請求の申立てをした場合、後行手続でも特段の事情がない限り、否認権行使の手続をとるのが通常である。簡易迅速な決定手続での裁判資料も当事者の負担の軽減となるし、特に、否認請求認容決定後は裁判所の判断がある以上、これを利用する必要性が高く、既存の裁判資料を利用できることで訴訟経済・裁判所の負担軽減にも資する。また否認権行使は、開始決定日（手続移行時は先行手続の開始決定日）から2年以内の期間制限があるところ（会更98、民再139、破176）、実務上、まず裁判外の交渉が先行するのが一般であり、先行手続に付随して否認の請求の手続が終了すると、後行手続では、もはや否認権を行使できない場面もあり、この点でも中断・受継の対象にする必要がある。

(2)　改正の相当性

　法的倒産手続では、否認の請求の手続につき、基本的に共通の制度を定めており、同種の制度を置く後行手続に引き継がせても、弊害はほとんどない。先行手続の終了により否認権がその目的を失って消滅するという指摘も、異議の訴えの段階では既存の訴訟資料を牽連破産で利用することを可能にするために本来は終了すべき異議訴訟を中断・受継の対象としており（会更52④、会更97⑥参照、会更256①、民再137⑥、民再254①）、先行手続の終了が中断・受継の有無を左右する決定的なものではない。そこで、否認の請求の手続も、決定の前後に関わらず、手続移行時には当然に終了・中止とするのではなく、中断・受継の対象とする制度の検討をすべきである。

　なお、否認請求認容決定に対する異議の訴えも、開始決定取消確定や終結決定により、先行手続が終了するときは、異議の訴えは終了する（会更97⑥、民再137⑥）。否認の訴えと同様、異議の訴えの中断・受継を認めるべきとの意見もあるが、開始決定取消確定の場合にも引き継がせる必要性があるか、また手続終結時に否認訴訟が係属する場合の取扱い・改正の方向性（149参照）と平仄をあわせた制度とするよう、さらなる検討がなされるべきである。

（清水靖博）

○参考文献：『東弁提言』23頁以下〔多比羅誠・髙橋優〕

77 再度の再生手続、牽連破産等の場合における旧再生債権の取扱い

> **検討課題**
>
> 　再生計画の履行完了前に、再生債務者について破産手続開始の決定又は新たな再生手続開始の決定がされた場合であっても、再生計画の遂行及び民事再生法の規定によって生じた効力には影響を及ぼさないものとし、旧再生債権者が計画弁済を完了していない残額についてのみ新手続に参加できるとしてはどうか。
>
> 　現行法：民再190①

1　改正の必要性

　再生計画の履行完了前に再生債務者について破産手続開始決定又は新たな再生手続開始決定がなされた場合、再生計画によって変更された再生債権は原状に復し（民再190①本文）、旧再生計画による債権の減免や期限の猶予の効力は消滅するので、その後の破産手続や再生手続（新手続）においては、破産債権者または再生債権者は再生計画による権利の変更を受けないものとして権利を行使することとなる。その趣旨は、再生計画が結果として失敗に帰したのであるから、再生債権を原状に復した上で新手続への参加を認める方が、新旧債権者（旧再生手続における再生債権者と新手続における破産債権者等）間の公平に資するというものである。

　これにより旧再生債権は利息損害金を含めて遡及的に復活し、新手続においては旧再生手続開始日から新手続開始日の前日までの遅延損害金を含めた債権額を基準に権利行使をすることとなる（東京地判平20.10.21・東京地判平20.10.30金法1859号53頁）。

　しかしながら、このルールは、①新手続において債権額や配当額の計算が煩雑となり破産管財人らの負担が過度に大きいこと、②再生計画における弁済期間は長期にわたることも多いところ（民再155③）、旧再生手続の開始から新手続が開始されるまで相当期間経過していることも珍しくなく、その場合は旧再生債権に関する遅延損害金額が巨額となること、③旧再生債権者は、新たな再生計画に基づく弁済につき他の再生債権者が自己の受けた弁済と同一の割合の弁済を受けるまで弁済を受けられないところ（民再190⑦）、新再生計画の弁済率によっては、新再生計画において旧再生債権者が実質的に受けることのできる弁済額が著しく低額にとどまるか、場合によっては弁済額ゼロとなってしまうことがありうる、等の指摘がなされている。殊に③については、再度の民事再生における弁済原資総額や弁済率は旧再生手続よりも低くとどまることが多いと思われ（ちなみに民再190⑨参照）、旧再生債権者に対する具体的弁済額についての懸念は相当程度現実的である。また、一般に、一度民事再生を経た後の再生債務者の事業規模は申立前より小規模となること

が通常であることからすると、再生債権の金額や頭数も旧再生債権者のほうが新再生債権者よりも多額かつ多数であることが多いと思われる（上述した旧再生手続の開始決定以降の遅延損害金の問題もこれに加わる）。旧再生債権者も、新再生手続において旧再生手続で受けた弁済額を控除した金額の議決権を有することからすると（民再190⑧）、新再生計画案を可決するための金額要件や頭数要件をクリアするための賛成票取得には相当苦労するであろうことが容易に想像される。よって、改正の必要性が認められる。

2　改正の相当性

認可後の手続廃止や再度の倒産手続において旧計画の効力を遡及的に失わせるか否かは、各国の立法例を見ても両論あり、立法判断の問題とされている。

ところで、会社更生法は、計画認可後に更生手続が廃止されたとしても、更生計画の遂行及びこの法律の規定によって生じた効力に影響を及ぼさず、更生手続廃止の効力の不遡及が定められている（会更241③）。その趣旨は、既に更生計画の認可及び計画の遂行によって種々の効力が生じておりこれを原状に復するのは事実上困難な場合が多いこと、認可後の廃止は客観的な遂行不能の事態に対する対策であり債務者への懲罰ではなく遂行不能による犠牲は利害関係人全員が負うべきこと、廃止の不遡及を認めても、認可後の更生債権者、更生担保権者及び株主の権利は、認可前におけるその権利の性質、利害関係に応じたものであるから、手続廃止の効力を認可前に遡及させなくとも、これらの権利者の権利を不当に侵害することはない、等とされる。

まず、旧再生債権者においては、権利変更が法定多数による債権者意思に基づくものであり、かつ裁判所という中立公正な機関による認可という「お墨付き」が得られたものである以上、免除を受けた元本部分はもちろん、開始決定後の遅延損害金まで新手続において権利として復活するとの期待は高くないものと思われる（このことは認可後、再生債権がサービサー等に譲渡された場合より顕著である）。そして、上記した会社更生法の廃止の効力を不遡及とした趣旨は再生手続における同様の場面にも当てはまること、一旦認可された再生計画に何ら瑕疵はなく新手続の開始は認可後の事情によるものであること、現行民事再生法においても、再生計画によって得た権利には影響がなく（民再190①但書）、再生計画による減増資や定款変更のような組織法上の事項にも影響がないなど、「認可前の権利関係への復元」が徹底されているわけではない。したがって、立法政策として、再生計画履行完了前に開始された新たな倒産手続が民事再生であろうとも会社更生であろうとも、また破産であろうとも、再生計画の遂行及び民事再生法の規定によって生じた効力には影響を及ぼさないという統一的ルールをして対応すべきと考える。

（御山義明）

○参考文献：『東弁提言』519頁〔清水祐介・金山伸宏〕

78 弁済禁止命令の類型化

> **検討課題**
> 再生事件において発令される、保全処分（弁済禁止命令）・監督命令のうち代表的な発令文言については、あらかじめその語句の意義についての典型的意義を運用指針のような非拘束性のガイドラインにより明確化してはどうか。
> 現行法：民再30、54

1 改正の必要性

再生手続では、保全期間に再生債務者の財産が散逸することを防止するために、実務上、保全処分（弁済禁止命令）及び監督命令が発令されている。その決定文の文言自体は簡潔であるが、個別事案に応じて発令されるという性質上、その趣旨・要件についての詳細かつ統一的な公式の解釈はほぼなく、業務執行の場面において、再生債務者の個々の弁済や行為等が制限の対象に当たるか否かが必ずしも明確ではないため、解釈に疑義が生じる場面もある。その結果、解釈の相違から、保全命令に違反した弁済や、監督委員の同意事項についての同意申請もれ、同意事項でない事項についての同意申請等の不都合が生じている。

そこで、代表的な発令文言については、関係当事者の認識の統一及び離齬の防止の観点から、あらかじめ、統一的な解釈を明確化してはどうか（具体的な解釈指針例については、『二弁30講』65頁、66頁及び68頁〔松村昌人〕参照）。

2 改正の相当性

法人・個人ともに利用しやすい平易な再生型手続として制定された民事再生手続の趣旨に鑑み、実務上ほぼ必ず発令される保全処分及び監督命令の解釈について事前に統一的な見解を示すことは、関係当事者間の認識の離齬による混乱を防ぎ、手続の安定的な運用に資するものであり、改正の相当性は認められる。

もっとも、保全処分及び監督命令の解釈を法令・規則等によって定めた場合には、現行の、事案に応じて適切な発令をするという柔軟な対応をすることができなくなり、硬直化し、結果的には十分な保全が図れなくなるおそれがあることから、一定の統一的な見解を示しつつも、各再生裁判所における案件に応じた柔軟な発令を保障し、時代の変遷とともに発令文言を見直しつつ、制度運用上最適な発令を可能とするよう、運用指針のような非拘束性のガイドラインにより保全処分及び監督命令の解釈を明確化することが望ましいといえる。

（八束美樹）

○参考文献：『二弁30講』61頁〔松村昌人〕

79 債権者一覧表の記載事項

> **検討課題**
> 申立書添付資料の債権者一覧表について、債権者情報としては債権者の氏名又は名称だけを記載し、債権者の住所・郵便番号・電話番号・ファクシミリ番号の記載を不要としてはどうか。
> 現行法:破規14①、民再規14①、会更規13①等

1 改正の必要性

現行法では、各倒産手続における申立書添付資料の債権者一覧表に、債権者の氏名又は名称及び住所(破規14①)、債権者の氏名又は名称、郵便番号及び電話番号・ファクシミリ番号(民再規14①三)、債権者の氏名又は名称(会更規13①五)の記載が求められ、債権者一覧表は利害関係人からの閲覧、謄写等(以下「閲覧等」という)の対象になっている(破11、民再16、会更11)。

しかしながら、近時、信用情報機関による信用情報の取得だけを目的とした閲覧等が見られるとの指摘があり、さらには、過去に投資被害等を被った者に対して「国の被害救済制度で過去の被害回復が図れる」などと勧誘がなされ、二次被害に遭った事例が国民生活センターから公表されるなど、債権者一覧表の閲覧等がこの種の被害の引き金になる等の弊害も指摘される。

よって、このような弊害を回避すべく、債権者一覧表の債権者情報については、会社更生規則と平仄を合わせ、債権者の氏名又は名称だけを記載し、債権者の住所・郵便番号・電話番号・ファクシミリ番号の記載は不要とすべきと考えられる。

2 改正の相当性

民事再生では、再生手続開始の判断をするに際し、裁判所が主要な債権者の意向を確認する必要があると考えられたことから、電話番号やファクシミリ番号の記載が求められたようである。しかし、民事再生の実務運用上、債権者の意向確認は専ら監督委員が行っており、監督委員が債権者の住所・電話番号等を把握すれば足り、裁判所に対して、住所・電話番号等を記載した債権者一覧表を提出させる必要性は乏しい。破産手続でも、債権届出や認否の段階に至らない申立段階で、利害関係人に債権者の住所・電話番号等まで知らせる必要性は乏しく、破産手続開始決定等の送付にあたっては、申立代理人が宛名を記載した封筒を裁判所に提出する等の運用がなされており、裁判所が債権者の住所等を把握しなくても破産手続の進行に支障はない。この改正は相当なものと考えられる。

(阿部弘樹)

○参考文献:『東弁提言』146頁〔蓑毛良和・志甫治宣〕

80 商取引債権の保護

> **検討課題**
>
> 　会社更生法47条5項後段、民事再生法85条5項後段のいずれについても、各条前段の「少額」要件と異なり相対的に少額であれば足りることを前提として、包括的な弁済を行うことを許容する実務運用を確立するともに、対象となる企業の実情に応じて柔軟な対応・運用を可能とする商取引債権保護のための独立の規定の創設を検討してはどうか。
> 　現行法：会更47⑤後段、民再85⑤後段

1　改正の必要性

　再建型法的手続が開始され、商取引債権の弁済が他の債権と同様に一律に禁止される場合には、対象企業に対して商品・製品、原材料、役務等を提供する事業の継続に不可欠な取引債権者が取引の継続を拒否するなどの事態が生じることにより事業運営が困難となり、結局事業の再生が頓挫することになりかねない。

　したがって、商取引債権の保護は、対象企業の事業価値を維持に寄与するとともに、結果として不利益な扱いを受けることになる商取引債権以外の債権者の弁済率の向上にもつながることから、再建型法的手続の利用を促進するという観点からも極めて重要である。

　現状の実務においては、商取引債権保護の必要性が生じる場合、再生手続および会社更生手続のいずれについても、弁済禁止の保全処分の例外ないしは、「早期に弁済しなければ事業の継続に著しい支障を来す」「少額」の債権として優先弁済する規定（会更47⑤後段・民再85⑤後段）により対応している状況にある。また、近時の会社更生手続においては、更生会社の事業価値の毀損を回避することを目的として、会社更生法47条5項後段を弾力的に解釈して、更生会社との間で、従前の正常取引先としての取引条件で取引を継続する場合には、弁済禁止の例外として商取引債権一般について包括的弁済を許容する運用が行われている（日本航空株式会社、株式会社ウィルコム、株式会社林原など）。

　しかしながら、現状の運用については、「少額」とはいえない債権までの弁済許可の対象としており解釈上の限界を超えている、少額とはいえないものの事業継続に不可欠な商取引債権者の保護が十分に図れない、債権者・債務者双方の予測可能性を確保できない、商取引債権以外の債権者の不服申立の機会がない、商取引債権者以外への弁済率が向上したこと等の検証が困難であるなどの問題点が指摘されている。また、前記の商取引債権一般を対象とする包括的弁済の実務運用は、会社更生手続においてのみ認められており、再建型法的手続全般における商取引債権の保護のための手段として十分な運用がなされているとは言い難い。し

たがって、商取引債権の保護の実効性をより高めるとともに、商取引債権者以外の債権者への配慮も可能とする実務運用や新たな規定の創設を検討する必要があるのではないかと考える。

2 改正の方向性

　商取引債権の保護の実効性を高めるための改正に向けては、①現状の実務運用を積極的に評価した上で、会社更生手続だけではなく、民事再生手続においても、同法85条5項後段を活用して商取引債権一般を対象とする包括弁済の運用を確立すべきとする見解、②上記①にとどまらず、事業の継続に直ちに著しい支障が生じることが明白であり、当該支障を回避するためには弁済以外の方法がないと認められる場合等の一定の厳格な要件を満たす場合には、相対的にも「少額」とはいえない商取引債権についての優先弁済を認めるべきとの見解、③優先弁済の範囲を債権が発生した期間や負債総額との比率で優先弁済を区切る他、債務者側から「自社が保護する必要不可欠な商取引債権」基準を明示させ、「早期に弁済しなければ事業の継続に著しい支障を来す」の要件を具体化するなどの方法により、少額弁済許可の要件を明確化すべきとの見解、④優先弁済されない商取引債権者に対する手続保証（情報開示、異議申立ての機会の付与）を確保すべきとの見解など、現状の実務運用の改善や改正の方針について様々な提言が提案されている。

　これらの提言については、会社更生手続と民事再生手続の対象とする企業の規模の違い、商取引債権者以外の債権者との関係、債務者・債権者の予測可能性の確保、事案に応じた柔軟な判断の可否など、検討すべき課題は少なくないが、いずれも、商取引債権者以外の債権者の利益についてできる限り配慮しつつ、再建型法的手続の成否を左右する商取引債権の保護のさらなる実効性確保を目指すものとして傾聴に値する提言であるといえる。

　この点、近時は民事再生手続においても、従来であれば会社更生手続において処理されてしかるべき規模の企業が対象とされており、更生手続においてDIP型の運用が確立しているなど、担保の取扱い以外に両手続の差異は顕著なものではない。したがって、前記①の提言のとおり、現状の更生手続における商取引債権の包括弁済の運用を民事再生手続においても可能な限り実施していくことを検討しても良いのではないかと考える。その上で、一定の厳格な要件の下で「少額」要件を撤廃する規定や、債権者・債務者の予測可能性を確保し、商取引債権者以外の債権者に対する不服申立ての機会を付与することを前提として、商取引債権保護のための独立した弁済許可制度等を創設することなどの積極的な改正案の実現に向けた検討を重ねていく必要があるのではないかと考える。

〔金井　暁〕

○参考文献:『大阪提言』26頁・『東弁展望』605頁〔杉本純子〕、『東弁提言』188頁〔縣俊介・朝田規与至〕、「一弁冊子」13頁、『二弁30講』102頁〔金井暁〕

81 再建型倒産手続における債権者平等原則の内容の見直し

> **検討課題**
> 　私的整理からの移行事案や、公共性の高い事業を行う大企業の事案について、信用供与の大きさに応じた債権者平等の観点から、商取引債権等を再建型倒産手続の対象外とすることができるようにしてはどうか。
> 　現行法：民再85①、155①、会更47①、168①

1 商取引債権の全額弁済についての現行法上の課題

(1) 債権者平等原則と商取引債権の全額弁済

　債権者平等原則は、倒産処理手続に共通する最も重要な理念であるが、近時の再建型倒産手続、特に大規模で公共性の高い事業を営む会社の会社更生事件（日本航空、ウィルコム）や、私的整理手続から移行した会社更生事件（林原）では、本来更生債権となるはずの商取引債権について、事実上会社更生手続による権利変更の対象とせずに全額の弁済を行う運用がなされた。大規模な会社更生事件において、商取引債権の全額弁済が実施されたことで、事業継続上の混乱を最小限にとどめることができたことは事実であり、特に公共性の高い事業を営む会社の再建のためには法的倒産処理を採用することの大きなデメリットを解消する効果があったと認められる。しかし、他方で、少額弁済の許可の制度（民再85⑤後段、会更47⑤後段）を利用する方法については、解釈や実務的処理の面で問題点が指摘されている（詳細については本書80を参照）。

　そこで、再建型倒産処理手続における商取引債権保護のあり方について、債権者平等原則の根本に立ち返って、立法論的に新たな枠組みを考えることを検討してよいのではないかと思われる。

2 再建型倒産手続における債権者平等原則の内容の見直し

(1) 清算型倒産手続と再建型倒産手続における債権者平等の違い

　倒産処理法における債権者平等原則は、①債権発生の原因は問わない、②債権発生の順番は問わない、③債権額によって比例配分される、という内容である。このような債権者平等原則は、倒産手続開始時点における「結果の平等」を求めているといえる。すなわち、債権の発生原因や発生時期によらずに、倒産手続開始時点という債務者の経済的破綻が確定した時点において「債権が存在している」ということ以外の事情は考慮せずに、平等に扱うという考え方である。

　清算型倒産手続（特に破産手続）は、いわば債務者に対する包括的な差押手続に基づく債務者財産全体の強制換価という性格を有しており、その手続における債権者平等の原則は、民事執行法における債権者平等原則を基礎としているといえる。これに対して、再建型倒産手続は、債務者の事業継続を目的とした利害関係者間の

権利義務関係の和解的処理を行うための手続であるといえるであろう。債務者が倒産に至るのは、債務者に対する過剰な信用の供与が原因であるので、債務者に対してより多くの信用を供与した者が、和解的処理というべき再建型倒産手続の中でより多くの負担を負うべきである。逆に、信用供与をしていない者が有する債権、すなわち「信用を供与する趣旨の原因（取引）に基づいて発生した債権」以外の債権（以下「非信用債権」という）は、再建型倒産手続の対象外とされて権利の変更がされないとしても、債権者平等原則には反しないと解すべきではなかろうか。商取引債権は、それが商品やサービスの対価としての請求権であり、かつ、支払期日までの期間が事務的に必要な決済期間程度の短期間であるものは非信用債権といってよいと思われ、不法行為に基づく損害賠償請求権や法定の原因に基づく債権は非信用債権といえるだろう。他方、貸金債権、手形債権、社債権、譲渡された債権、事務的に必要な決済期間を超えて長期間の期限の利益を与えた債権は、非信用債権に該当しないというべきだろう。

(2) 検討課題

検討課題としては、再建型倒産手続として非信用債権を完全に手続対象外とした手続を新たに創設することが考えられるが、まずは現行法を前提に、一定の事案について非信用債権を民事再生手続又は会社更生手続における対象債権から除外することができる旨の定めを創設することが考えられる。一定の事案として考えられるのは、私的整理手続（事業再生ADR手続等）が不成立に終わった後に法的再建型倒産手続へ移行した場合や、社会的なインフラを担うなど公共性の高い事業を行う大企業で、その事業の破綻や混乱が多数の国民の生命・身体・財産を危険にさらし、経済活動を混乱させるような場合が考えられる。これらの事案は、商取引債権などの非信用債権を再建型倒産手続の対象外とすることの必要性が高く、また、そうすることによって再建型倒産手続そのものが円滑に進行できることになるといえるからである。また、非信用債権を手続開始時から再建型倒産手続の対象外とするのではなく、再生計画又は更生計画の中で非信用債権については他の債権と比べて、権利の変更に差を設けることを認めるという方法も考えられる。他方で、非信用債権以外の債権を有する債権者には、かかる取扱いに対する不服申立ての機会を認めることが必要であろう。なお、このような検討の提案に対しては、非信用債権となる基準の明確さに難があることや、不服申立てを認めることが手続の迅速性の障害となるとの指摘がある。

（上野　保）

○参考文献：『東弁展望』172頁〔杉本純子〕、『二弁30講』225頁〔上野保〕、「一弁冊子」13頁、39頁、『東弁提言』562頁〔鹿子木康〕

82 滞納処分の中止・取消し

> **検討課題**
>
> 再生手続において、国税徴収法又はその例によって徴収することのできる請求権（以下「租税等債権」という）に基づく滞納処分について、民事再生法121条3項、121条4項・121条3項に基づき中止・取消しをできるよう改正し、これに合わせて同法121条3項の「再生債務者が他に換価の容易な財産を十分に有するとき」の要件を削除するよう改正してはどうか。
>
> 現行法：民再121③ないし⑥、122④

1 改正の必要性

(1) 再生への支障の回避

一般に再生手続開始直後の再生債務者の資金繰りは厳しい状況に置かれることが通常であるが、特に中小企業においては、再生手続開始時に既に相当額の租税等債権が未払いとなっている例が多く見受けられるところであり、かかる再生債務者について開始直後に租税等債権に基づく滞納処分が行われれば、直ちに再生債務者の資金繰りが破綻して、その再生の芽が摘まれてしまうことにもなりかねない。しかし、かかる滞納処分が行われた場合でも、その中止・取消しができれば、再生債務者の再生が図られ、民事再生法の目的とするところである、租税等債権者を含めた総債権者の利益を増大させる可能性が生じることとなる。よって、滞納処分の中止・取消しを認める必要性がある。

(2) 制度の利用可能性の拡大

民事再生法121条3項（同法122④で準用する場合を含む。以下同様）は「再生債務者が他に換価の容易な財産を十分に有するとき」を中止・取消しの要件としているが、この要件が満たされる場合は極めて希といわざるを得ず、逆に、この要件が満たされる場合、再生債務者は当該財産を換価して租税等債権を弁済し、滞納処分の解除を求めることができて中止・取消しを求める必要がなくなるから、上記の要件をそのままとすれば、同項を滞納処分に適用できるとしても事実上無意味となってしまう。これは、租税等債権以外の共益債権・一般優先債権についても同様のことがいえる。したがって、上記の要件は削除する必要性がある。

(3) 租税等債権以外の共益債権と一般優先債権たる租税等債権の不公平

現行法下では、一定の要件下で共益債権に基づく強制執行等は中止・取消しできるが、租税等債権に基づく滞納処分は、当該租税等債権が一般優先債権であったとしても中止・取消しの余地はない。これは一部の一般優先債権を共益債権よりも優先しているということであり、他の倒産法制との比較においてもアンバランスである。したがって、この点を是正する必要性がある。

2　改正の相当性

　国税徴収法151条は、①納税者の事業の継続若しくは生活の維持が困難となるおそれがあるとき、又は②国税の徴収上有利であるときには、滞納処分による換価の猶予及び解除を行えると定めており、本検討課題の想定する改正案（以下「本改正案」という）は、実質的には、その判断権者を租税等債権の徴収権者から再生裁判所に移管するだけのものといえる。そして、再生手続中においては、かかる判断は手続全体を管理する再生裁判所が行うのが適任であるから、本改正案には相当性が認められる。なお、同法同条は猶予の期間を1年に限っているが、本改正案においても、滞納処分の中止・取消しが行える期間を認可決定確定時まで等と定めれば、同法同条の期間制限を大幅に変更することにはならないと考えられる。

　また、本改正案は、租税等債権の行使を一時的に制約するだけのものであり、その権利の変更等を生じるものではない。そして、共益債権及び一般優先債権の権利行使の制約は、既に現行法下でも一定の要件で認められている。したがって、本改正案は、共益債権及び一般優先債権の手続外行使を認める民事再生法の建前に抵触するものではないといえる。したがって、この点でも相当性が認められる。

　さらに、民事再生法121条3項の「担保を立てさせて、又は立てさせないで」の要件を適切に適用することによって、「再生債務者が他に換価の容易な財産を十分に有するとき」の要件の削除を適切かつ柔軟に補完できるものと思料される。したがって、この点でも本改正案には相当性が認められる。

（大澤康泰）

○参考文献：「一弁冊子」7頁、『二弁30講』47頁〔大澤康泰〕、『大阪提言』39頁〔木村真也〕、「日弁提言」22頁

83　更生・再生手続開始申立て後の債権の共益債権化

> **検討課題**
> 更生・再生手続開始申立て後の債権について当然に共益債権とする制度を創設してはどうか。
> 現行法：民再120①、会更128②

1　改正の必要性

現行法では、民事再生又は会社更生手続開始申立て後開始決定までの間に、再生債務者又は開始前会社（以下「再生債務者ら」という）が事業の継続に欠くことができない行為をする場合、これによって生じる相手方の債権は、裁判所の許可又はこれに代わる監督委員の承認があって初めて共益債権となる（民再120①②、会更128②③）。以下、監督委員が承認する場面で検討するが、監督委員に対する承認申請は、事前に書面で行うこととされており、監督委員の承認も書面でしなければならないとされている（民再規21①、会更規17②））。

しかしながら、必要な資金を調達し原材料を入手しなければ再生債務者らが事業活動を継続することは事実上不可能であるところ、その取引について個別に監督委員との間で書面による申請・承認手続を取る時間的余裕がない場合も少なくない。したがって、実務的には、事前に監督委員による包括的承認を得たり、口頭による承認申請を行い後日書面で追加したりするという方法が取られている（『条解再生』623頁〔清水建夫・増田智美〕）。

このように承認手続が簡略化されている実務に鑑みれば、事前の監督委員の同意が絶対的に必要とまではいえないように思われる。

2　改正の相当性

まず、再生債務者らの「事業の継続に欠くことができない」という実体的要件を充足すれば、原則として、共益債権となる制度とすることが考えられる。このような制度となっても、相手方において、当該要件を充足しないと判断すれば取引をしなければよいのであり、相手方に不利益を与えることはないであろう。

つぎに、とはいっても、再生債務者らの事業・財務内容、申立てに至る経緯に鑑み、事業の継続に欠くことができない行為であっても、現行法と同様に、事前に監督委員の承認（裁判所の許可）を必要とすべき事案も存すると思われるので、そのような場合には、事前に監督委員の承認（裁判所の許可）を必要とすべき旨を定めることができる制度を残存することが考えられる。

（斉藤芳朗）

○参考文献：『大阪提言』40頁〔木村真也〕

84 債権届出名義等の変更

> **検討課題**
>
> 再生債権の届出に関し、届出名義の変更、届出事項等の変更、届出の取下げについては、再生手続の終了時（終結決定又は廃止決定の効力発生時）まで認め、これらにかかる届出等の内容が再生債権者表に反映（記載）される旨の規定に関連条文を改正することを検討してはどうか。
>
> 現行法：民再96、民再規33、35

1 現行法の解釈及び改正の必要性

再生債権の届出に関し、届出名義の変更（民再96）、届出事項等の変更（民再規33）、届出の取下げがいつまで可能か（時的限界）については、現行法上明文がないところ、いずれも再生計画の認可決定確定時までに限られると解するのが通説とされている。そして、同時点以降の債権者の変更は、再生債権の届出名義の変更の問題ではなく、民法上の債権譲渡の手続によることになり、また、新債権者による強制執行は承継執行文の付与によることになると解されている（『新注釈民再（上）』558頁〔林圭介〕）。再生計画の変更申立権（民再187①）についても、新債権者が移転及び対抗要件具備等の事実を立証することにより行使できると解されている（『条解再生』518頁〔岡正晶〕）。

しかし、再生計画の変更申立てや変更決議を行う場合、権利行使時点の再生債権者（承継人である新債権者を含む）の特定及び範囲の画定は端的に当該時点の再生債権者表の記載に基づき行うことが手続上明確である。また、新債権者が再生債権者表の記載に基づく強制執行をする場合も、同表に届出名義の変更が反映されていれば迅速かつ明確な手続が可能となる。このような取扱いは、現在の通説とは異なる以上、条文解釈上の疑義なく実現するためには、届出名義の変更等を再生手続の終了時（終結決定又は廃止決定の効力発生時）まで認め、これらにかかる届出等の内容が再生債権者表に反映（記載）される旨の規定に法改正することが望ましい。

2 裁判所の負担の増加

上記1の改正を行う場合、再生計画の認可決定確定後も、届出名義の変更等の届出がなされる都度、裁判所書記官に再生債権者表の記載の変更を行う負担が生じることとなるという問題がある。この点、再生手続は再生計画の認可決定確定後も引き続き裁判所に係属しているところ、現在の運用上再生計画の変更決議を行う際には届出名義の変更等を反映させていること（『民再手引』398頁〔佐野友幸〕参照）をあわせ考慮すると、裁判所の負担が過度に増加はしないように思われる。

（並河宏郷）

○参考文献：『東弁展望』393頁〔長島良成〕

85 共益債権の確定手続の創設

> **検討課題**
> 再生手続において、共益債権の早期の確定のため、簡易迅速な決定手続（査定手続）を創設することを検討してはどうか。
> 現行法：民再119ないし121

1 改正の必要性

平成16年破産法改正における財団債権の種類の多様化に伴い、財団債権の該当性が争われる事案が増えていることから、財団債権の早期迅速な確定のため、簡易な決定手続（査定制度）を新設する旨の破産法改正が提言されている（「一弁冊子」22頁）。再生手続についても、次のとおり共益債権の確定制度の新設の必要性が提言されている。「民事再生手続では、共益債権は手続外で随時支払われることとなるので、再生債権か否かに争いがある場合の確定手続が必要となる。これは破産手続におけると同様の要請である。共益債権か否かの確定手続は、現状では通常訴訟手続によって確定が図りうるにとどまり、事案によっては、当事者に過度の時間と労力を費やさせることとなる可能性がある。よって、再生債権の確定と同じく、簡易迅速な手続を、民事再生手続内に創設すべきである。」（『東弁提言』〔長島良成〕248頁）。再生手続では、債務を早期に確定させて再生計画の策定やその履行を容易にする必要性が高く（この法意は相殺権行使の時期等を破産手続よりも制限する規律等からも看取される。また、関連する重要判例として最一小判平25.11.21民集67巻8号1618頁参照）、共益債権性及び額につき、簡易迅速な決定手続の導入は有用な一策となり得る。

2 改正の相当性

共益債権は、再生手続によらないで随時弁済を受ける権利であり、かつ、再生債権に先立って弁済を受ける権利である（民再121①②）。かかる共益債権者の地位に鑑みると、改正の相当性を支える基礎として、裁判を受ける権利（憲32）を保障する見地から、査定異議訴訟への移行の手続を確保しておく必要性は、再生債権の場合にもまして高いと考えられる。また、申立権者や手続進行の仔細（共益債権の「届出」及びこれに対する異議を前提とするか否か等を含む）の具体的な詰めが必要と考えられる（関連する制度として、民事再生規則には共益債権の申出の制度（民再規55の2）があるが、これは管理型事案における管財人の共益債権の把握の便宜のために共益債権者に訓示的な申出を定めたものにとどまり、実務上活用されていない）。

（粟田口太郎）

〇参考文献：「一弁冊子」22頁、『東弁提言』230頁〔長島良成〕

86 債権者平等の例外

> **検討課題**
> 1 「悪意で加えた不法行為に基づく損害賠償請求権」及び「故意又は重大な過失により加えた人の生命又は身体を害する不法行為に基づく損害賠償請求権」について、平等原則の例外として明示してはどうか。
> 2 「性質又は発生原因により他の債権と比較し特別な取扱いが必要な債権」について、平等原則の例外として劣後化するための規定を設けてはどうか。
> 現行法：民再155①但書、会更168①但書

1 検討課題1
(1) 改正の必要性

「悪意で加えた不法行為に基づく損害賠償請求権」及び「故意又は重大な過失により加えた人の生命又は身体を害する不法行為に基づく損害賠償請求権」については、その責任を免除することは正義に反するし、保護の必要性も特に高いことから、会社更生手続や通常再生手続において、平等原則の例外として取り扱うべき必要が認められる場合がある。

この点、これらの手続においては、実質的平等（民再155①但書、会更168①柱書但）によって対応が可能であるから改正の必要はないとの見解も考えられるが、対象となる債権者の保護の要請は、計画提出者の裁量や他の債権者の意向に左右されるべきものではないから、これらの債権について債権者の権利として位置付ける必要があると考えられる（『東弁展望』34頁〔伊藤眞〕）。

具体的には、「悪意で加えた不法行為に基づく損害賠償請求権」及び「故意又は重大な過失により加えた人の生命又は身体を害する不法行為に基づく損害賠償請求権」について、平等原則の例外として明示することが考えられる。

(2) 改正の相当性

個人再生手続では、「悪意で加えた不法行為に基づく損害賠償請求権」及び「故意又は重大な過失により加えた人の生命又は身体を害する不法行為に基づく損害賠償請求権」は、当該債権者の同意なくして、再生計画による債務の減免などの権利変更が許されない旨を規定する（民再229Ⅲ①②）。また、これらの債権は、破産法上も非免責債権とされている（破253条①二三）。

これらの取扱いは、上述のとおり、その責任を免除することは正義に反し、保護の必要性も特に高いことを理由とするものであるところ（『大コンメ』1087頁〔花村良一〕）、かかる理由については通常再生でも何ら変わらないから、改正の相当性が認められる。

2　検討課題2

(1) 改正の必要性

再建計画における権利変更の内容は平等でなければならないとされるが（民再155①本文、会更168①本文）、「差を設けても衡平を害しない場合は、この限りでない。」（同条項但書）とされている。例えば、親子会社間の債権、支配株主の債権、旧経営者または現経営者の債権を劣後的に扱うことも衡平を害しないばかりか、これらを同等に扱うことは、かえって衡平に反する場合もあるとされている（民再注解836頁）。

しかし、例示がないため、いかなる場合が例外に該当するか不明確である。基準の明確化のため「性質又は発生原因により他の債権と比較し特別な取り扱いが必要な債権」について、劣後的取扱いをすることを明示する必要性が認められる。

以上の理由から、倒産債権（内部者債権）の劣後化に関し、以下のような提言がなされている（『東弁展望』492頁〔小島伸夫〕）。

① 実質的平等を確保するために、劣後的倒産債権の規定を設ける。
② 劣後化される債権の範囲は、いわゆる内部者債権に限らないが、非内部者の債権を劣後化する場合は、当該債権者が債務者を支配する関係にあることを要件とする。
③ 劣後化の要件は、ア）内部者又は会社を支配するものであること、イ）これらの者の不衡平な行為があることとする。なお、実質的な判断が不可避であることからすると、条文の文言はある程度抽象的なものとせざるを得ないのではないかと思われる。
④ 上記の倒産債権の劣後化は、実質的平等を図るものであり、会社更生法168条1項但書及び民事再生法155条1項但書と共通性を有するものであるが、これらの規定については、倒産債権の劣後化の新設にもかかわらず、変更を加えないこととする。

(2) 改正の相当性

内部者債権等の劣後化を立法化することに対しては、①劣後化の根拠としての実体法的な説明（過小資本・資本代替的貸付の理論）が、我が国における実体法的根拠を欠く、②実体法的の根拠を信義則に求めると、個別具体的な事情に基づく判断に拠らざるを得ず、立法により客観的な基準を設けることは困難であるなどの批判があり得るところである。

改正の是非を検討するにあたっては、かかる観点からの慎重な議論が必要であると思料される。

（三村藤明）

○参考文献：『東弁提言』531頁〔大石健太郎〕、『東弁展望』492頁〔小島伸夫〕

87 会社分割手続の合理化と計画外会社分割

> **検討課題**
> 1 民事再生法において、裁判所の許可と株主総会の承認決議に代わる裁判所の代替許可によって会社分割を行うことができる旨の規定、又は民事再生法42条及び43条の準用規定を新設してはどうか。
> 2 会社更生法において、会社更生法46条2項以下に準じ、更生計画によらずに裁判所の許可によって会社分割を行うことができるものとする規定を新設してはどうか。
> なお、上記改正を行う場合には、債権者保護手続（会789、799、810）並びに剰余金の配当等に関する特則（会792、812）は適用除外とすべきである。
> 現行法：1につき民事再生法における事業譲渡に関する規律（民再42、43）、2につき会社更生法における事業譲渡に関する規律（会更45、46）、更生計画による会社分割に関する規律（同167②、45①七、182、182の2、210①、222、223）

1 改正の必要性

民事再生法は、手続開始後における事業譲渡に関する裁判所の許可及び株主総会の承認決議に代わる裁判所の代替許可を定めるが（民再42①、43①）、会社分割に関する定めはない。会社分割は、契約上特段の定めのない限りその地位を承継するために相手方の個別同意は不要である点、不動産取得税や登録免許税の点で税務コストを軽減し得る点、従業員の承継に個別同意が不要である点など事業譲渡と比し優位であり、再生債務者の事業承継に用いるニーズは高い。しかるに現行の民事再生法には会社分割についての定めがなく、これを実行するには会社法上の手続を履践しなければならず、株主の無関心等の事情により株主総会決議において承認が得られない場合には利用できない。また、会社更生法においては、更生計画における会社分割（会更167②、45①七）と、裁判所の許可による事業譲渡（同45、46②、182、182の2）の定めはあるが、裁判所の許可による会社分割は定めがないため、更生計画の定めに先立ち会社分割を行うには株主総会決議が必要となり、上記と同様の問題が生じる。

民事再生法（平成11年法律第225号）及び会社更生法（平成14年法律第154号）が裁判所の許可による事業譲渡手続を設けたのは、計画案作成を待っていたのでは事業が劣化してしまう場合が少なくなく、早期の事業譲渡が利害関係人全体の利益に資するケースが多いからであるが（花村良一『民事再生法要説』（商事法務研究会、2000年）140頁参照、法務省民事局参事官室「会社更生法改正要綱試案補足説

明」NBL733号24頁以下)、同様の事情は会社分割でも認められる。事業譲渡と比した会社分割の利点に照らし、改正の必要性は高い。

2 改正の相当性

　会社分割制度は平成12年5月に成立した改正商法により導入されたところ、民事再生法の成立は平成11年12月であり、会社分割の定めがないのは時間的なずれによるものと解される。現行会社更生法（平成14年法律第154号）の立法過程において更生計画によらない会社分割（計画外会社分割）について検討されたが、①旧商法下において、債務の履行の見込みがない場合には会社分割は無効と解されており（旧商法374条ノ18①三参照）、更生計画認可前の更生会社については、およそ債務の履行の見込みがあるとはいえない、②会社分割については、更生計画案をもって行う（旧会更211②及び217）ことで足り、事業譲渡と同様に計画外で行うまでのニーズはない、との点から立法を見送られた。しかし、①については、会社法の制定により、債務の履行の見込みがあることは会社分割の実体的要件でなく、仮に債務の履行の見込みがないときも、事前備置書面にその旨を記載（会更規183六、192七及び205七）すれば足り、会社分割の無効事由にはならないと解される（相澤哲ほか編著『論点解説 新・会社法』674頁）。②についても、税務メリットや契約上の地位の承継の便宜から、会社分割を選択すべき事案も多く、例えば、多数の土地を有し、多数の借地契約を締結しているゴルフ場、多数の店舗を有し、所有不動産、賃借物件等が多数存する小売業など、更生計画外会社分割を認めるべき必要性が存する。また、会社分割は「組織法上の行為」であり「包括承継」である点で、「取引行為」であり「個別承継」である事業譲渡と異なるものの、裁判例上、会社分割について詐害行為取消権（最三小判平24.10.12民集66巻10号3311頁）や否認権の行使、事業譲渡に関する会社法22条の類推適用（最三小判平20.6.10金法1848号57頁）が認められるなど、区別は相対的といえる。事業及び権利義務の承継等の機能において事業譲渡と会社分割とは実質的に同一といえる。

　債権者の保護としては、会社法上の手続（会789、799、810）ではなく、意見陳述手続（民再42①、会更46③１）によって図ることができる。また、債務超過の状態において、株主への実質的な優先弁済が行われる事態を避けるべく、剰余金の配当等に関する特則（会792、812）は適用除外とすべきである。

（蓑毛良和）

○参考文献：『東弁展望』254頁〔綾克己〕、『東弁提言』491頁〔綾克己・浅沼雅人〕、「一弁冊子」9頁、『大阪続』234頁〔中森亘〕、「日弁提言」23頁

88 会社分割における労働契約承継手続の合理化

> **検討課題**
>
> 　会社更生法及び民事再生法において、計画に基づくか否かを問わず、会社分割の効力発生日における更生会社又は再生債務者の従業員全員を設立会社等に承継する場合は、労働契約承継手続を適用除外とし、労働組合又は労働者の過半数の代表者に対する意見聴取を裁判所の計画の認可又は会社分割の許可の前に行う旨の規定を設けてはどうか。
> 　現行法：平成12年商法改正法附則5①、会社分割に伴う労働契約の承継等に
> 　　　　関する法律7、同法施行規則4

1　改正の必要性

　会社分割に伴う労働契約の承継等に関する法律（以下「労働契約承継法」という）4条及び5条は、一定の要件のもと、分割会社の従業員の異議申出手続を定める。その他、平成12年商法改正法附則5条1項、労働契約承継法、同法施行規則及び指針は、分割会社が講ずべき措置の詳細を定める。このうち、平成12年商法改正法附則5条1項は、分割会社は労働契約承継法2条1項に基づく通知をすべき日までに個々の労働者との個別協議を実施する旨を定め（以下「5条協議」という）、労働契約承継法7条に基づく、労働者の理解と協力を得る努力義務の具体的内容として、すべての事業場において当該事業場の過半数で組織する労働組合又は労働者の過半数を代表する者との協議を実施することが求められている（労働契約法指針第2、4、(2)、以下「7条措置」という）。最二小判平22.7.12（民集64巻5号1333頁）は、5条協議が全く行われていない場合や、実質的にこれと同様の場合に、個別労働契約の承継の効力を争うことができると判示し、7条措置が行われていないことは5条協議の実施の有無について推認させる事実として評価し得ると判示するが、5条協議及び7条措置には相応の期間がかかり、短期間で実行することが困難な場合がある。

2　改正の相当性

　上記法令等の趣旨は労働者の保護であるが、倒産手続において全従業員を新会社に承継して旧会社が解散する場合、承継を希望しない従業員は退職することで、同人の意思を反映することができる。また、裁判所の許可による事業譲渡において、裁判所に労働組合又は労働者の過半数代表者の意見聴取が義務付けられているが（会更46③3、民再42③）、同様の意見聴取の規定を設けることで、労働者の保護は図られ得る。

（蓑毛良和）

○参考文献：『東弁提言』491頁〔綾克己・浅沼雅人〕

89 会社分割における許認可の移転

> **検討課題**
>
> 会社更生法231条に基づく、許認可等の移転について、同法225条１項に規定する新会社のみならず、更生計画に基づき会社分割が行われる場合を含むように改正してはどうか。再生計画に基づき会社分割が行われる場合も、同様の規定を設けてはどうか。会社更生法及び民事再生法において計画外での会社分割について立法する場合は、当該会社分割にあたって、裁判所の許可により設立会社等に許認可等を移転できる旨の規定を設けてはどうか。
>
> 現行法：会更225①、183、231

1　改正の必要性

　会社の事業遂行にあたり、行政庁から得ている様々な許可、認可、免許その他の処分に基づく権利義務（以下「許認可等」という）が必要である場合があるが、許認可等の承継の可否は、業法により様々に定められている。許認可等の承継が認められず、又は承継にあたって管轄官庁の認可等を要件とする場合には相応の時間を要するため、円滑な認可等の取得又は承継ができず、会社分割の実行を延期し又は会社分割を選択ができない事態も生じる。

　この点、会社更生法231条は、更生計画において新会社を設立し、旧会社が行政庁から得ていた許認可等に基づく権利義務を新会社に移転することを定めたときは、新会社は改めてこれらの許認可等の処分を受けることを要しない旨定める。新会社の設立を容易にする趣旨であるが（『条解更生（下）』929頁）、同趣旨は、新設分割により新設分割設立会社に事業を承継する場合や吸収分割承継会社に事業を承継する場合にもあてはまる。また民事再生法において、会社更生法231条のような規定は存在しないが、会社分割にあたっての許認可等の移転の必要性は、会社更生手続と同様である。

2　改正の相当性

　許認可等にかかる行政庁の判断を尊重する必要はあるが、許認可等の処分等を定める更生計画案についての必要的意見聴取（会更187）、及び当該意見と重要な点で反しないことが計画案の認可要件であること（会更199②六）をもって満たすことが可能である。民事再生手続でも、同様の規定を設けることにより、行政庁の判断を尊重することが可能である。

（蓑毛良和）

〇参考文献：『東弁提言』491頁〔綾克己・浅沼雅人〕

90 法人の再生手続における再生債務者の競売申立権

> **検討課題**
> 法人の清算型の再生手続において、裁判所の許可又は監督委員の同意を得て、再生債務者の申立てにより不動産その他の財産を競売により換価することを認める制度を創設してはどうか。
> 現行法：破184②

1 改正の必要性

　法人の再生手続においては、事業価値を有する部分について会社分割又は事業譲渡を行った上で、再生債務者の法人格を消滅させる清算型の再生が多く見られる。しかしながら、分割又は譲渡の対象外とされた不動産等の処分ができないと、清算を結了して法人格を消滅させることができない。そこで、清算型の再生手続においては、担保権者が賃料に対する物上代位による回収を継続するなどして競売申立てを行わない場合等において、かかる不動産等の資産を処分する手段を再生債務者に与える必要がある。

2 改正の相当性

(1) 再生債務者による不動産の放棄が事実上できないこと

　破産管財人は、所有権の主体ではなく、財産の管理処分権を有するにとどまるから、破産手続における「放棄」とは、破産管財人の管理処分権の放棄である。これに対し、再生債務者は、所有権の主体であり、民事再生手続における「放棄」とは、所有権そのものの放棄であると解され、両者は法的意味を異にする。

　所有者のない不動産は、国庫に帰属する（民239②）。したがって、再生債務者が不動産の所有権を実体的に放棄することができれば、当該不動産は無主物となって同条項により国庫に帰属し、問題の解決が可能なはずであるが、単独で放棄の登記をすることはできず（昭和57年5月11日民三第3292号民事局第三課長回答）、国が放棄者から国への所有権移転登記手続に応じないため、不動産の放棄が事実上できないのが現状の実務である。

(2) 担保権者への制約としても合理性があること

　再生債務者に競売手続による換価を認める場合には、担保権者が実行の時期選択権を制限されることになるが、破産手続においても同様の制約が認められており、清算型に限定した上で、裁判所の許可又は監督委員の同意を要件として、再生債務者が換価費用を負担して競売を申し立てる場合に担保権者の時期選択権を制限することには合理性があると考える。

（八木　宏）

○参考文献：『大阪続』242頁〔新宅正人〕

第5章

個人再生

第5章　個人再生・総論

1　個人再生手続の検討課題
　民事再生法の改正により、同法13条に個人再生の特則が規定された（施行は平成13年4月1日）。施行から10年以上を経て、実務上、様々な問題が生じている。それらのいくつかは運用による工夫がなされているが、解釈上の問題に亘る事項も多々ある。運用や解釈の明文化等、改正を検討すべき課題が指摘されている。
　個人再生は特則であるから、通常の再生手続に関する規定の一部が適用除外となっており、個人再生では適用されない制度がある。それらのうち、否認権、担保権消滅制度につき、個人再生でも適用を認める必要性が指摘されている。
　通常再生手続と共通する制度ではあっても、個人再生手続の特殊性から、清算価値保証原則、履行の確保につき、検討課題が指摘されている。
　住宅資金貸付債権に関する特則（以下「住宅資金特別条項」という）については、適用要件、適用範囲、適用後の処理等に亘り、検討課題が指摘されている。

2　具体的な検討課題
(1)　清算価値保証原則
　清算価値の範囲を構成する財産の範囲につき、現在は、破産法上の自由財産拡張（破34④）に適する財産であっても清算価値を構成するという運用が大多数を占めるが、個人再生においても清算価値から除外するとの検討課題がある。また、現行法では明記されていない、清算価値算定の基準時につき、開始決定時と明記するという検討課題もある　(91)。

(2)　否認権
　現行法上、個人再生では認められていない否認権の行使に関し、否認権行使の必要性や、否認権を行使せずに清算価値への加算のみを行うことが不適切な場合のあることを指摘し、否認権行使可能とする検討課題がある　(92)。

(3)　担保権消滅請求制度
　現行法上、個人再生では認められていない担保権消滅請求制度について検討課題がある。個人債務者の経済生活の再生においても、代替性のない必要不可欠な財産である場合には、担保権消滅請求制度の利用を認めるというものである　(93)。

(4)　履行確保
　個人再生では、再生計画認可決定確定後の弁済は再生債務者の自助努力に委ねられているため、履行を監督する手段を法定する必要が指摘されている。現在運用として実施されている履行テストを明文化することや、再生計画の履行を個人再生委員が監督する制度を設ける方法が考えられる　(94)。

(5)　住宅資金特別条項
　住宅資金特別条項については、解釈上、実務上、数々の問題があり、より制度趣

旨に即して条項を利用できるよう複数の検討課題が出されている。

「住宅」の定義に関し、住宅資金貸付債権の発生時に再生債務者が所有していることに限定せず、取得時期を問わないとすることを求めるものがある（95）。

「住宅資金貸付債権」の定義に関し、貸金に限定せず割賦販売なども含め、また、仲介手数料や登記手数料等の諸費用ローン、住宅ローンの借換後のローンもこれに含めることを求めるものもある（95）。

住宅ローン以外を被担保債権とする後順位担保権が存在する場合に、担保目的物の価値把握部分を住宅資金特別条項の対象とするよう価格査定手続を設け、住宅資金特別条項を利用可能とするという検討課題がある。また、この価格査定手続を利用し、担保価値把握部分のみ住宅資金特別条項の対象とし、その余を通常の再生債権として処遇する類型の住宅資金特別条項を設けるという指摘もある（96）。

住宅資金特別条項を利用する場合に、住宅ローンの支払を支払停止後に継続することにつき、被担保債権のうち担保目的物で担保されている部分の弁済は偏頗行為否認の対象とならないことの明記を求めるものがある（97）。

ペアローンの場合、住宅資金特別条項の適用を認めることを明文化し、さらに、ペア一方による単独申立ての場合にも住宅資金特別条項の利用を可能とする法改正を求めるものがある（98）。

夫婦で住宅を共有し、夫が住宅ローン債務を負担し、妻が連帯保証している場合、妻の連帯保証債務の履行請求権についても住宅資金特別条項を付すことができるよう住宅資金貸付債権の範囲の拡大を求めるものもある（99）。

住宅ローン債権について「巻戻し」が行われた際の保証会社の再生債務者に対する競売費用等の請求権は再生債権と扱う旨の規定を設けることを求めるものがある（100）。

さらに、住宅資金特別条項を定めた再生計画で、住宅資金貸付債権を除く再生債権の弁済完了後に再度破綻した場合に、再生債権を復活させる必要がないことを指摘するものがある（104）。

(6) 小規模個人再生

小規模個人再生の再生計画による権利変更につき、通常再生と同様に実質的平等とすることの検討を求める（101）、自認債権についても計画弁済の対象とすることの検討を求める（102）等を検討課題とするものがある。

(7) その他

ハードシップ免責制度をより機能させるためにハードシップ免責の弁済要件の緩和を検討課題とするものがある（103）。

（服部千鶴）

91 清算価値保障原則と破産法上の自由財産拡張制度との関係／清算価値保障原則の基準時

> **検討課題**
>
> 1 個人再生における清算価値の算定にあたり破産法上の自由財産拡張制度を考慮することを明記する改正を検討してはどうか。
> 2 清算価値算定の基準時を再生手続開始決定時であることを明記する改正を検討してはどうか。
>
> 現行法：民再231①、174②四、241②二、236、242

1 個人再生における清算価値保障原則と破産法上の自由財産拡張

(1) 現在の実務運用

再生債務者が保有している財産が破産した場合に認められるべき自由財産拡張（破34④）に適するものであったとしても、現在の実務では、清算価値を構成するという運用が大多数を占める。

(2) 清算価値保障原則の趣旨からの考察

しかし、清算価値保障原則（民再231①、174②四、241②二）の趣旨からは、破産になった際に破産財団を形成せず、配当原資とならない部分は、個人再生においても清算価値から控除されるべきである。現在、多くの裁判所で詳細な自由財産拡張運用基準が設けられていることからすれば、恣意的な判断がなされるおそれは少なく、また、利害関係人の予測可能性も確保されうる。

もっとも、破産手続における自由財産拡張においては、異議申立権のない破産債権者の利害と破産者の利益とのバランスをとるため、破産管財人の意見を聴くこととされている（破34⑤）。この点、個人再生においては、同様の任務を個人再生委員に担わせればよいと考えられる。

(3) 検討課題

現在の清算価値保障原則の解釈としても、自由財産拡張の趣旨を反映させることは十分可能であると考えられるが（『システム(2)』285頁〔山本和彦〕）、疑義を払拭するため、民事再生法174条2項4号及び241条2項2号を改正し、清算価値保障の算定において、個人再生委員が破産法34条4項の事情を考慮して破産の場合に自由財産として拡張すべき財産と判断するものについては、これを除外する旨の規定を設けることを検討してはどうか。

2 個人再生における清算価値算定の基準時

(1) 現行法における解釈

清算価値保障原則の基準時は、申立時や開始決定時、再生計画案提出時ではなく、再生計画の認可時とする見解が有力である（民再236、242。『システム(2)』285頁〔山本和彦〕、『個再手引』208頁）。

⑵　清算価値算定の基準時を認可時とすることが相当でないこと
　しかし、個人の再生債務者の財産が申立時から認可時までに大きく変動することは少ない。
　そもそも、民事再生法は、通常再生と異なり、財産評定後の財産目録（民再124②）について、再生手続申立時に提出した財産目録（民再21、民再規14①）を引用することが可能であるとしている（民再規128、140）。実際の運用としても、個人再生で財産評定後の財産目録の提出は行われていないのが通常である。また、民事再生法は、個人再生では貸借対照表の提出を不要としている（民再228、244、『一問一答個再』205頁）。すなわち、個人再生手続において、裁判所による再生計画の認可の可否の判断の際の清算価値保障原則充足の確認は、開始決定時に近接する申立時の財産目録を基準とする運用が行われているということができる。
　また、認可時を清算価値算定の基準時とした場合、再生計画案の提出時に将来の認可時の財産総額を予想することが必要となるが、原理的に不可能といわざるをえない。
　さらに、再生計画において権利変更される再生債権は開始決定時をもって画されることになる（民再84①）のであるから、保障されるべき清算価値も開始決定時を基準とすることが公平である。
　そうすると、現行法の解釈としても、清算価値の基準時を開始決定時と解釈することは可能であると思われる。
　財産評定を厳格に行う通常再生においても、清算価値の判断は、財産評定の結果である開始決定時の財産額を基準としているが、これと異なる基準時を設ける合理的理由はない。
⑶　検討課題
　解釈論として、前記のとおり基準時を認可時とする見解もあるが、個人再生手続制定時の法制審議会においてもこの点の議論がなされていた形跡は見当たらず、認可時とする合理的な理由はないと考えられる。そこで、解釈上の疑義を払底するために、民事再生法174条2項4号、241条2項2号、236条及び242条を改正して基準時が民事再生手続開始決定時であることを明記する改正を検討してはどうか。

（新宅正人）

○参考文献：『大阪提言』290頁〔新宅正人〕

92　個人再生における否認権行使

> **検討課題**
> 　個人再生において、否認対象行為がある場合に個人再生委員又は再生債務者が否認権を行使することができるものとし、清算価値の算定にあたっては、否認権行使によって取り戻されるべき財産の額を加算するものとしてはどうか。
> 　現行法：民再238、245

1　改正の必要性

　現行法において、個人再生では否認権の行使は認められておらず（民再238、245による第6章第2節の適用除外）、否認対象行為がある場合には、清算価値保障原則との関係から、否認権を行使したと仮定した場合に増殖したであろう財産を清算価値に加算する処理が取られている（東京高決平22.10.22判タ1343号244頁）。しかし、個人再生においても、否認対象行為が問題となる場面は少なくなく（『個再手引』220頁〔石田憲一〕）、否認権行使によって取り戻されるべき財産の額を清算価値に加算させるのであれば、否認権行使を認めて再生債務者の財産の回復を図る機会を与えることが適切である。また、偏頗行為否認が問題となる事案では、清算価値の加算にとどまると、偏頗行為によって早期回収した債権者が他の再生債権者よりも多額の弁済を受けることを結果的に容認することになり、債権者平等の見地からも適当ではない。

2　改正の相当性

　個人再生における否認権適用除外の立法趣旨は、否認権行使を認めるとその決着を待たなければ債務者の総財産の価額が明らかにならず、再生計画を決議に付することができなくなり、簡易迅速な個人再生の趣旨が大きく損なわれるからと説明される（『一問一答個再』269頁）。しかし、再生計画案の作成における清算価値の上乗せと否認権行使の手続とを切り離せば、そのような不都合は生じない。

　否認権行使を認めた場合の行使主体は、通常再生における否認権行使とのバランスから、通常再生における監督委員に相当する個人再生委員とすることが考えられるが、清算価値に加算させることを前提とすると、再生債務者に行使させても問題は少ないと思われること、個人再生委員の選任については全国的に運用が統一されていないこと等から、再生債務者に否認権を行使させる制度も考えられる。

（眞下寛之）

○参考文献：『大阪提言』291頁〔新宅正人〕

93 担保権消滅請求制度の利用

> **検討課題**
> 個人再生において、「個人の経済生活の再生に欠くことができないものであるとき」には、担保権消滅請求の制度を利用できるよう改正してはどうか。
> 現行法：民再148①

1 問題の所在（立法の経緯）

個人債務者の経済生活の再生に必要な財産であっても、担保権消滅請求の制度の対象とはならない（民再148①）。民事再生法の成立時点においては、個人債務者の経済生活の再生の場合には、代替性のない必要不可欠な財産は想定し難いと考えたからである（『一問一答民再』191頁）。個人再生手続の創設の際も、住宅資金貸付金債権に関する特約との関連において、持ち家住宅の保持は個人の経済生活の再生に不可欠なものとはいえず、また、担保権消滅請求制度を設けても、個人債務者が現実にこれを利用することは困難と考えられていた（『一問一答個再』19頁）。

2 改正の必要性

しかし、個人債務者の経済生活の再生の場合においても、代替性のない必要不可欠な財産があるときは、担保権消滅請求の制度が利用できるようにすべきである。

まず、個人債務者のローンが残り、その担保権が設定された持ち家住宅（土地・建物）は、個人の生活の本拠となるもので、ロケーション等において個性の強い財産であり、売却や引越し等に多額な費用を要することからすると、代替性のない必要不可欠な財産となりうる。次に、ローンの残った所有権留保付自動車がある。自動車は、住宅ほど個性の強い財産ではないが、通勤・通学の手段、また買い物等の日常生活の手段であり、適切な代替品を探し、しかるべき手続や購入費用が必要となることを考慮すると、代替性のない必要不可欠な財産となりうる。

3 改正の相当性

担保権消滅請求の制度は、債務者のイニシアティブにより担保権の目的物の価額に相当する額を一括弁済することによって、担保権者との間の法律関係を一方的に変更する点において、抵当目的物の第三取得者等による抵当権消滅請求（民379。平成16年民法改正前の「滌除」）の制度と共通する（『一問一答民再』191頁）。この抵当権消滅請求の場合、理論的に対象となる財産を限定する理由はなく、現に当該財産が事業の継続に欠くことができない財産等であるとの限定はしていない。担保権消滅請求の制度の場合も同様である。ただし、債務者が一括弁済資金を調達できなかった場合や担保権者が価額決定の請求を行った場合などに住宅資金特別条項との関係をどのように整理するかは検討する必要があろう。

（山田尚武）

○参考文献：『大阪提言』289頁〔新宅正人〕

94 個人再生における履行の確保

> **検討課題**
> 1 個人再生において、履行テストを明文化してはどうか。
> 2 個人再生において、一定の要件の下で、オプションとして再生計画認可決定確定後も手続が終結せず、個人再生委員による履行監督を行う制度を設けることを検討してはどうか。
> 現行法：民再223②、233、244

1 改正の必要性

　個人再生においては、再生手続は再生計画の認可決定確定によって当然に終了し（民再233）、個人再生委員の職務に、再生債務者による再生計画の履行監督は含まれていない（民再223②）。個人再生は、同意しない再生債権者についても多数決により強制的に債権を減額する手続でありながら、弁済については再生債務者の自助努力に委ねられており、再生計画の履行を監督する手段が存しない。そのため、現在は裁判所の運用で、再生計画の履行可能性を判断するため、再生債務者に対して再生計画案の提出時までに毎月の計画弁済予定額の積立てを求め、再生計画案の提出時に積立状況に関する報告書を提出させたり（『個再100問』29頁〔新宅正人〕）、再生債務者から個人再生委員に毎月一定の金額を分割予納金として納付させる（『個再手引』86頁〔木村匡彦〕）等の履行テストが行われている。

　しかし、再生債権者の立場からすれば、再生計画に基づく弁済も再生手続の一部であると考えても無理からぬところがあり、倒産手続に対する信頼確保の観点から、再生計画の履行確保は実務における重要な課題といえる。そこで、端的に、現在運用として実施されている履行テストを明文化することが考えられる（検討課題1）。また、一定の要件の下で、オプションとして、認可決定確定後の再生計画の履行を個人再生委員によって監督する制度を設けることを検討してはどうか（検討課題2）。

2 検討にあたって留意すべき点

　個人再生は、手続の規模が通常の再生手続に比して著しく小さく、費用対効果の観点から、再生計画の履行を監督する機関を置き、これに対して費用及び報酬を支払うことは相当ではなく、そのような費用を支払う資力がある場合にはその分を弁済に振り向けるのが合理的であるとの指摘（『一問一答個再』249頁）を踏まえると、検討課題2については、例えば再生債務者に申立代理人が就いていない等の一定の要件を充たす場合に限定する等、慎重な検討が必要であると考える。

（眞下寛之）

○参考文献：『東弁展望』35頁〔山本和彦〕、『東弁提言』125頁〔鈴木義和〕

95 住宅資金特別条項における「住宅」と「住宅資金貸付債権」の定義

> **検討課題**
>
> 住宅資金特別条項の定めをする際の前提となる「住宅」の定義につき、その取得時期を問わないこととしてはどうか。また、「住宅資金貸付債権」の定義につき、割賦代金等・諸費用ローン・借換後のローンもこれに含まれることとしてはどうか。
>
> 現行法：民再196一三

1 「住宅」の定義に関する改正の必要性

現行法は、「住宅」につき「個人である再生債務者が所有し、……」と定め（民再196一）、また、「住宅資金貸付債権」につき「住宅の建設若しくは購入に必要な資金……の貸付けに係る……再生債権であって……」と定めている（民再196三）。したがって、両者を整合的に判断して解釈すると、住宅資金貸付債権の発生時に再生債務者が「住宅」を所有していたことが住宅資金特別条項の要件となる（すなわち、住宅資金貸付債権の発生時に再生債務者以外の者の所有となっていた場合、それは「住宅」に該当しない）ものと考えられる。

しかしながら、上記の解釈を前提とすると、都合により子名義でローンを組み、親名義で自宅建物を取得していたところ、その後、親が死亡して子が自宅建物を相続したという事案においては、住宅資金特別条項を利用することはできなくなるが、これは、債務者に住宅を保持させつつ経済的再生を図るとする住宅資金特別条項の立法趣旨からすれば、不都合な結果となる（上記事案において、住宅資金特別条項の利用を否定しなければならない特段の事由は見当たらない）。

したがって、解釈上の疑義が生じないように、「住宅」の定義において、その取得時期を問わないこととしてはどうか。

2 「住宅資金貸付債権」の定義に関する改正の必要性

(1) 現行法の定義では、「住宅資金貸付債権」の範囲はあくまでも「貸付けに係る」債権に限定されているが、そもそも貸金によって住宅取得資金が調達される場合がすべてではなく、例えば住宅を割賦販売によって取得したといった事例も認められるところ、現行法では、後者の場合に住宅資金特別条項を利用することはできない。

ところで、「住宅資金貸付債権」の定義は、租税特別措置法41条1項の定める住宅ローン減税の基準が参考とされてきたとの立法経緯があるところ（『一問一答個再』62頁）、同法が認める住宅ローン減税の対象は、貸金にとどまるものではなく、①請負代金・売買代金で10年以上の分割払いのもの（租特41①二）や、②中古住宅の取得対価に係る債務の承継に関する契約に基づく債務（ただし、債権者が独

立行政法人都市再生機構等のものに限る）で10年以上の分割払いのもの（租特41①三）にまで及んでいる。この点からは、割賦代金等も住宅ローンとしての実質を備えていると評価されているものと解することができる。

　したがって、租税特別措置法の上記規定を参考に、割賦代金等についても、「住宅資金貸付債権」に含めるものとしてはどうか。割賦代金等に対しても住宅資金特別条項の利用を認めるべきであるとの柔軟な解釈を取る実務上の運用例も認められるところではあるが、解釈上の疑義を取り除くためにも、立法上の解決が求められるところである。

(2)　また、仲介手数料、登記手数料や住宅取得時の税金の支払のために、本来の住宅ローンとは別口で、ローンが設定されることがある（以下、こうした別口のローンを「諸費用ローン」という）。「住宅の建設若しくは購入に必要な資金」とする現行法の定義からは、諸費用ローンをこれに含める解釈を取ることは困難である。この点は、租税特別措置法の定める住宅ローン減税の基準の中に、諸費用ローンまでは含まれていないことからも導かれる帰結ではないかと考えられる。

　しかしながら、諸費用ローンも、その実質は、住宅取得のための費用に充てる目的での借り入れである点で、本来の住宅ローンと異なるところはない。したがって、上記1に記載した住宅資金特別条項の立法趣旨からすれば、諸費用ローンを除外する特段の理由は認められず、「住宅資金貸付債権」の定義において、諸費用ローンをこれに含めることとしてはどうか。

(3)　住宅ローンの借換えを行った場合、借換後のローンも「住宅資金貸付債権」に該当することになるのか、現行法の定義からは明確でない。この点、実務上は、借換えの前後で住宅ローンの実質的な同一性は保たれているとして、借換後も住宅資金特別条項の利用を認める取り扱いがなされているようであるが、解釈上の疑義が生じないように、借換後のローンも「住宅資金貸付債権」に含める旨を明記してはどうか。

(4)　「住宅資金貸付債権」の範囲を、住宅ローンの連帯保証債務にまで広げるべきか否かの問題については、本書99を参照のこと。

3　改正の相当性

　上記の検討課題は、いずれも、住宅資金特別条項の制度趣旨に合致したものであると考えられるし、対象となる担保権者や一般再生債権者の利益を特段害することにはならない。したがって、改正の相当性も認められる。

（服部一郎）

○参考文献：『東弁展望』560頁以下〔縣俊介〕、『大阪提言』277頁以下〔新宅正人〕、「日弁提言」37頁以下

96 住宅資金特別条項における住宅ローン債権者及び後順位担保権者の地位の変更

> **検討課題**
> 住宅資金特別条項について、次の改正を検討してはどうか。
> 1　後順位担保権が存在していても利用を可能とすること
> 2　被担保債権のうち担保価値部分に限定した住宅資金特別条項の創設
> 現行法：民再198①但書、199①ないし④

1　後順位担保権者が存在する場合の住宅資金特別条項の利用

(1)　現行法の問題点

現行法は、住宅ローン以外を被担保債権とする後順位担保権が存在する場合、住宅資金特別条項を利用することはできないと規定している（民再198①但書）。しかし、後順位担保権者が存在する場合に住宅資金特別条項が一律に利用できないことは、住宅ローン特別条項の利用可能性を徒に狭めているのではないか。

(2)　住宅資金特別条項の趣旨及び後順位担保権の実態からの考察

そもそも、民事再生法198条1項但書の趣旨は、後順位担保権者が別除権を行使することで住宅資金特別条項が無意味となることへの予防であるとされている（『一問一答個再』80頁）。しかし、住宅ローンだけでオーバーローンであることが多く、後順位担保権が把握する担保目的物（住宅）の価値は存在しないことがほとんどである。したがって、後順位担保権者が別除権を行使して競売を申し立てても、無剰余取消しとなり、住宅資金特別条項が無意味となることはないことが多いといえる。加えて、後順位担保権が価値把握している場合であっても、住宅の確保という住宅資金特別条項の趣旨からすれば、後順位担保権も住宅資金特別条項に取り込んでしまう必要性が高いといえる。

また、倒産手続の開始は、担保権の実行に等しいといえ、その価値把握が目的物価値に限定され、実行時選択権や不可分性は後退することも正当化されうると考え得る（伊藤進「担保権消滅請求制度の担保理論上の問題」ジュリ1166号96頁、四宮章夫「新再建型手続と担保権の取扱い」銀法563号5頁、山本和彦「新再建型手続における担保権の処遇と国際倒産」NBL655号29頁、木内道祥「新再建型手続における担保権の取扱い」判タ991号12頁、『システム』294頁〔山本和彦〕参照）。

もっとも、後順位担保権者は、住宅ローンと比較して高利をとっていることが通常であり、あまり住宅の交換価値に重きを置いていないか、将来的な期待に過ぎないことが通常である。したがって、住宅ローンと完全に同等の保護は過度に過ぎる。

(3)　検討課題

そこで、民事再生法198条1項但書を廃止して、住宅に設定された担保権の被担

保債権のうち住宅ローン以外のものについて、担保目的物の価値を把握する部分を住宅資金特別条項の対象とし、これを越える部分を無担保の再生債権として計画弁済の対象とするとともに、後順位担保権者に対する担保物の評価（被担保部分の評価）に対する手続保障のために、価額査定手続（民再149①参照）を設けることを検討してはどうか。

2　住宅資金特別条項における住宅資金貸付債権者の保護の範囲

(1)　現行法とその問題点

　現行法の住宅資金特別条項は、住宅ローンの全額の支払いを保障している（民再199①ないし④）。

　しかし、住宅ローン債権者は、金利は低いものの長期間の貸付であることから、十分な利益を得ている。また、再生債務者の多くは住宅ローンの支払のために多重債務者となった者が多い。そうであるにもかかわらず、住宅資金特別条項を定めた場合、ひとり住宅ローン債権者のみ担保価値を上回る全額が保護されるとすることは、他の再生債権者や別除権者と比較して不平等ではないかと考えられる。

(2)　検討課題

　そこで、住宅ローン債権者についても、担保価値把握部分のみ住宅資金特別条項の対象とし、その余は通常の再生債権として処遇するという類型の住宅資金特別条項を設けるとともに、住宅ローン債権者が住宅の価額（債権の被担保部分の金額）に不服がある場合のために、価額査定手続（民再149①参照）を導入することを検討してはどうか。

　平時においても、住宅ローン債権者が住宅から回収できるという期待は、住宅の価値に限定されているのであるから、その期待を裏切るものではない。また、余剰の再生債権部分は小規模個人再生では議決権を有し、給与所得者等再生では意見聴取の主体となることから、住宅ローン債権者の権利保障が弱すぎることはない。

　なお、このような制度を導入するとしても、従前の約定型（民再199①）等によって円滑な住宅資金特別条項の利用ができていることは無視できず、新制度の導入によって同条項の利用が阻害されることは避けるべきである。したがって、上記のような住宅資金特別条項は、現行の類型（同条①ないし④）と選択的に利用できることとしてはどうか。

（新宅正人）

○参考文献：『大阪提言』284頁〔新宅正人〕

97 住宅資金特別条項適用下における有担保債権の弁済と否認

> **検討課題**
> 　住宅資金特別条項適用下において、被担保債権のうち担保目的物で担保されている部分の弁済は偏頗行為否認の対象とならないこととしてはどうか。
> 　現行法：破162①一イ

1　改正の必要性

　住宅資金特別条項を利用する場合、受任通知（支払停止）後も住宅ローンの支払継続が通常であるところ、この支払が否認対象行為となるかが問題となる。

　個人再生では、否認権の行使は適用が除外されているため（民再238、245）、清算価値に上乗せになるかという点で問題となる。しかし、破産に移行した場合に否認の対象となるとすれば、住宅資金債権者は、受任通知後の受領を拒むことが考えられる。そうすると、住宅資金特別条項の利用の阻害要因ともなりうる。

　この問題点に関し、住宅ローンの支払が否認対象行為となる可能性が高いとされている裁判例がある（東京高決平22.10.22判タ1343号244頁は、小規模個人再生による再生手続開始の申立てに近接した時期に、農業協同組合の共済を解約し、解約返戻金を原資として住宅ローン債権者に弁済をなした事案において、「本件弁済は、農業協同組合の共済の解約返戻金を直接の原資とし、既に住宅ローンの分割返済金が3カ月分支払われなかった後の、再生手続開始の申立てに近接した時期にされたものであって、偏頗行為として否認の対象となる可能性の高い行為であるというべきである」（破162①一イとする）。

　そのため、否認対象行為該当性につき明確でないことにより、住宅資金特別条項の利用が円滑にいかなくなり、ひいては個人の経済生活再生の妨げになることのないよう、被担保債権のうち担保目的物で担保されている部分の弁済は偏頗行為否認の対象とならないことを法律上明記してはどうか。

2　改正の相当性

　担保目的物によって担保されている債務の支払は、有害性を欠き、偏頗行為否認の対象とならないとされている（『システム(2)』296頁〔山本和彦〕）。また、別除権者に対する弁済は免責不許可事由としての偏頗弁済（破252①三）に当たらない（『条解』1586頁）。したがって、検討課題を実現しても現行法に照らし問題はないと思われる。

（西脇明典）

○参考文献：『大阪提言』288頁〔新宅正人〕

98 ペアローンの場合における住宅資金特別条項の利用

> **検討課題**
> 　いわゆるペアローンの場合に住宅資金特別条項の適用を認め、さらにペアの一方による単独申立てを許容するため、民事再生法198条1項但書の括弧書内の除外事由に、同法196条3号に規定する抵当権に加え、ペアローンの相手方のための抵当権を挿入することを検討してはどうか。
> 　現行法：民再198①

1　改正の必要性

　ペアローンとは、同じ金融機関から親のローン部分と子のローン部分に分けて（親子ペアローンの場合）、あるいは夫のローン部分と妻のローン部分に分けて（夫婦ペアローンの場合）、2本立ての金銭消費貸借契約を締結して、親子あるいは夫婦が共同して住宅購入資金を調達し、共有不動産である住宅（土地・建物）の全体にそれぞれを債務者とする抵当権を設定するローンのことをいう。

　ペアローンにおいては、例えば夫が個人再生の申立てを行い、住宅資金特別条項を利用しようとする場合、夫は住宅不動産の自己の共有持分に妻の債務を担保するために抵当権を設定（物上保証）していることになるため、民事再生法198条1項但書に定める「住宅の上に第53条1項に規定する担保権が存するとき」に該当し、住宅資金特別条項を定めることはできないのではないかとの疑問が存する。

　この点、民事再生法198条1項但書の趣旨は、住宅上に同法53条1項に規定する担保権が存在する場合、仮に住宅資金特別条項を定めたとしても当該担保権が実行されてしまえば住宅を失ってしまい、住宅の確保という趣旨が没却されてしまうことを回避することにある。そこで、多くの裁判所においては、当該担保権の実行が法律上あるいは事実上なされないような場合については、住宅資金特別条項を定めても同条項の趣旨に反せず差し支えないとの考え方に基づき、夫婦あるいは親子のペアローンの場合で双方同時に個人再生の申立てがなされた場合には、いずれの手続においても住宅資金特別条項の利用を許容する運用がなされている。

　しかし、民事再生法の文言と形式的に抵触する運用がなされていることは否めず、民事再生法の改正により住宅資金特別条項利用の許容性を明確にする必要性が認められる。

　さらに、上記の考え方を推し進めると、当該担保権の実行の可能性が法律上または事実上ないと考えられる場合、特に夫婦または親子の一方に住宅ローン以外に債務がなく、個人再生手続により債務を整理する必要性に乏しい場合に、住宅ローン債権と抵当権の設定状況、弁済状況、夫婦または親子の収入状況、住宅ローン債権者の意向などの諸事情を調査し、総合的に考慮した上で、夫婦または親子の一方に

よる単独申立ての場合にも住宅資金特別条項の利用を認めるべき場合があると考えられる。裁判所によっては現に単独申立てを許容する運用を行っているところもあるが、このような単独申立ての許容性は、法改正によって明確にすることが適切である（以上につき『大阪物語』258頁、『個再手引』346頁、『個再100問』175頁〔野村剛司〕参照）。

2 改正の相当性

現行法のもとでは、上記の通り、ペアローンの場合における住宅資金特別条項の利用については、実務の運用上の工夫により事実上許容されているが、当該条項の形式的な文言と実務の運用とが乖離していることは否めない。しかしながら、実務の運用は、債務者に住宅を保持させつつ経済的再生を図るという住宅資金特別条項の制度趣旨や民事再生法198条1項但書の趣旨に合致するものであり、かかる実務をベースとして、ペアローンの場合における住宅資金特別条項の利用を立法的に解決するのが合理的である。

具体的には、夫婦または親子双方の申立ての場合は勿論、夫婦または親子の一方による単独申立ても住宅資金特別条項の利用を可能とするため、民事再生法198条1項但書における括弧書内の除外事由に、同法196条3号に規定する抵当権に加え、「ペアローンの相手方のための抵当権」を挿入する方向で検討してはどうか。

なお、具体的な要件やその文言の定め方についてはさらに検討する必要があるが、当該抵当権について、①「債権者が住宅の共有者であること」、②「非担保債権者が住宅の建設もしくは購入に必要な資金（住宅の用に供する土地または借地権の取得に必要な資金を含む）または住宅の改良に必要な資金の貸付けに係る分割払の定めのある債権であること」、③「当該債権または当該債権に係る債務の保証会社の主たる債務者に対する求償権を担保するための抵当権が住宅に設定されていること」を少なくとも要件とする必要があるが、「再生債務者と当該抵当権の被担保債権の債務者が同一家計であることの要否については慎重に検討すべきであり、「再生債務者の住宅資金貸付債権と、当該抵当権の被担保債権について、契約が同時期に締結されたこと」までは要件として必要ないなどの提案がなされている（『東弁展望』561頁〔縣俊介〕）。改正提案の趣旨に照らせば、実務の運用実績を踏まえ、ペアローンにおいて当該抵当権の実行が法律上あるいは事実上なされないことが期待される場合を類型化した要件を定めることが適当であろう。

〔佐藤昌巳〕

〇参考文献：『東弁展望』560頁〔縣俊介〕、「日弁提言」38頁

99　連帯保証債務の場合における住宅資金特別条項の利用

> 検討課題
> 　夫婦で住宅を共有し、夫はこの住宅について住宅ローン債務を負担し、その妻が夫の住宅ローン債務を連帯保証している場合等において、住宅ローン会社の妻に対する連帯保証債務の履行請求権についても住宅資金特別条項を付すことができるように、住宅資金貸付債権の範囲を拡大してはどうか。
> 　現行法：民再196③

1　改正の必要性

　夫が個人再生手続開始の申立てをし、その住宅ローンを住宅資金貸付債権とする住宅資金特別条項を定めた再生計画が認可・確定されれば、夫は一定の範囲で期限の猶予等を内容とする住宅資金特別条項を定めることができる（民再198①本文）。この住宅資金特別条項を定めた再生計画の効力は、連帯保証債務の履行請求権（以下「履行請求権」という）にも及ぶことから（民再203①前段後半部分）、妻も特別条項に従って一定の範囲で期限の猶予等を受けることができる。

　ところが、夫と妻が同時に個人再生手続開始の申立てをした場合、妻に対する履行請求権は、住宅の建築等に必要な資金の貸付に係る再生債権（民再196三）ということはできないから、住宅資金貸付債権とはいえず、妻の再生計画において、履行請求権について住宅資金特別条項を定めることはできない。その場合、両者の再生計画の効力が矛盾するという問題が生じる。例えば、妻の連帯保証債務の全額がそのまま基準債権として計算され、妻の計画弁済総額が大きくなることがありうる（民再231②三四）。この場合、かかる形式判断は住宅ローンを組む債務者にとって、不利益である。夫だけが個人再生手続開始の申立てをした場合に、夫の住宅資金特別条項を定めた再生計画の効力が履行請求権にも及ぶことと比較すると差異が生じる。

2　改正の相当性

　この問題は、平成12年の個人再生手続の創設等による民事再生法の改正の際に特に論じられた様子はない（『一問一答個再』62頁参照）。しかし、住宅ローン債権者としても夫に対し住宅資金特別条項による期限の猶予等を与えながら、その妻に対して、期限の猶予を与えていない別異の取扱いをすることは想定していないはずである。実務の運用上、色々な工夫により、住宅資金特別条項の適用が実質的に認められている場面でもある。履行請求権を取り込むことができるよう、住宅資金貸付債権の範囲を拡大したとしても住宅ローン債権者にとって格別不都合はないと考える。

（山田尚武）

○参考文献：「日弁提言」39頁、『東弁展望』562頁〔縣俊介〕

100 「巻戻し」を受けて住宅資金特別条項を利用する場合の、競売費用等の再生手続における取扱い

> **検討課題**
>
> 　住宅ローン債権について、保証債務の履行及び競売申立てがなされた後に「巻戻し」を受けて住宅資金特別条項を利用する際の競売費用等について、再生債権と扱う旨の規定を設けるべきではないか。
> 　現行法：民再198②、204①、196三

　住宅ローン債権について、既に保証会社が保証債務を履行（代位弁済）のうえ競売申立てがなされた後に、保証債務の履行から6カ月を経過する日までに再生手続を申し立てて、住宅資金特別条項を含む再生計画の認可が確定した場合、保証債務の履行はなかったものとみなされる（いわゆる「巻戻し」。民再204①）。

　かかる巻戻しの際に、保証会社が支出した競売費用等の費用について、民事再生法には再生債務者の負担とする規定はない。ただし、再生債務者と住宅ローン債権者ないし保証会社との契約においては、権利行使費用は債務者負担とされているのが通常であり、再生債務者も当該契約内容に拘束される。

　そこで、巻戻しが行われた際の保証会社の再生債務者に対する競売費用等の請求権の性質が問題となるが、現行の民事再生法には規定がなく、見解も以下のように分かれており、いずれも定説とはいえない状況である。

　①　再生債権（非住宅資金貸付債権）説（『大阪物語』263頁）
　住宅の建設又は購入に必要な資金等（民再196三）ではなく、住宅資金貸付債権には該当しない。
　②　再生債権（住宅資金貸付債権）説（『民再実務』470頁）
　債務者負担の根拠が住宅資金貸付契約であり、住宅資金特別条項の対象となる。
　③　共益債権説
　民事再生法119条5号又は7号の共益債権に該当する。

　この点、権利の実現に要する費用は実現しようとする者が負担するのが原則である。また、巻戻しの際の競売費用等を再生債務者が負担する根拠が約款であることから、当該費用の請求権は再生手続開始の決定前の原因に基づく（民再84①）。よって、巻戻しの際の競売費用等は再生債権と扱うのが相当であり（再生債権と認定した裁判例として大阪高判平25.6.19金判1427号22頁）、倒産法改正の際には再生債権である旨を法律上明確に規定することが望ましい。

（柚原　肇）

○参考文献：『東弁展望』563頁〔縣俊介〕

101　小規模個人再生における実質的平等

> **検討課題**
>
> 　形式的平等とされる小規模個人再生の再生計画による権利変更につき、通常再生と同様に実質的平等とすることを検討してはどうか（特に少額債権の取扱いにつき）。
>
> 　現行法：民再229①、244、155①

1　改正の必要性

　通常再生における再生計画では、差を設けても衡平を害しない場合には差を設けることができ、実質的平等を許容しているが（民再155①）、個人再生においては、適用除外とされ（民再238、245により155①を適用しない）、形式的平等とされている（民再229①、244）。

　特に少額債権については、通常再生における多くの再生計画で一定額以下の少額の再生債権につき100パーセント弁済する条項が設けられているが、個人再生の場合、「少額の再生債権の弁済の時期」につき別段の定めができるのみである（一括弁済や弁済時期を早める条項を作成している。『個再手引』273頁以下参照）。

　小規模個人再生は、個人事業者も利用者として想定しているが、個人事業者の事業継続を前提にした再生計画の場合、少額の取引先債権者についても権利変更後の僅かな弁済額の弁済時期を早めることしかできない。個人事業者の小規模個人再生の促進のためにも、通常再生と同様の実質的平等を検討する必要性がある。

2　改正の相当性

　個人事業者の小規模個人再生においても、通常再生で活用している再生手続開始申立て後開始前の共益債権化の手続（民再120）や少額債権の弁済許可の手続（民再85⑤）は適用除外となっておらず、利用可能である（留意点は『個再手引』144頁参照）。ところが、再生計画における少額債権の取扱いについては、前述のとおり適用除外となっており、取扱いが一貫していない。サラリーマンを想定した給与所得者等再生の場合は、現行法どおり形式的平等でよいであろうが、個人事業者の場合については、柔軟な再生計画（少額債権の弁済を加味した二段階の傾斜弁済）の立案を可能にしてもよいと思われる（最低弁済額との関係でも弁済率ではなく「計画弁済総額」である。民再231②三四）。ただ、サラリーマンについても小規模個人再生が多く利用されており、個人事業者の場合のみを切り分ける必要があろう。

（野村剛司）

○参考文献：別の観点から実質的平等の採用を検討するものとして、『東弁展望』35頁〔山本和彦〕、『システム』288頁〔山本和彦〕

102 個人再生における自認債権等の取扱い

> **検討課題**
>
> 　個人再生においては、通常の再生手続と異なり、自認債権の取扱いに関する明文の規定が存在しないため、自認債権についても時期的に劣後させず、計画弁済の対象とするように検討してはどうか。
> 　現行法：民再101③、232③、238、245

1　改正の必要性

　小規模個人再生及び給与所得者等再生（以下「個人再生」という）においては、通常の民事再生手続と異なり、自認債権の取扱いに関する明文規定が存在しない（民事再生法238条及び245条が自認債権の取扱いについて定めている同法179条を適用除外としているため）。そこで、個人再生における自認債権の取扱いが問題となる。

2　改正の相当性

　個人再生においては、通常の民事再生手続とは異なり、すべての再生債権者の権利が、再生計画において定めた一般的基準によって変更されることになるが（民再232②）、無異議債権及び評価済債権以外の再生債権については、再生計画で定められた弁済期間が満了するまで弁済等を受けることができないものとされ、弁済時期が劣後している（同条③）。そうすると、無異議債権でも評価済債権でもない再生債権は、時期的に劣後した取扱いがなされることになるはずである。

　ところが、東京地裁破産再生部では、本則である通常の再生手続において自認債権が認められているのに、その特則である個人再生においてこれを認めない理由が見いだし難いという理由から、個人再生においても、再生債務者から提出された債権認否一覧表に、債権者一覧表に記載されていない債権を認める旨の記載がされ、かつ、当該債権者から届け出がなかった場合には、当該債権について自認債権として取り扱い、通常の再生手続における自認債権と同様に、再生計画に基づく履行期間内に同計画に従った弁済を受けることができるものとされている（以上『個再手引』181頁）。筆者もかかる運用の内容自体には賛成であるが、個人再生は、時期的劣後とならない再生債権を「無異議債権及び評価済債権」に限定している以上、かかる運用は明文の規定に反しているようにも思われる。

　よって、民事再生法232条3項の中に、時期的に劣後しない再生債権として同法101条3項により認否書に記載された再生債権（いわゆる「自認債権」）を加えることにより、計画弁済の対象とするように検討してはどうか。

（野中英匡）

○参考文献：『二弁30講』306頁〔野中英匡〕

103 ハードシップ免責についての弁済要件の緩和

> **検討課題**
> 個人再生において、ハードシップ免責について弁済要件を緩和してはどうか。
> 現行法：民再235①一二

1 改正の必要性

平成12年改正において、ハードシップ免責の制度が設けられたが（民再235）、実務上、ほとんど機能していない。例えば、東京地裁における申立ては、平成13年4月1日から平成19年9月30日までの間で合計8件（『破産・民事再生の実務（新版）（下）』483頁）、平成20年1月1日から平成24年12月31日までの間で合計11件しかない（『民再実務』481頁）。また、大阪地裁における申立ても、平成13年4月1日から平成25年12月31日までの間で合計20件程度しかないようである（「座談会 個人再生手続の現状と課題（下）」月刊登記情報543号59頁〔小松陽一郎発言〕等）。

2 改正の相当性

ハードシップ免責を利用するには、民事再生法235条1項規定の要件を充たす必要がある。このうち、権利変更後の基準債権等に対して4分の3以上の額の弁済を終えていること（民再235①一・二）が要件とされたのは、破産免責の場合は非免責債権がある（旧破366ノ12）のに対してハードシップ免責の場合には、再生計画を完遂した場合と同様に、再生手続開始前の罰金等を除いて、すべての残債権を免責することとされているため（民再235⑥）、3分の2を履行しただけでは不十分であるが、他方で再生計画の5分の4の履行を終えていることを要件とするとハードシップ免責の制度が機能しないだろうと考えられたことによる（『一問一答個再』259頁）。

しかしながら、平成16年改正に伴い、個人再生手続においても非免責債権が設けられ（民再229③）、個人破産の場合と個人再生の場合とで免責の効力に差異はなくなったのであるから、弁済要件を緩和してもよいのではないだろうか。

また、実務上、裁判所はハードシップ免責についての判断にあたり、個人再生委員を選任して意見を求めると共に、届出再生債権者の意見聴取（民再235②）を行っており、再生債権者の手続保障も図られている。

（小川洋子）

○参考文献：『東弁展望』35頁〔山本和彦〕

104 住宅資金特別条項がある個人再生後の破綻

> **検討課題**
> 住宅資金特別条項を定めた再生計画で、住宅資金貸付債権を除く再生債権の弁済完了後に再度破綻した場合には、再生債権を復活させる必要はないのではないか。
> 現行法：民再189⑦、190①

1 改正の必要性

(1) 住宅資金特別条項を定めた再生計画の取消決定が確定し、取消しの効力が発生した場合（民再189⑦）や、再生計画の履行完了前に破産手続開始決定又は新たな再生手続開始の決定がされた場合（民再190①）には、住宅資金特別条項による権利変更を含め、再生計画によって変更された再生債権は、原状に復する。

住宅資金貸付債権の特則は、再生債務者に住宅資金貸付債権の全額弁済（利息・損害金を含む）を前提に、住宅資金特別条項を定めることができるものとし、特別条項に基づく弁済があれば抵当権が実行されないこととして、再生債務者にその住宅の保持を認めることとしたものである。住宅資金特別条項が定められた場合、他の再生債権の弁済が完了しているが、住宅資金貸付債権の弁済のみが残っている場合がありうる。

(2) 住宅資金特別条項を定めた再生計画案が可決された後、住宅資金貸付債権を除く、他の再生債権が弁済完了した場合には、当該他の再生債権者については、再生手続で保護されるべき利益が満足されたものとして、これ以上の保護を図る必要性は低い。住宅資金貸付債権者及び個人再生開始後に生じた新たな債権者の弁済又は配当を受ける利益を保護する必要性、及び再生債務者の経済生活の再生の必要性からしても、再生債権を復活させる必要性に乏しい。

2 改正の相当性

住宅資金特別条項を定めた再生計画案では、住宅資金貸付債権について、他の再生債権とは別の扱いをすることを前提としている。住宅資金貸付債権者には住宅資金特別条項を定めた再生計画案については議決権が認められず（民再201①）、また、住宅資金特別条項を定めた再生計画の効力を住宅及び住宅の敷地に設定された抵当権にも及ぼすこととされている（民再203①）。他方、住宅資金貸付債権者以外の再生債権者は、再生計画案に異議があれば、再生計画案を否決又は反対意見を述べることができ、既に手続保障を受けており、再生債権を復活させなくとも手続保障の面での不都合はない。

(西脇明典)

○参考文献：『個再手引』451頁、小島伸夫・中川淳司「再生計画の履行完了前に再生債務者が破産手続開始決定を受けた場合の問題点」NBL1002号31頁

第6章

会社更生

第6章　会社更生・総論

1　会社更生法の改正経緯
　会社更生法は、昭和27年8月1日に施行された後、昭和42年の改正を除けば、長年にわたり大きな改正が行われることはなかったが、平成8年に倒産法制の全面的な見直し作業が開始されると、会社更生法についても全面的な改正作業が行われることとなった。その結果、現行会社更生法が平成14年12月に成立し、平成15年4月1日から施行されている。
　その後、平成16年5月に新しい破産法が成立した際と、平成17年に会社法が制定された際に、それにあわせて会社更生法の一部改正が行われた。
　現行の会社更生法は、概略以上の改正経緯を経たものである。

2　会社更生法の改正検討課題
　更生手続の迅速化及び合理化を図り再建手法を強化した現行会社更生法であるが、既にその成立から12年が経過しようとしている。この間、社会的に大きな注目を集める超大型の倒産事件の数々が更生手続で扱われてきた。そして、いわゆるDIP型更生手続、会社更生法47条5項後段の規定を活用することによる商取引債権の保護及び更生担保権の弁済方法としての処分連動方式の普及等、解釈や実務の運用としても様々な工夫がなされてきた。
　しかし、解釈論や運用の工夫では適切な解決基準を見いだせない問題も山積しつつあり、新たな改正の必要が指摘されている。会社更生について、本書で取り上げた検討事項は、以下のとおりである。

(1)　更生会社の組織に関する基本的事項の変更の禁止（会更45）の見直し
　会社更生法45条は、更生手続開始後その終了までの間においては、更生計画の定めるところによらなければ、更生会社の組織に関する基本的事項を変更する一定の行為を行うことができないと定めている。これは、そのような行為は、会社をいかに更生せしめるかということと密接不可分でありそれだけを更生手続外で単独で行っても無意味に近く、かえって更生手続を錯雑ならしめるので、更生計画で行うのが適当であるとの趣旨に基づくものである。
　しかしながら、昨今の更生手続の迅速化の要請や、機動的な資金調達の観点からは、同条の杓子定規的な規定のあり方には疑問も呈されてきているところである。
　「[105] 更生計画外での社債の募集」「[106] 更生手続における計画外会社分割」（[87]、[88]、[89]も参照）は、かかる問題意識からの検討課題の指摘である。

(2)　各種債権の取扱いについての合理化
　「[107] 更生手続における滞納処分の中止期間」は、事業の維持・更生という会社更生法の目的から、更生手続における滞納処分の中止期間又は伸長のための要件を見直してはどうかとの指摘である。また、「[109] 更生計画認可決定後の退職者の退

職手当請求権の共益債権化」は、その取扱いについて見解が分かれていた更生計画認可決定後の退職者の退職手当請求権について明文の規定を設けて立法的に解決してはどうかとの指摘である。

(3) 手続移行にかかる問題点

「108 会社更生法133条の削除」は、更生会社財産が共益債権の総額を弁済するのに足りないことが明らかになった場合の取扱いについて定める会社更生法133条について、破産法及び民事再生法との整合性の観点から牽連破産時の取扱いを整備すべきであるとの指摘である。

この他、手続移行に関しては、別章になるが、「59 私的整理から法的整理への移行（DIPファイナンス等）」「60 私的整理から法的整理への移行（預金の取扱い）」「61 私的整理から法的整理への移行（商取引債権、登記留保担保）」及び「76 手続移行（役員等責任査定・否認請求）」も会社更生との関係で重要なテーマである。

(4) 処分連動方式に関する規定の新設

「110 処分連動方式に関する規定の新設」は、更生担保権の権利変更に関する処分連動方式の適法性の明確化のために規定の新設の検討の必要性を指摘するものである。

(5) その他の検討課題

その他、別章であるが、会社更生と特に関連が深い検討課題として、「4 債権者委員会」「8 金融商品取引法等における各種報告書の提出義務免除」「57 ファイナンス促進のための工夫」「69 再生計画・更生計画の必要的記載事項の見直し」「72 書面等投票方式における決議の続行（再決議）・計画案の変更」「80 商取引債権の保護」「81 再建型倒産手続における債権者平等原則の内容の見直し」「83 更生・再生手続開始申立て後の債権の共益債権化」「86 債権者平等の例外」「122 担保権消滅請求の迅速化」「140 雇用契約の解除」「143 保全段階における継続的供給契約の規律」「153 再建型手続開始後に条件成就した停止条件付債務の相殺の規律」を指摘することができる。

また、本書には取り上げなかったが、DIP型会社更生を明文化することを前提に更生手続開始後においても監督委員を選任可能とすることを検討してはどうか（『東弁提言』19頁以下〔小林信明〕）とか、会社更生における担保権評価について清算価値による評価の可能性（『東弁展望』36頁〔山本和彦〕、『大阪提言』142頁以下〔藤本利一〕）を指摘するものもあり、今後の改正に向けてさらなる議論の深まりが期待される。

（縣　俊介）

105 更生計画外での社債の募集

> **検討課題**
>
> 更生手続において、裁判所の許可を条件に、更生会社について更生計画外での社債(新株予約権付社債を除く)の募集を行うことを認めるものとしてはどうか。
>
> 現行法:会更45①六

1 改正の必要性

更生手続開始後その終了までの間においては、更生計画に定めるところによらなければ、更生会社について社債の募集を行うことができないとされている(会更45①六)。

その趣旨は、社団的・組織法的活動をいえども、それが会社をいかに更生せしめるかということと密接不可分となっている行為があり、かかる行為はそれだけ単独に更生手続外で行っても無意味に近く、のみならず更生手続を錯雑ならしめるので、更生計画で行うのが適当であることにあるとされる(『条解会更(上)』486頁)。

しかし、更生会社の事業の維持・更生のためには、更生会社の資金繰りを確保することが不可欠であり、更生会社の資金調達の選択肢を広げる観点から、更生計画外での社債の募集を認めることには意義があると考えられる。

2 改正の相当性

社債は、「会社を債務者とする金銭債権」(会2二十三)であり、また、株主総会決議を要しないという点で、借入と変わりがない。更生会社について借入を行うことは更生計画外でも裁判所の許可を条件として認められていることからすれば、更生計画外での社債の募集を認めるべきである。また、社債の募集について裁判所の許可を条件とすれば、更生手続を錯雑ならしめる社債の募集を防ぐことができると考えられる。ただし、新株予約権付社債については、社債から株式に転換することが予定されており、その意味で単純な「会社を債務者とする金銭債権」(会2二十三)とはいえないから、更生計画外で行うことは認めるべきではない。

以上の点から、更生手続において、裁判所の許可を条件に、更生会社について更生計画外での社債(新株予約権付社債を除く)の募集を行うことを認めるものとしてはどうか。

(片山英二・松本卓也)

○参考文献:「一弁冊子」13頁

106 更生手続における計画外会社分割

> **検討課題**
>
> 　更生手続において、更生手続開始決定後にあっては、更生計画によらず裁判所の許可によって、会社分割をすることができるようにしてはどうか。会社更生法45条1項7号を改正（削除）し、同46条2項と同旨の規定を新設する、会社法の規定の適用は排除する、ことを検討してはどうか（なお事業を承継する会社が対価として発行する株式の割当先を分割会社の株主とする会社分割（いわゆる人的分割）については、株主への優先弁済になってしまうことから認められないと思料される）。
> 　現行法：会更45①七

1　改正の必要性

　破綻した事業を再建する手法には、減増資によって資本を入れ換えて法人格を維持するほか、事業譲渡ないし会社分割によって優良部門や存続させるべき部分を切り分けて、当該部分の事業継続を図る方法が認められ、利用されている。事業譲渡及び会社分割は、スポンサーに事業を移転させ、その譲渡対価を弁済原資として債権者に返済する内容の計画案を策定する上で有用な手法であり、特に譲渡の対価が一括で支払われる場合には、弁済が短期間に一回で完了し、計画案の履行を終えることができるので、手続が迅速に完了し、早期の手続終結は債権者からも歓迎されると考えられる。

　事業譲渡と会社分割では、移転させる資産や負債を自由に選定できるか、権利義務を包括的に移転させるため負債も承継することになるか、契約上の地位の移転に伴う個別同意が必要となるか、各業法などに定められた許認可等を（各規定によっては）そのまま承継できるか、資産の移転について消費税や登録免許税、不動産取得税などの課税や費用負担を軽減できる場合があるか、などの点において、それぞれ適否がある。更に会社分割にあっては、労働契約承継法に規定された手続を履践すれば労働契約の承継に関する労働者の個別同意を不要とすることができるなど、事業譲渡にはない利点もある。

　ところで、会社更生法では、事業譲渡が更生債権者や従業員らの利害に重大な影響を及ぼすことから、事業譲渡を行うには更生計画によるべきこととされる（会更46①本文）。しかし更生手続開始の申立てをしたこと自体が取引先からの取引拒絶や資金繰りの逼迫を招き、企業価値が急速に劣化する場合も多いので、そのような場合には、更生計画案の認可前であっても、迅速に事業譲渡を実行し、不採算事業の切り離しや、他社への事業承継を積極的に行うことが、債権者や利害関係人の利益に適合し、事業の再建という会社更生法の目的にも資するものと認められる。そ

のような理由から、会社更生法は、更生手続開始後、更生計画案の決議に付する旨、決定前にあっては、裁判所の許可を得て、更生計画によらずに事業譲渡することを認めている（会更46②、計画外事業譲渡、その手続は会更46③〜⑩）。

　他方、会社分割を会社更生手続上で実行するには、計画案によるしかないものと規定されている（会更45①七）。しかし更生会社の事業を他の事業体に移管、承継させる手法である点で、会社分割の目的や実質的な機能は事業譲渡と類似しており、利害関係人の利益状況も同様と認められるので、計画外会社分割が容認されるべき必要性は大きいと考えられる。

　以上、事業再建において、事業譲渡も会社分割も同様の目的で用いられ、権利義務の移転という実態的な効果も共通する行為であるので、各案件の内容や特色に応じて、計画案の策定を待たず、計画案策定以前の段階にあっても両手続を柔軟に使い分けられるような選択肢が用意されていることが強く望まれる。

2　改正の相当性

　計画外会社分割が認められるべきかの議論において、かつて問題とされた商法上の問題点に関しては、その後の会社法の制定によってその前提が変更され、問題は解消されたとされる（会施規183六、192七、205七、「一弁冊子」11頁）。

　また事業譲渡に比較して、計画前に会社分割が認められるべき必要性は高くないのではないかという疑問に対しては、会社更生手続が、かつては利用が予定されていなかった領域や事業種別にも適用されるようになっており、膨大な筆数の不動産の名義変更、多くの契約関係の承継移転や多数の従業員の転籍などが必要な案件を処理する上では、会社分割の手法を手続の早い段階から利用できるようにすることが、ひいては会社更生手続自体の利用促進、手続遂行の迅速化にも資するものと認められ、会社更生手続において計画外会社分割が許されるべき相当性は高いと考えられる。

　最後に、会社分割に対しては、とかく濫用的な利用が正当な債権者の利益を害するとの批判も多いが、濫用的な会社分割は、違法不当な責任財産減少行為の詐害性や債権者平等を害する点が批判される理由であり、それらは利用する者の意識や利用方法の問題に過ぎず、会社分割制度自体に内在する欠陥とは考えられない。濫用的な会社分割事案に対しては、否認権や詐害行為取消権の行使、法人格否認などの法理を適切に適用して責任財産の回復が図られるべきであって、濫用事案ゆえに会社更生手続における会社分割の利用が許されないことにはならない。

（長島良成）

○参考文献：「一弁冊子」9頁、『東弁展望』254頁〔綾克己〕、『東弁提言』491頁〔綾克己・浅沼雅人〕、『二弁30講』186頁〔三森仁〕、『大阪続』234頁〔中森亘〕、「日弁提言」23頁

107 更生手続における滞納処分の中止期間

> **検討課題**
> 更生手続における滞納処分の禁止・中止期間の終期を認可決定日とするか、更生手続開始決定の日から原則1年とする現行法の規律を維持した上で、期間の伸長を裁判所の決定のみで足りるものとしてはどうか。
> 現行法：会更50②ないし④

1 改正の必要性

更生手続開始決定があったときは、更生手続開始決定の日から原則1年間（ただし、1年経過前に更生計画が認可されることなく更生手続が終了し、又は更生計画が認可されたときは、当該終了又は当該認可のときまでの間）は、更生会社の財産に対する国税滞納処分はすることができず、更生会社の財産に対して既にされている国税滞納処分は中止する（会更50②）。また、裁判所は、必要があると認めるときは、管財人の申立てにより又は職権で、あらかじめ徴収権者の同意を得て、1年の期間を伸長することができ、徴収権者はこの同意をすることができる（会更50③④）。

その趣旨については、一方では、租税等の請求権に基づくものとはいえ、更生手続開始後もその滞納処分を許せば企業の維持・更生という会社更生法の目的を阻害することになるので、私債権に基づく強制執行や任意競売と同様に、これも禁止・中止するとともに、他方では、わが国の集団的債務処理の法体系中、つねに最優先の地位を保障されてきたという租税債権の性質上、その禁止・中止期間があまり長くなるのも適当ではないので、その期間は最長1年とし、特に必要があると認めるときは、徴収権者の同意を得て伸長しうるとしたものであると説明されている（『条解会更（中）』581～584頁）。

この点、会社更生法は、裁判所の定める更生計画案の提出期間について、更生手続開始決定の日から1年以内とし（会更184③）、更生手続の迅速な遂行を予定している。また、東京地裁の更生手続の標準スケジュールでは、更生手続開始決定の日から更生認可決定の日までの期間は11カ月とされ、実務上も迅速な手続遂行が図られている。

しかしながら、更生手続は厳格な手続であり、多数の利害関係人が存する事案などにおいて、更生手続開始決定の日から更生計画認可決定の日まで1年以上を要することが少なくない。他方で、徴収権者が滞納処分の禁止・中止期間の伸長に同意することはほとんどないのが現状である（「一弁冊子」31頁、『大阪提言』43頁〔木村真也〕）。

更生手続開始決定の日から1年を経過したときは、「禁止・中止の効果は当然に

消滅し、滞納処分を新たに始めまたは中止していた処分を続行することができ、たとい更生手続中であってもこれによって弁済を得ることも許される」(『条解会更(中)』584頁) から、仮に徴収権者が禁止・中止期間の伸長に同意しないにとどまらず、滞納処分を実行するに至れば、事業の維持・更生という会社更生法の目的 (会更①) を阻害することになりかねない。

2　改正の相当性

上記のとおり、裁判所の定める更生計画案の提出期間は、更生手続開始決定の日から1年以内とされているものの (会更184③)、更生計画案の提出後の手続として、更生計画案の付議、更生計画案の決議、更生計画の認可決定というプロセスが予定されているし、また、裁判所は、更生計画案の提出期間を伸長することができるとされている (会更184③)。そうすると、会社更生法は、更生手続開始決定の日から更生計画認可決定の日まで1年以上を要する事案があることを予定していると考えられる。

他方で、更生計画案の提出期間の伸長は特別の事情があるときに限られ (会更184④)、また、更生計画案の提出期間の伸長はやむを得ない事由がある場合を除き2回を超えてすることはできないとされている (会更規50②)。これらの規定等を通じて、裁判所が更生手続のスケジュールを厳格に管理することとされていることからすれば、更生手続開始決定の日から更生計画認可決定の日までの期間がいたずらに遅れることは考え難い。

そうすると、租税債権がわが国の集団的債務処理の法体系中、つねに最優先の地位を保障されてきたという性質の債権であるとしても、更生手続における滞納処分の禁止・中止期間の終期を認可決定日とするか、更生手続における滞納処分の禁止・中止期間を裁判所の決定のみで伸長すると改正することについては、合理性があるものと思われる。

以上の点から、更生手続における滞納処分の禁止・中止期間の終期を認可決定日とするか、開始決定から原則1年とする現在の規律を維持した上で、期間の伸長を裁判所の決定のみで足りるものとしてはどうか。

(片山英二・松本卓也)

○参考文献：「一弁冊子」31頁、『大阪提言』43頁〔木村真也〕

108 会社更生法133条の削除

> **検討課題**
>
> 会社更生法133条は削除することを検討してはどうか。
>
> 現行法：会更133

1 改正の必要性

会社更生法133条1項は、更生会社財産が共益債権の総額を弁済するのに足りないことが明らかになった場合は、法令に定める優先権にかかわらず、債権額の割合により弁済すべきことを定める。

しかし、更生会社財産が共益債権の総額を弁済するのに足りない場合は、更生手続が廃止される可能性が高く（会更236一、241①）、この場合、通常、職権で破産手続開始決定がなされる（会更252①②）。破産手続では、更生手続における共益債権は財団債権となるが（会更254⑥参照）、更生手続中に発生した共益債権で財団債権とされるものも破産法の優先順位にしたがって弁済すべきであり（『条解会更（下）』338頁）、更生手続中に共益債権を按分弁済すると、破産手続における財団債権の取扱いと齟齬が生じることとなるため、改正の必要がある。

2 改正の相当性

会社更生法133条の趣旨は、更生会社財産が共益債権の総額を弁済するのに足りないことが明らかになった場合に、牽連破産手続における財団債権者間で早い者勝ちの結果となることを回避する点にある（『条解会更（下）』336頁）。

しかし、かかる趣旨は、早期に更生手続を廃止し（会更236一、241①）、速やかに破産手続に移行すれば達成し得る（会更252①②。古くは破産せず、共益債権の一部免除を受けた事例が報告されているが（霜島甲一他「会社更生計画の分析（四）」ジュリ385号149頁）、その後、同様の事例は報告されていない）。また、民事再生法では会社更生法133条のような規定は設けられていないが（その理由は『一問一答民再』157頁）、法人については再生手続が廃止された後、速やかに破産手続に移行する運用（『民再実務』325頁、『民再手引』422頁〔島岡大雄〕）のため、共益債権者等間で早い者勝ちとなった事例は報告されていない。更生手続における廃止決定は稀ではあるが、廃止後、再生手続と同様の運用がなされれば、会社更生法133条が懸念するような事態は生じない。この点、会社更生法133条に破産法と同様の分配ルールを定めることも考え得るが、規定が複雑化するため、むしろ、会社更生法133条は削除することを検討してはどうか。

（浅沼雅人）

○参考文献：『大阪提言』29頁〔木村真也〕、『東弁提言』230頁〔長島良成〕

109 更生計画認可決定後の退職者の退職手当請求権の共益債権化

> **検討課題**
> 更生計画認可決定後に退職した者の退職手当の請求権については、会社都合であるか自己都合であるかを問わず、その全額を共益債権としてはどうか。
> 現行法：会更204①二

1 改正の必要性

退職手当とは、労働契約の終了に伴い、使用者が労働者に支払う給付である。更生手続開始後更生計画認可決定前に会社都合で退職する場合、事業を継続する上での費用と解され、退職手当の請求権は全額が共益債権になる（会更127二、130④、『条解会更（中）』446頁、『実務会更』195頁）。更生手続開始決定があった場合に、更生計画認可決定前に自己都合で退職した場合（退職の時期は、更生手続開始決定の前後を問わない）には、「退職前六月間の給料の総額に相当する額又はその退職手当の額の三分の一に相当する額のいずれか多い額」が共益債権とされ（会更130②）、その余は優先的更生債権となり（会更168①二③、民306二、308）、減免の対象になり得る（『新・更生計画』362頁）。

これに対して、更生計画認可決定後に退職した者の退職手当の請求権の取扱いについては、免責の対象とならない規定（会更204①二）のほか明文がない。更生計画認可決定後に退職した者の退職手当の請求権の性質について、免責の対象とならない旨定める会社更生法204条1項2号及び同請求権についての債権届出を定める会社更生法140条1項は、優先的更生債権であるとの考え方を前提としているともいえ、東京地裁も優先的更生債権と解しつつ、更生計画による免責の対象とならず（会更204①二）、更生計画認可決定後は弁済禁止効が消滅するため、随時全額弁済できるとする（『実務会更』196頁、『条解会更（下）』741頁）。しかしながら、当該運用に対して、更生計画認可決定後に弁済禁止効が消滅するとの前提に疑問が呈されている（『伊藤会更』481頁）。また、更生計画認可決定後に牽連破産に移行した場合については、共益債権であれば全額財団債権となるにもかかわらず（会更254⑥）、優先的更生債権については破産法149条2項の範囲に限って財団債権となるにとどまるため、この点については更生計画認可決定前に退職した場合よりも不利であり、破産に移行した場合の処理の問題は、不認可により移行する場合をも含めて立法的解決を図るしかないと古くから指摘されていた（『条解会更（下）』743頁）。

以上を前提に、更生計画認可決定後に退職した者の退職手当の請求権の取扱いについては、①退職金を更生手続開始前の賃金の後払い部分と開始後の賃金の後払い部分とに分け、後者は共益債権として全額支払い、前者は更生計画付議決定後に届け出られた退職手当の請求権と同様の条項を設けて、他の優先的更生債権と同様に

弁済するべきであるとの見解（『伊藤会更』481頁）、②会社更生法130条と同様に、一部を共益債権、残部を優先的更生債権とし、優先的更生債権部分については、民事再生法181条のように届出のない債権について更生計画に定める一般条項に従い権利変更がなされるべきとの立法提言（『大阪提言』42頁〔木村真也〕）、③その全額を共益債権とすべきとの立法提言（『東弁提言』229頁〔富永浩明・南勇成〕、「一弁冊子」32頁）、④明文規定を置くべきだが、どの範囲で保護するかは立法政策の問題であるとする見解（『東弁提言』260頁〔長島良成〕）がある。

2　改正の相当性

更生手続開始後に退職した従業員の退職手当請求権の法的性質について、現行法130条2項に相当する旧会社更生法119条の2の制定に先立ち、判例及び学説では、上記①及び③に相当する見解があった（『条解会更（中）』440頁）。現行法及び実務運用によれば、更生計画認可決定後に退職した場合には、牽連破産に移行しない限り退職手当の全額が随時弁済され得るのに対して、更生計画認可決定前に退職した場合には一部が更生計画に基づく減免の対象となり得る。更生計画認可決定後に退職した方が、牽連破産に移行しなければ有利な事態が生じ得るため、牽連破産に移行した場合の不均衡のみならず、更生計画認可決定の先後により退職手当の保護に差異を設けるべき立法事実があるかを検討すべきと考える。この点、更生計画認可決定の先後で保護の要請は同じと解すれば②の立法提言が妥当であり、③を採る見解からも「理論的に明快」と評価されている（『東弁提言』228頁）（なお、現行法130条2項に相当する旧会社更生法119条の2は、使用人の保護と会社の更生との双方の観点を考慮した内容と解されており（『条解会更（中）』441頁）、法130条2項もあわせて全額を共益債権とする方向での改正は、相当ではないと考える）。しかるに、更生計画認可決定後まで従前の従業員に引き続き業務を行わせることが円滑な更生に資する場合もあり、自己都合退職を予定しつつも更生計画認可決定後まで更生会社での業務に従事した従業員について、更生計画認可決定前に自己都合退職した従業員よりも更生手続への貢献を認め、更生計画認可決定後まで業務に従事する動機付けとして退職手当を保護することは、実務感覚としては相当ともいえる。現在の実務運用は、結論として③説に沿うものといえる。以上は、会社都合のみならず自己都合でもあてはまるものであり、頭書のとおり検討してはどうか。

（志甫治宣）

○参考文献：『東弁提言』230頁〔長島良成〕、208頁〔富永浩明・南勇成〕、『一弁冊子』32頁、『大阪提言』29頁〔木村真也〕

110 処分連動方式に関する規定の新設

検討課題

　実務で定着している更生手続における処分連動方式について、会社更生法に規定を新設することを検討してはどうか。なお、処分連動方式とは、更生計画における更生担保権の権利変更（弁済の時期や弁済額）を定める条項の一種であり、売却処分が予定される担保目的財産の売却価格と更生担保権に対する弁済額とを連動させ、売却価格から必要経費等を控除した金額を当該担保目的財産の更生担保権者に弁済するという方式である（『新・更生計画』189頁）。
　現行法：会更2⑩、168①一

1　改正の必要性（処分連動方式の有用性）

　更生手続においては、更生担保権評価の基準時は、更生手続開始時とされている。しかし、処分連動方式の場合、現実に売却したときの売却代金額を更生担保権に対する弁済額の基準とする。そのため、更生担保権評価の基準時は事実上売却時となり、現行法の建前と異なることとなる（松下淳一「更生計画における処分連動方式について」高田裕成ほか編『企業紛争と民事手続法理論：福永有利先生古稀記念』729頁（商事法務、2005年）参照）。また、更生手続においては、更生担保権は均質的な権利とされる。そのため、更生担保権と認められた以上、実体法上の「先順位抵当権者と後順位抵当権者とで、更生手続に参加する関係で差異を設けられるべきではない。このことは……更生計画において定められる分け前についても同様である。」（『条解会更（中）』547頁）とされる。しかし、処分連動方式の場合、更生計画において定められる分け前について、先順位抵当権者と後順位抵当権者とで差異が生じることとなる。

　処分連動方式については、上記のような理論上の問題点は指摘されている。しかし、以下に述べるように、事業の維持更生に極めて有益であり、実務において定着し広く利用されている。そこで、明文で認める必要性が考えられる。

(1)　更生会社からみれば、処分連動方式は、担保目的財産の現実の処分価格が開始決定時の価額を下回った場合、更生会社を価格の下落のリスクから隔離する。その結果、担保目的財産の価格が下落することによって更生計画の遂行に困難を生じることを回避して、更生手続の目的である事業の維持更生を確実にする機能を果たす。

(2)　処分連動方式を採用した場合、更生担保権者に対する実際の弁済額は、更生担保権の目的財産の時価評価額と関係なく、更生担保権の目的財産の現実の処分価格によって定まる。そのため、更生担保権の目的財産の価額評価についての更生会社と更生担保権者との間の争いの発生を回避でき、更生手続の迅速な進行に

資する（『新・更生計画』189頁、高井章光「更生計画における更生担保権の処遇」『担保保証』89頁）参照）。また、ある時点で現実に売却することによって「個別財産の市場価格」を実際に明確にし、その金額を前提として更生担保権者の処理を行う（売却時の「個別財産の市場価格」を開始決定時の時価とみなして処理する）ことは、更生担保権者からも、相応の納得感を得られていると考えられる。

2 改正の相当性（処分連動方式の合理性及び適法性）

処分連動方式は、以下のような点に鑑みれば、合理性を有し、現行法においても、適法性を有すると考えられる。したがって、改正の相当性も認められる。

(1) 処分連動方式では、現実の処分価格が開始決定時の時価評価額を上回った場合、更生担保権者に本来の金額（開始決定時の時価評価額）より多額に弁済することになる。しかし、担保目的財産の現実の処分価格が開始決定時の評価額を上回ったことは、偶然の事情による。また、事業に貢献しないとして処分する処分予定財産の現実の処分価格が開始決定時の評価額を上回ったとしても、上回った分が、当然に他の更生債権者等の弁済原資になるものでもない。そのため、他の更生債権者等も、上回った分が追加の配当の原資となることを特に期待しているとも考えられない。従って、他の更生債権者を害するとは出来ない。

(2) 近時は、更生手続も迅速な処理がなされ、1年程度で終了することも少なくない。そして、処分予定財産の場合、管財人も早期に売却活動に着手することが想定される。したがって、開始決定時と処分時の時点の違いによる評価額の差異は、現実問題としてそれ程大きくないことが多いと考えられる。

(3) 更生手続においても、権利保護条項（会更200①一）を考えれば、更生担保権者に最低限保障されるべき利益は、担保目的財産の処分時の処分価格と考えられる。処分連動方式においては、担保目的財産の処分時の処分価格を更生担保権者に対し弁済する。したがって、処分連動方式においても、更生担保権者として最低限保護される利益は守られているとすることが可能である。

(4) 更生担保権者の清算価値保障の点では、破産手続の場合でも、担保権者は、現実には、担保目的財産の開始決定時の処分価格を取得できるのではなく、換価時の処分価格を取得できるに過ぎない。不動産競売手続に要する通常の時間の範囲内の時期であれば、手続開始後の一定の期間経過後の時点の処分価格であっても、担保目的財産の破産手続開始決定時の清算価値と同視して差し支えないと考えられる。

(5) 担保目的財産の性質によって弁済内容に合理的な差異がある場合は、衡平を害しない場合に該当するとして平等原則に違反しないと解することが可能である。そして、更生担保権の目的財産が事業継続のために継続して保有すべき財産の場合は収益弁済とし、事業継続のために保有する必要がない処分予定財産（処分対象物件）の場合は売却による弁済とすることは、合理性があると考えられる。

（富永浩明）

○参考文献：『東弁展望』494頁〔富永浩明〕

第 7 章

特別清算

第7章　特別清算・総論

1　特別清算の改正の経緯

　解散した株式会社を対象とする特別清算の改正は、前回の倒産法大改正の最後、平成17年に会社法の改正の中で行われた。もともと平成9年12月に公表された「倒産法制に関する改正検討事項」においては、特別清算の検討事項はわずか3項目にすぎず、その後、①株式会社以外の法人についても特別清算の利用を認めること、②存立中の法人についても特別清算の利用を認めること、そのためには、特別清算の開始決定を法定解散事由とすることが強く要望されるようになった。この点につき、破産法改正の検討の中で、平成14年、法人一般を対象とし、多数債権者の同意による協定に基づく清算を内容とする簡易な倒産処理手続として純化し、破産手続の厳格性を緩和した破産手続の特則とする仮称「協定破産手続」の創設が提案された（多比羅誠「特別清算の課題と展望」学習院法務研究第8号（2014年）26頁以下。当時の法制審議会倒産法部会破産法分科会資料は、同38頁以下）。これに対しては、破産手続の特則と位置付けることに反発が多く、結局、破産法改正後に、改めて特別清算の改正の検討が行われ、結局は小規模な改正に終わった。

2　特別清算の実際の利用方法からの改正の検討

　特別清算は、111にあるように、大きく協定型と対税型（個別和解型）で利用されている。単純に親会社が子会社に対する債権を損金処理するための対税型から、いわゆる第二会社方式で事業譲渡や会社分割後に残る会社の負債の処理に利用する場合（私的整理の延長として利用）の個別和解型や協定型、事業継続中の会社が廃業・清算し多数の債権者が関与する本来の協定型まで様々である。

　対税型や個別和解型は、個別の和解で処理をするので、特に問題はないであろう。しかし、協定型については、DIP型の清算手続としての利用を考えた場合、旧法から大きな変更がない現行法においては、その利用者からすると改善すべき点は多々あると思われる。利用促進のため運用面での提言はかねてから行われてきたところであるが（多比羅誠「後見型・合意型清算手続」『システム』235頁以下）、金融円滑化法終了後の今日、事業再生を図れず廃業を選択する場合も増えてこようが、その際の清算ツールの1つとして、特別清算手続の利用が促進されるよう、法の不備は改正し、それまでの間は合理的な運用により対応することになるであろう。

　特別清算は、会社法の通常清算の厳格化の面があるが、本来の協定型の場合には、民事再生に近い面もあれば、破産に近い面もあるところであり、中間形態としての姿を再度検討することも有益であろう。

3 特別清算の改正検討課題
(1) 協定型の特別清算の合理化
[111]は、協定型の特別清算の合理化として、DIP型清算の規定の整備を検討するものである。現行法は、前述のとおり、特別清算を倒産処理手続として純化させることはしなかったが、簡易、迅速、柔軟なDIP型の清算手続の面を一定程度取り入れることは、特別清算手続の利用を促進するものであり、倒産処理手続としての純化＝破産手続の特則＝仮称「協定破産手続」とは一概に連動しないと思われる（多比羅誠・松下淳一・山本和彦「鼎談　特別清算の存在意義と今次の改正を踏まえた今後のあり方」松下淳一・山本和彦編『会社法コンメンタール第13巻』（商事法務、2014年）別刷参照）。

この中で、筆者の最近の経験であるが、継続的供給契約の処理に関する規定が会社法にないため、全国の電力会社で対応が区々となり、一部の電力会社からは、破産法や民事再生法と同様の規定がない以上、電気の供給継続はできない旨強行に主張され、清算業務に支障を来すおそれがあった。メンテナンスという意味での改正が必要と感じられるところである。

(2) 破産管財人の「取戻」権の見直し
[112]は、会社法484条3項等が規定する破産管財人の「取戻」権の廃止を検討するものである。かかる規定は、破産法の規定する否認権よりも強力な権限となるおそれがあり、例えば、前述した第二会社方式により処理しようとした際にも大きな影響を及ぼす可能性がある。会社法と倒産法の関係を調整する必要があろう。

(3) 民事再生手続における解散
直接特別清算を改正するものではないが、現行法では、清算型の再生計画案を立案した場合でも別途会社法に基づき株主総会の解散決議が必要となるが、この決議を得ることが困難な場合がある。この点、再生計画による解散が認められると、民事再生法の改正によりDIP型の清算手続が可能となると提案するものがある（多比羅・前掲「特別清算の課題と展望」36頁）。

(4) 特別清算開始前の調査委員・監督委員の選任
本書には取り上げていないが、破産の申立てと特別清算の申立てが競合し、いずれの手続を開始すべきか微妙な場合に、調査委員を選任することで開始原因や障害事由の有無につき調査させることを提案するものがある（森恵一「特別清算における実務上の課題」『田原古稀』837頁以下）。現行法では、調査委員は、特別清算開始後に選任されることになっており（会522）、改正を要することになる。

また、同様に、特別清算に対する信頼が深まるとして、特別清算開始前の監督委員の選任も提案されている（多比羅・前掲「特別清算の課題と展望」37頁）。

（野村剛司）

111 協定型の特別清算手続の合理化

> **検討課題**
> 1 DIP型清算の規定の整備を検討してはどうか、協定型の特別清算手続に民事再生手続と同様の制度を一定程度取り込んではどうか。
> 2 民事再生手続における共益債権化の許可と同様の規定を置いてはどうか。
> 3 債権申出期間内の清算費用の弁済が可能と明記してはどうか。
> 4 継続的供給契約の規律を特別清算手続にも導入してはどうか。
> 5 協定型につき債権調査手続を導入してはどうか。
>
> 現行法：会500、537

1 改正の必要性

特別清算は、その手続の使われ方として、大きく協定型と対税型（個別和解型）に分かれるとされる。後者は、主に税金対策上、親会社が子会社を清算し、子会社に対する債権を処理するために使われている。その場合は、協定案を作成したり、その決議のための債権者集会を開催したりすることなく、個別の和解により処理されている。これに対し、前者については、協定案を作成し、多数決原理により可決認可された協定案に基づき協定債権の権利変更をすることになる。最終的には清算することからミニ破産とも言われるが、事業会社が解散決議を経て特別清算手続に入った場合、その姿はDIP型の民事再生手続を行う場合と同様の場面が多い。ところが、現行法では民事再生手続にある各種制度の多くがなく、不都合な場面が多い。

例えば、解散決議、即特別清算手続開始申立て、債権者説明会を経て、申立てから1週間程度後に手続開始決定があった場合を想定すると（民事再生の場合と解散決議を除けば同様の流れとなる）、弁済禁止の保全命令の対象となる債権を協定債権とし、申立後開始決定前に発生する取引債権は弁済対象としたいが、民事再生手続における共益債権化の規定はない。また、手続開始後も含め、債権申出期間中の弁済が一律禁止されているようにも思われる。継続的供給契約についても、電気等の供給につき、破産手続や民事再生手続における規律はない。債権確定手続がないことから、争いがある場合の処理に問題が残る。

このように、DIP型清算である協定型の特別清算手続の積極的な利用を想定し、民事再生手続における各種制度を特別清算手続にも一定程度取り込むべき必要性がある。

2 改正の相当性

(1) 共益債権化の許可と同様の規定を

事業を続けている中で特別清算手続に入る場合、清算に向けソフトランディン

グしたいところであり、従前の仕入先から一定程度仕入れを継続することにより、売掛先である得意先との関係を良好に保ちたい。この点、申立後開始決定までの間に発生した仕入先に対する買掛金が開始決定により協定債権となりかねない。実際の事案では裁判所の許可により清算費用として弁済しているところであるが、端的に民事再生手続における共益債権化の許可の制度（民再120）を導入することで対応が可能であり、合理的な処理となる。

(2) 弁済禁止の範囲と清算費用の弁済許可

また、特別清算特有の制約であるが、債権申出期間中の弁済禁止が規定されており（会500①、499①）、その解釈として、官報公告前の段階から全ての債権につき弁済禁止とされている（松田亨ほか編『実務ガイド　新・会社非訟』（金融財政事情研究会、2014年）307頁参照）。この点、協定債権につき弁済を禁止すれば足りることから、この解釈は疑問であるが、この解釈を前提にするならば、清算費用の弁済を明確に認め、その弁済に裁判所の許可が必要としても（会500②）、破産管財人の財団債権の弁済を参考に100万円以下は許可不要にすべきである（破78②、破規25参照）。この点、手続開始後の弁済制限規定（会537①）についても同様である。

(3) 継続的供給契約の規律の導入を

ソフトランディングするためには、特別清算申立て後もしばらくは清算業務を行うことがあり、その際、電気、水道、ガス、電話等の継続的供給契約についても、清算業務を行うにあたり必要な範囲で継続している。ところが、特別清算手続には、破産法55条1項、民事再生法50条1項と同様の規定がないため、協定債権の弁済が禁止されることをもって、その後の供給に難色を示される場合がある。この点、同じ法的整理手続である破産法や民事再生法における規律のうち、その趣旨を及ぼせるものについては、現行法下においても類推適用するなどして処理を行うことが適切といえ、供給者には理解を求めたいところであり、明確な規律の導入を求めたい。なお、継続的供給契約の規律は履行選択の場合に限定すべきである（141参照）。

(4) 協定型に債権確定手続の導入を

協定型の特別清算手続の場合には、債権確定手続を導入してもらいたい。実際の事案では、債権者との間で事実上の調整を図り、争いのない債権額を見出しているが、調整が図れなかった場合には、手続外の民事訴訟における確定のみとなる。この点、特別清算手続内にも破産法、民事再生法と同様に債権届出、債権調査、債権査定制度、確定の手続（債権の基準日、手続開始後の利息・遅延損害金の取扱い、開始時現存額主義等も含め）を導入してもらいたい。この点、実務的には、特に手続が重くなるという感覚はなく、逆に手続の迅速性、透明性に繋がる。なお、個別和解の場合にはもともと債権額に争いがあるわけではないので不要である。

(野村剛司)

○参考文献：『大阪続々』193頁〔野村剛司〕

112 会社法484条3項等に基づく破産管財人の特別の「取戻」権に関する見直し

> **検討課題**
>
> 会社法484条3項等が規定する破産管財人の「取戻」権について、規定自体を廃止することを検討してはどうか。
> 現行法：会484③、一般社団法人及び一般財団法人に関する法律215③

1 会社法484条3項等に基づく破産管財人の「取戻」権

会社法484条3項は、株式会社の清算手続が頓挫して破産手続に移行した場合に、「清算株式会社が既に債権者に支払い、又は株主に分配したものがあるときは、破産管財人はこれを取り戻すことができる」と規定しており、「一般社団法人及び一般財団法人に関する法律」（以下「一般法人法」という）215条3項にも同旨の規定が存在する（以下、これら両規定を総称して、「会社法484条3項等」という）。これは、破産手続移行前の清算手続において弁済等を受けた債権者がいる場合に、これら弁済等を受けたものを既往に遡って破産財団に属するものとして債権者間の公平を図るために、特に法によって管財人に付与された権限であるとされている（林良平・前田達明編『新版注釈民法(2)総則(2)』（有斐閣、1991年）470頁参照）。

2 会社法484条3項等に基づく破産管財人の「取戻」権の問題点

改めていうまでもなく、破産法では、破産手続開始決定前に破産会社によって債権者に対して弁済された金員等の返還を求める管財人の権限として、否認の制度が用意されている（破産法第6章第2節）。とりわけ、偏頗行為の否認（破162）については、手続開始前に逸失・減少した財産を破産財団に取り戻して債権者間の平等・公平を図るための制度として、会社法484条3項等とその趣旨を同じくしている。ところが、偏頗行為の否認については、原則として債権者の悪意の立証を要求することで（破162①一）、取引安全との調整が図られており、また、解釈上、「有害性」及び「不当性」という要件を課すことで、実質的な結論の妥当性や相当性に対する配慮もなされているのに対して、会社法484条3項等に基づく「取戻」権については、このような明文上・解釈上の要件は存在せず、その結果、破産法上の否認権よりも格段に強力な権限となっている。つまり、会社法484条3項等に基づく「取戻」権については、単に弁済等が「清算手続中になされた」というだけで、取引安全や結果の実質的妥当性等に対する配慮を排除しているのである。

この点、例えば、通常清算において、債権者に対する弁済が行われたが、その後に換価すべき財産が不可抗力によって毀損等した結果、全額弁済ができずに破産手続に移行した場合、破産法上の否認権については、債権者の悪意を欠くものとして行使できない可能性が低くないのに対し、会社法484条3項等によれば、弁済金の

全てを取り戻すことが可能ということになる。しかし、多数の資力も全く異なる債権者に対して既に弁済された金員の全てを「平等・公平」に取り戻すことは困難であり、却って不平等・不公平な結果を招来する虞が小さくない。また、事業譲渡と特別清算を組み合わせた第2会社方式を用いた私的整理手続に基づく事業再生で、商取引債権について、特別清算手続の中で、金融債権に対する協定弁済に先立ち、裁判所の許可（会537②）に基づき金融債権よりも有利な条件で弁済したところ、換価すべき財産が不可抗力によって毀損等した結果、特別清算を終結することができずに破産手続に移行した場合、商取引債権に対する弁済について、破産法上の否認権は、債権者の悪意や行為の「不当性」を欠くものとして、行使できない可能性が低くないのに対して、会社法484条3項等によれば全て取戻しが可能ということになる。しかし、準則型をはじめ適切な手続の下で行われた私的整理手続について、結果として破産手続に移行するとそれに先立つ手続が否認権よりも強力な権限をもって一般的に覆滅させられるというのでは、私的整理手続に基づく事業再生について、信頼は損なわれ、ひいては、萎縮効果を生じさせるおそれもあると思われる。

3　検討・結論

以上の通り、取引安全や実質的な結論の妥当性・相当性に対する配慮を欠いた会社法484条3項等に基づく破産管財人の「取戻」権については、これを形式的に適用することで却って不平等・不公平な結果を招いたり、私的整理手続に基づく事業再生に対して萎縮効果を生じさせる虞があるなど、その弊害は小さくないものと思われる。他方、この「取戻」権について、破産法上の否認権とは別の固有の存在意義や必要性があるかというと、これを論じたしかるべき文献は存在せず、そもそも立法段階で十分な検討がなされたか否かも疑わしい。

よって、会社法484条3項等に基づく破産管財人の特別の「取戻」権については、規定自体を廃止することが相当と思料する次第である。

（軸丸欣哉）

○参考文献：『大阪続』280頁〔軸丸欣哉〕

第8章

倒産実体法

第 8 章　倒産実体法・総論

1　本章の概要

　第 8 章は、主に、破産・民事再生・会社更生手続に関わる実体法、とりわけ担保権（第 1 節）、双務契約（第 2 節）、否認権・相殺（第 3 節）についての検討課題を集めた。
　これらの分野は、倒産処理の過程において、実務家が日々その「使い勝手」を考えさせられるためであろうか、本章における検討課題の合計数は43に及ぶ。各節の検討課題をいくつかの分野に分類して紹介する。

2　担保権（第 1 節）

(1)　倒産手続開始後の担保権の効力

　公平の観点などから、担保権の効力が及ぶ範囲等に一定の制限を設けようとする方向での検討課題がある。
　倒産手続開始後の担保価値維持費用を担保権者の負担とする（[114]）、破産・再生手続開始後の賃料に対する物上代位が及ぶ範囲の限定等（[115]）、破産手続において、動産売買先取特権に基づく差押えがなされるまでは管財人が対象動産を処分しうることの明文化（[116]）、将来債権譲渡・譲渡担保の効力が及ぶ債権の範囲について、譲渡人倒産時にはこれを合理的な範囲内に制約すること（[118]）等を検討しようとするものである。

(2)　担保権消滅請求制度

　担保権消滅請求制度に関し、要件を緩和するなどして、より使いやすいものにしようとする方向での検討課題がある。
　非典型契約に担保権消滅請求制度の適用があることの明確化（[119]）、民事再生法上の担保権消滅請求制度の「事業の継続に欠くことのできないもの」との要件の緩和（[120]）、民事再生法への破産法上の担保権消滅請求制度と同様の制度の導入（[121]）、担保権消滅許可決定と価額決定を 1 本の手続にする（[122]）、再生手続において評価命令が出された場合、裁判所はこの評価結果に基づき担保権消滅請求手続における価額決定を行う（[123]）、等を検討するものである。

(3)　このほか、倒産手続開始時に担保権者が備えるべき対抗要件の内容等の明確化（[113]）、倒産手続における民事留置権の扱いの明確化等（[117]）、担保権実行中止命令を非典型担保にも適用しうることの明確化等（[124]）、別除権協定の解除又は破産移行の場合等の取扱いの明確化（[125]）などを検討するものがある。

(4)　本書では取り上げられていないが、担保権者に担保権消滅の申立権を付与する等、手続的観点から同制度を検討したものもある（『大阪続』218頁〔髙田賢治〕）。

3 双務契約（第2節）

(1) 双務契約の倒産時の処理規定の整理

民法上、契約当事者の一方の破産の場合の規律が複数設けられているところ、契約の性質に応じた特則を倒産法上に整理すること等を検討するものがある。

双務契約の一方当事者に倒産手続が開始した場合、債務者側に解除か履行かの選択権を与えることを原則とした上で、各典型契約の性質に応じた契約処理の特則を設ける（127）、注文者破産の場合の管財人による請負契約解除の規律を破産法53条に一本化する（132）、などである。

(2) 双方未履行双務契約の解除

相手方が同時履行の抗弁権を放棄して債務を履行するときは管財人による解除権の行使を制限する（128）、解除権の趣旨や効果を条文上も明らかにする（129）、ゴルフ会員倒産の場合の管財人による契約解除の可否等を明確にする（133）、等を検討課題とするものがある。

(3) 履行選択の場合の開始前履行済み部分の対価の性質

請負人倒産の場合の前受金返還請求権及び注文者破産の場合の工事出来高部分の報酬請求権について、契約内容が可分である場合には倒産債権とすること（130）、賃借人倒産の場合の倒産手続開始申立前までの賃料債権を倒産債権とすること（131）、などの検討課題が提示されている。

(4) 倒産手続開始後の敷金の取扱い

倒産手続開始後に債務者が賃貸中の不動産を任意売却する際、不動産の譲受人が承継する敷金の範囲は賃料の6カ月分を限度とすること（134）、再生計画における敷金返還請求権の権利変更の範囲、共益債権化される部分の取扱い等の明確化（135）、破産法70条後段に基づく賃料の寄託請求の範囲の明確化（136）、賃借人による相殺を否定し、その保護を敷金の共益債権化に一本化すること等（137）、といった検討課題がある。

(5) 継続的供給契約に関する規律

破産手続において継続的供給契約の対価が財団債権とされるのは、破産管財人が契約の履行を選択した場合に限定する（141、142）、対象となる契約の範囲を広める（142）、申立後開始前であっても弁済禁止の保全処分がなされている場合には、債務者が履行請求すれば相手方はその履行を拒絶できないとする（143）、等の検討がされている。

(6) このほか、倒産手続における法秩序を害する契約条項の倒産手続における効力（126）、組合契約の当事者破産の場合の脱退規定が任意規定であることの明確化（138）、破産手続において寄託金返還請求権が財団不足の場合にも全額保護されることの明示（139）、倒産手続中に裁判所の許可を得てした解雇に整理解雇法理等が適用されないことの明確化（140）、特許ライセンス契約のライセンサー倒産の場合の管財人の義務の限定等（144）などの検討課題がある。

(7) 本書では取り上げられていないが、労働契約に関連し、以下の提案がみられ

再建型倒産手続において、債権者との利害調整を図るために特別の労働力調整手法を導入することを検討してはどうかとするもの（『東弁提言』411頁〔池田悠〕）、倒産手続の中で一定の雇用計画（人員整理計画）を裁判所が承認等することで当該計画に一定の法的効果が生じるような仕組みなどが考えられないかとするもの（『東弁展望』32頁〔山本和彦〕）、労働組合等の手続関与のあり方や、裁判所の許可により人員整理できる仕組みに関連し、労働協約の解除権を認めることなどを検討してはどうかとするもの（『展望』155頁〔上江洲純子〕）などである。

4　否認権・相殺（第3節）

(1)　濫用的会社分割に関する検討課題

　倒産手続開始後は、改正会社法（平成26年法第90号）による残存債権者の履行請求制度と倒産法上の否認権との調整規定を設ける（145）、濫用的会社分割に対し、破産管財人による承継会社等に対する直接履行請求の制度を創設する（146）等を検討課題とするものがある。

(2)　否認権行使の要件又は効果の見直し

　代物弁済を偏頗行為として否認した場合に管財人に現物返還請求と価額償還請求との選択権を認めること等を提案するもの（147）、転得者否認についての主観的要件を見直そうとするもの（148）、対抗要件否認の規定における「支払の停止等」の要件を「支払不能」に改めることの要否を検討するもの（149）がある。

(3)　否認権行使等に関する手続

　再生手続における否認権の行使主体を再生債務者とすること（150）、否認訴訟の継続中は再生手続を終結させないことができるとすること（151）、手続迅速化のために否認の請求の決定に際しては理由の要旨を付すことで足りるとすること（152）を検討課題とするものがある。

(4)　相　殺

　相殺に関しては、以下のような検討がされている。

　民事再生法・会社更生法においても、破産法67条2項と同様の規律を設け、開始後に条件成就した停止条件付債務の相殺が可能であることを明らかにすること（153）、民事再生・会社更生法において、債権者がその責めに帰すことができない事由によって債権届出期間内に相殺することができなかった場合には、その事由が消滅した後、1カ月以内に限り相殺をすることができるものとすること（154）、破産法における相殺制限の例外としての「法定の原因」を削除すること（155）などを検討してはどうかとするものである。

（野村祥子）

第1節　担保権

113　第三者対抗要件の具備

> **検討課題**
>
> 以下の1ないし3につき、それぞれ検討してはどうか。
> 1　倒産手続の開始時に、債務者の財産に対する権利を有する者が、物権変動を管財人等に対して主張するためには第三者対抗要件の具備を要する旨を明文化すること
> 2　倒産手続開始時に具備すべき第三者対抗要件は、債務者が行為義務者となる登記・登録等に限られる旨を明文化すること
> 3　倒産手続開始後に具備しても効力を有しない登記等は債務者が行為義務者となる登記等に限る旨を明文化すること
> 現行法：破49①、民再45①、会更56①

1　開始時の第三者対抗要件の要否

　債務者の財産は、破産手続の開始により、包括的な差押えがなされた場合と類比した状態になると解されているから、債務者の財産を取得し、又はこれに担保設定した者からみて、破産管財人は民法177条の「第三者」にあたる。

　更生手続における管財人の場合、その業務遂行権は、業務の遂行による事業価値を債権者、従業員などの利害関係人に配分する目的のために与えられていることに鑑みれば、破産管財人との間に本質的な差異はなく、更生管財人も対抗要件の関係では第三者とみてよいと考えられ、再生手続における再生債務者・管財人も同様である。

　そこで倒産手続が開始したとき、破産者等の財産に対して権利を有する者が、その物権変動を管財人等に対して主張するためには、第三者対抗要件の具備が必要であると解されるが、現行法においてはその旨の明文規定が存しない。この点の解釈には争いは無いと思われるから、これを条文上も明らかにしてはどうか。

2　第三者対抗要件と付記登記

(1)　平時において、債権譲渡に随伴して抵当権が移転する場合、譲受人が抵当権の取得を第三者に対抗するには、債権譲渡について対抗要件を具備するとともに、抵当権についても対抗要件として付記登記を備える必要がある。

(2)　では、債務者に倒産手続が開始した場合はどうか。

　平時であれば、債務者すなわち抵当権設定者は、抵当権が債権の譲渡人・譲受人いずれに帰属するにせよ、抵当権の負担を甘受せねばならない立場にあるから、抵当権を取得した譲受人とは相容れない権利を有するものではない。そして管財人等が、債務者の財産状態をそのままに承継した上で、債務者の財産の管理処分権を有する立場であることに着目すれば、この場面で管財人等と抵当権譲受人とは民法

177条の対抗関係には立たないと解される。管財人等が、譲受人を抵当権者とする登記がないことを理由に譲受人による自己が抵当権者である旨の主張を否定できるとすれば、債務者であれば甘受せねばならなかった抵当権の負担を無視できることになり、かえって管財人等を不当に利することになる。

　また、債務者の財産を取得した者からみて管財人等が民法177条の第三者にあたるのは、倒産手続の開始によって債務者の財産はこれに対して包括的な差押えがなされた場合と類比した状態になると解されるところ、差押えによって不動産の処分は制限されるから、差押債権者は不動産取得者の登記欠缺を主張する正当の利益を有する第三者にあたり、不動産取得者と管財人等とは対抗関係に立つといえるからであるが、これに対し、抵当権の移転は目的不動産の価値を減少させるものではなく、差押えによって禁じられるものでもないので、差押の処分禁止効には抵触しないから、抵当権の譲受人と管財人等とは対抗関係に立つものではないと理解しうる。

(3)　したがって、抵当権等を譲り受けた者が管財人等に対して自己が抵当権者であることを主張するために、付記登記を備えていることは必要ないと考えるのが相当である。そこで、管財人等に対して権利を主張するために、倒産手続開始時に具備すべき第三者対抗要件は、所有権移転、担保権設定等にかかる対抗要件、すなわち破産者等が登記等の行為義務者となる登記・登録等に限られ、破産者等の行為とは関係なく具備することが可能な登記等、すなわち担保権移転の付記登記などはこれに含まれないことを条文上明記してはどうか。

3　開始後の登記の効力について定める現行法との関係

(1)　破産法49条1項、民事再生法45条1項および会社更生法56条1項は、いずれも倒産手続開始後にされた登記は、倒産手続の関係においては、その効力を主張することができない、とする。

(2)　上記各条項の趣旨は、倒産手続開始後の権利取得によって債権者が害されることを排除しつつ、取引の安全の要請から、善意者を例外的に保護する目的をもったものとされている。

　ここで、倒産手続開始前に既に担保権が設定され、それが公示されているものについて、担保権の移転が生じても、債権者が害されるおそれは無い。

(3)　そこで、これらの条項にいう「登記」は破産者等の行為によって具備すべき登記・登録等に限られ、破産者等の行為とは関係なく具備することが可能な付記登記（不登4②）などは含まれないことを条文上明記してはどうか。

(野村祥子)

○参考文献：『大阪続』120頁〔野村祥子〕

114 担保権者の費用負担

> **検討課題**
>
> 倒産手続開始後の担保価値維持費用を担保権者の負担とする旨の規定を創設してはどうか。

1 改正の必要性

担保目的物の維持管理及び換価回収等に要する費用(以下「担保価値維持費用」という)としては、修繕費、管理費、土壌汚染等有害物質の除去費用、物件調査費、保険料、換価処分費、固定資産税その他公租公課など様々な費用が挙げられる。

現行法上、倒産手続開始後に発生した担保価値維持費用は、財団債権(破148①二)ないし共益債権(民再119二、会更127二)として処遇され、倒産財団ひいては一般倒産債権者の負担とされる。例えば、破産事案で、土壌汚染のある担保目的不動産について汚染除去費用を要した場合、当該費用は財団債権として破産財団が負担するが、その一方で、担保権者は何らの費用負担もなく担保価値上昇の恩恵を享受することとなる。このような事態は、一般倒産債権者の犠牲のもとで担保権者の利益を図るものといえ、利害関係人間の公平を失し、正当化することが困難である。

2 改正の相当性

(1) 応益分担の原則に基づく利害関係人間の公平な費用負担

担保目的物は倒産財団の組成財産でありながらも、特定の担保権者のためだけの優先的満足に供されるべき責任財産である。したがって、「利益の帰属するところ、負担も帰属する」という一般的な公平の理念や、これを体現する民法391条の趣旨に鑑みれば、担保権者の利益にのみ寄与する担保価値維持費用は、本来、担保権者が負担してしかるべき費用であると言える(『東弁展望』25頁〔山本和彦〕)。

たしかに担保権者は担保目的物からの優先回収を保障されているものの、担保目的物に関する費用を他の一般倒産債権者に転嫁することまで認められているわけではなく、担保目的物からの優先回収権の保障と、担保価値維持費用の負担の帰属は、厳密には別異に考察されるべき事柄である。費用の応益分担の原則に鑑みれば、担保価値維持費用は、担保権者に負担させるのが合理的かつ公平な取扱いであると思料される。

(2) ドイツ及びアメリカ倒産法における取扱い

ドイツ倒産法においては、別除権目的物を換価した場合、別除権の満足に先立って、その売却代金から別除権の確定費用及び換価費用が倒産財団のために控除される取扱とされている(ドイツ倒産法170条、中西正「破産法における費用分配の基

準」民訴雑誌55号42頁）。

　また、アメリカ合衆国連邦倒産法においては、①その費用が当該担保目的物の管理・換価に必要であること、②その費用が合理的であること、③その費用から担保権者が担保目的物に関し利益を得ていること、以上の三要件が満たされた場合には、管財人は、担保目的物の売却代金から手続費用の補償を受けることができる取扱いとされている（連邦倒産法506条(C)、中西・前掲44頁）。

　このように、ドイツ及びアメリカ倒産法においては、一定の要件のもとで担保権者に担保目的物に関する費用を負担させる旨の明文の規定が存在しており、わが国においても表記の規定の創設が検討されるべきである。

(3)　担保目的物の任意売却時の取扱い

　わが国の倒産実務処理上、管財人の協力のもと担保目的物を法定の担保実行手続外で換価処分（いわゆる任意売却）する際には、売却代金から仲介手数料、印紙代、登記手続費用、測量費その他の諸経費を差し引くとともに、売却代金の5～10％程度の金額を倒産財団に組み入れる運用が定着している（『破産実務』198頁）。また、破産手続上の担保権消滅許可制度では、一定の手続要件のもとで、担保目的物の売却代金から売買契約締結・履行費用、消費税額、財団組入金等を控除した額をもって担保権の消滅を認める規律が盛り込まれている。

　こうした担保権者による費用負担を許容する実務慣行と法制度は、担保目的物の財産価値の維持形成に対する担保権者以外の利害関係人の寄与を基礎とするものであり（『伊藤・破産民再』494頁）、担保価値維持費用については担保権者の負担とするのが公正妥当であるとの関係当事者間の認識の顕れであるといえ、表記の規定の創設を基礎付ける立法事実として指摘することができる。

　なお、ドイツ倒産法では、担保目的物の売却代金の5％を換価費用の基準額として定めた上で、現実に生じた費用が大幅に乖離する場合は当該費用額を換価費用として、売却代金から差し引く旨の規定が存する（ドイツ倒産法171条、中西・前掲42頁）。この例に倣い、わが国の倒産法においても、担保目的物の任意売却時の財団組入れについて、明文化することが検討され得る（『大阪提言』200頁〔野村剛司〕）。

（籠池信宏）

○参考文献：『東弁展望』25頁〔山本和彦〕、「中島」31頁、『大阪提言』191、200頁〔野村剛司〕、『東弁提言』298、303頁〔田川淳一・志甫治宣〕

115 物上代位、担保不動産収益執行の制限等

検討課題

不動産賃貸人の破産・再生手続開始後に、賃料債権に対して物上代位がされた場合、当該物上代位は、対象不動産に課される租税その他公課、管理費用（以下「管理費用等」という）を控除した残額のみに及ぶ（ただし、賃料と共益費が区別され、管理費用等が共益費を超過する場合には、当該超過費用相当額を控除した残額にのみ及ぶ）としてはどうか。

現行法：民372、304

1 改正の必要性

倒産手続開始後も物上代位権の行使（民372、304）は可能であり（動産売買に基づく物上代位につき最一小判昭59.2.2民集38巻3号431頁）、賃料債権についても抵当権の物上代位が及ぶ（最二小判平元.10.27民集43巻9号1070頁）。

そのため、不動産賃貸人の破産・再生手続において、抵当権者が賃料債権に物上代位することがあり、賃貸借契約において賃料と共益費等とが区別されていない場合は、賃料債権の全てが差押え対象となる。その結果、破産管財人・再生債務者は、収益がないにもかかわらず費用のみ財団債権・共益債権として支出することになる。

破産手続では、破産管財人は不動産を競売できるものの（破184②）、要する時間等を考慮し、不動産を財団から放棄せざるを得ない場合がある。再生手続では、競売の申立ても放棄もできないため、維持管理費用の負担が再建に支障を及ぼす場合もある（上田裕康ほか「会社更生の利用に関する新たな試み」金法1988号41頁）。

そこで、そのような問題点を解決するため、破産・再生手続開始後に賃料債権に物上代位がされた場合、物上代位権の及ぶ範囲を一部制限すべきであるとして、検討課題のような改正の必要性が指摘されている（末尾参考文献参照）。

2 改正の相当性

一般的に、管理費用等は対象不動産の価値を維持増大させているのであり、「利益の帰属するところ、負担も帰属する」という一般的な公平の理念からは、管理費用等を抵当権者が負担することも許容されるように思われる（『東弁展望』25頁〔山本和彦〕、本書114参照）。実務上、任意交渉により賃料の差押えを一部解放してもらえる場合や、任意売却の際に財団組入額の交渉にあたって管理費用等が考慮されることもあり、抵当権者自身が管理費用等の控除の必要性・公平性を理解していると考えられるところでもある。また、不動産収益執行手続では、担保権者への配当は、不動産に課される租税公課及び管理人の報酬等を控除してなされる（民執188で準用する同106①）。これは、物上代位について、対象不動産所有者が管理を

継続することを前提とすると、管理費用に相当する部分まで抵当権者が取得するのは不当ではないかとの指摘に対応したものと考えられているところであり（『東弁提言』308頁〔田川淳一・志甫治宣〕）、対象不動産の賃料から回収を行う点で同じである物上代位についても不動産収益執行と同様に処遇することは許容されるように思われる。

3 関連する検討課題

(1) 倒産手続開始後の物上代位権の行使の制限

上記のような物上代位の弊害を指摘した上で、担保不動産収益執行制度が存在する以上、そもそも、倒産手続開始後の物上代位権の行使を制限すべきであるとの指摘もなされている（『大阪提言』195頁〔野村剛司〕）。破産管財人が対象不動産を破産財団から放棄すれば、賃借人の自主管理となるおそれもあるし、事後処理も複雑になることから、これを防止することを可能にする点で有益な検討課題である。

(2) 破産手続中の担保不動産収益執行の制限と分配制度の創設

さらに、担保不動産収益執行が行われた場合も管理人による管理が行われ、破産管財人としては破産財団から対象不動産を放棄せざるを得ないこと、破産管財人は担保不動産収益執行における管理人と同様の業務を行うことは可能であることを指摘し、破産手続中は担保不動産収益執行をも認めず、破産管財人による管理に一本化した上で、任意売却又は担保不動産競売までの間の賃料債権回収分から管理費用等を控除し、担保権者に利益分配を行うことを内容とする分配制度を創設する旨も提言されている（『大阪続々』196頁〔野村剛司〕）。再生手続で別除権協定により賃料収入を再生債務者と担保権者で分け合うことに近い制度であると指摘されており、柔軟な対応を可能にしつつ、破産管財人による破産財団からの対象不動産の放棄を可及的に防止しようとする点で有益な検討課題である。

(3) 破産手続中の担保不動産収益執行における担保不動産競売催告権の創設

担保不動産収益執行の制限ができないとしても、担保不動産競売がいつまでも行われないことは不都合であり、破産手続に入った以上、担保権者の換価時期選択権の制約はやむを得ないとして、破産管財人に担保権者に対する担保不動産競売の催告権を与え、担保不動産収益執行から担保不動産競売に手続移行できるようにすべき旨も指摘されている（『大阪続々』198頁〔野村剛司〕）。破産管財人には競売申立権が認められているが（破184②）、破産財団の負担が多く、破産管財人による競売申立が現実的ではない場合があるところ、そのような場合でも手続移行による速やかな競売を可能とする点で有益な検討課題である。

〔北野知広〕

○参考文献：『東弁提言』286頁〔田川淳一・志甫治宣〕、『大阪提言』180頁〔野村剛司〕、『大阪続々』181頁〔野村剛司〕

116　動産売買先取特権

> **検討課題**
> 1　破産手続において、動産売買先取特権の対象動産に対する差押えがなされるまでは、破産管財人が対象動産を処分できることを明文化してはどうか。
> 2　また、民事執行法中に、動産競売開始許可の申立てが認められないときは、訴えの提起を認め、動産競売の開始を許可する旨の判決を求めることができるとの条文を追加してはどうか。

1　動産売買先取特権の対象動産の処分

(1)　改正の必要性

　債権者である売主が動産売買先取特権を根拠として未払代金を回収しようとする行為と、破産管財人による換価処分との規律をどうするかについては長らく議論がなされてきたものの、判例上は、破産管財人が先取特権を主張されている目的動産を売却しても不法行為責任は負わないものとされてきた。

　もっとも、敷金返還請求権に質権が設定されていた場合に、破産管財人に担保価値維持義務を認めた最高裁判例（最一小判平18.12.21民集60巻10号3964頁）が出たことも影響してか、最近の実務家の論稿では、破産管財人の善管注意義務の観点から、先取特権を実行する意思が表明された場合には慎重な対応が必要であり、場合によっては転売代金の一部を回し、和解的処理を念頭に置くべきとするものも散見されるようになった。

　そこで、破産管財人に動産の換価について無用な躊躇を生ぜしめ、破産債権者の利益を害しかねることのないよう、動産売買先取特権の対象動産に対する差押えがなされるまでは、破産管財人は対象動産を処分できることを明文化してはどうか。

(2)　改正の相当性

　譲渡担保設定者は、担保権者をして担保の目的を達せしめるよう対象動産を保管する義務を負うものとされており、また流動動産譲渡担保においては、保管義務がいわば実行通知までは解除されているといえるが、動産売買先取特権においては、そのような保管義務がそもそも存在せず、買主（債務者）による目的動産の処分を制限する効力はそもそも存在しない。

　したがって、平場の場面においては、動産競売開始による差押えがなされるまでは、買主による自由な処分が予定されているというべきである。

　また、動産売買先取特権者は、破産手続が開始されたとしても、会社更生手続の場合と異なり、別除権者として担保権の実行を自ら行うことができることに変わりない。

したがって、破産の場面で、平場以上に、格別、動産売買先取特権者を保護する必要はない。

動産売買先取特権者の権利主張に疎明資料が整っているかといった事情は、破産管財人の担保価値維持義務（善管注意義務）の発生根拠としてではなく、近日中に動産売買先取特権に基づく差押えがなされる可能性が高く和解の必要性が高いことを示す一事情として捉えれば足りる。

2 動産売買先取特権の実行

(1) 改正の必要性

一方で、適切な利益調整の観点から、動産売買先取特権の権利行使の実現方法が手続上確保される必要がある。

現行法において、動産売買先取特権の実行手続においては、動産競売開始許可の裁判（民執190②）が極めて重要な位置付けとなるが、この裁判には、債務者を審尋する手続が規定されておらず、発令のための証明文書を緩やかに解して運用した場合、適正手続上問題が生じる。そのため、裁判実務においては、動産競売開始許可の発令のための証明書類を厳格に制限し、それが提出された場合に限り発令する方法により、適正運用を図っている。

しかしながら、かかる運用によった場合、動産競売許可の裁判を得るだけの書類は揃っていないが、売買契約の存在および売却動産の代金の未払があることは事実である場合、実体法上動産売買先取特権を有している売主（債権者）の保護を図る観点から、債権者には民事訴訟を提起し、証拠制限を外した上で、動産競売開始許可の判決を得ることができる途が開かれている必要がある。

(2) 改正の相当性

執行分付与の申立てが認められないときは、執行分付与の訴えを提起することができるとされている（民執33）。

そこで、同規定振りに倣い、民事執行法中に、動産競売開始許可の申立てが認められないときは訴えの提起を認め、動産競売の開始を許可する旨の判決を求めることができるとの条文を追加することを検討してはどうか。

（平井信二）

○参考文献：『大阪続』254頁〔平井信二〕、『東弁提言』362頁〔園尾隆司・谷口安史〕

117　民事留置権・商事留置権

> **検討課題**
> 　民事留置権・商事留置権は、各倒産手続における各々の権利の処遇をめぐる議論が錯綜しており、立法的解決を図る必要があるところ、倒産法制の改正の方向性については、担保・執行法制の改正とも足並みを揃えつつ、各々の権利が認められるに至った経緯や根拠にまで遡って検討することとしてはどうか。
> 　現行法：商事留置権は破66①、192、民再53①、148、会更2⑩、29、104、
> 　　　　　民事留置権は破66③

1　改正の必要性

　現行法において、民・商事留置権は、実体法上は同一の効力が認められているものの、倒産手続においては取扱いを異にし、かつ各倒産手続間で取扱いが異なる。すなわち、商事留置権は、破産法では、特別の先取特権とみなされて別除権とされるが、他の特別先取特権に後れ（破66①、65①、66②）、商事留置権消滅請求の対象となる（同192）。民事再生法では、別除権とされるが（民再53①）、特別の先取特権とみなされず、担保権消滅請求の対象となる（同148）。会社更生法では、更生担保権とされるが（会更2⑩）、特別の先取特権とみなされず、開始決定後の担保権消滅請求（同104）、保全段階の留置権消滅請求（同29）の対象となる。これに対して民事留置権は、破産法では効力を失う（破66③）。民事再生法では別除権と認められないが効力は消滅せず、担保権消滅請求の対象ではない。会社更生法では、更生担保権の基礎となる担保権ではないが効力は消滅せず、担保権消滅請求の対象ではない。

　留置権に関しては、平成16年の破産法及び担保・執行法の改正時において議論されたが改正に至らず、その後も、不動産に関する留置権の成否など従来からの重要論点や、最一小判平23.12.15（民集65巻9号3511頁）が判示した民事再生手続における手形の商事留置権に関する扱い（ただし、同判例は、「銀行取引約定に基づき」債務の弁済に充当することができるとする）など、留置権をめぐる困難な問題が生じ、改正の必要性が論じられている。しかるに、議論の具体的内容は、①倒産時の扱いは担保法における留置権の取扱いに依存することから、倒産法改正に先立つ担保法改正を期待する見解（『東弁展望』27頁〔山本和彦〕）、②立法論を展開するにあたり、商事留置権が認められるに至った経緯や根拠にまで遡り、現在の商事留置権の成立範囲についても併せて検討する必要があるとの見解（『東弁提言』360頁〔中島弘雅〕）、③商事留置権は、特別先取特権とみなす破産法66条1項を削除し、民事留置権は、優先弁済権は付与しないものの破産手続において失効しない旨提言する見解（『東弁展望』304頁〔蓑毛良和・志甫治宣〕）、④商事

留置権は優先弁済権を認め、民事留置権は民事再生法・会社更生法においても失効する旨提言する見解（『大阪提言』249頁〔平井信二〕）に分かれ、改正の方向性は一致していない。

2　改正の方向性

(1)　商事留置権について、上記のとおり優先弁済権を付与すべきか否かで見解が分かれているが、これは、守りに強いが攻めには弱く（道垣内弘人『担保物権法〔第3版〕』（有斐閣、2008年）38頁）、本来防御的機能を有する（森田浩美「担保・執行法制の見直しに関する要綱中間試案に対する各高等裁判所及び各地方裁判所の意見と今後の検討課題」判タ1094号57頁）留置権の性質と、これより生じる両すくみ状態に対する評価が異なるからといい得る。これを不都合であるとして消極的に評価すれば、優先弁済権の付与を肯定する方向に、これより他の担保権者や債務者との間で一定の歩み寄りの機会が生じると積極的に評価するならば、優先弁済権の付与を否定する方向に、それぞれ親和的といえる。商事留置権は牽連性を不要とする法定担保物権であることから成立範囲が広く、譲渡担保、動産売買先取特権など他の担保権と競合することから、実務上、留置権の上記性質には積極的な意義があることは否定できないといえる。また、上記②説が指摘するとおり、商事留置権は、当事者間で担保設定や信用状態の調査が十分にし得ない場面を予定しているが、現状では、金融機関が手形や投資信託に関して商事留置権を主張するなど、本来予定しない場面で使用されている。商事留置権が本来予定した運送業者や倉庫業者などの保護を図るのであれば先取特権を通じた保護もあり得るのであって（『大阪提言』261頁〔平井信二〕）、商事留置権一般に対して、一律に優先弁済権を付与するのは妥当とはいえないともいえる。破産法66条1項は、清算を予定する破産手続において留置目的物の早期換価を実現する趣旨であったが、現行法で新設された商事留置権消滅制度により果たされ得るため、同条項を削除する方向での検討もあり得るかとも思料する。

しかるに、倒産時の取扱いは、留置権の性質に対する評価など価値判断により方向性が大きく分かれるため、担保法改正とあわせて検討してはどうか。

(2)　民事留置権について、平成16年改正時において、目的物と被担保債権との間に牽連関係を要求する民事留置権の方が、保護を図る必要性が高いと指摘されており（『破産法等の見直しに関する中間試案と解説（別冊NBL74号）』（商事法務、2002年）158頁、『破産基本構造』457頁〔田原睦夫発言〕）、破産時に失効する扱いを見直すこともあり得るが、商事留置権と同じく表記のとおり検討してはどうか。

（志甫治宣）

○参考文献：『東弁展望』18頁〔山本和彦〕、292頁〔蓑毛良和・志甫治宣〕、『東弁提言』348頁〔中島弘雅〕、『大阪提言』249頁〔平井信二〕

118 将来債権譲渡・譲渡担保の制約原理

> **検討課題**
>
> 将来債権の真正譲渡・譲渡担保につき、譲渡人倒産時の効力を合理的に制約し、将来債権の譲受人と、倒産管財人、倒産債務者等の利害関係人との間の権利関係を適切に調整する規定を設けてはどうか。

1 改正の必要性

(1) 将来債権譲渡・譲渡担保の重要性

近時は「不動産担保・保証に過度に依存しない融資」が標榜され、ABL（Aseet Based Lending）が発展して、企業活動に伴って循環する在庫や動産、預金（回収金）等に担保設定される。資産流動化（証券化）の発達も著しく、そこでは、投資の裏付けとなる引当資産がオリジネーターの責任財産から分離されて倒産リスクを受けないこと（倒産隔離）が求められるので、真正譲渡の手法が用いられる。資金調達における将来債権譲渡・譲渡担保の重要性は高まり、一連の判例法理が形成されてきた（最三小判平11.1.29民集53巻1号151頁、最一小判平13.11.22民集55巻6号1056頁、最一小判平19.2.15民集61巻1号243頁など）。

(2) 倒産時の関係当事者の利害が複雑で、議論が錯綜していること

将来債権の譲渡人・担保設定者が倒産した場合について最大の問題は、総債権者のための責任財産の負担で新たな債権が生み出され、それが特定の譲渡人・担保権者に帰属することの不合理である。未だに議論の一致をみるに至らない。

資金提供者の視点として、倒産時においても将来債権譲渡の効力が維持され、倒産前に譲り受けた債権を予定どおり回収できることが、資金調達の前提となっているとの指摘がある。円滑な資金調達は倒産防止の観点からも重要である。

倒産手続の視点として、管財人等の下で発生する債権であるにもかかわらず倒産財団に帰属しないとすれば、倒産手続遂行の障害となる。財団を増殖できず、一般債権者や労働債権の保護に欠け、企業再建も困難となる。倒産財団の費用をかけて将来債権を発生させなければならず、しかし発生した債権が倒産財団に帰属しないとすれば、事業維持義務と、債権者に対する善管注意義務が衝突し、管財人等の行動指針が明らかでなく倒産現場は混乱してしまう。明確な規律が求められる。

2 改正の相当性

重要な資金調達手段である将来債権譲渡取引の保護を適切に図りつつ、合理的な制約原理を設けて多様な権利関係を適正に調整することが求められており、これによって将来債権譲渡取引の倒産時における予測可能性を確保し、安定的な資金調達の実現にも資するので、改正の相当性が認められる。

3　改正の方向

(1)　多様な取引類型があること

将来債権取引には多様な類型があり、当事者意思のあり方も様々である。①対象債権は売掛金、貸金、不動産賃料、発電所の電気料金その他がある。②実務上は明確な区別がない場合もあるが、講学上いわゆる循環型と累積型に分類される（井上聡「将来債権譲渡担保と民事再生」ジュリ1446号69頁、伊藤達哉「将来債権譲渡担保の再生手続開始決定に対する効力再考」NBL932号28頁）。毎月10・回収サイト3カ月の債権を回収して事業継続する場合、常時存在する債権30の掛け目で調達するか、1年分120を一挙現金化するか。実務上は循環型が主と指摘される。③プロジェクトファイナンスなど一連の資金調達スキームの一部として機能する例がある。売掛金のみ担保か、在庫・原材料まで担保か、利益状況に差異があろう。

(2)　立法論への視点

①取引ごとに、将来債権を取引対象にすることのリスク（債権が発生しないリスクなど）を当事者間でどのように配慮したか、その当事者意思は譲渡効力制約の程度に影響すると考えられる。②立法となれば、まずは「純粋な」将来債権譲渡（在庫を担保にせず売掛だけを担保にする場合など）の効力を論ずる他なく、総資産担保など各種資金調達スキームの効力論ではないことにも注意すべきである。

(3)　真正譲渡

平時の将来債権譲渡の効力が管財人の下で新たに発生する債権に及ぶか、倒産手続開始決定による固定化の有無、処分権が及ばないという意味での「第三者」性などが議論される。また「債権者共同の引当財産である倒産財団を特定の権利者の利益のために費消してはならない」ことは、抽象的な一般条項にとどまらない「倒産法の大原則」であり、平時の将来債権取引に際して当事者意思に合理的な制約が内在していたとも考えられることから、倒産法の公序による合理的制約を立法で明確化・準則化し、具体的な解決の予測可能性に資する等のアプローチも考えられる。

(4)　譲渡担保

将来債権譲渡担保については、(3)のアプローチに加えて、平時の将来債権譲渡の効力が倒産時にも及ぶことを前提としても、既存法制の担保権制約の諸制度を用いて対処する視点がある。中止命令を活用した別除権協定の企図、担保権消滅請求における評価、更生担保権評価などが議論されており、非典型担保への準用の明確化、その要件など具体的な立法化を検討してはどうか。

（清水祐介）

○参考文献：『東弁展望』18頁〔山本和彦〕、308頁〔小林信明〕、『東弁提言』286頁〔田川淳一・志甫治宣〕、「日弁提言」11頁、「シンポ」〔清水祐介発言、中森亘発言〕

119　担保権消滅制度

> **検討課題**
> 1　破産手続における担保権消滅制度について破産法187条1項の「担保権の実行」から収益執行を除外してはどうか。
> 2　リース契約などの非典型担保にも担保権消滅請求制度の適用があることを明確化することを検討してはどうか。
> 現行法：破186、187、民再148、会更104

1　破産法187条の「担保権の実行の申立て」から収益執行を除外してはどうか。

(1)　改正の必要性

　破産法186条1項に基づく担保権消滅の許可の申立てに対し、被申立担保権者は、異議があるときは、「担保権の実行の申立て」をすることができる（破187①）。

　破産法187条1項及び民事執行法180条の文言からは「担保権の実行」に収益執行も含まれ得る。しかし、破産管財人の担保権消滅許可の申立てに対し、収益執行の申立てのみで対抗し得るとすれば、破産管財人は、やむなく、資産換価のために担保権付での売却又は競売の申立て（破184②）を要することになり、早期資産換価のため任意売却の円滑化を図った趣旨を没却することから改正の必要がある。

(2)　改正の相当性

　破産法187条1項の趣旨は、破産管財人提案の換価金額の適正性を問うため、担保権者が他の換価手段により対抗する点にあるから、「担保権の実行」に収益執行の申立ては含まれないとするのが相当であり、その旨の限定解釈をする見解が有力である（『大コンメ』791頁〔沖野眞已〕、『伊藤・破産民再』502頁）。また、収益執行は破産法の立案時に想定されていなかったとの指摘もある（『破産基本構造』205頁、『松嶋古稀』150頁〔園尾隆司〕）。さらに、「担保権の実行」に収益執行も含むとする見解も、条文の文言を理由とし（『条解』1202頁、『論点解説（上）』56頁〔服部敬〕）、立法論としては収益執行を除外すべきとするなど（『条解』1204頁）、条文の改正自体を否定していない。

　よって、「担保権の実行の申立て」から収益執行を除外してはどうか。

2　リース契約などの非典型担保にも担保消滅請求制度の適用があることを明確化することを検討してはどうか。

(1)　改正の必要性

　各倒産法において、担保権消滅制度の対象は「特別の先取特権、質権、抵当権又は商法もしくは会社法の規定による留置権」（破186①、民再148①、民再53①、会更104①）とされ、文言上、非典型担保は含まれない。

　しかし、破産管財人による任意売却の円滑化（破産法）、再生債務者の事業の継

続に不可欠な財産の確保（民事再生法）、事業の更生のための早期の担保権消滅の必要性（会社更生法）は非典型担保の場合も同様である。具体的には、譲渡担保や所有権留保は、その目的物が動産か不動産かを問わず、いずれの手続でも担保権消滅の必要性が認められる場合がある。ファイナンスリースについて、担保目的物を利用権と解しても、再生手続ではリース資産の引き上げを回避し、その利用を確保する必要性がある。更生手続でも、事業譲渡後の更生手続の廃止等を考慮すると、担保権消滅の必要性は否定できない（『実務大系』170頁〔山本和彦〕。なお、破産手続については『伊藤・破産民再』499頁参照）。

(2) 改正の相当性

　各法の立法時には、破産手続では不動産の抵当権以外想定しにくいと考えられたこと（『基本構造』188頁）、民事再生法及び会社更生法では解釈論に委ねられたことから、非典型担保が担保権消滅の対象となる旨の明文化はされなかった（『一問一答民再』16頁、『一問一答会更』124頁）。しかし、非典型担保の担保権消滅の必要性は、実務上、明らかになっており、解釈上、非典型担保に類推適用されるとする見解（『伊藤・破産民再』499頁、『伊藤会更』528頁、『倒産法概説』117頁、140頁、152頁〔沖野眞已〕）が有力である。これに対し、手続上の問題（詳細は『倒産法概説』117頁）から実務上は適用が限定されるとの指摘があるが（園尾隆司他編『最新実務解説　一問一答民事再生法』（青林書院、2011年）524頁〔髙山崇彦〕、新堂幸司・山本和彦編『民事手続法と商事法務』（商事法務、2006年）105頁〔田原睦夫〕、西謙二「民事再生手続における留置権及び非典型担保の扱いについて」民事訴訟雑誌54号57頁、『民再実務』176頁）、手続の困難性は、解釈論及び立法により解決すべきであり（解釈論により解決するものとして『条解』1203頁、福永有利監修『詳解民事再生法〔第2版〕』409頁〔山本和彦〕、『実務大系』169頁〔山本和彦〕）、非典型担保が担保権消滅制度の対象となる旨の明文化自体を否定するものではない。また、譲渡担保について手続内での担保権の認定の困難性を指摘する見解もあるが（前掲・西）、制度趣旨からは申立資料から裁判所において担保権と認定できるのであれば、担保権消滅の対象とするのが相当であり（『実務大系』169頁〔山本和彦〕、『会更基本構造』102頁）、改正を妨げる理由とはならない。もっとも、例えば、ファイナンスリースに関する担保権実行の終了時期（『倒産法概説』140頁）、「財産の価額」（民再148①、会更104①）の算定等、関連して生じる問題は、網羅的な立法的解決は困難である。

　よって、関連論点については解釈に委ね、一般論として非典型担保に担保権消滅制度の適用があることを明確化し、可能な範囲で配当ルールや登記等の嘱託などについて、倒産法において手続的整備を検討してはどうか。

（浅沼雅人）

○参考文献：『東弁展望』463頁〔三枝知央〕、『東弁提言』321頁〔三枝知央・清水靖博〕、『大阪提言』231頁〔堀野桂子〕

120　民事再生法上の担保権消滅請求制度の要件緩和等

> **検討課題**
> 1　民事再生法上の担保権消滅請求制度における、対象財産が「事業の継続に欠くことのできないもの」との要件を緩和してはどうか。
> 2　民事再生法上の担保権消滅請求制度における納付金につき分割納付を認めてはどうか。
> 現行法：1につき民再148①、2につき民再152①、民再規81①

1　検討課題1（要件緩和）

(1)　改正の必要性

　民事再生法上の担保権消滅請求を行うには、対象財産が「事業の継続に欠くことができないものである」場合という、いわゆる「事業継続不可欠性」要件の充足が求められる（民再148①）。具体的には、「担保権が実行されて当該財産を利用することができない状態になった場合には再生債務者の事業の継続が不可能となるような代替性のない財産」を意味すると解されており（『一問一答民再』191頁）、典型的には事業活動に供されている工場や店舗などの事業用資産が対象で、遊休資産や在庫商品などは対象にならないと解されている。

　しかし、例えば、遊休資産でも、運転資金の調達や維持・管理コストの負担軽減等を図るべく速やかに換価処分する必要がある場合や、事業活動の一環として在庫商品を売却する必要がある場合などがある。そのような場合でも、担保権者が協力的であればよいが、そうではない場合、事業の再生に支障を来たすおそれがある（これらの場合にも「事業継続不可欠性」要件の充足を認めた裁判例（事業資金捻出のための不動産売却につき名古屋高決平16.8.10判時1884号49頁、販売用不動産につき東京高決平21.7.7金法1889号44頁）もあるが、異論も多いところである）。

　そもそも、将来取得すべき売掛債権や在庫商品等を対象とする譲渡担保など、民事再生法制定当時にはあまり想定されていなかったタイプの担保が普及をみせ、そのことが中小事業者のキャッシュフローを含めたいわば総担保化をもたらしているという現状があり、事業供用資産の継続保有を想定して要件が定められている現行の担保権消滅請求制度では、事業再生の有力な手段として十分な活用ができない。

　そこで、現行の「事業継続不可欠性」要件につき、例えば、会社更生法上の担保権消滅請求制度（会更104①）のように、対象財産自体の不可欠性ではなく、「事業の再生のために」必要か否かという包括的な要件に緩和する必要性があると解される。

(2)　改正の相当性

　「事業継続不可欠性」要件は、再生債務者の事業を再生するという法の目的達成

と担保権者の利益保護との調整を図る趣旨のものと解されるが、これ自体、理論的に固定化されたものではなく、制度導入後の社会の変化や運用実態等を勘案して適切かつ合理的な要件に見直されるべき余地があるものと解される（伊藤眞ほか編『民事再生法逐条研究』（有斐閣、2002年）143頁〔高橋宏志発言〕）。そうした場合、上述したような実務上の必要性や担保実務の変化等を勘案して、「事業継続不可欠性」要件を上述した要件などに緩和することにも相当性が認められる。

2 検討課題2（分割納付）

(1) 改正の必要性

再生債務者が担保権消滅許可の申立てをし、担保目的財産の価額が確定したときは、再生債務者は、裁判所の定める期限までにこの価額に相当する金銭を裁判所に納付しなければならないが（民再152①）、この場合の納付期限について、民事再生規則81条1項は、当該価額が確定してから1カ月以内の日を期限と定めなければならないと規定している。かかる現行法の規定から、担保権消滅請求における金銭納付は一括支払いによるべきものと解されている。

しかし、DIPファイナンスがいまだ浸透していないわが国の現状において、担保権者との別除権協定が難航するも、再生債務者において納付金を一括では用意できないがために担保権消滅請求制度を利用できないというケースも少なくない。また、そのことが、別除権協定の交渉における債務者側の交渉力を弱めることにもなっている。そこで、事業再生の有力な手段として導入された担保権消滅請求制度を有効に活用できるよう、担保権者の利益保護にも配慮しつつ、相当期間の分割納付を認める必要性があると解される。

(2) 改正の相当性

担保権消滅の代償として担保権者に保障される金銭が必ず一括で確保されなければならないという法的根拠はそもそもなく、分割支払いであったとしてもそれと同等の価値が担保権者に適切に保障されればよいと解される。具体的には、①分割期間を相当な期間内に制限するとともに、②分割期間中の利息を付し、かつ③担保権の消滅時期は分割納付の完了時として（ただし、分割期間中の担保権実行を禁止）、④分割納付の不履行があった場合には担保権消滅許可の取消しや既納付金の内入れ弁済等の適切な措置をとることとすれば、担保権者の利益が不当に害されるおそれはないと解され、改正の相当性が認められる。

〔中森　亘〕

○参考文献：検討課題1、2につき「全倒ネット大阪大会」、『大阪提言』168頁以下〔中森亘〕、『東弁展望』463頁以下〔三枝知央〕、『松嶋古稀』129頁以下〔園尾隆司〕、検討課題2につき『東弁提言』346頁〔三枝知央・清水靖博〕。

121　民事再生法への破産法上の担保権消滅請求制度の導入

> **検討課題**
> 民事再生法に破産法上の担保権消滅請求制度と同様の制度を導入してはどうか。
> 現行法：破186以下、民再148以下

1　改正の必要性

(1)　遊休資産・在庫商品等の換価処分の必要性

　再生手続においても、運転資金の調達や維持・管理コストの負担軽減等の理由から、遊休資産など事業継続には必ずしも必要でない担保目的物を速やかに換価処分したいという場合がある。また、在庫商品などそれ自体は事業供用物件ではない担保目的物でも、事業活動の一環としてこれらを販売に供する必要がある場合がある。

(2)　清算型再生計画における非承継資産の換価処分の必要性

　さらに、事業譲渡等によってスポンサーに事業を承継した後、再生債務者を清算する、いわゆる清算型再生計画の履行において、スポンサーへの事業承継を果たした後の非承継資産のなかに担保目的物が含まれる場合、当該目的物を速やかに換価し清算処理を遂げる必要がある。

(3)　債権者の一般の利益との関係

　(1)(2)のような場合でも、担保権者が協力的であれば問題は少ないが、任意売却（受戻し）に応じない場合には有利な換価処分ができず、(1)の場合には事業の再生の支障になるし、(2)の場合には再生計画履行の支障となる。さらに、担保権者が担保権の実行もせず、賃貸物件の賃料につき物上代位により債権回収を図ってくるというようなケースもある。しかし、かかる事態は、再生手続の迅速かつ円滑な遂行を大きく阻害するものであるとともに、この間、担保目的物の維持・管理コストを再生債務者が負担していることなどを考えると、債権者の一般の利益を害することになるといわざるを得ない。

(4)　現行法による対応の限界

　この点、現行の民事再生法上の担保権消滅請求制度では「事業継続不可欠性」要件（民再148①）の充足が要求されるため、(1)(2)の場合に対応することは困難である（事業資金捻出のための不動産売却につき適用を認めた名古屋高決平16.8.10判時1884号49頁や、販売用不動産につき適用を認めた東京高決平21.7.7金法1889号44頁があるが、これらに異論を唱える見解も多いところである）。また、(2)のケースでは破産手続に移行する方法も考えられるが、移行に要する時間とコストは小さくなく、配当原資の目減り、配当時期の遅れ等、債権者の一般の利益が害されるこ

とは明らかである。

そこで、再生手続においても、担保目的物の換価処分を目的とする破産法上の担保権消滅請求と同様の制度を導入する必要性が認められる。

2　改正の相当性

(1)　換価処分型と継続保有型の相違点

破産法上の担保権消滅請求制度は、清算を目的とする破産手続の迅速な遂行と破産財団の増殖を主眼とする換価処分型の制度であって、事業の再生のために必要な財産の継続保有を主眼とする民事再生法上のいわゆる継続保有型の担保権消滅請求制度とは趣旨・性質が異なる。かかる点から、前者には、後者に要求されるような「事業継続不可欠性」要件は求められない一方（ただし、債権者の一般の利益に適合すること及び担保権者の利益を不当に害しないことが求められる（破186①））、担保権者には対抗手段として担保権の実行（破187）や買受申出（破188）という担保権の基本的効力としての換価権がなお残されており、担保権者は自らの意思で担保目的物を競売という市場に出すこと等によって、より高額の換価価値を獲得しうる機会が保障されている。これに対し、民事再生法上の担保権消滅請求制度では、事業の継続に不可欠であるという限定された条件のもと、担保権者は換価権をも奪われ、清算価値評価による担保目的物の解放を強いられるのであり、換価処分型と継続保有型とでは、担保権者が保障されうる価値という点で大きな違いがある。

(2)　再生手続における換価処分型導入の許容性

このような点に着目した場合、これら2種類の担保権消滅請求制度を、破産手続か再生手続かという手続の違いではなく（実際、事業再生の手段として破産手続が利用されケースが定着しており、また、破産手続にも継続保有型に分類されるべき商事留置権消滅請求制度（破192）が規定されていることなどを考えると、清算型か再建型かというベースとなる手続の違いをことさら強調するのは相当でない）、換価処分か継続保有かという担保目的物に対する処遇の違いに応じて統合的に捉えた方が合理的であるといえ、かつ、その方がそれぞれの場面に応じて担保権消滅請求制度を有効に活用でき、担保権者の利益を適切に保護することもできると考えられる。

以上から、民事再生法に破産法上の担保権消滅請求制度と同様の制度を導入することを許容する余地は十分にあると解される。なお、逆に、同じ理由で、破産法に民事再生法上の担保権消滅請求制度と同様の制度を導入する余地もあると解される。

（中森　亘）

○参考文献：『大阪続々』135頁〔中森亘〕、『東弁提言』14頁〔小林信明〕、338頁〔三枝知央・清水靖博〕、『松嶋古稀』142頁〔園尾隆司〕。

122 担保権消滅請求の迅速化

> **検討課題**
> 担保権消滅手続について、担保権消滅の可否と価額決定を１本の手続とし、１度の即時抗告で確定する迅速な手続としてはどうか。
> 現行法：民再148～153、会更104～112ほか

1 改正の必要性

現行法において、担保権消滅請求は債務者における計画外での事業譲渡をバックアップする重要な制度として機能している。これは債務者と担保権者の間で、担保対象物の価値について争いが存在したとしても、最終的には裁判所の判断する評価額を納付することによって強制的に担保権を消滅させられるからである。

他方現行法において担保権の消滅が認められるまでには、まず担保権消滅許可決定がなされ、次に評価人の意見を参考に価額決定がなされる、という２段階の手続を経てから代金納付を行い、それにより担保権が消滅するという手続になっている。しかしながら評価人による評価に相応の時間が必要な上に各決定（特に価額決定）に対して即時抗告がなされると決定が確定するまでの間代金納付が行えず、担保対象物の譲渡が遅延するというおそれが存在する。このような遅延が発生する場合には事業譲渡自体が遅延することにもなりかねないため、担保権消滅請求の迅速化のための規定を設ける必要性が存在する。

2 改正の相当性

改正の手法については、既に幾つかの提言がなされている。具体的には、①債務者に担保権者の申出額を納付させる方法、②財産評定における評価命令（民再124③）と価額決定を連動させる方法、③価額決定の確定前でも仮納付による消滅を認める方法、④担保権消滅許可決定と価額決定を１本の手続にまとめる方法（なおこの見解の論者は不動産担保権については現行法制度を維持することを提言しているが、不動産担保権についても１本の手続にまとめることは理論的にはありうるかと思われる）、等が提言されている。しかしながら、①は担保権者の申出額が不相当に高くなる可能性があること、②は担保権者の意見が適切に反映されるか疑問があること、③担保権の消滅効果を仮納付で認めると、その後の決定で仮納付金額以上の金額で担保権額が認められた場合に、仮納付金額以上の金額部分が納付されることを担保する制度が存在しない、ことからすると検討課題記載のように④の制度が相当と考えられる。

（柴原　多）

○参考文献：『東弁提言』321頁〔三枝知央・清水靖博〕及び『二弁30講』167頁〔髙木裕康〕その引用文献並びに『松嶋古稀』129頁〔園尾隆司〕

123　再生手続における評価命令と担保権消滅請求の連動

> **検討課題**
> 　再生手続の財産評定において評価命令が出された場合、担保権消滅請求手続における価額決定手続においては、裁判所は財産評定における評価の結果に基づき価額の決定をするものとしてはどうか。
> 　現行法：民再150

1　改正の必要性

　現行の再生手続で別除権協定の交渉を行う際、再生債務者と担保権者の双方が依拠できるような中立的評価を求める制度はないことから、別除権協定の合意形成が難航することが多い。また、担保権消滅請求は価格決定までに時間がかかる。そのため、事業継続が不安定となったり、スポンサー契約に支障が生じたりすることがある。

　他方、再生手続の財産評定においては評価命令（民再124③。以下単に「評価命令」という）の制度がある。しかし、評価命令と担保権消滅請求における価額決定手続は関連付けられていないため、評価命令に基づく評価を行っても、法律上はそれが担保権消滅請求において意味を持つわけではない。

　上記のごとく改正すれば、あらかじめ担保目的財産の評価に争いが予想される場合には、開始後早期に評価命令による評価を得ることで、担保権消滅請求における担保目的財産の評価額が予測できるようになる。このような扱いにより、評価命令による評価は、別除権協定における合意形成過程においても、中立的な基準として重視されることになる。これらにより、別除権協定交渉や担保権消滅請求制度を利用した担保目的財産の受戻しが円滑に進むことが期待できる。

2　改正の相当性

　担保権消滅請求はすでに存在する制度であり、また上記改正は価額決定手続やこれに対する即時抗告の制度を変更するものではない。上記改正により、評価命令による評価が担保目的財産の評価に決定的な影響を及ぼすことになるので、これが行われることや行われた結果を担保権者に知らせ、また評価について意見を述べる機会を保証することが必要にはなるものの、上記改正は、担保権消滅請求手続における評価人の評価を前倒しで取得できるようにして、手続が円滑・迅速に進むようにするだけであって、担保権者の権利を現行法以上に制約するものではないし、関係者に新たな負担を課すわけでもない。したがって、上記改正は相当である。

〔髙木裕康〕

○参考文献：『二弁30講』167頁〔髙木裕康〕

124　担保権実行中止命令

> **検討課題**
> 1　担保権実行中止命令の規定を非典型担保にも適用しうることを念頭に置いた規定に改正してはどうか。
> 2　破産手続にも担保権実行中止命令の制度を導入してはどうか。また、特別清算では申立後の段階で担保権実行中止命令を可能としてはどうか。
> 現行法：1につき民再31、2につき会516

1　検討課題1：担保権実行中止命令の非典型担保への適用
(1) 改正の必要性
a　非典型担保への適用
　民事再生法31条は、法定の担保権実行手続を前提とした規定であると理解されているが、譲渡担保やファイナンス・リース等の非典型担保についても、担保権消滅請求制度の利用や別除権協定の締結交渉の機会を再生債務者に与えるという担保権実行の中止命令の必要性は認められる。そこで、以下のように、担保権実行中止命令の規定を非典型担保にも適用しうることを念頭に置いた規定に改正してはどうか。

b　意見聴取前の中止命令
　民事再生法31条2項は、担保権者への事前の意見聴取を求めているところ、非典型担保は譲渡通知（債権譲渡担保）や解除通知（ファイナンス・リース）等の方法により実行することが可能である上、早期に実行手続が完了するため、事前に意見聴取を行えば担保権者が発令前に担保権を実行してしまい、担保権実行の中止命令を利用することができなくなるおそれがある。そのため、意見聴取前の中止命令を認める規定を創設する必要性がある。例えば、事前聴取を原則としつつ、特別な事情がある場合には事後でも許容される旨の規定を設けることを検討してはどうか。

c　条件付中止命令
　非典型担保のうち特にABL（集合債権譲渡担保や集合動産譲渡担保）について、担保権者に不当な損害が生ずるおそれがあるという問題が指摘されている。そこで、担保権者の利益保護に必要な場合には、担保権者の損害を補償する措置として、中止命令に条件を付することを認める規定を設けてはどうか。

d　禁止命令
　民事再生法31条1項は、担保権実行の着手後にその中止を求めることを予定しているところ、非典型担保は担保権の実行着手から早期に実行手続が完了するため、実行着手前にその着手の禁止を求める必要がある。そのため、実行に着手する前の禁止が許容されることを明確にする規定を設けてはどうか。

e　担保権実行概念の見直し

　担保権実行の終了後は中止命令の適用がないと解されるところ、非典型担保の場合、例えばファイナンス・リース契約では、担保権実行を解除のみと捉えれば、解除通知によって直ちに担保権実行が終了するため、中止命令の適用される場面が事実上解除通知前に限定される。そのため、非典型担保においては、中止命令の対象となる担保権実行の概念について、解除等のみではなく、解除等から清算までの一連の行為であることを明文化する規定を設けてはどうか。

(2)　改正の相当性

　非典型担保についても担保権実行の中止命令の適用を認めるべきとするのが実務の大勢であり、担保権実行中止命令の規定の適用ないし類推適用を前提とした裁判例も多数出ている。この点、aの意見聴取前の実行命令やdの禁止命令は現在の実務上の運用を明確化するものともいえ、cの条件付中止命令については、現行の実務の運用（集合債権譲渡担保の中止命令に際して再生債務者に回収金を分別管理させる等）の延長で条件が付されるのであれば、担保権者に不当な損害を及ぼすものではない。また、eの担保権実行概念の見直しについては、法定の担保権実行手続との対比から、清算までの一連の行為を実行手続と捉えることも不合理ではない。よって、これらの改正には相当性が認められる。

2　検討課題2：破産・特別清算における担保権実行中止命令

(1)　改正の必要性

　破産手続でも、事業譲渡に際して別除権者との受戻しの交渉が必要な場合や担保権消滅請求制度の利用の機会を確保する必要がある場合があるため、破産手続にも担保権実行中止命令の制度を導入する必要性がある。また、特別清算では、特別清算開始後に限って担保権実行の中止命令が認められているが（会516）、特別清算の申立てがなされれば、担保権実行がなされる可能性があるため、民事再生と同様、特別清算でも申立後の段階で担保権実行中止命令を可能とする必要性がある。

(2)　改正の相当性

　特別清算において担保権実行の中止命令の制度が設けられていることから（会516）、清算型においても担保権実行中止命令の必要性は否定されていない。また、手続開始前に中止命令を発令することによる担保権者の不利益について、民事再生と特別清算を区別する理由はない。よって、改正には相当性が認められる。

（新保勇一）

○参考文献：『東弁展望』219頁〔永島正春〕、225頁〔清水靖博〕、『東弁提言』321頁〔三枝知央・清水靖博〕、『二弁30講』69頁〔新保勇一〕、『大阪提言』204頁〔赫高規〕、231頁〔堀野桂子〕、「日弁提言」20頁

125 別除権協定の解除・失効の場合の扱い

> **検討課題**
>
> 不足額を確定する別除権協定について、
> 1 協定不履行に基づく解除がなされた場合や牽連破産に移行した場合における別除権協定の取扱いを定めてはどうか。
> 2 評価額の範囲内の支払履行請求権の法的性質を定めてはどうか。
>
> 現行法：民再53、88、182、190

1 別除権協定

　民事再生手続において担保権者は別除権を有しており（民再53①）、手続に拘束されることなく担保権を実行することが可能である。別除権対象物件は再建のために不可欠なことも多く、再生債務者は、別除権者との間で、別除権対象物件の評価額、当該評価額の支払方法、約定通りの支払がある際の別除権の不行使といった別除権の取扱いに関する合意を行うことが通常である。この別除権の取扱いに関する合意を別除権協定といい、別除権対象物件の受戻しを含むことから、実務的には監督委員の同意事項とされており（民再41①、54②）、再生手続内において再生債権の弁済を受ける目的で、別除権対象物件の評価額の範囲で賄われない不足額の確定の合意（民再88但書）を伴うことが通常である。以下では、不足額の確定を伴う別除権協定を対象として論ずることとする。

　民事再生法は別除権協定に関する定めを置いておらず、その効力については協定を締結した当事者の意思解釈の問題であるが、①協定不履行に基づく解除がなされた場合や牽連破産に移行した場合において、被担保債権を減額合意した別除権協定の取扱いはどのように考えるべきか、②評価額の範囲内の支払履行請求権の法的性質は共益債権か再生債権か、といった問題について学説上様々な議論がなされている（学説の状況については、『大阪続々』〔長谷川卓〕に詳細に整理されている）。

2 牽連破産に移行した場合等における別除権協定の取扱いについて

　本問題については、平成23年の下級審判決（松山地判平23.3.1金判1398号60頁）が現れて以降、①被担保債権を減額する合意により、被担保債権は減額された額相当額の債権として実体的に確定するのか、②協定不履行に基づく解除や牽連破産に移行した場合に、被担保債権額は減額する合意額のままであるのか、それとも元の額に復活するのかといった点に関する考え方の違いにより様々な議論が行われてきた。

　このような事態は頻繁とは言えないにしても実務上折に触れ生じるのであり、一般債権者の立場に大いに関係するため、取扱いが明確化されることが望ましく、「再生手続において裁判所の許可に基づき別除権協定が締結された別除権付再生債

権の牽連破産の場合における取扱規定を新設する」との立法提言がなされてきたところである（「一弁冊子」36頁）。

この点につき、前記下級審判決の上告審は、再生手続中に別除権協定を締結していた別除権者は、後継する破産手続の開始決定後の競売事件において、被担保債権の額を別除権協定締結前の額を基準に行使できる旨の判断を下した（最一小判平26.6.5金判1445号14頁）。最高裁判決は、当該事案について一定の指針を示すものではあるが、学説が議論してきた課題に正面から応えるものではなく、その射程距離や結論の妥当性については今後の議論に委ねられると考えられる。

筆者としては、前記最高裁判決が登場した以上は、検討課題については、当該判決の影響によって実務の方向性が明確になった後に、改めて具体的に検討することが相当と考える次第である。

3 協定に基づく評価額の範囲内の支払履行請求権の法的性質

この点について、「別除権協定に基づく受戻金の分割弁済合意がファイナンス（信用供与）の側面を有する」ことに着目し、DIPファイナンスが、監督委員の同意を得て共益債権化されることが通常の取扱いであることとの均衡において共益債権とされるべきであり、その旨の立法措置を講じるべきとの意見が提唱されている（『大阪続々』128頁以下〔長谷川卓〕）。また、別除権対象物件の価格が協定時より値下がりした際に協定不履行となった場合を想定すれば、別除権者は一般債権者のために協定により別除権実行を猶予したものであり、価格下落リスクまで別除権者に負担させるのは酷であるとの利益衡量もこの意見を支える考え方となろう（中井康之「別除権協定に基づく債権の取扱い」ジュリ1459号95頁。なお、本支払請求権を被保全債権として提起された債権者代位訴訟に関し、本支払請求権は再生債権であり当事者適格を欠くとして却下した裁判例も存在する。（東京地判平24.2.27金法1957号150頁））。

たしかに、別除権協定が新たな信用供与であるとの観点には首肯できるところもあるが、別除権協定における協定額が不当に高額となり一般債権者を圧迫している事例も散見されると言われており、法により共益債権化される結果として、担保権者に一律の保護を与えることが必ずしも相当ではない例もあるように思われる。

筆者としては、検討課題については、再生手続において監督委員の同意により共益債権とすることが可能との見解に立脚し、再生債権であることを前提に、個別事案ごとに共益債権化するべきかを柔軟に模索していくことが望ましいと考える。

（野上昌樹）

○参考文献：「一弁冊子」36頁、『大阪続々』122頁〔長谷川卓〕

第2節　双務契約

126　倒産秩序を害する契約条項を無効とする規定の創設

> **検討課題**
>
> 　契約条項の効力について、倒産手続における法秩序を害するような契約条項が倒産手続において効力を有しないことを明確にする規定を創設してはどうか。

1　改正の必要性

　過去の倒産法制改正検討に際して、倒産手続の申立ての原因となるべき事実が生じたことを契約解除の事由とする特約が存する場合には、その効力を否定し、又は制限するものとするか否かに関して立法化の議論が行われた。しかしながら、当時の改正議論においては、会社更生手続について、所有権留保特約付売買契約に付された倒産解除特約が、債権者、株主その他の利害関係人の利害を調整しつつ窮境にある株式会社の事業の維持更正を図ろうとする更正手続の趣旨、目的を害するものであることを理由にその効力を否定する最三小判昭57.3.30（民集36巻3号484頁）が存在するものの、その射程範囲が明確ではなかったことや、要件の定立が困難であり、予測可能性の確保、契約関係の安定の観点からこれを立法するのは適切ではなく、なお解釈に委ねるべきとされ、その立法化は見送られたものであった。

　このように立法化が見送られたものの、日々の倒産実務においては、倒産解除特約にとどまらず、様々な契約条項について、その効力が倒産手続においてどこまで維持されるべきかについての問題は依然として広く存在し、具体的な紛争として裁判において争われることも少なくなかった。そのため、立法化の見送り後、多くの最高裁判例が蓄積されている状況である。また、近時においては、非典型担保が発達し、これら担保権の設定契約において様々な付随的条項が定められるようになり、倒産手続においてかかる付随的条項が、倒産管財人や再生債務者にどこまで効力を有するかが現実に問題となっている。

　このように、いったんは契約条項の効力の倒産手続における取扱いに関する立法化は見送られたものの、その後の最高裁判例の蓄積もある上、現実に契約条項の効力をめぐって生じる紛争を解決または抑止するためにも、契約条項の効力の倒産手続における取扱いについての一定の基準を示し、その立法を行うべき必要性は強いものである。

2　改正の相当性

　契約条項について倒産手続でその効力を認めなかった判例としては、次のようなものがある（なお、弁済充当合意の効力を破産手続上主張することができないとする補足意見として、最三小判平22.3.16金法1902号120頁〔田原補足意見〕参照）。

　倒産解除特約については、所有権留保特約付売買契約における判例（最三小判昭

57.3.30民集36巻3号484頁）に加え、ファイナンス・リース契約においても特約の効力を否定している（最三小判平20.12.16民集62巻10号2561頁）。また、最二小判平16.7.16（民集58巻5号1744頁）は、債務者の支払停止等を停止条件とする債権譲渡契約について、その約定にかかわらず支払停止後の債権譲渡と同視して否認対象としている。

　他方、契約条項について倒産手続においてもその効力を認めた判例として、商事留置手形の取立充当特約が、破産手続において問題となった最三小判平10.7.14（金法1527号6頁）、民事再生手続において問題となった最一小判平23.12.15（民集65巻9号3511頁）がある（なお、契約条項の効力が問題となった事案ではないが、破産管財人の善管注意義務についての最一小判平18.12.21民集60巻10号3964頁は、契約上の担保価値維持義務が破産管財人に承継される、すなわち契約が有効であることが前提とされている）。

　これらの最高裁判例の考え方を分析すると、契約条項の倒産手続における効力については、倒産手続における法秩序を害するような契約条項は、当該倒産手続においては効力を有しないというルールが、判例法理として確立していると思料する。すなわち、倒産手続において、平常時に締結された契約条項の効力は、そのまま当然に維持されるものではなく、倒産手続における法秩序による変容を受けることにより、少なくとも倒産手続における法秩序を害するような契約条項（倒産手続における債権のプライオリティルールを害する条項、否認権制度、担保消滅許可、双方未履行双務契約における倒産管財人の履行選択・解除権、相殺禁止等の強行法的ルールを害する条項など）については、その効力が否定されるのではないか（なお、民事再生手続において商事留置手形における取立充当特約が有効とした前掲最一小判平23.12.15は、商事留置権について優先弁済権を付与する結論となるが、これは、手形券面額と手形価値が一致するという手形の特殊性から、倒産手続におけるプライオリティルールを害するとまではいえないと判断したものと思われる）。

　そして、これらにおいて考慮すべき利益・要素には、倒産場面において初めて登場する倒産債権者たる総債権者の利益や倒産手続の趣旨目的などの考慮要素も取り込まれるべきであり、必ずしも平常時における契約当事者間の公平などを中心とする法秩序や強行法規のみでは捉えきれないと考えられることから、倒産実体法の規定として、かかる新たな規定を設ける意義は大きい。

（稲田正毅）

○参考文献：『東弁展望』22頁〔山本和彦〕、『大阪提言』124頁〔稲田正毅〕

127　双方未履行双務契約の解除の特則

> **検討課題**
> 1　双務契約の一方当事者に倒産手続が開始した場合の契約関係の処理につき、倒産債務者側に解除か履行かの選択権を付与することを原則としつつ、各典型契約の性質に応じ、特則を設けることとしてはどうか。
> 2　委任者の破産の場合における委任契約は、強行法規として当然終了する（民法111条により代理権も消滅する）ものとしてはどうか。
> 3　目的物の引渡し前に当事者の一方につき倒産手続が開始した場合、諾成的消費貸借は当然に失効する（ただし貸主に再建型倒産手続が開始したときは双方未履行双務契約の規律を適用する）ものとしてはどうか。
> 現行法：破53、民再49、会更61、民111、589、653

1　改正の必要性

(1)　双方未履行双務契約の一方当事者に倒産手続が開始した場合、その処理準則として、倒産債務者は履行か解除を選択でき、他方、相手方は倒産債務者に対し契約の履行又は解除の選択を催告することができる（破53、民再49、会更61）。その上で、民法は、消費貸借の予約（民589）、請負契約（民642）、委任契約（民653）などについて当事者の一方の破産の場合の処理について特則を設ける。

しかし、例えば、請負契約の注文者の破産の場合に、事案によっては請負人に解除権を認めるのが相当でないこともある。また以下に検討する委任契約の場合のように、民法上の上記特則は、各種契約類型の実情に適しかつバランスのとれた統一的な規律になっていないのではないかとの疑問もある。

そこで、双務契約の一方当事者に倒産手続が開始した場合の契約関係の処理は、倒産債務者側に解除か履行の選択権を付与して倒産手続の目的に即した解決を図ることを原則とした上で、各典型契約の性質に応じ、①破産手続が開始した場合、(i)直ちに契約は失効する、(ii)直ちに契約は終了する、(iii)双方未履行双務契約の処理準則が適用されるが、その例外として、契約の拘束力からの離脱を認めるために相手方にも解除権を認める、②再建型倒産手続が開始した場合、双方未履行双務契約の処理準則が適用されるが、その例外として(i)相手方にも解除権を認める、(ii)履行の終わっていない契約は失効させるなどの特則を設けることが考えられる。

(2)　現行法上、委任者又は受任者に破産手続が開始した場合、委任契約は当然に終了する（民653二）とされ、これは任意規定と解する見解が有力である。

しかし、受任者の破産の場合に、委任契約を当然に終了させる必要はない。受任者の破産管財人は、双方未履行双務契約の処理準則により履行か解除かを選択することができ、他方で、委任者は、受任者に不利な時期であっても受任者に破

産手続きが開始したことをもっていつでも委任契約を解除できるとすべきであろう。

　他方、委任者の破産の場合、委任契約が当然に終了しないとすれば、受任者が委任事務を継続した結果、破産管財人が契約を解除するまでの間に、破産財団にとって予期しない結果が生じることがあり得る。したがって、破産管財人の管理処分権と抵触する範囲では当然に委任契約（及び代理権（民111））を終了させる必要があり、かつこれは強行法規とすべきである。これに対し、財産の管理処分に関するもの以外の委任契約については、民法651条の規律に委ねてよいであろう。

　なお委任契約の一方当事者に再建型倒産手続が開始した場合には、双方未履行双務契約の処理準則を適用することが適切であろう。

(3)　法制審議会民法（債権関係）部会において決定された「民法（債権関係）の改正に関する要綱仮案」第32（以下、本項において「要綱仮案」という）では、諾成的消費貸借契約を認めることが提案されている。

　目的物引渡前の当事者の一方の破産の場合、要綱仮案で提案されているとおり、諾成的消費貸借は当然に効力を失うとすべきである。

　借主に再建型倒産手続が開始した場合には、借主には資金需要があるとしても、貸主が平時に締結した諾成的消費貸借の条件に基づき倒産債務者である借主に目的物を引き渡すことを義務付けられることは妥当ではないといえよう。

　貸主に再建型倒産手続が開始した場合には、借主のために消費貸借契約を当然失効させる必要はなく、他方で、貸主が貸金業者である場合など諾成的消費貸借の継続を希望する場合もある。

　したがって、諾成的消費貸借の目的物引渡前に、当事者の一方に倒産手続が開始した場合、諾成的消費貸借は当然に効力を失うことを原則とし、貸主に再建型倒産手続が開始したときに限り、双方未履行双務契約の処理準則を適用すべきと考える。

2　改正の相当性

　倒産法にはいわゆる双方未履行双務契約に関する原則的な処理準則が設けられ、民法には各種契約類型における当事者の倒産に関する規律が設けられている。

　しかし、これらの民法の規律は、倒産法における双方未履行双務契約の規律の特則としての規定であり、それゆえに強行規定としての性質を有するもの（例えば民法642条に相当する規定）は、ルールの明確化と統一化の観点から倒産法にまとめて置くべきであろう。

（安部将規）

○参考文献：『大阪続』150頁〔中井康之〕、「日弁提言」7頁、『大阪続々』2頁〔木村真也〕、『大阪続々』73頁〔安部将規〕、「シンポ」28頁、同35頁

128 破産法53条1項の解除権の制限

検討課題

相手方が同時履行の抗弁権を放棄して債務を履行するときは、管財人は53条1項による解除権を行使しえず、このとき相手方は、破産債権者として破産者の債務にかかる権利を行使できるものとしてはどうか。

現行法：破53①

1 改正の必要性・相当性

例えば、甲1と甲2の2つの部分からなるが機能上不可分の機械甲の売買において、売主が買主に対して既に甲1を引き渡し、その後、甲2の引渡しと代金支払の同時決済をする前に、売主に破産手続が開始されたとする。甲1の引渡後に甲1を構成する部品の価格高騰という事情があったことから、破産管財人は、甲1を取戻して第三者に販売した方が財団増殖に資すると考え、また、甲2の調達に不安があったこともあり、当該契約を解除する意向を固めた。他方、買主は、破産管財人に代金全額を支払うことによって甲1の返還を免れることができるのであれば、甲2の引渡請求権については破産債権として行使し、甲2を別の業者に特注したとしても全体としてコストが安くつくので、そのようにしたいと考えている。

かかる事例では、破産法53条1項の解除権は制限されるべきではないだろうか。平時実体法の規律からは導かれない破産管財人の解除権は、相手方（上記の買主）が、破産者の債務の履行（甲2の引渡し）なくして自己の債務の履行（代金支払）を強制されないという平時実体法上の規律（同時履行ないし不安の抗弁権の規律）を破産法に反映させようとした結果として認められたものと捉えるならば、相手方が進んで履行拒絶権を放棄して自己の債務を履行しようとするときは、当該解除を認めるべき根拠はないし、またこのとき、相手方の意図した効果を認めることが平時実体法の規律との整合性からも妥当だからである。

2 他論点との関連

本提言は、上記1のとおり、相手方の同時履行の抗弁権等を破産法上保護する目的においてのみ破産管財人の解除権が存在するものであり、同解除権は破産管財人にそれ以外の趣旨に基づき利益や不利益をもたらさないとの仮説からの理論的帰結によっている。従来の諸説にとらわれず、かかる仮説に立って同解除権の要件・効果を再検討することは、破産法54条2項の財団債権の範囲の制限という喫緊の課題を克服するためにも、有益な視座を提供するものであろう。

（赫　高規）

〇参考文献：『大阪続々』201頁〔赫高規〕、福永有利『倒産法研究』（信山社出版、2004年）109頁

129 中途解約違約金条項、倒産解除特約

> **検討課題**
> 1　賃貸借契約について倒産解除権を行使した場合には中途解約違約金条項の適用が否定又は制限されることを明確化することを検討してはどうか。
> 2　倒産解除特約が無効であることを明確化することを検討してはどうか。
> 現行法：破53①、民再49①、会更61①

1　検討課題1
(1)　改正の必要性

　賃貸借契約の賃借人に倒産手続が開始され、破産管財人、再生債務者又は更生管財人（以下「管財人等」という）が倒産解除権（破53①、民再49①、会更61①）を行使し、賃貸人に敷金（保証金）の返還を請求した場合、賃貸人から賃貸借契約の中途解約による違約金条項（6カ月分賃料相額など）に基づく違約金の支払や敷金（保証金）との相殺を主張されることがある。

　しかし、かかる主張が認められれば財団の増殖が困難となるし、再建型倒産手続においては不採算店舗の閉鎖等事業の再編等を計画する上で大きな支障が出ることにもなりかねないことから、かかる違約金条項の適用を否定又は制限する必要性が認められる。

(2)　改正の相当性

　a　倒産解除権による場合の中途解約による違約金条項の適用に関しては、裁判例が分かれている。

　適用を肯定する判例（東京地判平20.8.18金法1855号48頁、大阪地判平21.1.29判時2037号74頁）は、中途解約にともなう違約金条項は、賃借人側の事情により期間中に賃貸借契約が終了した場合に、新たな賃借人に賃貸するまでの損害等を敷金（保証金）によって担保する趣旨のものであり、破産管財人による破産法53条1項による倒産解除の場合にもこれに該当すると判示する(前掲東京地判平20.8.18)。

　これに対し、適用を否定する判例（東京地判平21.1.16金法1892号55頁、東京地判平23.7.27判時2144号99頁、名古屋高判平23.6.2金法1944号127頁、東京高判平24.12.13判タ1392号353頁）は、中途解約違約金条項は合意に基づく約定解約権に基づくものであり、法定解除権である破産法53条1項に基づく解除の行使には適用されないと判示する（前掲東京地判平21.1.16）。当該判例は、賃貸借契約の特約条項の効力は、倒産解除権の制度趣旨をどう捉えるべきかという問題であることも示唆している。

　b　倒産解除権（破53①、民再49①、会更61①）の制度趣旨をどう理解するかに関しては、①当事者の公平（衡平）を制度趣旨とする説、②契約の清算ないし有利

な履行の確保の必要性を制度趣旨とする説、③契約の選別による倒産財団の拡充ないし手続の便宜を制度趣旨とする説などに分かれている。伝統的には①が判例・通説とされてきたが、近時は②やとりわけ③が有力に主張されている（『倒産法概説』205頁〔沖野眞已〕）。

倒産解除権の制度趣旨についてかかる近時の有力説のような理解に立てば、中途解約違約金条項の適用を否定又は制限することを明確化する法改正には相当性が認められるのではないか。

2 検討課題2

(1) 改正の必要性

賃借人に倒産手続開始申立てがあったとき賃貸人は賃貸借契約を解除できる旨の倒産解除特約の有効性について、判例は、再建型倒産手続において、倒産解除特約を無効とするが（会社更生法につき最三小判昭57.3.30民集36巻3号484頁、民事再生法につき最三小判平20.12.16民集62巻10号2561頁）、破産手続については説が分かれる（無効説・前掲東京地判平21.1.16、『伊藤・破産民再』274頁など、有効説・『新・実務大系』210頁〔富永浩明〕）。

有効説は、事業の更生・再生を目的としていない破産手続において倒産解除特約を無効とすることは契約自由の原則に鑑みても困難であること等を理由とするが、清算型といわれる破産手続においても、一定期間事業を継続した上で仕掛品を完成させたり、ときには事業譲渡をしたりすることもありうるから、破産管財人の履行選択権を意味あるものとするために、倒産解除特約を否定する必要性が認められる。

(2) 改正の相当性

破産手続において解除特約を無効とする前掲判例は、平成16年改正前の民法621条が削除された趣旨及び破産法53条1項により破産管財人に双方未履行双務契約の履行・解除権の選択権を与えた趣旨に反することを理由とする。上記1のとおり、倒産解除権の制度趣旨について②や③のような理解に立てば、判例が確立している再建型倒産手続のみならず、破産手続においても、倒産解除特約が無効であることを明確化する法改正には相当性が認められるのではないか。

〔加々美博久〕

○参考文献：『東弁提言』400頁〔加々美博久〕、『東弁展望』273頁〔加々美博久〕

130　双務契約における財団債権とされる範囲

> **検討課題**
> 1　請負人倒産の場合における前受金返還請求権は、契約の内容が可分である場合には、倒産債権であることを明文化すべきではないか。
> 2　注文者倒産の場合における工事出来高部分の報酬請求権は、契約の内容が可分である場合には、倒産債権であることを明文化してはどうか。
> 3　双方未履行双務契約を解除した場合、反対給付が現存しない場合の原状回復請求権（反対給付の価額償還請求権を含む）は、原則として倒産債権であり、例外的に、倒産手続開始時に反対給付が現存していた場合の価額償還請求権や、倒産者が原状回復の効果として受領した利益との関係で対価的牽連関係がある範囲内の原状回復請求権については財団債権（共益債権）となることを明文化してはどうか。
> 現行法：破53、民再49、会更61

1　請負人倒産の場合の前受金返還請求権の倒産債権化（検討課題1）

(1) 改正の必要性

最一小判昭62.11.26（民集41巻8号1585頁）は、請負人破産の場合における請負人の前受金返還請求権を財団債権とした。この最判の結論を支持する学説も多くある（『伊藤・破産再生』291頁ほか）。

しかしながら、出来高を超えて請負代金を前払いしている場合には、請負人に対して一種の与信をしたことに等しく、これを財団債権として扱う場合には、他の債権者との公平性に欠ける結論となってしまう。さらに、破産管財人が履行を選択して工事を継続した場合には、前払いを受けた分だけその後に破産管財人が受領できる報酬は少なくなるため必然的に工事継続のための支出が大きくなってしまう。その場合には、破産管財人は善管注意義務違反を問われることになってしまうため、安易に履行を選択することができず、納期に遅れる事態に至ることもあり、契約解除せざるを得ない結果となる。このことは、注文者にとっても多大な損害が生ずる結果となり結論において妥当ではない。

以上から、出来高を超えた前受金返還請求権は倒産債権とすべきであると考える。

(2) 改正の相当性

最三小判昭56.2.17（金法967号36頁）は、工事内容が可分な場合、既施工部分の契約解除は許されないとしていることから、出来高部分を超えた請負代金債権を、出来高部分の請負代金債権と異なる取扱いとすることも許容される。また、契約が履行されずに解除された場合には、未履行部分について、結局はその相当対価を支

払って他の業者が仕事を完成させることとなり、注文者の経済的負担は、前受金返還請求権を倒産債権とした前提で破産管財人が履行選択した場合と変わらない。

2 注文者倒産の場合における出来高報酬請求権の倒産債権化（検討課題２）

(1) 改正の必要性

ゼネコンの倒産事案においては、金融債権以外はほとんどが下請業者の出来高報酬請求権であり、これが財団債権とされた場合には、ゼネコンの再建は非常に困難なものとなる。したがって、実務では、契約の内容が可分である場合には、出来高報酬請求権は基本的に倒産債権として取り扱うことが多い。

(2) 改正の相当性

学説においては、倒産債権とする考え方のほか、報酬請求権が倒産債権と共益債権（財団債権）に二分されるのは不自然である等を理由として、全体として共益債権（財団債権）となるという考え方などがある（『伊藤・破産再生』288頁ほか）。

しかしながら、前記最三小判昭56.2.17の考え方によれば、請負契約の内容が可分である場合には、既履行部分には解除の効力は及ばないことが原則であるから、契約が二分されることは平時の場合においての結論でも同じであり、不都合はないはずである。

3 双方未履行双務契約解除の場合の原状回復請求権の倒産債権化（検討課題３）

(1) 改正の必要性

双方未履行双務契約を解除した場合、反対給付が現存しないにもかかわらず、その価額償還請求権やそのほかの原状回復請求権が財団債権（共益債権）となるとすると、破産管財人の負担が大きくなり、不合理な契約であっても解除することができない結果となってしまう。また、当該取引相手債権者を優遇する結果となり、他の債権者との公平性も欠く結果となる。よって、反対給付が現存しない場合の価額償還請求権や、そのほかの原状回復請求権（たとえば、賃借人破産における原状回復請求権など）は倒産債権となるべきであると考える（なお、賃貸借契約解除の場合の明渡請求権は返還物が現存しており財団債権となる）。

(2) 改正の相当性

原状回復によって倒産者が利益を得ている場合には、その利益と対価的牽連関係をもつ原状回復義務については財団債権（共益債権）としても公平性に欠けることはない。また、倒産手続開始時に反対給付が現存していた場合に、解除時に現存しなくなったとしてもその価額償還請求権は財団債権（共益債権）すべきであり、相手方との公平に配慮している。また、そもそも反対給付が現存しない以上、相手方の請求権は不当利得返還請求権であり、または不法行為に基づく損害賠償請求権であり、すでにその権利は倒産手続開始前に発生している内容であることからすれば、倒産債権として取り扱われても不当ではないと考える。

（髙井章光）

○参考文献：『東弁展望』273頁〔加々美博久〕、『二弁30講』148頁〔髙井章光〕、『大阪続々』2頁〔木村真也〕、60頁〔野村祥子〕、「シンポ」23頁〔木村真也〕、31頁〔髙井章光〕

131 賃借人倒産における申立て前の賃料債権及び原状回復請求権の取扱い

> **検討課題**
> 1 賃借人倒産における破産手続、再生手続又は更生手続開始申立て前までの賃料債権は、破産債権・再生債権・更生債権であることを明確化してはどうか。
> 2 賃借人において破産手続、再生手続又は更生手続が開始し、破産管財人等が賃貸借契約を解除した場合における原状回復請求権について、破産債権・再生債権・更生債権としてはどうか。
> 現行法：破53、54、民再49、会更61

1 賃借人倒産における倒産手続開始前の賃料債権の倒産債権性の明確化

(1) 改正の必要性

双方未履行双務契約において履行の選択をした場合、相手方が有する請求権は財団債権・共益債権とされている（破148①七、民再49④、会更61④）が、賃借人破産の場合に、破産管財人の賃貸借契約の履行選択による破産手続開始決定前の賃料債権については、財団債権か破産債権か見解が分かれており、開始決定前の未納分も含めて財団債権とする見解と、開始決定前の未納分は破産債権であるとする見解に分かれている。

倒産法における双方未履行双務契約に関する規定の趣旨については見解が対立している（判例・通説は双務契約の対価関係を保護したものとする）が、その実質的根拠は、双方未履行双務契約に基づく両債務の対価的均衡（及びこれに基づく相手方の地位）の保障にあるとされており、そうであるとすれば、当該法律の適用される範囲も両債務が対価的均衡関係にあるとき、すなわち同時履行の関係にあるときに限定することが適切であり相当であると考える。

双方未履行双務契約に基づく両債務の対価的均衡の保障という上記の考え方からは、開始前の賃料支払債務と開始以後の賃貸人の使用収益させる債務は同時履行の関係になく対価的均衡関係にはない。したがって、開始前の賃料債権について他の債権者に優先して保護する必要性はないことになる。

(2) 改正の相当性

一方で、賃貸借契約は期間的に可分であり、平時には一般的に賃料の日割り精算がなされているのが現状である。そして、このことは倒産時においても何ら異なるものではなく、平時における取扱いと異なる取扱いを倒産時において特にする必要性はないというべきである。なお、賃貸借契約は、継続的給付を目的とする双務契約についての特則である破産法55条は適用されないと解されている（『伊藤・破産民再』278頁）。

よって、破産手続開始前までの賃料債権について破産債権であることを明確化してはどうか。

同様に、民事再生手続・会社更生手続においても、開始申立て前までの賃料債権について再生債権・更生債権であることを明確化してはどうか。

2 賃借人倒産における原状回復請求権の倒産債権化

(1) 改正の必要性

賃借人破産の場合に、破産管財人が倒産解除権を行使し賃貸借契約を解除したことによる賃貸人の原状回復請求権は、財団債権か破産債権か見解が分かれている。

原状回復請求権の財団債権性を肯定する裁判例（東京地判平20.8.18金法1855号48頁）は、原状回復費用請求権は、破産管財人が破産手続の遂行過程で、破産財団の利益を考慮した上で行った行為の結果生じた債権であるとして、破産法148条1項4号及び8号の適用又は類推適用により財団債権性を認めている。

しかしながら、破産管財人による倒産解除権の行使は、双方未履行双務契約である賃貸借契約を解消することにより清算手続を進めるためになすものであることからすれば、原状回復請求権を財団債権として他の債権者に優先して保護することについて公平か疑問がある。

(2) 改正の相当性

一方、破産債権説では、原状回復請求権は賃貸借契約の本質的な権利義務の1つであり、賃貸借契約成立時点で既に賃貸借契約の終了及び目的物の返還により発生することが予定されているのであって（民616、598）、その意味で破産管財人による倒産解除権によって発生した権利とはいえず、破産管財人による倒産解除権行使は停止条件を成就する行為に過ぎないと解している。

前記のとおり、双方未履行双務契約に基づく両債務の対価的均衡の保障という考え方からすれば、破産管財人の原状回復義務と対価的均衡関係に立つ債務は存在しないのであって、そうであるとすれば、原状回復請求権について、敷金の当然充当以上に他の債権者に優先して保護する必要性はないことになる。

よって、破産手続における原状回復請求権について破産債権としてはどうか。

同様に、民事再生手続・会社更生手続においても、原状回復請求権について再生債権・更生債権としてはどうか。

(田中省二)

○参考文献：『東弁展望』273頁〔加々美博久〕、『二弁30講』148頁〔高井章光〕、『大阪続々』4頁〔木村真也〕、『東弁提言』400頁〔加々美博久〕

132 請負契約への双方未履行双務契約の規律の適用

> **検討課題**
>
> 以下の1ないし3につき、それぞれ検討してはどうか。
> 1 民法642条は注文者が破産した場合に請負人を保護するための規定として特化させ、注文者が破産した場合の破産管財人による解除の規律は、破産法53条に一本化すること
> 2 民法642条の請負人による解除権は、仕事が完成しない間に限り認めるよう同条を改正すること
> 3 双方未履行双務契約に関し、破産者が個人の場合で、かつ、破産者が負う債務の内容が破産者以外の者において履行することのできない性質である場合には、破産法53条の適用がない旨を明らかにすること
> 現行法：破53、民再49、会更61、民642

1 注文者破産の場合の民法642条と破産法53条との適用関係

(1) 民法642条は、請負契約の途中で注文者が破産手続開始決定を受けた場合、請負人は仕事を完成させていない以上、報酬を全く請求しえないのが原則とも思われるところ、それではそこまでに費用をかけてある程度の仕事を行った請負人に酷であること、また、注文者の破産後も請負人に仕事完成の義務を負わせ、完成を待って報酬を請求せよとすることは、請負人に注文者の財産状況の変化にもかかわらず追加費用負担を強いることになり、やはり酷であることから、請負人に解除権および報酬請求権を与え、請負人を保護しようとした規定であると解されている。

(2) 両条文に基づく解除の場合の効果は、管財人が民法642条に基づいて請負契約を解除した場合、請負人は、解除までにした仕事の割合に応じた報酬およびその報酬に含まれない費用について、破産財団の配当に加入することができる（民642①）。また、契約の解除によって生じた損害賠償請求権は、破産債権として行使することができる（同条②）。ここでいう損害は、割合報酬および費用が民法642条1項で破産債権とされていることから、これらを除く損害、すなわち履行利益を指すと解される。

他方、管財人が破産法53条に基づいて請負契約を解除した場合、請負人は、損害の賠償について、破産債権者として権利行使しうる（破54①）。ここでいう損害には、履行利益をも含むと解するのが相当である。

(3) (1)でみたように、民法642条の規定が設けられた趣旨からすると、同条の目的は、主として「注文者について」破産手続が開始したときの請負人を保護しようとしたものである。また(2)でみたように、管財人が請負契約を民法642条により解除した場合と破産法53条により解除した場合とで、効果として特に差異はないものと

理解しうる。

そうすると、民法642条は注文者が破産した場合に請負人を保護するための規定として特化させ、注文者が破産した場合の破産管財人による解除は、破産法53条に一本化し、条文を整理してはどうか。

2 目的物完成後の請負人による解除

(1) 注文者が破産手続開始の決定を受けたとき、請負人は、民法642条に基づいて請負契約を解除することができるが、仕事の目的物が完成し、残る請負人の債務は目的物の引渡しのみとなった段階であっても、請負人は同条により契約を解除できるか。

(2) 民法642条の趣旨が、注文者について破産手続が開始し、注文者の財産状態悪化が明らかになった後も、なお請負人に仕事完成の義務を負わせることが請負人に酷であるため、請負人に解除権を与えたものであるとすれば、既に仕事が完成し、請負人が請負契約履行のために新たに費用を投入する必要がなくなったとき以降は、請負人に更なる支出によるリスクはないから、請負人に特別に解除権を与える必要はないと考えられる。

そこで、民法642条の請負人による解除権は、仕事が完成しない間に限り認めるよう、同条を改正してはどうか。

なお、法制審議会民法（債権関係）部会において決定された「民法（債権関係）の改正に関する要綱仮案」第35、3では、請負人は仕事を完成しない間に限り契約の解除をすることができるとすることが提案されている。

3 請負人破産の場合の双方未履行双務契約の規律の適用の有無

(1) 請負人について破産手続が開始したとき、破産法上の双方未履行双務契約に関する規律（破53、54）が適用されるか。適用されると考える場合、破産者たる請負人が個人であるときは、管財人が当該個人たる破産者に対し、契約の履行、すなわち仕事の遂行を求められるかという問題が生じる。

(2) 思うに、個人の労務提供に関しては、そもそも管財人の管理処分権は及ばないと解されるところ、これについて履行選択権があると解するのは不合理である。この点、判例（最一小判昭62.11.26民集41巻8号1585頁）も旧破産法59条（現53条）の適用を「当該請負契約の目的である仕事が破産者以外の者において完成することのできない性質のものであるため、破産管財人において破産者の債務の履行を選択する余地のないときでない限り」と限定する。

そこで、破産者が個人の場合で、かつ、破産者が負う債務の内容が破産者以外の者において履行することのできない性質である場合には、双方未履行双務契約の適用がない旨を条文上明らかにしてはどうか。

（野村祥子）

○参考文献：『大阪続々』60頁〔野村祥子〕

133 ゴルフ会員の倒産の場合における双方未履行双務契約に関する規律の明確化

> **検討課題**
>
> 預託金制ゴルフ会員契約の会員が倒産した場合、破産管財人等によるゴルフ会員契約の解除の可否ないしその効果を明確にしてはどうか。
>
> 現行法：破53①、民再49①、会更61①

1 検討課題

年会費のある預託金会員制ゴルフクラブは、会員とゴルフ場経営会社の双務契約であり、会員には入会保証金を預託する義務と年会費納入の義務等が生じ、また、ゴルフ場経営会社には会員にゴルフ場施設を優先的に利用させる義務や据置期間経過後会員が退会した際は、預託金の返還義務を生じさせる（最三小判昭50.7.25民集29巻6号1147頁）。破産財団にゴルフ会員権が存する場合、会員権の相場価格が預託金の額面額より低ければ、破産管財人は解除権（破53①）を行使し、預託金の返還請求をすることが考えられ、従前の下級審判例は、このような方法によるゴルフ会員権の換価を認めてきた（民事再生、会社更生においても基本的には同じ）。

ところが、最高裁は、同様の場合に「破産宣告当時双方未履行の当事者間に未履行の債務が存在していても、契約を解除することによって相手方に著しく不公平な状況が生じるような場合には、破産管財人は同項（筆者注・旧破産法59条1項）に基づく解除権を行使することができない。」とし、相手方に著しく不公平な状況が生じるか否かを判断する要素として、①解除に伴う契約当事者双方が負担する原状回復の給付内容が均衡しているか否か、②破産法60条等（現行破産法54条2項）の規定による相手方の損害回復可能性、③破産者側の未履行債務が当該双務契約において本質的・中核的債務か、付随的な債務にとどまるか等の諸般の事情によって判断すべきであるとした（最三小判平12.2.29民集54巻2号553頁）。

最高裁判例が解除権行使を否定する理論構成が破産法53条の目的から帰結される内在的制約なのか、信義則等の一般原則による外在的制約によるものなのかは、その評価が分かれるところであるが、いずれにしても判例が掲げる判断基準が不明確であるとの批判は強く（『大コンメ』214頁〔松下淳一〕、青山善充ほか編『倒産判例百選〔第4版〕』141頁〔水元宏典〕、山本弘「年会費の定めのある預託金会員制ゴルフ場の会員が破産した場合の破産管財人による破産法59条1項による解除の可否」ジュリ1202号125頁、青山善充ほか編『民事訴訟法理論の新たな構築（下）』595頁以下〔田頭章一〕）、また、判例理論に従って解除権が否定された場合は、その後にどのような法律関係が残るのか等の派生的な問題が生じることも指摘されているところであり（『倒産法概説』211頁〔沖野眞已〕）、これらの問題点を明確する必要性は高いといえる。

2 改正の相当性

　破産法59条が双方未履行双務契約について、破産管財人に履行と解除の選択権を認めた趣旨については学説上の大きな争点となっており、問題の大きさも手伝って、現行破産法の改正に際しては、双方未履行双務契約については、各論部分での手直しがなされたのみで総則規定である破産法59条には実質的な改正はなされなかった。しかしながら、ゴルフ会員権契約など非典型契約に関する破産法59条の適用関係については、前提となる立法趣旨のとらえ方によって、破産法59条1項の適用範囲など個別論点に関する結論が左右される可能性がある。

　ところで、上記のような問題点を解決する試みの1つとして、破産法59条1項の適用範囲を双務契約から生じる債権債務のうち、同時履行の関係にあるものに限定することを条文上も明らかにすべきであるとの改正提言がある（参考文献参照）。この提言によれば、預託金会員制ゴルフ会員権契約のうち、同時履行の関係に立つのは、①会員のゴルフ場経営会社に対する優先的施設利用権と②ゴルフ場経営会社の会員に対する年会費請求権であり、③預託金返還請求権は、②と同時履行の関係にないため、破産管財人の破産法59条1項による解除は①②の範囲において可能であるにとどまり、ゴルフ場経営会社に預託金の即時返還の義務は生じないとの帰結が導かれるものとされる。

　改正提言の発想は、双方未履行双務契約が履行上の牽連関係を有する点に現行破産法59条の規律の根拠を求める既存学説（前掲・水元）と類似しており、この立場を規定上も明確にする立法提言といえる。もっとも、預託金会員制ゴルフクラブにおける預託金を会員契約と別個の金銭消費寄託契約と構成し、年会費の支払義務と優先的施設利用権に双務契約性を認める見解など（今中利昭和編『ゴルフ法判例72（金融・商事判例別冊）』（経済法令研究会、2001年）142頁〔四宮彰夫〕）、契約解釈で提言と同様の結論を導く立場等も存在する。もともと、非典型契約や複合契約では、当事者間に複数の債権債務関係が発生するが、それらのどれとどれが同時履行関係に立つのかは実体法レベルでも問題となるのであり（内田貴『民法Ⅱ 債権各論〔第3版〕』（東京大学出版会、2011年）51頁）、上記提言に従えば破産法59条1項の適用範囲が一義的に確定できるわけではないが、双方未履行双務契約に関する破産管財人の解除権の適用範囲を明確化する試みの1つとして検討に値しよう。

　なお、提言の立場に従えば、預託金の返還請求権は、その据置期間到来するまで返還を求めることはできないが、任意売却又は譲渡命令・売却命令等によって換価することとなるのだろう（破184、民執161）。

　　　　　　　　　　　　　　　　　　　　　　　　　　（石井教文）

○参考文献『大阪続々』15頁〔木村真也〕、『東弁展望』273頁〔加々美博久〕

134 任意売却時に承継される敷金返還請求権の範囲の明確化

> **検討課題**
>
> 倒産手続において、債務者が収益不動産を任意売却する際に、不動産取得者に敷金返還請求権が承継される場合の承継範囲は賃料の6カ月分を限度とし、これを超えるものは倒産債権として扱われるものとし、承継対象となる敷金返還請求権は倒産手続から離脱することを明確にしてはどうか。
>
> 現行法：民再92③、会更48③、破70など

1 改正の必要性

(1) 敷金返還請求権の承継を当然に認めた場合の衡平性の問題点

倒産手続のもとで、債務者が、収益不動産を任意売却した場合、その賃借人の敷金返還請求権は、全額が不動産取得者に債務引受けされるとともに、相当額が不動産売買代金から控除されて取引されているのが通例となっている（なお、未払賃料等がある場合にはそれが当然に充当され、残金が不動産取得者に承継されるという判例法理（最一小判昭44.7.17民集23巻8号1610頁）に従って、譲渡時点における未払賃料等が充当され、その残敷金返還請求権が債務引受けされている）。

これは、実質的には、敷金返還請求権の債権者において、（未払賃料等があった場合も含めて）債権が全額保護されている一方で、他の債権者の引当てとなるはずであった不動産の財産価値を減少させ、そのしわ寄せが他の債権者に及んでいるのと同様となる（担保権者が存する場合には一次的には担保権者の負担となるが、それでも最終的には債権者全体に負担が及んでいることになる）。この点、敷金返還請求権の権利変更を先行させる計画を行った場合でかつ計画が確定した後に収益不動産が売却される場合であればこの問題は生じないが、そのようなケースは限定的である。

また、売却が実行される時点までに退去した賃借人が、敷金返還請求権が発生することに伴って、権利の変更を受けることになることとのバランスも欠いている。

特に、本来の目的を逸脱する程度に高額な敷金が預託されていた場合には、債権者を当然に保護する前提は欠け、衡平性を考慮する必要があるように思われる。

(2) 承継された敷金返還請求権の倒産手続上の位置づけ

また、現状において、不動産売却後、当該敷金返還請求権は、前記判例法理に従い倒産手続から離脱し、不動産取得者に承継されたものとして取り扱われているが、これを明文化したものはない。手続の安定化を図るために、承継された敷金返還請求権が不動産取得者に承継され、倒産手続から離脱することを明確に規定すべきであるように思われる。

2　敷金返還請求権の承継を否定する見解についての問題点

上記のように、衡平性が欠ける点を解決するために収益不動産の譲渡時に敷金返還請求権が不動産取得者に承継されることを否定する見解がある（山本和彦「倒産手続における敷金の取扱い(1)」NBL831号18頁）。

しかし、これは不動産取得者において、不動産を敷金がないことを前提に高額で取得する必要がある上に賃借人の不払等のリスクを負うことになる。一方で、賃借人においてもこれまでの取引慣行から著しくかい離して全く保護されない取扱いとなり、賃料の不払いを誘発するなどして、実務が混乱する結果を招くことにもなりかねないと思われる。

そこで、これまでの取引慣行及び現行の倒産法制化における敷金債権者に対する保護の制度を考慮した上で、敷金返還請求権を有する入居者の保護が過度なものとならない方向での改正を行うことが考えられる。

3　提言の許容性

(1) 民事再生法、会社更生法

現行民事再生法、会社更生法においては、賃借人が手続開始後に賃料の支払を継続した場合には、敷金返還請求権について、賃料の6カ月分については、共益債権化が図られており（民再92③、会更48③）、これを超える分については、再生債権、更生債権と取り扱われる。したがって、賃借人においても、譲渡がされないまま退去に至った場合に保護を受ける敷金返還請求権の範囲は賃料の6カ月となっており、これと同じ保護を与えれば足りる。

一方、他の債権者においては、譲渡がない場合、現行法下でも賃料の6カ月分までは敷金返還請求権を優先的に取り扱っている以上、この範囲においては保護を許容しうるところである。

(2) 破産法

現行破産法では、賃借人が敷金返還請求権との将来の相殺を確保するために寄託請求することが認められている（破70）。ここでは、寄託の範囲に上限はなく、敷金返還請求権全額に至るまでとされている。しかし、民事再生法、会社更生法とのバランスを考えれば、その寄託の可能な範囲は賃料の6カ月分に限定することが相当である。そこで、寄託請求の上限を賃料の6カ月分に限定する改正を合わせて検討することとし、その範囲での保護を与えてはどうかと考える。

一方、他の債権者においては、現行法下で譲渡がなく、寄託請求を行った場合の優先的な取扱いを踏まえれば、6カ月を上限とする保護は許容しうるところである。

（山形康郎）

○参考文献：『大阪提言』102頁〔山形康郎〕

135 再生計画における敷金返還請求権の権利変更の範囲の明確化等

> **検討課題**
>
> 　民事再生法92条3項で共益債権と認められる敷金返還請求権について、①再生計画による権利変更の対象となる敷金の範囲、②共益債権化される部分の取扱い、③共益債権化される部分の当然充当が認められるか、という問題は明文規定を設けてはどうか。
> 　現行法：民再92②③（会更48条②③）

1　改正の必要性

(1)　権利変更の対象となる敷金の範囲

　敷金返還請求権は、「賃貸借終了後、明渡しがなされた時点において、賃料等の賃貸人の賃借人に対する一切の債務を控除して、残額があることを条件として発生する権利である」と解するのが判例及び通説的見解である。しかし、再生計画によって権利変更を受ける場合のその範囲が明確でないため、賃貸借が終了し、明渡しがなされた時点において、賃借人の未払賃料等を控除した後に発生する敷金返還請求権に対して権利の変更がなされるのか（いわゆる当然充当先行説）、それとも、再生計画が確定した時点において、賃借人が差し入れた敷金額全体に権利変更の効力及び変更がなされたのちの債権から賃借人の債務が控除されることになるのか（いわゆる権利変更先行説）が明確でない。いずれの見解に従って再生計画が立案されるかによって、賃借人が保護される範囲が著しく異なるため、その考え方について明確にする必要があるように考えられる。

(2)　共益債権化される部分の取扱い

　民事再生法92条3項で認められる共益債権化が図られる部分については、再生計画による権利変更の対象外と理解されていることが通常であると思われる。一方、賃料が約定通り支払われていたとしても、明渡前の時点では確定した共益債権が発生しておらず、敷金返還請求権が法律的にはなお再生債権に過ぎないとして賃借人が差し入れた敷金額全体が権利変更の対象となるとする見解も主張されている（山本和彦「倒産手続における敷金の取扱い（2・完）」NBL 832号67頁）。そこで、共益債権化が図られる範囲についても明確にする必要があるように考えられる。

(3)　共益債権化される部分の当然充当の可否

　賃料の支払を継続することにより、共益債権化が図られるとしても、その部分については、最終的に明渡しを行う時点において、未払賃料等が存在したとしても当然充当の対象外と考えるのが通常であると思われる。これは、民事再生法92条2項及び同条3項括弧書きにおいては「相殺」と規定されているところ、敷金返還請求権の一般的捉え方における未払賃料等は「控除」されるべきものであり、「相殺」

されるべきものではないと考えられるからである。しかし、この考え方によれば、賃料を6カ月分支払うことにより共益債権化を図った上で、これを超える部分の賃料については、未払とすることで控除を受け共益債権化した部分以上の実質回収を図ることができ衡平性を欠く。この不都合性を解消するため、明渡時の当然充当について、「相殺」と同視できるとし、当然充当と共益債権化との合計の上限額を6カ月とする有力説もあり、実質的公平を確保するものと評価できる（前掲・山本）が、前記のとおりの通説的見解からは解釈に無理があるとの批判も考えられる。

(4) まとめ

以上のように明確な規律がなされていないため、それぞれの説を組み合わせることにより様々な種類の再生計画がありうることになる。このため、賃借人の退去時までの賃料の支払額、滞納額が同じであっても立脚する見解の差異によって、その賃借人の保護される債権の額が変わり、また同一の再生計画のもとにおいても、賃借人の退去時までの賃料の支払額、滞納額が異なる場合に、実質的な回収額に差異が生じるケースも生じうるのであって、現状では、賃借人の予見可能性が極めて不安定になっている。したがって、これらを明確に定めることで、賃借人の予見可能性を高める必要があるように考えられる。

2 明文規定を設ける際の1つの考え方

明確化を図る場合の考え方としては、前記の3論点について、①権利変更の対象となる敷金の範囲は、当然充当先行説によること、②共益債権化される部分は再生計画による権利変更の対象外とすること、③共益債権化される部分については未払賃料等の控除、相殺を含めて賃料の6カ月分を上限とすること、とすれば、賃借人の予見可能性を確保しつつ、衡平性も確保できると考えられる。

①の論点について、当然充当先行説によるとするのは、同説の方が、一般の敷金返還請求権に対する通説的見解になじみやすいだけでなく、権利変更説による場合には、敷金額全体に対して、権利変更の効力が及び大幅な敷金返還請求権の減額がなされ、賃借人の保護に欠けると思われるためである。また、②の論点について、共益債権化される部分を権利変更の対象外とするのは、現在の再生計画の実態からすれば、敷金額全体に権利変更をした場合には、その額は、賃料6カ月分を遥かに下回ることが通常であると思われ、法が予定する状況にそぐわず賃借人の保護に欠けるように考えられるためである。最後に、③の論点については、未払賃料等による敷金からの控除を、共益債権化とは別に認めることは、6カ月分の賃料を支払った後に賃料の未払い状況を発生させることで実質的な回収率を高めることができ、賃料を誠実に支払った賃借人以上の保護を与えることになり、これを容認するのは適切でないと考えられるためである。

（山形康郎）

○参考文献：『大阪提言』102頁〔山形康郎〕、「中島」29頁

136 寄託請求の範囲の「賃料」部分への限定

> **検討課題**
> 破産法70条後段に基づく賃料の寄託請求の範囲について、実費精算的費用を除いた「賃料」部分に限る旨を明記してはどうか。
> 現行法：破70後段

1 改正の必要性

賃貸人破産においては、敷金返還請求権の保護のため、賃借人は、敷金返還請求権の限度で賃料の寄託請求をすることが認められている（破70後段）。賃借人から寄託請求を受けた場合、破産管財人は、賃借人から受領した「賃料」全額を、適宜の方法で破産財団から分別管理し、目的物の明渡し後、敷金充当分の寄託金を賃借人に返還することとなる。

「賃料」は、一般に賃貸借契約における目的物の使用対価をいうものであるところ、水道光熱費、清掃衛生費、冷暖房費等（以下「実費精算的費用」という）が、付加使用料、管理費、共益費等の名目で支払われている例や、これらが「賃料」名目で一括して支払われている例が、世上間々見られる。かかる「実費精算的費用」は、本来、賃借人が自ら負担すべき費用であるが、賃貸マンションやテナントビル等における費用徴収・支払の便宜上、賃貸人が一括立替払いを行った上で収受しているに過ぎないものと解される。このような費用まで寄託請求の対象に含まれることになれば、破産管財人は、賃貸目的物の維持管理費を破産財団から捻出せざるを得ないこととなるが、かかる取扱いは、破産財団保護や破産手続遂行費用の公平負担の観点からは、適切とは言い難い。

2 改正の相当性

賃料債権を差押債権とする個別執行においては、実務上、管理費及び共益費相当分を差押債権から除外する運用がなされている（東京地方裁判所民事執行センター実務研究会編著『民事執行の実務［第3版］債権執行編（上）』（金融財政事情研究会、2012年）117頁）。破産管財実務においても、賃借人と交渉の上、実費精算的費用を寄託請求の対象から除外する取扱例がみられる（『大阪続々』199頁〔野村剛司〕）。

「実費精算的費用」を破産財団が負担せざるを得なくなれば、賃貸目的物の維持管理に財政面で支障を来すことが避けられず、維持管理の劣化により、かえって賃借人の利益を損なうおそれもある。このように、賃貸目的物の資産価値の維持、ひいては賃借人の使用収益権の実質的保護の観点からも（『争点』372頁〔野村剛司・余田博史〕）、表記の改正が検討され得る。

（籠池信宏）

○参考文献：『大阪続々』199頁〔野村剛司〕

137 再建型手続における賃料相殺と敷金の共益債権化

> **検討課題**
> 1　賃料と倒産債権との相殺を否定し、賃借人の保護は敷金返還請求権の共益債権化に一本化し、さらに、共益債権化の範囲を6カ月分よりも限定（例えば3カ月分）することを検討してはどうか。
> 2　未払賃料が敷金に充当される場合には、当該充当により免れる賃料債務の額を共益債権となる賃料の6カ月分相当額から控除してはどうか。
> 現行法：民再92②③、会更48②③

1　賃料と倒産債権との相殺

(1) 改正の必要性

　民事再生法92条2項、会社更生法48条2項は、倒産債権者が手続開始当時に再生債務者又は更生会社に対して賃料債務を負担している場合には、倒産債権者は、手続開始後に弁済期が到来する賃料債務について、手続開始の時における賃料の6カ月分相当額を限度として、相殺することができるとする。しかし、再生債務者又は更生会社が賃料収入を重要な収益源とする業態である場合には、6カ月分の賃料を倒産債権と相殺されると、事業の再建に支障を来す場合があり得る。

(2) 改正の相当性

　再生債務者又は更生会社のキャッシュ・フローを確保し、前記のような不都合を回避するため、賃料と倒産債権との相殺を否定し、賃借人の保護は敷金返還請求権の共益債権化（民再92③、会更48③）によってのみ図れば足りるとする考え方がある。その上で、敷金返還請求権の共益債権化の範囲を賃料の6カ月分相当額よりも限定（たとえば3カ月程度）する考え方もある。賃料の6カ月分相当額の範囲で敷金返還請求権の共益債権化が認められた理由は、①賃料は一般に月払いと考えられ、旧破産法103条1項の「当期及び次期」は2カ月となること、②債権届出期間は最大4月であり、これにより画するならば4カ月が最大となること、③旧破産法103条1項後段の敷金がある場合の受働債権の範囲の拡張を通じて4カ月を超えて相殺が認められる可能性もあること、④営業用の賃貸借においては多額の敷金が差し入れられる例も少なくないこと、他方で、⑤事業の再建への支障についての懸念を勘案し、6カ月分程度が適切ではないか考えられたことによる（法制審議会倒産法部会第32回会議議事録（平成15年6月27日開催））。平成14年改正の際には、以上のような経緯で賃料の6カ月分相当額とされたものであるが、賃料と倒産債権との相殺や敷金返還請求権の共益債権化によって事業の再建に支障を来している事例があるのであれば、これらを制限することを検討してはどうか。

2　未払賃料の充当と敷金返還請求権の共益債権化との関係

(1)　改正の必要性

　敷金返還請求権は、賃貸借契約終了後、明渡完了時において、未払賃料等一切の被担保債権を控除してなお残額がある場合に、その残額について具体的に発生するとされている（最二小昭48.2.2民集27巻1号80頁。当然充当説）。そうすると、例えば、賃貸人が手続開始の決定を受け、賃借人が敷金として賃料の10カ月分を交付していた場合において、賃借人が6カ月間賃料を支払い続け、その後、3カ月分を不払いにして、計画認可前に賃貸不動産を明け渡したという事例においては、明渡時に3カ月分の未払賃料が控除されて、7カ月分の賃料相当額について敷金返還請求権が具体的に発生し、そのうちの6カ月分が共益債権化され（民再92③、会更48③）、残りの1カ月分の賃料相当額が倒産債権となる。これに対し、賃借人が明渡しまで賃料の支払を継続したとすると、10カ月分の賃料相当額について敷金返還請求権が発生し、そのうちの6カ月分が共益債権化され、残りの4カ月分が倒産債権となるにすぎない。したがって、3カ月分の賃料を未払いとした賃借人は（賃料未払による債務不履行解除のリスクを負うとしても）実質的に9カ月分の賃料相当額以上を回収できることとなるのに対し、賃料を継続的に支払っていた誠実な賃借人は6カ月分の賃料相当額以上しか回収できないことになってしまう。

(2)　改正の相当性

　前記のような不公平な事態を防止するには、敷金に充当される未払賃料相当額についても、共益債権化される敷金返還請求権の範囲から控除する必要があると考えられる。この考え方によれば、設例では、敷金返還請求権に充当された賃料の3カ月分が控除されて、賃料の3月分相当額が共益債権となり、残額の4カ月分相当額が倒産債権となるため、明渡しまで賃料の支払いを継続した誠実な賃借人との間でアンバランスが生じなくなり妥当である。なお、現行法の下でも解釈により同様の結論を導こうとする見解がある（山本和彦「倒産手続における敷金の取扱い（2・完）」NBL832号64頁）が、論者も指摘するとおり、明確性の観点から、明文によって手当てすべきであると考えられる。

（髙山崇彦）

○参考文献：「一弁冊子」28頁以下、『大阪提言』102頁〔山形康郎〕

138 組合契約の当事者が破産した場合の脱退規定

> **検討課題**
> 組合契約の当事者が破産手続開始の決定を受けた場合の脱退規定（民679二）は任意規定であることを明確化してはどうか。
> 現行法：民679二

1 改正の必要性

現行法において、組合契約の当事者が破産手続開始の決定を受けた場合、組合員は組合契約から脱退するとされている（民679二）。

同規定については、組合員の破産の場合には組合員の有する持分を弁済に充てなければ破産の目的を達し得ないので、組合員の債権者保護のために脱退せしめる必要があり、強行規定であると解されている（鈴木録彌編『新版注釈民法(17)債権(8)』（有斐閣、1993年）173頁〔菅原菊志〕）。

同規定を適用すると、いわゆるジョイントベンチャー（共同企業体）の1社が破産手続の開始決定を受けた場合、当然に当該破産者は脱退することとなる。

しかし、かかる事態は組合関係者その他利害関係人からしても通常予定していない。また例えば、ジョイントベンチャーの対象業務のほとんどが完了している場合、あるいは破産者には破産手続開始後の新たな現実の業務負担やリスクが少なく、直ちに組合から脱退せずとも破産手続の進行上特段の差し障りがない場合等、破産管財人が破産者を組合員として存続させることが破産財団の充実に資することもある。

したがって、組合員が破産手続開始の決定を受けたことを組合契約からの脱退事由とすることを任意規定として規定することはともかく、強行規定としてこれを定めることは適当ではないと考えられる。

2 改正の相当性

組合契約の性質は組合員が出資及び共同事業を営む義務を負う双務契約と解される（民667）。

したがって、組合員の破産手続開始を、組合契約からの脱退自由とする民法の定めを任意規定とした上で、組合契約において組合員の破産手続開始を脱退事由としない場合においても、破産管財人が破産手続の遂行のために早期の組合契約からの脱退を希望すれば、破産管財人は双方未履行双務契約の処理準則に従い組合契約の解除を選択して脱退することができるというべきであり、これにより実質的に現民法679条の趣旨は全うできると考えられる。

（安部将規）

○参考文献：『大阪続々』23頁〔木村真也〕、「シンポ」35頁

139 寄託金返還請求権の保護

> **検討課題**
> 破産手続における寄託金返還請求権につき、破産財団が不足する場合にも全額保護されることを明示してはどうか。
> 現行法：破69、70、184④、214①

1 破産法上の寄託制度と問題の所在

　破産法には、解除条件付破産債権者が相殺する場合の寄託（破69）、停止条件付破産債権者が後の相殺のために弁済する場合の寄託（破70）、別除権の対象物を破産管財人が民事執行法等の規定により換価したが別除権者の受領額が未確定の場合の寄託（破184④）及び中間配当における寄託（破214①）が存在する。

　寄託の当事者が異なるため、一括して取り扱うのは正確ではないが、いずれも一定の条件を充たせば特定の債権者に支払うための寄託であることは共通するので、特定の債権者が破産財団に対して有する権利を寄託金返還請求権と呼ぶこととする。

　寄託金返還請求権の法的性質については、不当利得としての財団債権（破148①五）、担保権者に準ずる財団債権、取戻権の各説が存在している（破産法70条につき『条解』515頁（財団債権説）、松下淳一「財団債権の弁済」民訴雑誌53号51頁（担保権者に準ずる財団債権説）、『倒産法概説』185頁〔沖野眞已〕（取戻権説）。破産法184条につき財団債権とする『大コンメ』751頁〔菅家忠行〕、『条解』1169頁など）。

　寄託金返還請求権が財団債権にとどまるのであれば、破産財団が財団債権の総額を弁済することができない場合（いわゆる財団不足の場合）、寄託金返還請求権は按分弁済に服することになる点が問題となる。

2 各寄託金返還請求権の保護の必要性と根拠

(1) 別除権者の受領額が未確定の場合の寄託（以下「184条寄託」という）

　破産管財人が民事執行法等の規定により別除権の目的財産を換価する場合、別除権者は換価を拒否できず（破184②）、別除権者への弁済額が確定していない場合は、換価代金は寄託され、寄託代金に別除権が存在することになる（破184④）。本来、別除権者が換価時期を選択し、受領できたはずの換価代金につき、財団不足というだけで別除権者の優先弁済権を失わせることは相当ではなく、184条寄託の寄託金返還請求権については他の財団債権に優先して全額が支払われるべきである。

　184条寄託の寄託金返還請求権は財団債権であること、法文上も寄託金の上に別除権があることが、他の財団債権に対する優先性の根拠となる。

(2) 中間配当における寄託（以下「214条寄託」という）

中間配当の参加要件を充たすものの、受領要件を欠く場合、配当額は寄託される（破214①）。中間配当後に財団不足となったからといって、破産管財人の裁量で実施された中間配当（破209①）の結果、寄託された債権者のみが不利益を受けることは不公平である。中間配当への参加を認められた債権者は、配当手続上、配当受領要件が調うことを条件とする配当請求権を有することが確定しており、これを喪失せしめる根拠は存在しないのであって、214条寄託の寄託金返還請求権については、他の財団債権に優先して全額が支払われるべきである。

破産法の配当手続の上で確定した配当請求権の優先性が、他の財団債権に対する優先性の根拠となる。

(3) 解除条件付破産債権者が相殺する場合の寄託（以下「69条寄託」という）

解除条件付破産債権者は、寄託ではなく担保提供して相殺することもできる（破69）。債権者にとって寄託は担保提供より重い負担であるところ、あえてその負担を履行した債権者に対し、財団不足の場合に、担保提供の場合よりも不利益（按分弁済）を被らせることは不合理であり、69条寄託の寄託金返還請求権については、他の財団債権に優先して全額が支払われるべきである。

69条寄託は債権者から破産管財人に寄託されるので、債権者を寄託者、破産管財人を受託者とする信託の成立を認めることができ、信託財産として取戻権を認めることができるところに、優先性の根拠がある。

(4) 停止条件付破産債権者が弁済する場合の寄託（以下「70条寄託」という）

後の相殺のための寄託の趣旨は、停止条件付破産債権についても相殺期待を保護することにあり、除斥期間内に条件成就した以上、相殺と同じ保護を与えるべきである。相殺されればその範囲で債権は満足を得るのであるから、70条寄託の寄託金返還請求権も全額保護されるべきである。財団不足の場合にも70条寄託の請求の可能性があり、寄託請求は拒否できないため、破産管財人は寄託金を全額返還できないおそれを認識しつつ弁済金を受領して寄託することになるが、それが70条寄託の趣旨とは考えられないし、早期に弁済した者ほど不利益を受けるのも相当ではない。

停止条件付破産債権者から破産管財人への弁済には、停止条件成就の際に弁済が効力を失うという解除条件が付されており、弁済金は、弁済が失効すれば返還されるべきものといえ、停止条件付破産債権者を寄託者、破産管財人を受託者とする信託の成立を認めることができ、ここに優先性の根拠がある。

3　改正の方法

端的に、破産管財人は寄託金返還請求権への弁済に充てるために寄託金を破産財団とは別の財産として保管するという趣旨の定めをおくことで、寄託金返還請求権を全額保護することを示すことができると思われる。

（北野知広）

○参考文献：『大阪続』2頁〔木内道祥〕

140 雇用契約の解除

検討課題

　倒産手続中の雇用契約の解除（特に整理解雇）において、裁判所の許可を得て行われたときは、当該解雇の是非が争われた場合の判断において、労働契約法16条や整理解雇法理の適用は排除されることを明文化することを検討してはどうか。なお、その場合、裁判所が許可を出す前提として、労働者側の意見を聴く手続を新たに設定してはどうか。
　現行法：破53、民再49、会更61

1　解雇権濫用法理の問題点

　労働契約も双方未履行双務契約であり、民事再生法49条1項等の解除権行使の対象となると一般的に考えられているが、その解除権行使については、通常の解雇手続と同様に、労働契約法16条に基づく解雇権濫用法理が適用され、整理解雇においては整理解雇法理の適用があるとされている（谷口安平『倒産処理法〔第2版〕』（筑摩書房、2000年）194頁、荒木尚志『労働法〔第2版〕』（有斐閣、2013年）288頁、日本航空事件判決（東京地判平24.3.29労判1055号58頁）ほか）。

　しかしながら、解雇権濫用法理は、その適用が明確でなく、予測可能性が乏しいとの批判が多くあり、また、後日の裁判などにおいて解雇の是非が判断される際に、解雇後の事情（倒産状況を脱し雇用環境が整ったような事情）が判断要素に含まれてしまう危険性が指摘されている。

2　倒産労働法の提唱

　その上で、倒産時と平時とでは労働契約の取扱いは異なるべきであるとして、従前から「倒産労働法」、「戦時労働法」として、新たな解釈論にて倒産時の労働契約の取扱いを説明する考え方も表れている（土田道夫・真嶋高博「倒産労働法の意義と課題」季刊労働法222号157頁、中島弘雅「JALの会社更生と整理解雇問題」金判1358号1頁ほか。なお、学説の状況については、「倒産と労働」実務研究会編『詳説　倒産と労働』（商事法務、2013年）194頁〔髙井章光〕参照）。

　平時と倒産時における整理解雇の違いについては、①倒産企業が法的倒産手続によって許された短時間のうちに窮境原因を払拭して、再建できる体制を構築しなければならず、時間をかけて整理解雇手続を行うことが困難な状況にあり、また、倒産企業のほとんどは資金不足による破綻を回避するために倒産手続を申立て、弁済禁止の効力によってようやく運転資金を確保できる状況にあり、退職者に提案できる資金的な条件に限界があるという、時間的・経済的な違いのほか、②倒産時は平時と比べて比較にならないほど経営判断は困難な状況にあるため、一般的な経営指標のみから経営裁量を逸脱しているか否かを判断することは相当ではなく、さら

に、企業の再建については、最終的には債権者集会にて債権者の賛成を得なければならないことから、債権者が満足する再建計画の策定を経営者は求められている状況にあるという、経営判断の裁量において平時と比べ質的に異なる、という違いを挙げることができる。

3 研究者による倒産法改正提言の状況

倒産法改正の提言として、研究者からは、更生管財人が更生計画の遂行に対して善管注意義務を負っており（会更80①）、再生債務者においても公平誠実義務を負っていることから（民再38②）、裁判所によって許可された更生計画や再生計画に根拠が求められる整理解雇に必要性を認め、解雇の効力を争う場合には解雇を不要とする事情の変化があったかどうかの事後的審査を行うべきとする提言（『東弁展望』3頁〔伊藤眞〕）や、再建型倒産手続における解雇においては、更生管財人等に対して労働組合等との協議義務を課すべき旨や、倒産手続の中での人員整理計画に裁判所が承認等を付与することで一定の法的効果が生じる仕組みの提言（『東弁展望』166頁〔上江州純子〕、32頁〔山本和彦〕）などが提唱されている。

4 法改正

労働者の権利保護と倒産手続の安定性を確保できる手続を創設すべきと考えた場合、倒産裁判所の許可を得た上で整理解雇手続が実施した場合には、裁判所の許可における判断を尊重して、当該解雇は合理的かつ相当であるものと推認されるものとし、後日に解雇権濫用を理由として争う余地を少なくし、著しく権利濫用と認められる事情が後日に明らかにならない限り解雇は有効なものとして取り扱うべきではないかと考える。そして、裁判所が整理解雇手続を許可する際には、当該労働者もしくは労働組合から意見を聴く機会を確保する必要があるが、あまりに重厚な手続（例えば労働審判手続など）となってしまう場合には企業再建に支障が生じてしまうため、迅速に判断することができる手続として、意見聴取手続を実施することとし、必要があれば審尋を実施するという簡便な手続が相当であると考える。

このように解雇時に裁判所の判断が入ることによって、問題ある整理解雇がなされようとする場合には、裁判所が再生債務者や更生管財人に対して是正措置を講ずるよう命ずることで不当な整理解雇を予防することができ、また、後日の紛争の余地を少なくすることで整理解雇の是非に関する予測可能性を確保することが可能となるものと考える。

（髙井章光）

○参考文献：『東弁展望』3頁〔伊藤眞〕、166頁〔上江州純子〕、32頁〔山本和彦〕、『二弁30講』148頁〔髙井章光〕

[141] 破産法55条2項の適用範囲

検討課題

電気、ガス、水道等の継続的給付契約に関し、破産手続開始申立以降開始決定までの給付義務者の対価請求権を財団債権にするのは、破産管財人が当該給付契約の履行を選択した場合に限定してはどうか。

現行法：破55②

1　改正の必要性

破産法55条1項は、電気、ガス、水道等の継続的給付の義務を負う双務契約（継続的給付契約）について破産手続開始申立前の給付にかかる対価の弁済がないことを理由として供給を拒めないものとする一方、同条2項において、当該継続的給付契約について破産管財人が履行選択をするか否かにかかわらず、破産手続開始申立てから破産手続開始までの間（ただし、破産手続開始申立日の属する期間内の給付を含む）の給付義務を負う相手方の対価請求権を財団債権として保護している。これは、会社更生手続（会更62）や民事再生手続（民再50）と平仄を合わせ、破産手続においても継続的給付契約が履行されることが管財事務の円滑な遂行に資すると考えられたことから規定されたものである。

しかしながら、清算を目的とする法人の破産手続では、事業継続の必要性があるような例外的な場合を除き、破産管財人の業務上、必ずしも継続的給付を確保する必要があるわけではない。現行法では、かかる必要性がない場合まで不可避的に財団債権が発生してしまうことになる。そこで、継続的給付契約の履行が管財手続に資するか否かを破産管財人において判断し、無用な財団債権の発生を回避できるようにすることを検討する必要がある。

また、個人の破産手続では、当該継続的給付の便益を受けるのは破産者にすぎず、当該便益はなんら財団形成に寄与しない。それにもかかわらず、現行法では破産手続開始申立日の属する一定期間の継続的給付の対価が財団債権として実質的に破産債権者の負担となってしまい、不公平が生じている。特に携帯電話の使用料については、相当高額な使用料が財団債権化される危険があることから、個人の破産事件についても、破産管財人において破産法55条2項の適用範囲を限定できるようにすることを検討する必要がある。

以上より、破産法55条2項の適用範囲は、破産管財人が管財業務に資するとして、継続的給付契約の履行を選択した場合に限定してはどうかと考える。

2　改正の相当性

法人破産の場合、事業継続の必要があるケースは極めて例外であり、営業所を閉鎖するのが通常であるから、必ずしも継続的給付を確保することが破産管財人の業

務円滑化に資するとは限らない。したがって、円滑な管財業務遂行のためには、破産管財人が継続的給付を必要とする場合のみその履行を選択し、対価について財団債権化すれば足りる。この場合でも、継続的給付契約の相手方は、破産管財人がこれを解除するか否かについて破産法53条2項の催告権を有しているから、不当に害されるわけではない。そもそも本条は、継続的給付契約が主として電気、ガス、水道等のライフライン契約であり、その給付を拒絶されると重大な支障を生ぜしめる可能性があることから特に定められた規定であるが、かかる重要性ゆえ、供給者が供給停止をする前には、事実上破産管財人に連絡し、履行選択の機会を与えているものと思われる。そのため、管財人が履行を選択する前に継続的給付が打ち切られることは事実上考えられず、また、かかる危険がある場合には、破産手続開始申立後速やかに開始決定がなされる等の運用がなされるから、破産法55条2項の適用範囲を管財人が履行選択した場合のみに限っても、円滑な破産手続が阻害される危険はないと考えられる。現に、東京地裁においては、破産法55条2項は、破産管財人が同法53条において継続的給付契約の履行を選択した場合に限って適用されるものとして運用されている（『手引』267頁〔片山健・原雅基〕）が、特段の問題は生じていない。

　また、個人の破産者が破産手続開始申立日が属する期間に使用した水道、ガス、電気等の便益は破産者のみが受けている一方、破産者は、破産手続開始により開始前の原因に基づいて生じた債務の弁済から免れ、資金状況は相当に改善されている。これらからすれば、当該継続的給付の対価は個人破産者の自由財産や新得財産から支払うのが公平である。更に、一般に、水道等の給付義務者が、個人破産者に対する継続的給付の一部について破産財団から支払を受けることは期待していないと思われるし、開始決定後に発生した個人破産者に対する債権は免責の対象にならないから、継続的給付義務者が害されることもない。このような事情から、東京地裁においては、事実上、個人破産者と協議の上、破産法55条2項により財団債権となる部分についても、個人破産者の自由財産での負担を求めているものが多いとされている（『手引』268頁）。

　以上より、破産法55条2項の適用範囲を管財人が継続的給付契約の履行選択をした場合に限ったとしても、問題が生じることはないと思料される。

（谷津朋美）

○参考文献：『東弁展望』22頁〔山本和彦〕、438頁〔浅沼雅人〕、『東弁提言』240頁〔長島良成〕、『大阪提言』296頁〔新宅正人〕、『大阪続々』193頁〔野村剛司〕

142 継続的供給契約における相手方の請求権等

> **検討課題**
> 1 破産法55条2項規定の相手方請求権は破産債権であると規定してはどうか。
> 2 破産法55条規定の「継続的給付の義務を負う双務契約」の取扱いに関して、法文上「継続的取引履行の義務を負う双務契約」と規定し、対象となる契約を広く継続的取引一般としてはどうか。
> 現行法：破55、民再50、会更62

1 破産法55条2項規定の相手方請求権の破産債権化（検討課題1）

(1) 改正の必要性

破産法55条2項は、破産手続開始の申立て後破産手続開始前にした給付に係る請求権（一定期間ごとに債権額を算定すべき継続的給付については、申立ての日の属する期間内の給付に係る請求権を含む）は財団債権とする、と規定していることから、管財人が望まない場合であっても、例えば、破産手続開始時において電気供給契約が継続している場合には、申立後破産手続開始前の電気料金は自動的に財団債権となってしまうことになる。管財人において、当該電気供給契約は破産財団にとって不要と判断して破産開始直後に解除したとしてもこの結論は変わらない。実際に当該期間において電気を利用していない場合であっても基本料金は発生しており、財団債権として支払わねばならない。破産法55条2項括弧内の規定に該当する場合には、申立後のみならず、申立前に発生した債権についても財団債権となり、さらに不都合が生ずる範囲が拡大することになる。以上の問題点については、従前から指摘がなされてきたところである（『条解』410頁、『大コンメ』227頁〔松下淳一〕など）。

したがって、破産手続開始後において当該契約を履行継続する場合には、破産手続開始前の部分についても一体として考えて財団債権とすることは許容できるが、破産手続開始後において契約を解除した場合には、原則（破2⑤参照）とおり、破産手続開始前の請求権は破産債権とすべきではないか、または、少なくとも、管財人が解除を行った場合には、破産法55条2項括弧書の適用はない旨の改正を行うべきではないかと考える。

(2) 改正の相当性

契約の相手方の保護としては、管財人が契約を解除するか否かについて破産法53条2項の催告権を有していることから、不測の損害を被ることは少ないと考えられる。他方、破産法55条1項が、相手方において破産手続開始前の弁済がないことを理由として手続開始後に義務の履行を拒むことができないことから、破産手続の申

立てがあるとわかるや否や、相手方が契約を解除する行動に出てしまい継続を予定していた契約に関しては不都合が生じるのではないか、という批判が考えられるが、近年の破産実務においては、破産手続開始申立てがなされた後、それほど期間を置かずに破産開始決定が発令されており、また、破産開始後においても契約を継続する必要があるような破産事件においては、さらに破産手続開始時期は早まる傾向にあることから、取引相手が破産手続を申し立てた事実を知るのは破産手続開始決定後となることが多く、上記のような不都合はほとんど生じ得ないと考えられる。

2 破産法55条の「継続的給付の義務を負う双務契約」を「継続的取引履行の義務を負う双務契約」とする改正（検討課題2）

(1) 改正の必要性

破産法55条（民事再生法50条、会社更生法62条も同様）が規定する、「継続的給付の義務を負う双務契約」とは、契約当事者の一方が反復継続的に給付をする義務を負い、他方がその給付の対価について給付を受ける度に又は一定期間毎に支払う義務を負う契約とされ、給付の内容としては、原材料や部品・水・ガス・電気の有体物およびこれに準ずるものの供給のほか、継続的な運送・ビル清掃・エレベーターの保守管理・ビル警備のような役務の提供も含まれるとされている（『大コンメ』226頁〔松下淳一〕）。他方、「給付」という文言から、継続的給付を目的とする契約は売買契約の一種と分類されており（『伊藤・破産民再』275頁）、実務において対象とされているサービス提供契約などは文言上、「給付」に該当せず、対象外のようにもみえる。そこで、実務に沿った形で法文を整理する必要があると考えられ、広く継続的取引一般を含むものとして、「継続的取引履行の義務を負う双務契約」という表現とするべきではないかと考える。さらに、これまでは対象外とされてきた契約（例えば賃貸借契約など）も含むものとして対象を広くする改正を行うことを提案する。

(2) 改正の相当性

実務運用と法文との間に齟齬が生じている以上、齟齬を解消するためこれを整理することの相当性には異論はないはずである。対象となる継続的契約について、現在の実務運用の範囲以上に適用範囲を広げることについても、破産財団にとって必要な契約であれば契約を解除される事態を回避でき、他方、管財人が履行を選択すれば開始前の一定範囲についても財団債権となるのであるから相手方としても不都合はないと考えられる。

（髙井章光）

○参考文献：『二弁30講』160頁〔髙井章光〕

143 保全段階における継続的供給契約の規律

> **検討課題**
> 1 継続的供給契約について、倒産手続申立後、倒産手続開始前の時点であっても、弁済禁止の保全処分がなされている場合には、倒産債務者が履行の請求をすれば、相手方はその履行を拒絶できないとしてはどうか。
> 2 1において倒産債務者が履行の請求をした場合、倒産手続開始時において契約が終了し、又は、当該契約の履行選択がなされなかったとしても、倒産手続申立後、倒産手続開始前の給付に係る相手方の請求権は財団債権又は共益債権になるとしてはどうか。
> 現行法：破55、民再50、会更62

1 改正の必要性

電気・ガス・水道等の契約を典型例とする継続的給付契約について、倒産手続が開始された後は、倒産債務者の相手方は倒産手続の申立前の給付に係る債権について弁済がないことを理由として義務の履行を拒絶することはできない。他方、倒産手続申立後、倒産手続開始前にした給付に係る請求権は財団債権又は共益債権となる（破55、民再50、会更62）。

同条の反対解釈から、倒産手続申立後であっても、倒産手続開始前の時点においては、相手方は、倒産手続申立前の給付に係る債権についての弁済がないことを理由として、今後の義務の履行を拒絶することができることになる。もっとも、倒産手続申立後、倒産手続開始前の時点であっても、弁済禁止の保全処分がなされている場合、契約の相手方が履行を拒絶し得るか否かについては争いがある。

この点、手続開始前にあっては、手続開始後の給付に係る債権が財団債権又は共益債権となって確実に支払われるという保証がないという意味では、弁済禁止の保全処分があるか否かに関わりがないということを理由に、相手方の履行拒絶を肯定する見解がある（『条解再生』259頁〔西澤宗英〕、『条解更生（中）』336頁）。

しかしながら、倒産手続申立後、倒産手続開始前の時点において、倒産債務者が電気・ガス・水道等の供給の継続を請求しているにもかかわらず、契約の相手方が履行を拒絶することを認めた場合、事業継続に重大な支障が生じ、民事再生・会社更生における債務者の事業の再生・更生という目的を果たすことできなくなるおそれがある。破産手続においても、電気・ガス・水道等の供給が停止されることにより、財団の管理・換価に悪影響を及ぼすおそれがある。

他方、倒産手続申立後、倒産手続開始前の時点において履行を拒絶することが認められれば、契約の相手方は、履行を拒絶し、債務者に対して保全処分の一部解除の許可を得るよう促し、倒産手続申立前の債権（倒産手続が開始されても財団債権

又は共益債権とはならない債権）についてまで、全額の支払を受けることができる可能性があり、他の債権者との公平性との関係で問題が生じ得る。

　なお、電気・ガス・水道料金の債務は弁済禁止の保全処分の対象外とされていることが多いものの、資金繰りに余裕のない債務者については、これらの債務も弁済禁止の対象となり得る。また、例えば債務者がパチンコ業や冷凍倉庫業等の事業者である場合、倒産手続申立前の電気料金等の未払債務が多額に上ることもあり得る。破産手続及び民事再生手続においては、倒産手続申立から倒産手続開始までの期間は短期間であることが通常であると思われるが、個別の事情によってその期間が長くなることもあり得るし、会社更生手続においては、申立から手続開始までの期間が１カ月前後に及ぶことが通常である。

　したがって、倒産手続申立後、倒産手続開始前の時点においても倒産債務者が継続的供給契約における履行を受け得るように明文化すべきである。

2　改正の相当性

　上述のとおり、倒産手続申立後、倒産手続開始前の時点においても、事業の維持・継続のため、又は、財団の管理・換価のため、継続的給付契約における相手方の履行拒絶権を排除し、給付の継続を義務付けるべきである（検討課題１）。

　もっとも、継続的供給契約について、倒産手続申立後、倒産手続開始前の給付に係る債権が財団債権又は共益債権となるのは、倒産手続開始時において当該契約が存在し、かつ、当該契約につき履行が選択された場合に限られるとする見解がある（『破産実務』233頁、『民再実務』156頁）。かかる見解に従うと、相手方からすれば、倒産手続申立後の履行を強制されるものの、倒産手続開始時に履行選択がなされない等の事情によって、倒産手続申立後の給付に係る債権が財団債権ないし共益債権とならないというおそれがある。

　かかる問題点は、倒産手続申立後、倒産手続開始前において、弁済禁止の保全処分がなされており、倒産債務者が継続的供給契約について履行の請求をした場合、倒産手続開始時に当該契約が存在するか否か、及び、当該契約につき履行選択がなされるか否かにかかわらず、倒産手続申立後、倒産手続開始前の給付に係る債権を、財団債権又は共益債権とすることにより解決できる（検討課題２）。

　このような改正を行うことにより、現行法上見解が分かれている部分の取扱が明確化され、契約当事者双方の利害関係を調整することができると共に、より円滑な手続遂行が実現されるものと考えられる。

（溝渕雅男）

144 特許ライセンス契約のライセンサーの倒産と管財人の義務

> **検討課題**
> 特許ライセンス契約のライセンサーが倒産した場合において、管財人等の負う義務の内容を限定しつつ、実施料の支払にも配慮した法改正を検討してはどうか。
> 現行法：破56①、民再51、会更63

1 当然対抗制度の導入

かつて特許ライセンス契約のライセンシーは、ライセンサーの倒産場面において、一方的に不利で不安定な立場に置かれていた。すなわち、平成23年改正前特許法において、通常実施権は登録を経ないと第三者に対抗できないとされていたため、ライセンサーが倒産した場合、ライセンシーは管財人や再生債務者（以下「管財人等」という）に対して通常実施権を対抗することができなかった。また、仮にライセンシーが通常実施権の登録を経ていても、ライセンス契約は双方未履行双務契約として管財人等の解除の対象となっていた。

これらの問題点に対応するため、まず、前回倒産法改正において、賃借権その他の使用及び収益を目的とする権利を設定する契約について、相手方が当該権利につき登記、登録その他の第三者に対抗することができる要件を備えている場合には、双方未履行双務契約の解除に関する規定は適用されないこととされ（破56①、民再51、会更63）、ライセンシーが通常実施権の登録を経ていれば、ライセンス契約は管財人等の解除の対象とならないこととされた。さらに、平成23年の特許法改正により、当然対抗制度が導入され、通常実施権は登録を経ていなくとも、当然に第三者に対抗できることとされた（特許99）。これらの法改正により、ライセンサーの倒産場面におけるライセンシーの一方的に不利で不安定な立場は解消されることとなった。

2 改正の必要性

しかし、平成23年特許法改正によりライセンシーが管財人等に通常実施権を対抗できることとなったとしても、その場合にライセンシーと管財人等とがいかなる法律関係に立つかという問題はなお残されており、現在までこの問題について判断した裁判例は存しない。

この点については、実施料の支払義務など基本的な契約関係が管財人等に承継されるとする考え方（承継説）や管財人等の負う義務の内容を限定し、管財人等は通常実施を妨げない義務を負っただけであり、ライセンス契約は管財人に承継されないとする考え方（非承継説）などがある。

ただ、承継説に立つと、ライセンス契約にライセンサーのノウハウの継続的な提

供義務やバージョンアップ義務が定められている場合に、従業員の退職等により管財人等がそのような義務を果たせなくなると、ライセンシーは共益債権ないし財団債権として管財人等の債務不履行責任を問えることとなってしまう。

　他方、非承継説に立つと、管財人等が事業に不要な特許権を第三者に売却しても、買主は直接ライセンシーに対して実施料の支払を請求することができない。

　そのため、ライセンシーと管財人等とがいかなる法律関係に立つかという問題の決着がついていない現状においては、管財人等が、ライセンシーと買主の三者間でライセンス契約の承継について合意をするなどの実務上の工夫がなされている。しかし、ライセンシーにこの合意に応じる義務はなく、ライセンシーはこのような立場を利用しライセンス契約の承継に応じる条件としてライセンス契約を自己に有利な内容にしようとする可能性があり、ライセンシーに有利な変更がなされれば、特許権の処分価値は低下し、その負担は結果的に総債権者が負うというバランスを欠く結果となる。

　以上に述べたことからすれば、特許ライセンス契約のライセンサーが倒産した場合において、ライセンシーと管財人等とがいかなる法律関係に立つかという問題について立法的手当てがなされることが望まれる。

3　改正の相当性

　法改正の具体的な内容を検討するに当たっては、米国連邦倒産法の規律が参考になると思われる。

　すなわち、米国連邦倒産法では、管財人（DIP）がライセンス契約の履行を拒絶したときは、ライセンシーはその履行拒絶によりライセンス契約が終了したものと取り扱うか、ライセンス契約及びこれに付随する合意に基づく権利を保持するかを選択することができる。この権利は、排他的ライセンスの場合の他社にライセンスをしないという不作為義務の履行を請求する権利を含むが、ノウハウ提供義務などのライセンサーが負う積極的な作為義務の履行を請求する権利を含まない。ライセンシーが権利の保持を選択した場合、ライセンシーは実施料の全額を支払わなければならない（米国連邦倒産法365条(n)項）。

　このような米国連邦倒産法の規律を参考に、管財人等の負う義務の内容を限定しつつ、実施料の支払にも配慮した法改正を検討してはどうか。

（片山英二・松本卓也）

○参考文献：『東弁展望』23頁〔山本和彦〕

第3節　否認権・相殺

145　詐害的会社分割の否認と履行請求制度との調整規定の新設

> **検討課題**
>
> 破産手続等倒産手続が開始され、濫用的会社分割が否認された場合には、会社法上の履行請求権に基づき（平成26年法第90号による改正後の759条、764条等参照）、吸収分割承継会社・新設分割設立会社から残存債権者に対してなされた弁済は、破産者等倒産債務者からの弁済とみなした上で、民事再生法89条・会社更生法137条の規律を参考に債権者間の平等を確保することを検討してはどうか。
>
> 現行法：（平成26年法第90号による改正後の）会759、764等、破109、201④、民再89、会更137

1　改正の必要性

(1)　濫用的会社分割とは

　濫用的会社分割とは、典型的には、分割会社が、吸収分割承継会社又は新設分割設立会社（以下、「承継会社等」という）に債務の履行の請求をすることができる承継債権者と当該請求をすることができない残存債権者とを恣意的に選別した上で、承継会社等に優良な事業や資産を承継させるなどの残存債権者を害する会社分割（「会社法制の見直しに関する中間試案の補足説明」第6、1）である（判断基準について、「シンポ」35頁以下〔岡伸浩発言〕参照）。

(2)　会社法の改正と残存債権者の履行請求制度

　法制審議会による「会社法制の見直しに関する要綱」を受けて、平成26年法第90号により会社法が改正され、「残存債権者の履行請求制度」が創設された（当該制度の立法趣旨について会社法制の見直しに関する中間試案の補足説明参照）。残存債権者の履行請求制度は、濫用的会社分割における残存債権者の保護を図るものであるが、民法上の詐害行為取消請求権と併存する制度であり（会社法制の見直しに関する中間試案の補足説明）、また、当該制度は責任財産の保全を目的とするものではないとされ、後に分割会社について破産手続が開始されたとしても当該履行請求権を破産管財人が行使できることにはならないとされている（平成24年7月18日開催に係る法制審議会会社法制部会第23回会議における坂本幹事発言）。

(3)　残存債権者の履行請求制度による回収と債権者間の平等を確保する必要性

　ところで、残存債権者の履行請求制度と詐害行為取消・否認制度が別個の制度としても、濫用的会社分割に対する残存債権者の保護に向けられた制度という意味では同じ問題に関する規律である。この点、濫用的会社分割を否認する法的根拠については争いがあるが、濫用的会社分割に基づく資産移転行為を詐害行為（責任財産の流出）と捉える私見によれば、破産等法の倒産手続が開始され濫用的会社分割が

否認された場合には、本来的には、当該責任財産の流出時点まで巻き戻して破産等法的倒産手続における平等を確保するべきである。残存債権者の履行請求に対する弁済についても、当該弁済自身が破産法162条に基づく偏頗弁済否認の対象となるか否かを問うことなく、債権者間の平等を図る手当を講じることが必要である。

2　改正の相当性—残存債権者の履行請求制度による回収の保護

他方で、真摯に残存債権者の履行請求制度に基づき回収を行った残存債権者の保護も図る必要がある。残存債権者の履行請求に伴う弁済が破産法162条の否認の対象になるような時期に行われた場合は格別、原則として、承継会社等から残存債権者に対する弁済の効力を否定するべきではない（なお、分割会社と承継会社等との法人格の違いや残存債権者による直接履行請求のインセンティブの観点を指摘するものとして、「シンポ」35頁以下〔岡伸浩発言〕参照）。

そこで、破産法201条・民事再生法89条・会社更生法137条の規律（倒産債権者が外国で受けた弁済）を参考に債権者間の平等を確保することを検討してはどうか。すなわち、破産等法的倒産手続が開始され、会社分割に基づく資産移転行為が否認された場合（否認権行使の効果としては、会社分割により承継会社等が承継する債務の実価相当額を控除した差額償還請求を行うことが想定できる。この場合、残存債権者に承継会社等が支払った弁済の効力は否定されないことから、承継債務が追加されたものと同視し、承継会社等には、当該債務の実価を追加で控除する抗弁を認めるべきであろうか。この点、土岐敦司・辺見紀男編『濫用的会社分割—その態様と実務上の対応策』（商事法務、2013年）216頁〔山本和彦発言〕は、残存債権者の履行請求が会社分割に対する詐害行為取消の訴えより前に実現した場合には、常に価額賠償が命じられ、その際、残存債権者の履行請求額は控除されるべきとする）には、残存債権者の履行請求に対する承継会社等による弁済を破産者からの弁済とみなした上で（平成24年7月4日開催に係る法制審議会会社法制部会第22回会議における鹿子木委員発言参照。当該発言は、正確には、残存債権者の履行請求に伴う弁済が破産法162条の否認の対象になるような時期に行われた場合の手当について限定して言及したものと思われる）、上記規律（再生債権者が外国で受けた弁済）を参考に債権者間の平等を確保することを検討するべきと考える（なお、残存債権者に対する弁済を無効とするものではなく、有効としつつ債権者間の平等を確保するものである点に留意されたい。具体的な改正提言については、『二弁30講』203頁以下〔三森仁〕参照）。

（三森　仁）

○参考文献：『二弁30講』186頁以下〔三森仁〕、「シンポ」35頁以下

146 詐害的会社分割と否認権規定の新設

> **検討課題**
>
> 改正会社法の履行請求との連続性を踏まえ、破産者の実施した会社分割等（事業譲渡も含む）が債権者を「害する」場合に、破産管財人の承継会社等に対する直接の履行請求を認めてはどうか。
>
> 現行法：破160①、161、162

1 改正の必要性

(1) 濫用的会社分割の意義

濫用的会社分割とは、分割会社が、吸収分割承継会社または新設分割設立会社（以下「承継会社等」という）に債務の履行請求をすることができる債権者（以下「承継債権者」という）と当該請求をすることができない債権者（以下「残存債権者」という）とを恣意的に選別した上で、承継会社等に優良事業や資産を承継させるなどの方法により残存債権者を害する会社分割をいう（「会社法制の見直しに関する中間試案の補足説明」第6、1）。

(2) 現行会社法の下での取扱い

現行会社法の下では、濫用的会社分割がなされた場合でも、残存債権者には、当該会社分割に対して異議を述べる機会が与えられていない（会810②二参照）。また、現行会社法は会社分割無効の訴えの原告適格を会社分割について承認しなかった債権者に対してのみ認め、分割会社の残存債権者には原告適格を認めていない（会828②九十参照。東京高判平23.1.26金法1920号100頁）。そこで、裁判例は、残存債権者の救済を実現するため、会社法22条1項の類推適用（最三小判平20.6.10金法1848号57頁）や法人格否認の法理（福岡地判平23.2.17金法1923号95頁、福岡地判平22.1.14金法1920号88頁）の適用、分割会社の債権者による詐害行為取消権（民424）の行使を認める方法（最二小判平24.10.12民集66巻10号3311頁）等を採用している。

(3) 破産法上の否認権行使の可否に関する学説

濫用的会社分割により優良資産を承継会社等に移転した分割会社が破産手続開始に至る場面は往々にして存在する。そこで分割会社の破産管財人が濫用的会社分割に対して否認権を行使できるか、その根拠をどの条項に求めるかについて見解が分かれている。

① まず破産法160条を根拠とする見解は、分割会社が承継会社等から交付を受けた株式の評価額と分割会社から承継会社等に移転した債務の実価が分割会社から承継会社等に移転した資産を下回るか否かという観点から、破産法160条1項に基づく否認権行使を肯定すべきとする。しかし、詐害行為否認と偏頗行

為否認を峻別した現行破産法の建前に照らして考察すれば、例えば、詐害行為否認を定めた破産法160条2項（対価的均衡を欠いた代物弁済否認）の規定が、財産の出入り計算を債権の実価ではなく名目額を基準に判断していること等からみて、詐害行為否認では債権の実価を問題とすべきではないと解される。したがって、債権の実価に着目して詐害行為否認の対象とする見解には難点があるといえよう。
② 次に破産法161条を根拠とする見解は、分割会社は承継会社等から株式等の対価の交付を受ける点に着目して、「相当の対価を取得」（破161①）する場合に該当すると解し、破産法161条に基づく否認権行使を認めるべきであるとする。しかし、否認権行使時に分割会社が承継会社等から交付を受けた株式等を保有する場合は、「隠匿等の処分行為」について未だ具体的危険があると評価できず、同条の適用は困難であるとの批判がある。
③ さらに濫用的会社分割による承継債権者と残存債権者の間の弁済率の不平等を是正するため、破産法162条1項1号に基づく否認権行使を認めるべきという見解が存在する。しかし、会社分割が「担保の供与又は債務の消滅」（破162①一）に該当すると解するのは文言解釈として成立し難く、実際上も破産管財人が個々の承継債権者の支払不能に関する悪意を立証することは困難であるといった問題が生じる。

(4) 考　察

濫用的会社分割の本質は、偏頗行為につながる可能性が高い財産減少行為もしくは偏頗行為の準備行為としての詐害行為であり、いわば詐害的偏頗行為というべきものである（第一東京弁護士会総合法律研究所倒産法研究部会編著『会社分割と倒産法』（清文社、2012年）24頁〔伊藤眞〕参照）。したがって、詐害行為否認と偏頗行為否認の類型を峻別した現行破産法の否認権の体系の下で構築された従前の否認類型にあてはめて考察すること自体に限界が存することは否定できない。むしろ、このような濫用的会社分割の本質に即した新たな制度を創設する必要があると考える。

2　改正の相当性

(1) 改正会社法の規律

平成26年6月20日に成立した改正会社法（平成26年6月27日公布。法律第90号）は、分割会社が残存債権者を害することを知って会社分割をした場合、残存債権者から承継会社等に対して、承継会社等が承継した財産の価額を限度として、当該債務の履行を請求することができるという直接履行請求制度を創設した（会759④、761④、764④、766④）。また、改正会社法は、分割会社について破産手続開始の決定、再生手続開始の決定又は更生手続開始の決定があったときは、残存債権者は、承継会社等に対して、履行請求権を行使することができない旨を規定する（会759⑦、761⑦、764⑦、766④）。この趣旨は、残存債権者による個別の権利行使を制限し、否認権等の倒産法上の規律に委ねることにより、分割会社の債権者間の平等を

図る点にあり、いわば、倒産手続開始以降の規律は倒産法に委ねるという立法態度の現れであると評価することができよう。

(2) 本提言の意義

本稿は、濫用的会社分割に対して、破産管財人による承継会社等に対する直接履行請求の制度を創設することを提言するものである。これにより破産法160条に偏頗性を盛り込むことの理論上の問題点を克服でき、履行請求における「害する」の判断において、偏頗的詐害行為性を踏まえた全体的考察が可能となるといえる。これが認められると残存債権者は、破産財団の増殖を通じて、上昇した配当率の限度で債権を回収できることから、残存債権者の保護が図られることとなると考える。また、今般の改正会社法との連続性を踏まえた制度と位置づけることが可能である。

(3) 要件

問題となるのはその要件であるが、改正会社法の履行請求との連続性を踏まえ、「害する」ことの意味内容をあえて法律で明記せず、破産者の実施した会社分割等（事業譲渡も含む）が債権者を「害する」場合に、破産管財人の承継会社等に対する直接の履行請求を認めるべきであると考える。破産者の行った会社分割等が残存債権者を「害する」といえるか否かは、前述した偏頗的詐害行為という濫用的会社分割の本質から考察すべきであり、責任財産の絶対的減少を規律する破産法160条1項と責任財産の態様の変更を規律する破産法161条1項は、分割の対価としての交付株式の価値をどのようにみるかを基軸として連続的な関係にあると捉える見解を基本的な視座とすべきである（前掲・伊藤35頁以下）。すなわち「害する」か否かを判断する第一の基準は、承継される債務の実価を超える資産の移転があったか否かに求めるべきである。もっとも、承継会社等側が分割対価として交付した株式等の価値が相当な対価であり、残存債権者の責任財産の回復が図られることを主張・立証した場合には、債権者を「害する」場合には該当しないと解する。

（岡　伸浩）

○参考文献：「一弁冊子」23頁、『二弁30講』186頁〔三森仁〕、「日弁提言」10頁、『東弁提言』491頁〔綾克己・浅沼雅人〕、「シンポ」36頁

147 偏頗行為否認

> **検討課題**
> 1　代物弁済を偏頗行為として否認した場合について、破産管財人に現物返還請求と価額償還請求との選択権を認めることを検討してはどうか。
> 2　代物弁済の目的物の転得者に対し転得者否認がなされた場合について、受益者の債権の復活に関する規定を設けることを検討してはどうか。
> 3　先順位抵当権が否認されて後順位抵当権が否認されない場合について、競売に際し、当該否認がされなければ先順位抵当権者が優先弁済を受けたであろう金額を破産管財人に配分することを検討してはどうか。
> 現行法：破167、168、169、260

1　代物弁済を偏頗行為として否認した場合の現物返還請求と価額償還請求
(1)　改正の必要性

　破産管財人は、詐害行為（破160①）、無償行為（同条③）又は相当価格処分行為（破161①）を否認した場合、①現物返還を請求し（破167①）相手方の反対給付に係る財団債権（破168①乃至③）を弁済するか、②現物返還に代わる差額償還（返還されるべき財産の価額から相手方の財団債権となるべき額を控除した額）を請求するか選択しうる（破168④）。これは、現物返還を受けた後に当該財産を再度換価することが、管財事務・費用の負担に繋がる場合があるため、破産管財人に現物返還と差額償還との選択権を認め、管財事務の円滑化・合理化を図ったものである。

　これに対し、偏頗行為否認（破162）については、破産法168条4項が適用されないので、上述した破産管財人の選択権が認められない。その結果、破産管財人が代物弁済を偏頗行為として否認した場合、現物返還が可能な限りその返還を求め、現物返還が不能な場合に価額償還を求めることとなる。しかし、代物弁済を偏頗行為として否認する場合にも、現物返還・再換価は管財事務・費用の負担となりえるから、破産管財人に現物返還請求と価額償還請求との選択権を認めてはいかがか。

(2)　改正の相当性

　破産法168条4項は、破産管財人に対し、否認の広範な場面で現物返還請求と差額償還請求との選択権を認めている。したがって、偏頗行為否認の場面でもかかる破産管財人の選択権を認めることにつき、特段の問題はないと思料する。

2　代物弁済の目的物の転得者に対する転得者否認と、受益者の債権の復活
(1)　改正の必要性

　偏頗行為が否認された場合、相手方が現物返還又は価額償還を行ったときは、相手方の債権は復活する（破169）。しかし、代物弁済が偏頗行為否認の対象となりうるときに、その目的物の転得者に対し転得者否認がなされた場合、受益者の債権の

復活をどのように認めるのかが明確でない。
(2) 改正の相当性
　この場合の受益者の債権については、①受益者が転得者に対し追奪担保責任に係る債務を履行した場合に受益者の債権が復活するという考え方と、②受益者の債権は復活しないという考え方とがある（『条解』1100頁参照）。この点、否認の目的は破産財団を原状に復させることであって、破産財団が原状を超えて利得することは適当でない。したがって①の考え方に従った規定を設けてはいかがか。
(3) 補足―民法（債権法）改正における議論―
　本執筆時点で公表されている民法改正要綱仮案では、転得者に対する詐害行為取消しに関し、転得者に、受益者に対し詐害行為取消権が行使されたとすれば回復すべき受益者の債務者に対する債権の行使を認める案が示されている。仮にかかる民法改正がなされた場合、本稿記載の場面でも、転得者に、受益者に対し否認権が行使されたとすれば復活すべき受益者の破産債権の行使を認めることも検討してはいかがか。

3　先順位抵当権の否認による後順位抵当権の順位上昇
(1) 改正の必要性
　先順位抵当権が否認され、後順位抵当権が否認されない場合に、当該目的物が競売されると、後順位抵当権が順位上昇する。しかし、かかる順位上昇を認めると、破産財団回復のために先順位抵当権を否認したにも関わらず、後順位抵当権者が順位上昇するのみとなって、否認の目的を達せられない。したがって、かかる場合には、競売に際し、先順位抵当権が否認されなければ先順位抵当権者が優先弁済を受けたであろう金額を破産管財人に配当する、との規定を設けてはいかがか（先順位抵当権の否認登記（破260①）を破産財団の権利公示と取り扱うことになる）。
(2) 改正の相当性
　後順位抵当権者は、先順位抵当権の存在を前提として担保権を設定しており、不測の損害を被るわけではない。先順位抵当権の詐欺取消等の場合と異なる帰結となることも、先順位抵当の消滅が債務者のためなのか破産債権者のためなのかが異なる以上、むしろ帰結を異にすべきという意見があり（『田原古稀（下）』264頁〔松下淳一〕参照）、かかる意見に賛成である。

（大石健太郎）

○参考文献：田邊光政編集代表『最新　倒産法・会社法をめぐる実務上の諸問題』（民事法研究会、2005年）54頁〔田原睦夫〕、『田原古稀（下）』244頁〔松下淳一〕、『大阪続』169頁〔赫高規〕、『東弁展望』455頁〔大石健太郎〕、『東弁提言』435頁〔小島伸夫・大石健太郎〕

148 転得者否認（二重の悪意の要否）

> **検討課題**
> 　転得者否認の要件について、「二重の悪意」を改め、主観的要件を、詐害行為類型では破産債権者を害することの認識に、偏頗行為類型では支払不能後の行為であることの認識にしてはどうか。
> 　現行法：破170①一、民再134①一、会更93①一

1　改正の必要性

　転得者否認の制度は、否認の効力が破産者と受益者との間の相対的無効であることを前提として、受益者からさらに第三者へと移転した（又は第三者が制限物権の設定を受けた）財産についても、これを破産財団に回復して否認の実効性を確保するための制度である。したがって、否認権を基礎づけるのは受益者など前者に対する関係で否認行為が存在することであり、その要件も①受益者（及び中間転得者）について否認の原因があり、②転得者が転得の当時その前者に対する否認原因の存在を知っていることとされている。ここで「否認原因の存在」とは、否認の要件事実のこととされており、前者が悪意であること及び転得者がその悪意を知っていること（いわゆる「二重の悪意」）が必要であると解するのが通説である。

　この「二重の悪意」を要件とする点については、否認の要件として厳格に過ぎるとの意見もあり、また、民法の詐害行為取消権の場面では条文上直接的には主観的な認識を要件としていないようにも読めるばかりか、受益者善意・転得者悪意の場合にも詐害行為取消権の行使を認めていると解される判例（最一小昭49.12.12金法743号31頁）も存在し、倒産時の否認権行使のほうが、適用場面が限定されるという逆転現象も問題とされている。かかる不都合性に鑑みると、民法の詐害行為取消権と適用場面に関する逆転現象を解消するとともに、否認権行使の実効性を確保するため、転得者否認の主観的要件として「二重の悪意」を不要とする旨の改正を検討する必要があると思われる。

2　改正の相当性

　「二重の悪意」の要否については、平成16年の破産法改正の際にも議論になり、一般に対する意見照会の結果はこれを不要とする意見が大勢を占めていたとされる（『破産基本構造』422頁）。理論的にも、否認が相対効を有するに過ぎないとすると、否認権行使の相手方についてだけ主観的要件があれば足りると考えることもできる。

　平成16年の破産法改正の際に「二重の悪意」を不要とする改正が見送られたのは、廉価売却の目的財産が転売された場合で、廉価売却の対価と転売の対価とが異なる場合の転得者の地位を典型例として、否認の相対効を貫きながら適切な効果を

定めるのは、民法の議論が固まっていない現時点では困難であること等が理由とされていた（『条解』1098頁）。この点に関しては、現在、法制審議会民法（債権関係）部会において民法（債権法）改正の議論が進められている。「民法（債権関係）の改正に関する要綱仮案」によると、詐害行為取消権の要件に関しては、転得者に対する詐害行為取消権の要件を新たに明記することとされ、転得者否認の要件として次の(1)または(2)の区分に応じて詐害行為取消権を行使できるものとされている。

(1) 当該転得者が受益者から転得した者である場合

　当該転得者が、その転得の当時、債務者がした行為について債権者を害することを知っていたとき

(2) 当該転得者が他の転得者から転得した者である場合

　当該転得者及びその前に転得した全ての転得者が、それぞれの転得の当時、債務者がした行為について債権者を害することを知っていたとき

　この改正は、一方では、破産法170条1項1号と同様に転得者自身が悪意であっても転得者の前者が善意であれば詐害行為取消権行使を認めないこととして転得者の取引安全を図り、他方で、転得者に対する詐害行為取消権行使の要件として「二重の悪意」を求めないこととするものである。

　平成16年の破産法改正の議論においては、民法の議論が固まっていないことが「二重の悪意」に関する改正をしないことの1つの理由とされていたので、民法（債権法）が上記の要綱仮案どおりに改正された場合には、破産法においても、民法改正の議論を参考にして、転得者否認の要件として「二重の悪意」を不要とするよう改正することは相当であるといえる。

　なお、相当価格処分行為類型について、例えば当該行為が「不動産の金銭への換価」であることを知っているだけで転得者の悪意の要件を満たすとすると、転得者の取引の安全が不当に害されるとの指摘がある。民法改正に関しては、詐害行為の類型ごとの主観的要件が条文上明記されていない（「民法（債権関係）の改正に関する要綱仮案」18頁）。民法改正に合わせて倒産法を改正する場合も、民法との平仄から、同じ扱いとなる可能性がある。その場合、相当価格処分行為類型については受益者の悪意を転得者の主観的要件（認識の対象）に含めざるを得ないと考えられるが、解釈に委ねられることになる。

（小島伸夫）

○参考文献：『東弁展望』455頁〔大石健太郎〕、『東弁提言』447頁〔小島伸夫・大石健太郎〕

149　対抗要件否認の要件

> **検討課題**
>
> 対抗要件否認の規定における「支払の停止等」の要件を「支払不能」に変更することの要否を検討してはどうか。
> 現行法：破164、民再129、会更88

1　問題の所在

現行法における対抗要件否認の規定は、「支払の停止等」があった後の対抗要件具備行為のみを対抗要件否認の対象としているため、「支払の停止等」がなされる前の対抗要件具備行為については、たとえ債務者が既に「支払不能」に陥っていたとしても、対抗要件否認の対象とされない。そこで、「支払不能」後の対抗要件具備行為を対抗要件否認の対象とすべく「支払の停止等」の要件を「支払不能」に変更することが考えられる。

2　検討

この点、債務者の財産状態の開示は、倒産法が十分に機能する上で必要不可欠な環境であり、対抗要件具備を遅らせることは、債務者の支払不能の隠蔽と支払不能発生時に債務者財産の価値を把握する制度の機能不全に寄与するところ、対抗要件否認の制度の趣旨はそれを阻止するためのものであるとして、対抗要件否認の基準時は「支払の停止等」ではなく「支払不能」とするのが望ましいと解する見解もある（『新注釈民再（上）』743頁以下〔中西正〕。なお、河野正憲ほか編『民事紛争と手続理論の現在－井上治典先生追悼』（法律文化社、2008年）555頁〔畑瑞穂〕）。

しかしながら、「支払の停止等」に至らない段階でも「支払不能」後にそれを知ってした対抗要件具備行為は否認されるとなれば、否認対象となるかどうかの判断基準が不明確となり、予測可能性に欠ける。また、かかる予測可能性の乏しい基準とすることでかえって危機時期以前の対抗要件具備を促進し、危機時期に至る直前期における融資等に支障を来す可能性も否定できない。したがって、そもそも基準時を「支払不能」とすることの必要性自体に疑問もある。

また、対抗要件具備行為に関する否認の一般規定（詐害行為否認、偏頗行為否認）の適否に関し、否認の一般規定の適用を認める解釈をとることで、「支払不能」後の対抗要件具備行為による不合理な事態を一定程度解消することも可能であるため、「支払不能」後の対抗要件具備行為について効力を否定する必要がある場合があるとしても、一律に「支払不能」後の行為を一切否認対象とする必要があるかどうかについては慎重に検討すべきである。すなわち、対抗要件否認の性質について、創設説（対抗要件具備行為は本来的には否認の対象となり得ないものであるが対抗要件否認の規定が創設的にこれを否認の対象としたものであると解する立

場）ではなく、判例・通説である制限説（対抗要件具備行為は本来的に否認の対象となり得るものであるが対抗要件否認の規定がこれを制限したものであると解する立場）にたった上で、（偏頗行為否認の規定の適用を認めることは対抗要件否認の規定に15日の猶予期間を設けた趣旨が没却されるため許されないとしても、）少なくとも詐害行為否認の要件に該当する場合はそれにより否認することができると解することができる。下級審裁判例にも、上記の制限説に立った上で、旧法下における「故意否認」、「危機否認」の区別を援用し、対抗要件否認の規定は、債務者の詐害意思を要件とする「故意否認」を制限したものではなく、債務者の詐害意思を要件とせずに危機時期になされた行為を対象とする「危機否認」の要件を加重する趣旨に出た特則であると解して、旧法下における「危機否認」の規定に対応する規定の適用は否定しつつ、「故意否認」の規定に対応する規定の適用を肯定するものがある（東京地決平23.11.24金法1940号148頁。『伊藤会更』422頁以下も同旨）。こうした見解によれば、絶対的財産減少行為に関する対抗要件具備行為は詐害行為否認によりその効力を否定する余地がある。

　他方で、上記見解では、担保権設定などの絶対的財産減少をもたらさない行為に関する対抗要件具備行為は否認することができないことになるが、現行法の解釈でも「支払の停止」の解釈により、債権者間の公平を害するような対抗要件具備行為について対応することが一定程度可能であると解される。すなわち、債権者間の公平が要求される私的整理段階の一時停止の要請について、上記裁判例では「支払の停止」の該当性が否定されているが、これが「支払の停止」に当たりうるとしつつ、爾後に計画の合意が得られればその段階で支払不能状態を脱するためにその後になされた担保提供等も「支払の停止」後の行為との評価を受けないとの見解（『田原古稀』255頁〔松下淳一〕等）や、債権者が一時停止の要請を受容し、少なくとも当面の間は期限の利益喪失請求を含む債権回収またはその準備行動をとらないとの意向を明らかにした場合には「支払の停止」に該当するとの評価が妨げられる（他方、かかる意向を明らかにしなかった者は信義則上一時停止が支払停止に該当しないことを主張できない）との見解（伊藤眞「『私的整理の法理』再考―事業再生の透明性と信頼性の確保を目指して―」金法1982号30頁）等もある。

　そのため、対抗要件否認につき「支払の停止等」に代えて「支払不能」を基準とする法改正は慎重に検討すべきではなかろうか。

（森　倫洋・鯉渕　健）

○参考文献：『東弁展望』19頁〔山本和彦〕、『東弁提言』435頁〔小島伸夫・大石健太郎〕、『一弁冊子』24頁〔森倫洋・高橋洋行〕

150 再生手続における否認権行使主体

> **検討課題**
>
> 監督委員に対してのみ否認権付与を認める民事再生法56条1項を見直し、再生債務者の否認権行使を認め、監督委員に対する否認権付与の制度を廃止することを検討してはどうか。
>
> 現行法：民再56、135

1 改正の必要性

(1) 監督委員による否認権行使の相当性

再生手続において、否認権の行使権者を監督委員としたのは、立法当初、否認対象行為をした再生債務者が再生手続開始後に当該行為を事後的に否認して効力を覆滅させることに対する再生債権者の抵抗感や、再生債務者には、公平且つ適正な否認権行使を期待し難いという懸念が表明されたことによる。

しかし、再生債務者は、公平誠実義務を課せられ（民再38②）、民法177条等に定める第三者性を有すると解されている（『伊藤・破産民再』673頁）。

そのため、再生債務者には、

① 双方未履行双務契約の解除権
② 取締役等に対する損害賠償請求権
③ 専相殺供用目的契約の場合の相殺禁止の主張

の権限が認められているのであり、これらとの対比において、否認権のみを監督委員の権限とする理由はそもそも乏しいのではないか。

また、監督委員は、再生手続の公正及び信頼を確保する監督機関であり、財産処分権の1つである否認権を、監督委員が当事者として行使することは、本来の監督委員の職責から逸脱するものであり、民再法施行当初から制度設計に対する問題点が指摘されていた。

(2) 否認の抗弁

現行法においては、再生債務者が、否認権の行使にかかる相手方との訴訟において、否認権を抗弁として主張することはできない。監督委員が否認に関する権限の付与を受けた上で、訴訟に参加する必要が生じる（民再138①）。しかし、かかる取扱いは手続的には迂遠である。

また、監督委員は債権調査手続で異議を述べることができないため（民再100）、再生債権の発生原因を債権調査において否認することができない。そのため、再生債務者がこれを認め、債権調査手続を経て確定してしまうと、確定判決と同一の効力が認められることとなるため（民再104③）、後に監督委員が否認権を行使することが困難となる。

(3) 管理命令による是正

再生債務者に否認権限を付与する場合の最大の懸念事項は、再生債務者が適正に否認権を行使しない場合の対応である。

再生債務者には公平誠実義務が課せられており、否認事由が存するにも拘わらず、否認権行使を行わないことは、公平誠実義務違反に問われることとなる。また、これに留まらず、否認権の不行使は、「財産の管理又は処分が失当であるとき」に該当することから、管理命令の発令が検討されることとなる（民再64①）。

この場合、否認権は、管財人によって行使されることとなり（民再135①）、否認権行使に関する適正な運用は十分可能と考えられる。

2 改正の相当性

否認権を再生債務者が行使することにより、財産の管理処分権と否認権行使主体が一致し、これらが分離していたことによる上記問題点が解決されることとなり、むしろ否認権の適正な運用が図られることとなる。

再生債務者に否認権限を認めることには合理性があり、改正の相当性が認められる。

3 結　語

以上から、再生手続における否認権の行使主体を再生債務者とし、監督委員に対してのみ否認権付与を認める民再法56条1項を見直すことを検討してはどうか。

（小畑英一）

○参考文献：『東弁展望』45頁〔松下淳一〕、『東弁提言』458頁〔小島伸夫・大石健太郎〕、「一弁冊子」15頁

151 否認訴訟と再生手続の終結

> **検討課題**
>
> 　民事再生法において、否認権限の付与を受けた監督委員が否認権に関する訴訟を追行している間は再生手続が終了しないようにする、具体的には、否認権に関する訴訟が継続中で、裁判所が相当と認める場合には、3年を経過しても再生手続を終結させないことができるとの規定を設けてはどうか。
> 　現行法：民再56、135、188②

1　改正の必要性

(1)　現行法及び解釈

　再生手続において、監督委員が選任されている場合、再生計画が遂行された場合のほか、再生計画認可決定の確定後3年経過した場合には、再生手続終結決定をしなければならない（民再188②）。

　しかしながら、監督委員が否認の権限付与を受け否認訴訟を提起した場合において、再生計画認可決定の確定から3年経過によって再生手続が終結したときの係属中の否認訴訟の帰趨について、明文の規定が存在しない。

　現行法の解釈としては、①管財人が提起した否認訴訟と同様に、中断と再生債務者による受継を認める見解と、②当然に終了するという見解が存するところ、②の当然終了説が有力である（『伊藤・破産民再』726頁）。

(2)　訴訟引き延ばしのおそれ

　否認訴訟が再生計画認可決定の確定から3年経過で終了することになると相手方による訴訟引延しのおそれが生じる。この点、民事再生法の立法段階では、「相手方からの訴訟引き延ばしの虞はあるものの、迅速な訴訟運営を図るべき」との指摘がなされていた。しかし、これは訴訟指揮レベルの個別対応を指摘するに留まるものである。否認権は再生手続の公正と衡平を担保する重要な制度であり、且つ、再生債権者の利害に直接関わる問題である以上、立法により制度的に対応することが望ましい。

(3)　管理命令の限界

　管理命令の発令および管財人による否認訴訟の受継（民再67③）によって否認訴訟の継続を図ることはでき、実務上、管理命令の発令の方法がとられる場合もある。

　しかし、管理命令が発令された場合には、再生債務者の業務の遂行並びに財産の管理及び処分権限は、管財人に専属することとなり、その影響は重大である。特に、管財人において財産の管理処分権を行使するとすれば、その旨を取引先等に周知せざるを得ず、順調に再生計画を履行している場合でも、取引先に不安感を与

え、場合によっては円滑な取引に支障を来すなどのレピュテーションリスクが発生しかねない。

民事再生法の目的である「事業の再生」に支障が生じるおそれがあり、この場合の管理命令発令は必ずしも相当ではない。

2 改正の相当性

監督委員選任事案で再生計画認可決定の確定後3年で再生手続を終結する同法188条2項の趣旨は、①3年弁済できればその後も順調に推移することが多いこと、②長期の弁済が予定されている場合、監督委員の負担及び再生債務者の費用負担が重大なものとなる点にある。しかし、①については、否認訴訟の結果が弁済内容及び再生計画の履行に影響を与えるし、②についても、否認訴訟自体が監督委員の重大な職責となっているから、監督委員の負担の面だけを考慮するのは妥当ではない。むしろ、再生手続終結をもって否認訴訟が終了する当然終了説の考えによると、監督委員において手続終結の期限までに否認訴訟を終了させなければいけないという心理的負担のほうが大きなものとなる。さらに、否認権が行使されるような事案において、再生債務者の費用負担が増すのはある程度致し方ない面があり、再生計画認可後で監督委員の権限が限定されているもとでは、その負担も決して大きなものとはならない。

したがって、同法188条2項の趣旨は、監督委員による否認訴訟が係属している場合には当てはまらず、改正の相当性が認められる。

3 結　語

否認権限の付与を受けた監督委員による否認権に関する訴訟が継続中で、且つ、裁判所が相当と認める場合には、3年を経過しても再生手続きを終結させないことができるとの規定を検討してはどうか。

(小畑英一)

○参考文献：『東弁展望』45頁〔松下淳一〕、442頁〔山宮慎一郎〕、『東弁提言』458頁〔小島伸夫・大石健太郎〕

152　否認の請求制度の実効化

> **検討課題**
> 　決定手続によって早期に解決し、手続の迅速化を図るという否認の請求制度の本来の趣旨をより実効化するため、決定に際して理由の要旨を付すことで足りるものとしてはどうか。
> 　現行法：破174②、民再136②、会更96②

1　改正の必要性

　否認の請求制度は、倒産処理手続の迅速化を図ることを目的として導入されたものである。しかし、実務上は、訴訟と同等の立証が求められるなどの慎重な審理が行われ、相当程度の期間を要するケースもままみられるところであり、必ずしも制度の目的が達成されていない事例が散見される。このような実態について何ら手当てがなされなければ、否認の請求手続の積極的な利用が阻害されることになりかねず、ひいては、否認の請求制度により倒産処理手続の迅速化を企図した法の趣旨が満たされないことが懸念される。また、否認の訴えとは別に否認の請求制度が設けられていることからすれば、訴訟手続とは異なった迅速かつ柔軟な審理を実現できるような枠組みを制度面からも保障し、否認の請求制度に独自の意義をもたせることが必要であると考えられる。

2　改正の相当性

　一般に、「決定」には必ずしも理由を付することは義務付けられていない（破13、民訴122、253①三等）ものの、否認の請求に対する裁判については、特に理由を付する必要性が大きいとの理由から、理由を付した決定でしなければならないとされている（破174②等）。

　しかし、否認の請求制度、ひいては倒産処理手続の迅速化を高め、また、訴訟手続との差別化を図るという観点からは、決定に付す理由は要旨の記載で足りるものとすることが考えられる（民保16但書参照）。この決定に対しては、相手方は異議の訴えを提起することができ、破産管財人も別訴を提起して争うことができるから、理由の要旨の記載で足りるとしても、実務上の不都合は少ないと解される。

（髙山崇彦）

○参考文献：「一弁冊子」24頁、『大阪続々』46頁〔木村真也〕

153 再建型手続開始後に条件成就した停止条件付債務の相殺の規律

> **検討課題**
>
> 民事再生法や会社更生法にも、破産法67条2項後段と同様の規律を設けて、開始後に条件成就した停止条件付債務の相殺が可能であることを明らかにしてはどうか。
>
> 現行法：民再92①後段、会更48①後段

1 立法の必要性

倒産手続において、倒産債権者の負担する債務が停止条件付債権の場合、手続開始後に条件成就等によって相殺適状が生じたとき、相殺が認められるかという問題がある。

この点、破産手続においては、このような相殺は認められている（最二小判平17.1.17民集59巻1号1頁）。他方、再生手続や更生手続においては、破産法67条2項後段に相当する規定がないため、このような相殺が認められるか争いがあり、実務処理上の不安定さを生じさせている。

そこで、法改正によりこの点を明確化すべきではないか。

2 倒産三法の規律の統一化

一般債権者の多くは、倒産三法における本問題についての相違や議論を認識していないところ、分かりやすさの観点から、倒産三法で本問題の規律を明文上も統一化すべきと考えられる。また、規律の統一化をしないと、牽連破産の場合、先行手続において相殺が否定され、後行の破産手続において相殺が肯定されるという「ねじれ問題」（水元宏典「（基調講演）倒産法における相殺規定の構造と立法的課題」事業再生と債権管理136号16頁）が生じうる。

したがって、本問題につき、倒産三法で規律を統一化するのが妥当ではないか。

3 破産法の規律（破67②後段）で統一化すべき

(1) 本問題の議論状況

本問題につき、再生手続や更生手続においては、破産法67条2項後段のような明文規定がない以上、開始時に現実化している必要がある、（破産と異なり）再生手続においては、相殺による決済を緩やかに認める理由に乏しい等を理由として相殺を否定する立場（『条解再生』479頁〔山本克己〕、『伊藤・破産民再』707頁）と、解除条件付債権を受働債権とする相殺等は明文なく認められるから明文規定ないことは根拠とならない、条件に関する利益の放棄は民法上も妨げられない、破産も民事再生も合理的相殺期待の有無に変わりはなく、相殺の担保的機能保護の必要性がある等を理由として相殺を肯定する立場（『論点解説（上）』104頁注46〔山木和彦〕、『倒産法概説』264頁〔沖野眞已〕、松下淳一『民事再生法入門』（有斐閣、

2009年）113頁、『新注釈民再（上）』504頁〔中西正〕）がある。
(2) 破産法の規律の妥当性

　倒産手続においては、相殺の担保的機能を尊重し、原則として、相殺権行使を倒産手続上も許容する（破67①、民再92①、会更48①）が、債権者平等の観点から、他の倒産債権者の利益を不当に害する相殺を禁止している（破71・72、民再93・93の2、会更49・49の2）。

　この点、倒産債権者が開始前に停止条件付債務を負担しており、その条件が開始後に成就したような場合は、開始時に（条件成就していないものの）停止条件付債務を負っていることから、一定の相殺期待が存在することは明らかであり、開始後に条件成就した同債務を受働債権として相殺することは他の倒産債権者の利益を不当に害する相殺とは言えず、開始前から実質的に同債務につき担保設定していたとも見ることができ、このような相殺を禁止する合理性は乏しいと考えられる。

　よって、本問題につき、破産法の規律で倒産三法を統一し、破産法の条項（破67②後段）と同様の規定を民事再生法や会社更生法にも設けるべきではないか。

　なお、同様の結論に至る別の立法的解決策として、「前の原因」の例外を一般に手続開始後にも拡大するとの提案もある（『東弁展望』21頁〔山本和彦〕）。

4 改正に慎重な立場について

　①民事再生法立法当時の価値判断に変化がないこと、②相殺期待を倒産手続上尊重すべきか否かの評価は倒産手続により異なることから、本提案のような改正に慎重な立場（『東弁展望』389頁〔縣俊介・清水靖博〕）もある。

　しかし、①については、民事再生法立法当時、破産法66条2項後段のような規定を設けないのかについて実質的議論をして積極的な意味を付与したものではなく（鹿子木康ほか「パネルディスカッション　倒産と相殺」事業再生と債権管理136号45頁〔山本和彦発言〕、『田原古稀』146頁〔岡正晶〕）、本提案を否定する根拠として不十分ではないか。

　また、②については、清算型か再建型かという換価方法の違いによって、権利者間における優先的地位等のプライオリティ秩序という分配問題が異なるいわれはなく（水元・前掲16頁、『田原古稀』148頁〔岡〕）、倒産債権者の合理的相殺期待は手続の違いによって変わることはない（『倒産法概説』264頁〔沖野〕）から、この点も本提案を否定する根拠として不十分ではないか。

〔上田　純〕

○参考文献：『東弁展望』21頁〔山本和彦〕、『大阪続々』269頁〔上田純〕

154 相殺の時期的制限（民事再生法、会社更生法）

> **検討課題**
>
> 民事再生法92条1項を下記のとおり改正するとともに、会社更生法48条1項も同様の改正をしてはどうか。
> 1　再生債権者が再生手続開始当時再生債務者に対して債務を負担する場合において、債権及び債務の双方が第94条第1項に規定する債権届出期間の満了前に相殺に適するようになったときは、再生債権者は、当該債権届出期間内に限り、再生計画の定めるところによらないで、相殺をすることができる。債務が期限付であるときも、同様とする
> 2　再生債権者がその責めに帰することができない事由によって債権届出期間内に相殺をすることができなかった場合には、その事由が消滅した後1月以内に限り、前項の相殺をすることができる
> 3　再生債権が債権届出期間経過後に生じた場合には、その権利の発生した後1月以内に限り、第1項の相殺をすることができる
> 4　前3項の相殺は、再生計画案を決議に付する旨の決定がされた後は、することができない
>
> 現行法：民再92①、会更48①

1　現行法と実務的な問題点

　破産手続とは異なり、再建型手続である民事再生法及び会社更生法は、倒産債権者（再生債権者・更生債権者・更生担保権者。以下同じ）による相殺権行使の時期的限界を債権届出期間の満了までとしている（民再92①、会更48①）。

　したがって、倒産債権者から、再生手続、更生手続において、債権届出期間満了後に、相殺権行使を申し出られた場合、倒産債権（再生債権・更生債権・更生担保権。以下同じ。）については再建計画（再生計画、更生計画。以下同じ）に基づく弁済しか行わない一方で、倒産債務者が倒産債権者に対して有する債権については満額の請求をせざるを得ず、倒産債務者と倒産債権者の円滑な取引が阻害されるとともに、当該倒産債権者にとっては、牽連破産に移行してもらった方が有利になりかねず、倒産債務者の再生・更生に支障が出かねない（多比羅誠「民事再生の立法的課題」『民再の実務と理論』277頁、同「相殺権行使の時期的制限」『東弁展望』376頁、上田純「相殺の時期的制限に関する立法提案」『大阪続々』254頁、259頁）。

2　時期的制限規定の趣旨と必要性

　時期的制限規定の趣旨は、再建計画の作成等のため、倒産債権の額や債務者財産（債務者が有する債権を含む。）を一定の時点までに確定しておく必要があることにある(『伊藤・破産民再』708頁、『伊藤会更』344頁、『条解会更（中）』887頁)が、

債権届出の追完（会更139条、民再95条）が認められ、財産評定書提出後の修正も安易であってはならないものの、認められないわけではない（『民再手引』178頁、『条解会更（下）』111頁）から、上記の趣旨は完徹されていない。

3　現存の改正提言

そこで、①時期的限界を廃止すべきとの提言（水元宏典「（基調講演）倒産法における相殺規定の構造と立法論的課題」債管136号16頁）や、②相殺の時期的制限（民再92①、会更48①）を廃止した上で、破産手続における催告制度（破73）と同様の制度を再生手続や会社更生手続に設けるとともに催告制度（破73）を一部改正し、受働債権が期限未到来の場合にも催告可能とすべきとの提言（前掲上田・254頁）、③債権届出の届出期間経過後の追完と同様、再生債権者がその責めに帰することができない事由によって債権届出期間内に相殺することができなかった場合には、その事由が消滅した後、1カ月以内に限り相殺をすることができるものとすべきとの提言（多比羅誠「民事再生の立法的課題」『民再実務理論』277頁、同「再び倒産法改正を」伊藤眞ほか編『新倒産法制の10年を検証する』195頁、同「相殺権行使の時期的制限」『東弁展望』377頁、「一弁冊子」29頁）が唱えられている。

上記時期的制限規定の趣旨が現行法上完徹されていないとはいっても、再建計画の作成等のためには、倒産債権の額や債務者財産（債務者が有する債権を含む。）を一定の時点までに確定しておく必要があることには変わりはなく、①の提言は妥当でなく、②の提言については、倒産債権者の、催告されてから相殺すればいいとの受動的な態度を招来しかねない。

相殺適状にある債権の対立がある多くの場合には、債権届出期間内に相殺することが可能であると考えられ、原則として債権届出期間の満了までに相殺の意思表示をしなければならないという現在の規律を変更する必要がない。しかしながら、債権届出の追完等が許される、倒産債権者の責めに帰することができない事由によって債権届出期間内に届出をすることができなかった場合や倒産債権が債権届出期間経過後に生じた場合には、「事由」の消滅や倒産債権の発生があるまでは相殺もすることができないのであり、これを救済する必要があり、その場合の相殺の期限は、債権届出の追完等の期限と一致させることが合理的である。

したがって、③の提言が妥当である。

（田川淳一）

○参考文献：『東弁展望』377頁〔多比羅誠〕、「一弁冊子」29頁、『大阪続々』254頁〔上田純〕

155 相殺制限の拡張

> **検討課題**
> 1 開始後に「自ら」の債権を取得する場合でも債権者平等の見地から許容できないケースは破産法における相殺制限の対象とすべき場合があるのでないか。
> 2 破産法における相殺制限の例外としての「法定の原因」を削除すべきでないか。
> 現行法：1につき破72①一、2につき破71②一、72②一ほか

1 検討課題1

(1) 相殺禁止拡大の必要性

　a　問題の所在

　現行法において、破産法72条1項は「破産者に対して債務を負担する者は、次に掲げる場合には、相殺をすることができない。」と規定し、同項1号にて「破産手続開始後に他人の破産債権を取得したとき。」と規定されていることから、「破産手続開始後に自己の破産債権を取得したとき」は破産法に基づく相殺制限に抵触しないこととなるが、そのような結論が望ましくないと主張されることがある。

　具体的に裁判例で問題となった事例は委託を受けない保証人兼金融機関が破産手続開始後に代位弁済により取得した事後求償権をもって相殺した事案が挙げられる。

　b　大阪高判の問題点

　この点、大阪高判平21.5.27（金法1878号46頁）は、事後求償権は「自己の」債権であることを理由に破産法72条1項1号に抵触せず、また主債務者の支払不能等の事実を知る前に保証契約の締結があれば同項2号ないし4号にも抵触しないとの原審（大阪地判平20.10.31金法1866号107頁）の判断を是認している。

　もっとも、債権者平等原則が強く要請される破産手続において相殺が許容されるにあたっては、相殺を許容するだけの合理的期待性が必要と考えられる。この点、大阪高判のような事例においては、債務者の関与も認識もないまま、破産債権者が相殺できる権利関係を創設できるとすることは、債権者平等原則に反するとも思われ（換言すれば相殺を認めるほどの合理的期待性が欠如している）、そうであればこのような相殺は禁止すべき（『伊藤・破産民再』377頁、結論同旨）であるといえる。

(2) 法改正まで必要な状況といえるか

　このような状況の中、前述の大阪高判の上級審判決である最二小判平24.5.28（民集66巻7号3123頁）は、破産法72条1項1号を類推適用して相殺を否定するに

至った。最高裁が委託なき保証に基づく事後求償権に基づき開始決定後の相殺を認めなかった理由としては、「破産者の意思や法定の原因と無関係に優先債権を作出することに等しいから、これを認めるべきでない」としており、前述した合理的期待性の欠如と趣旨を同じくするものであり、その意味で相殺禁止の必要性は最高裁によっても確認されたともいえる。

　もっとも当該最高裁判例によって、実務において問題視されていた委託を受けない保証による事後求償権との相殺は禁止された以上、それ以上に破産法72条1項1号を現時点で改正する必要があるかは、他の相殺禁止規定との整合性を踏まえ、さらなる議論が必要と思われる。

2　検討課題2
(1)　改正の必要性
　　a　現行法の立法趣旨
　現行法においては、相殺の制限の例外として「法定の原因」が挙げられているが、これは、債務負担が法定の原因に基づく以上経済的危機時期についての悪意を理由とする相殺を禁止する理由に乏しい（『伊藤・破産民再』374頁参照）からとされる。
　　b　現行法の問題点
　しかしながら、そのような場合には債権者平等の例外を認めるほどの合理的期待性が存在しているとまでは言えないように思われる。すなわち、破産法が相殺制限の例外として認めている「前に生じたる原因」とは、具体的な相殺期待を生じさせる程度に直接的なものに限定される（『伊藤・破産民再』374頁参照）。これに対し、「法定の原因」の場合は、いわば「棚ボタ」的利益であり、相殺を許容するだけの積極的理由に欠ける以上、このような場合はむしろ相殺を禁止すべきであり（結論同旨、『基本コンメ』162頁〔山本克己〕）、破産法を改正して「法定の原因」を削除するべきとも思われる。

(2)　改正の相当性
　法定の原因の具体的事例としては、相続や合併等が挙げられる。しかしながら、このいずれの場合も、相殺を制限したとしても不相当とは言えない。なぜならば、相続・合併以前に破産手続が開始された場合には相殺適状にない以上相殺がなしえないのであるから、破産手続終了後に相続・合併が生じたとしても、債権が相殺によって回収しなかった経済価値は既に喪失されて承継されることになる。そうだとすれば、経済的危機事由発生後に相続・合併等が生じた場合について相殺を制限したとしても、何ら結果の平等性を害することにはならないからである。

（柴原　多）

○参考文献：『東弁展望』378頁〔縣俊介・清水靖博〕、『二弁30講』178頁〔古里健治〕、『東弁提言』381頁〔柴原多〕

倒産法改正150の検討課題

平成26年11月5日　第1刷発行

　　　　　　　編著者　全国倒産処理弁護士ネットワーク
　　　　　　　発行者　小　田　　　徹
　　　　　　　印刷所　三松堂印刷株式会社

　〒160-8520　東京都新宿区南元町19
　発　行　所　一般社団法人 金融財政事情研究会
　　　編集部　TEL 03(3355)1758　FAX 03(3355)3763
　　　販　売　株式会社きんざい
　　　販売受付　TEL 03(3358)2891　FAX 03(3358)0037
　　　　　　　URL http://www.kinzai.jp/

・本書の内容の一部あるいは全部を無断で複写・複製・転訳載すること、および磁気または光記録媒体、コンピュータネットワーク上等へ入力することは、法律で認められた場合を除き、著作者および出版社の権利の侵害となります。
・落丁・乱丁本はお取替えいたします。価格はカバーに表示してあります。

ISBN978-4-322-12625-9